权威·前沿·原创

皮书系列为
"十二五""十三五""十四五"时期国家重点出版物出版专项规划项目

低碳发展蓝皮书

BLUE BOOK OF LOW-CARBON DEVELOPMENT

中国电力行业低碳发展报告
（2024）

ANNUAL REPORT ON LOW-CARBON DEVELOPMENT OF
CHINA'S POWER INDUSTRY (2024)

主　编／国网能源研究院有限公司
　　　　中国社会科学院能源经济研究中心

社会科学文献出版社
SOCIAL SCIENCES ACADEMIC PRESS (CHINA)

图书在版编目（CIP）数据

中国电力行业低碳发展报告. 2024／国网能源研究
院有限公司，中国社会科学院能源经济研究中心主编. --
北京：社会科学文献出版社，2024.12. --（低碳发展
蓝皮书）. -- ISBN 978-7-5228-4519-7

Ⅰ. F426.61

中国国家版本馆 CIP 数据核字第 2024EJ3398 号

低碳发展蓝皮书

中国电力行业低碳发展报告（2024）

主　　编／国网能源研究院有限公司
　　　　　中国社会科学院能源经济研究中心

出 版 人／冀祥德
组稿编辑／恽　薇
责任编辑／孔庆梅
文稿编辑／白　银
责任印制／王京美

出　　版／社会科学文献出版社·经济与管理分社（010）59367226
　　　　　地址：北京市北三环中路甲 29 号院华龙大厦　邮编：100029
　　　　　网址：www.ssap.com.cn
发　　行／社会科学文献出版社（010）59367028
印　　装／天津千鹤文化传播有限公司

规　　格／开本：787mm×1092mm　1/16
　　　　　印张：23.75　字数：358 千字
版　　次／2024 年 12 月第 1 版　2024 年 12 月第 1 次印刷
书　　号／ISBN 978-7-5228-4519-7
定　　价／168.00 元

读者服务电话：4008918866

主要编撰者简介

王耀华 正高级工程师，国网能源研究院有限公司副院长，国家注册咨询工程师，中国可再生能源学会可再生能源发电并网专委会副主任委员，长期从事能源战略、电力规划、能源电力经济等领域研究，主持及参与完成能源电力发展战略规划等方面多项重大研究项目。研究成果曾获中国电力科学技术奖、国家能源局软科学研究优秀成果奖、北京市科学技术进步奖等奖励，发表 EI、中文核心期刊等论文数十篇。

张其仔 中国社会科学院工业经济研究所纪委书记、副所长，研究员、博士生导师，主要从事产业经济、制度经济学及经济社会学研究，主持国家"973"计划重点课题、国家科技支撑计划重点课题、国家科技攻关重点项目、国家社科基金重大课题、中国社会科学院重点课题、国家人事部归国留学人员优秀课题等国家级及国际合作课题数十项。在《中国社会科学》《经济研究》《社会学研究》《中国工业经济》《管理世界》等学术期刊上发表中英文学术论文研究报告 100 余篇；出版专著（独著或合著）20余部。

冯永晟 经济学博士，中国社会科学院工业经济研究所研究员，中国社会科学院大学教授，中国社会科学院能源经济研究中心副主任。专业领域为产业经济学、数量经济学，重点关注能源电力行业、绿色低碳转型、ESG 投资等领域前沿问题。在《经济研究》《管理世界》《中国工业经济》《世界经济》等顶尖权威期刊发表学术文章数十篇；出版学术专著、译著、编著多部，其中，联合主编《中国 ESG 投资发展报告》（2023 年、2024 年），受到业内好评。

谭　雪　博士，高级经济师，国网能源研究院有限公司能源战略与规划研究所专家。长期从事能源电力生态环境保护与循环经济发展等领域研究。作为项目负责人或主要完成人承担生态环境部、国家发展改革委、国家能源局、国务院国资委及国家电网公司等部门单位委托的能源绿色低碳转型、电力绿色发展、电力投资综合效益评价、电工电气行业高质量发展等领域多项重大项目研究。曾获中国企业改革发展优秀成果奖、中国能源研究会能源创新奖及国家电网公司科技进步奖、软科学奖等 20 余项奖励，发表 SSCI、EI、中文核心期刊等学术论文 20 余篇，获得国网能源研究院有限公司优秀课题负责人、研究咨询工作先进个人、优秀共产党员等荣誉称号。

摘　要

　　《中国电力行业低碳发展报告（2024）》立足电力行业，着力从电力服务中国式现代化、国民经济、全球竞争格局、能源安全、"双碳"目标、新质生产力、现代化产业体系、共同富裕、ESG 投资、新型能源体系建设、电力体制改革、电力市场建设和配电网形态功能变革 1 个总报告和 12 个专题以及新能源云服务、电力减碳服务生态圈、消费侧可再生能源消纳和煤电企业 CCUS 技术低碳转型 4 个国内实践与案例出发，深刻把握新阶段电力行业低碳发展面临的新使命、新任务、新机遇和新挑战，深度剖析从宏观重大战略到中观电力行业再到微观企业的贯彻落实机理与深层次理论逻辑，展示电力行业低碳发展在推进新型能源体系建设进程中取得的显著成就、面临的重大挑战和先进的案例经验。本书成果旨在服务政府绿色低碳政策落地，推动行业、企业和社会在贯彻绿色低碳发展理念方面凝聚共识、形成合力；为政府决策、学术研究和产业实践提供有益参考借鉴，为推进我国电力行业低碳转型发展提供智库支撑。

　　本书指出，积极稳妥推进碳达峰碳中和是中国式现代化征程的必由之路，实现"双碳"目标，能源是主战场，电力是主力军。目前，我国现代化进程中电力行业低碳实践取得重大进展，电力供给低碳化转型加速，终端能源消费电气化水平持续提升。截至 2023 年底，我国新增发电装机容量同比增长 13.7%，其中非化石能源发电装机容量占比提升至 53.8%，历史性超过火电装机容量占比；发电量占比提升至 35.8%，新能源装机容量和发电量持续高速增长。2023 年全国电能占终端能源消费的比重约为 28%，终端能源消费电气化水平、人均电力消费量均高于世界平均水平，工业电气化率达 27.6%，建筑行业电气化率达到 48.1%。电力低碳技术逐步发展，能源效率持续提升，现代能源产业转型升级，各类电力企业积极推进绿色低碳转型，电力行业低碳发展稳步实现。

但在碳达峰攻坚的"十五五"时期，电力行业低碳发展面临诸多挑战与问题。世界经济复苏乏力，地缘政治冲突加剧，保护主义、单边主义抬头，国际环境变局变量和影响持续增多，使得全球能源供需格局深度调整变化加剧；我国长期积累的深层次矛盾凸显，周期性和结构性问题并存，国内改革持续深化全面转型加速；以传统能源与新能源协调发展保障能源本质安全与绿色底色难度激增；区域协调与城乡协同发展、电力生产绿色化、绿色科技创新、投入产出效率与效益共享等问题仍然存在。

因此，本书指出，推进电力行业低碳发展要坚持人民立场、底线思维和系统观念，将能源系统低碳绿色化和经济高效化有机结合。电力规划应将地方产业发展需求纳入范畴，更好服务区域协调与城乡协同发展，促进社会平衡发展和共同富裕。还需进一步促进降碳减污扩绿，实现电力行业环境健康价值。

关键词： 中国式现代化　碳达峰碳中和　能源安全　电力行业　低碳发展

目 录 🠖

Ⅰ 总报告

Ⅱ 专题篇

Ⅲ 案例篇

皮书数据库阅读**使用指南**

总报告 ▷

B.1

电力行业低碳发展　服务中国式现代化

谭雪　夏鹏　鲁刚*

摘　要： 积极稳妥推进碳达峰碳中和是中国式现代化征程的必由之路，实现"双碳"目标，能源是主战场，电力是主力军。电力行业在我国经济社会高质量发展和生态文明建设中提供了有力支撑，但在新形势下还需要进一步巩固低碳发展的基础，发挥电力行业在保障能源安全、推动结构升级、提供增长新动能、促进发展协调和拓展国际市场空间五方面的功能作用，推进电力系统结构、形态、管理及业态等全面低碳转型。响应新形势新需求，电力行业低碳发展以构建新型电力系统为核心载体，以科技创新和治理变革为双轮驱动，在低碳发展中推进新型能源体系、新型电力系统与新型电网一体化协同发展，动态平衡好安全性、经济性、低碳性和共

* 谭雪，博士，国网能源研究院有限公司能源战略与规划研究所专家，高级经济师，研究方向为电力绿色发展、电力产业链循环经济、投资综合效益分析等；夏鹏，博士，国网能源研究院有限公司能源战略与规划研究所高级研究员，高级工程师，研究方向为能源电力规划、双碳路径等；鲁刚，博士，国网能源研究院有限公司能源战略与规划研究所所长，教授级高级工程师，研究方向为能源战略、电力规划、电力市场等。

享性，实现电力行业对经济社会发展的五大功能价值。展望"十五五"及中长期，电力系统持续推进低碳转型，低碳技术不断创新，产业升级和布局更加合理，治理体系完善进一步激发市场机制作用，电力行业国际竞争力不断提升，并为我国"碳达峰碳中和"和全球应对气候变化做出重要贡献。

关键词： 中国式现代化　碳达峰碳中和　高质量发展　电力行业　低碳发展

　　能源产业是国民经济中具有基础性、先导性、战略性的产业和重要的服务性行业，也是现代化产业体系的重要组成部分，是推进中国式现代化的重要力量。党的十八大以来，中国能源进入高质量发展新阶段，能源行业坚定不移贯彻落实能源安全新战略，推动主体能源从化石能源向非化石能源更替，电力行业低碳发展实现历史性突破。近十年新增清洁能源发电量占全社会用电增量比重超过一半，"西电东送"能源大范围远距离输送能力大幅提升，为能源低碳转型奠定了坚实的基础。但是，地缘冲突、经济格局变化、世界能源市场动荡等风险带来新的挑战，以及高质量发展的基础还不牢固、经济社会发展全面绿色转型内生动力不足等内部问题依旧存在，低碳发展是解决生态环境问题、促进高质量发展的根本途径，能源电力是关键领域。新形势新要求下，电力行业功能价值的内涵和外延不断丰富，通过电力系统低碳转型推动能源绿色转型、促进经济社会高质量发展。因此，有必要从经济社会的宏观角度探讨指导电力行业低碳发展的理论方法，以新形势下经济社会发展对电力行业的功能需求变化为指引，分析电力行业低碳发展的深层逻辑，结合电力行业低碳发展已有基础和面临的风险挑战，明确服务中国式现代化的电力行业低碳发展思路，研判新发展阶段下电力行业低碳发展路径，展望中远期发展成效，以期为中国式现代化建设贡献力量。

一　电力行业发展的新形势新功能

电力行业低碳发展是推进能源绿色转型、规划建设新型能源体系的关键环节，是推动经济社会发展全面绿色转型的金石之策，是解决我国资源环境生态问题、建设人与自然和谐共生现代化的内在要求。需要立足中国式现代化新征程，着眼经济社会发展全局，分析电力行业发展面临的形势要求，着力高质量构建新型电力系统。

（一）电力行业发展面临的形势要求

中国特色社会主义进入了新时代，我国经济社会发展进入了新的历史方位。经过长期的奋斗，我国各领域取得了举世瞩目的成就，国内生产总值（GDP）超过 100 万亿元，成为世界第二大经济体、第一大工业国，脱贫攻坚战取得了全面胜利，国家经济实力、科技实力、综合国力和人民生活水平大幅提升。"十四五"时期是我国全面建成小康社会、实现第一个百年奋斗目标之后，乘势而上开启全面建设社会主义现代化国家新征程、向第二个百年奋斗目标进军的第一个五年[①]，"这标志着我国进入了一个新发展阶段"[②]。新时代推进中国式现代化，必须牢牢把握五个重大原则，落实九个方面的本质要求。高质量发展就是中国式现代化的本质要求之一，是全面建设社会主义现代化国家的首要任务。推动高质量发展要准确把握新发展阶段，深入贯彻新发展理念，加快构建新发展格局，以创新为第一动力，促进经济社会全面绿色转型。

当前我国面临的内外部形势错综复杂，国际地缘政治格局加快调整，全

---

① 《习近平：在经济社会领域专家座谈会上的讲话》，光明网，2020 年 8 月 25 日，https：//m. gmw. cn/baijia/2020-08/25/34115764. html。

② 《习近平在省部级主要领导干部学习贯彻党的十九届五中全会精神专题研讨班开班式上发表重要讲话》，"央视网"百家号，2021 年 1 月 11 日，https：//baijiahao. baidu. com/s? id=1688593159259516798&wfr=spider&for=pc。

球经济复苏缓慢且不均衡，国家间博弈与竞争愈加激烈，外部环境处于深度调整期，低碳化和数字化转型步伐明显加快。从国内来看，我国持续深化改革开放，不断优化经济结构，经济发展总体平稳，但部分指标存在波动，国内有效需求依然不足，投资增长明显趋缓，新旧动能转换存在阵痛，经济增长动力有所减弱。我国发展进入战略机遇和风险挑战并存时期，国家安全面临的挑战凸显，传统安全威胁与非传统安全威胁相互交织。党的二十大报告提出，必须坚定不移贯彻总体国家安全观，把维护国家安全贯穿党和国家工作各方面全过程。能源安全事关国计民生，是各国国家安全的优先领域，"能源安全已从保障国内能源供应的经济问题，成为一个涉及国家安全、国家利益和对外战略等多层面的国家战略问题，同时也成为关乎国际能源供应和能源地缘政治的国际战略问题"①。以习近平同志为核心的党中央提出了"四个革命、一个合作"能源安全新战略，强调必须坚持统筹发展和安全，树立危机意识和底线思维。低碳发展是要走生态优先、绿色低碳发展道路，在经济发展中促进绿色转型、在绿色转型中实现更大发展。

中国式现代化建设、经济社会高质量发展、人民美好生活、碳达峰碳中和对能源行业提出了更高要求，能源供给既要安全可靠，又要清洁低碳，还要成本社会可承受，根本上要靠推动新能源高质量发展，发电是新能源高效利用的主要方式，构建新型电力系统是核心载体。新形势要求电力行业不断夯实物理基础，保障电力安全可靠供应；促进新能源高质量发展，推动能源绿色低碳转型；不断调整和完善生产关系，加强科技创新，推动能源新质生产力发展，促进行业高端化、智能化、绿色化发展，为经济发展提供新动能，为全面绿色转型保驾护航。

（二）新形势对电力行业的功能需求

作为推进国家现代化和人民美好生活的重要力量，电力行业在生产生

---

① 学习贯彻习近平新时代中国特色社会主义经济思想 做好"十四五"规划编制和发展改革工作系列丛书编写组编著《建设现代能源体系》，中国计划出版社、中国市场出版社，2020。

活要素支撑、现代化产业体系建设、能源科技创新、国家安全保障等方面承担着重要的功能使命。随着经济社会正在进行全面而深刻的系统性变革，经济社会各领域、各方面相互交织，呈现复杂性、动态性、融合性，对于电力行业的功能需求也不断拓展，电力行业功能价值的内涵和外延不断丰富。

1. 保障能源安全

能源安全的内涵和外延不断丰富，能源安全性、清洁性的重心逐渐转向电力领域，电力行业保障发展安全的功能需求凸显。安全始终是能源领域的根本性问题，在大变局之下，能源安全内涵不断拓展，与政治安全、经济安全、生态安全和非传统安全的联系越发密切。具体而言，能源的地缘政治色彩更加明显，地缘政治深刻影响全球能源格局和安全稳定，国家能源安全自主的迫切性尤为突出；低碳转型下的系统成本将传导到经济各行各业，并对原有的产业结构带来冲击，经济波动和风险因素如金融风险也影响着能源行业企业的资金链与发展能力；合理有序开发利用新能源有利于保护生态环境，反之则会对生态环境造成破坏甚至影响生态安全；还有不断涌现的非传统安全，如网络安全、社会安全、信息安全等，影响机理更为复杂，传导链条更长。能源低碳转型、高质量发展和安全保障等多目标协调与方式调整带来安全性挑战增多，能源安全性、清洁性、经济性和普惠性四者难以兼顾，如果未能找到平衡的支点将传导影响至宏观层面的能源系统与经济社会和生态环境之间的稳定。能源安全性、清洁性的重心也正逐渐转向电力领域，电力行业成为动态平衡能源系统内部循环及能源—经济—环境大循环的战略支点。保障国家能源安全，要以供应安全为前提，促进新能源高质量发展，合理规划煤电，推动新能源和传统能源协调发展，还要协同应对多重安全风险挑战，发挥保障能源安全的功能价值。

2. 推动结构升级

高质量发展需要转方式调结构，电力行业要在能源结构、产业结构调整和生产生活方式绿色转型中发挥功能价值。高质量发展要推动经济发展方式由粗放型增长转变为集约型增长，优化经济结构、产业结构、能源结构。一方面，从能源结构来看，推动能源清洁低碳转型是新型能源体系重大结构性变化的首要任务，重点在于实现新能源大规模、高质量的开发利用，关键在于电力对新能源的大规模消纳。构建新型电力系统需要推动形成清洁主导、电为中心、多元绿色的能源供给和消费体系。另一方面，以能源结构调整推动产业结构和生产方式调整。高消耗高排放的产业占比下降可以减少化石能源的直接消费和排放，但如若是在以化石能源为主的能源结构下，依旧会产生大量的间接排放。随着产业结构深度调整，优化空间越来越小，亟待同时转变能源结构才能使产业结构调整的效益全面发挥，实现全面绿色转型。

3. 提供增长新动能

应对新一轮科技革命和增长动力不足，需要电力行业加强科技创新，培育新质生产力，为经济发展增势增能。从生产力来看，新旧动能转换是实现由要素投入驱动向创新驱动的跨越，是从低级到高级不断演进的过程，科学技术的突破及其产业化是形成新生产力的一般路径，创新技术进入生产过程逐步形成新的生产方式，带动生产力迭代升级。党的二十届三中全会指出，要催生新产业、新模式、新动能，发展以高技术、高效能、高质量为特征的生产力。当前，新一轮科技革命和产业变革加速演进，全球科技创新进入空前密集活跃期，各国在新领域新赛道奋力争抢制高点。我国电力科技取得显著成效，特高压、光伏产品、锂电池与新能源汽车等领域在新技术、新材料、新模式方面不断突破，逐渐形成具有国际竞争优势的产业。新形势下，需要电力行业继续发挥技术驱动作用，统筹新的能源品种以及数据和算力等新的生产要素，通过科技创新引领电力系统升级，并培育新的技术工艺、商品服务、业态模式，从而提升电力产业发展质量，形成驱动经济社会发展的新动能。

4. 促进发展协调

以优化城乡区域经济布局为重点带动城乡区域协调发展，需要电力行业优化布局与支撑好产业有序转移。中国式现代化是各方面、各环节、各区域协调联动，城乡均衡发展、区域协调发展的现代化。城乡区域协调发展以优化经济资源空间配置结构为主要目的，充分发挥各地区比较优势，把产业布局优化与资源流动有机结合起来，统筹推进产业分布、人口流动、资金流动、能源要素等相匹配，构建全面协调、公平、可持续的区域协调发展新格局。这要求电力行业立足国家区域发展战略的宏观背景，优化产业空间布局，充分促进能源资源合理开发和有序利用，在保障新能源远距离输送的同时，促进中西部地区新能源资源就近就地消纳，建设国家重要新能源、资源深加工、新材料研发、先进制造业基地等。同时，要服务好经济产业布局和结构有序梯度转移，加强中西部地区电力基础设施建设，提高电力供应和服务水平，改善营商环境，支撑好生产力向中西部地区转移；服务好城乡协调与乡村振兴，深入推进清洁供暖、农网改造、电力援疆援藏等惠民暖心工程，以电力行业低碳发展促进区域协调、产业协同、普惠民生。

5. 拓展国际市场空间

坚持以开放促改革，需要电力行业把握国际竞合新机遇，积极开展绿色国际合作。当前世界经济复苏乏力，地缘政治冲突加剧，国际关系变化和经济调整面临曲折性、不确定性。建设更高水平开放型经济新体制，要统筹国内国际两个市场两种资源，在建立健全国内电力市场的同时，能源电力行业还要不断开拓国际市场空间，积极推进与"一带一路"倡议合作伙伴在油气贸易、电力建设、能源转型、新能源汽车、矿产资源等多领域的技术研发、标准制定、投资共建方面的合作共赢，维护和延长我国发展的重要战略机遇期，拓展国际发展空间。

（三）对电力行业发展阶段与逻辑的认识

1. 电力行业低碳发展的本质逻辑是结构重塑的深刻全面变革

电力系统发展已经到了新能源成为电力"主力""主体"的"量变到质变"的关键节点，传统能源要素逐渐被取代，源网荷储不同能源要素重新组合，电力行业低碳发展的本质是要素替代重组与系统结构的变革重塑。电力系统正从以传统能源为主体的电力运行系统向以波动性强、可控性差、出力确定难的新能源为主体转变，传统电网也正从单向逐级输配电为主向包括大电网、微电网和可调节负荷等综合型能源互联网升级，电力技术创新、市场机制创新、商业模式创新涌现。电力行业低碳发展不仅是电源结构、负荷特性、电网形态、运行管理等电力系统的深刻变革，也是促进电力消费、业态模式、产业融合等经济社会各方面的全面变革，是电力系统要素重组、结构重塑的全面变革。

2. 电力行业低碳发展的实践逻辑是跨越周期的产业升级

产业发展是产业产生、发展和进化的过程，是产值增长与丰富、结构优化与合理、生产效率不断提高、形态由低级向高级演进的过程；产业发展既包括产业中的企业数量、产品产量或服务规模等数量上的变化，也包括结构的调整、动力的变化、主导企业更替和产品服务升级等质量上的变化。按照产业结构演变理论和产业发展阶段理论，产业演进一般具有一定生命周期，通常经历萌芽期、成长期、成熟期和衰退期。当发生技术变革或产业革命时，可能引起产业生命周期曲线突变，跨越进入下一个发展周期。从产业发展周期来看，我国电力行业从电力紧缺到大规模建设经历了快速发展阶段，电力设施普遍覆盖，电力技术日臻成熟，电力行业已经进入发展成熟阶段。从产业发展边界来看，当前国土空间规划体系日益完善，城镇建设已从扩张转向功能优化，电力基础设施建设的空间范围不断压缩。从产业发展的动力来看，随着建设扩张需求下降和改造优化需求提升，产业发展的边际收益下降，科技创新等新的驱动力正在发力。从产业影响因素来看，外部形势复杂多变对产业发展的轨迹产生重要影响，要求电力行业从"量"的扩张转向"质"的提升，加之能源资源消耗和生态环境影响亟待扭转，电力行业发展的空间越来越有限。为了进一步拓展发展空间，亟待探寻电力可持续高质量发展的出路。电力行业低碳发展通过科技创新驱动电力技术变革和产业升级，提升电力行业发展质量，拓展电力行业发展"环境容量"和"生态空间"，是摆脱产业生命周期困境、拓展产业发展空间、进入下一个上升周期的根本出路。

3. 电力行业低碳发展的价值逻辑是一种发展利益的时空转移

应对气候变化是一个跨周期跨区域的问题，碳减排成本需要当期支付，但气候改善的收益不一定立竿见影，电力行业低碳发展是一种跨时空应对气候变化的重要举措。电力行业低碳发展具有促进清洁能源高效利用、减少碳和污染物排放的正外部效益。依据科斯定理和庇古税等理论，激励正外部性的传统举措是给带来正外部性的主体补贴或向享受了效益的主体征税。电力生产的低碳化主要依靠非化石能源替代化石能源来实现，并逐步升级为以新能源为主体的新型电力系统。早期为了促进风光等新能源发展，国家提供了一定的补贴激励，现在除了新能源扶贫项目，风光已实现平价上网，电力行业低碳发展所需的转型成本、系统成本主要由电力系统自行承担，意味着电力行业间接承担了社会绿色减排成本，以行业低碳成本贡献全局绿色价值。

二　电力行业低碳发展基础与挑战

我国电力行业经过百年艰苦奋斗，逐步建立了完善的产业体系，形成了强大的生产力与生命力，支撑了我国经济社会快速发展，是推进中国式现代化的重要力量，是服务人民美好生活的坚实保障。与此同时，面临新形势新要求和外部风险，电力行业还有不相适应的方面，在推进低碳发展道路上面临诸多困难挑战，是下一步关键着力点。

（一）电力行业低碳发展基础

电力行业持续推进行业发展理念、电力生产方式、产业业态模式、管理体系的全方位变革，从结构转型、技术创新、产业发展、体制机制、国际合作等方面奠定了良好的发展基础，电力行业低碳发展取得了一系列显著的经济、环境、社会效益。

1. 电力低碳转型持续深化

我国电源低碳转型加速，电源结构持续优化。截至 2023 年底，我国新增发电装机容量约 3.7 亿 kW，总装机容量达到 29.2 亿 kW，同比增长

13.7%。其中，非化石能源发电装机容量占比提升至53.8%，历史性超过火电装机容量占比；发电量占比提升至35.8%，新能源装机容量和发电量持续高速增长（见图1）。2023年，全国电力工程建设投资完成额达1.5万亿元，电源基本建设投资增长30%，非化石能源发电投资同比增长31.5%，占电源投资的比重达到89.2%。通过煤电清洁改造、非化石能源发展与降低线损率等举措，"十三五"电力行业累计减少二氧化碳排放量约185.3亿吨，其中非化石能源发展的贡献度约为62%[1]。截至2023年底，全国单位火电发电量二氧化碳排放约821g/kWh，同比降低0.4%，比2005年降低21.7%[2]；单位发电量二氧化碳排放约540g/kWh，同比降低0.20%，比2005年降低37.1%；全国达到超低排放限值的煤电机组11.8亿kW，占全国煤电总装机容量的98%[3]。

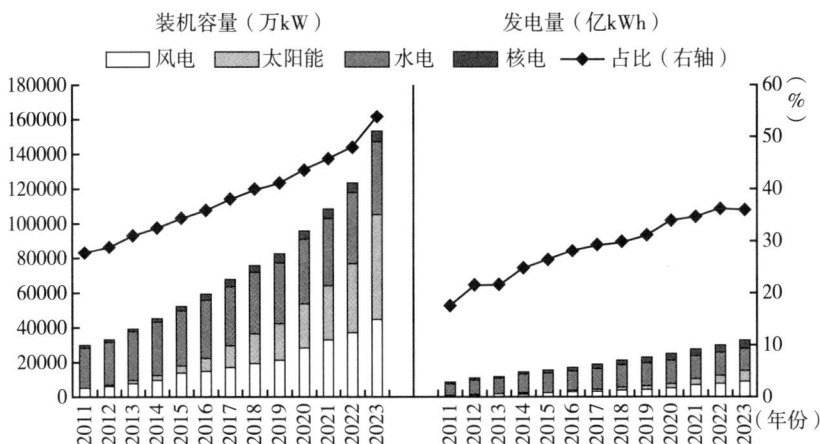

图1 2011~2023年全国非化石能源装机容量及发电量情况

资料来源：中国电力企业联合会。

---

[1] 数据来源于中国电力企业联合会。

[2] 数据来源于中国电力企业联合会。

[3] 《预见2024：〈2024年中国烟气治理行业全景图谱〉（附市场规模、竞争格局和发展前景等）》，前瞻网，2024年5月22日，https://xw.qianzhan.com/analyst/detail/220/240522-a785b7d5.html。

　　我国能源消费结构同步优化，电气化水平持续提升。我国在工业、交通、建筑等领域深入实施电能替代，大力促进电动汽车产业发展，终端用能电气化水平持续提升。据中国电力企业联合会（以下简称"中电联"）统计，2023年，我国全社会用电量92241亿kWh，同比增长6.8%。2023年全国电能占终端能源消费比重（终端电气化率）约28%（见图2），终端能源消费电气化水平、人均电力消费量均高于世界平均水平。2023年，我国工业电气化率达到27.6%，战略性新兴产业用电量增速较快，传统高载能行业电气化水平稳步提升；建筑行业电气化率达到48.1%。我国已建成世界上数量最多、辐射面积最广的电力交通基础设施体系，截至2023年底全国共建设17个国家级测试示范区、7个车联网先导区、16个智慧城市与智能网联汽车协同发展试点城市；累计建成充电基础设施859.6万台，交通电气化率达到4.3%。农业农村电气化率为35.2%，农村电力服务质量明显改善，农业生产、乡村产业电气设备普及率不断提升。

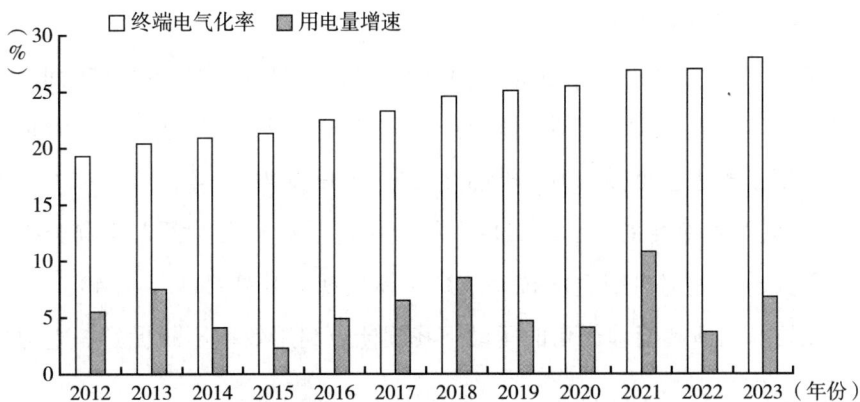

图2　2012~2023年全国终端电气化率及用电量增速

资料来源：中国电力企业联合会。

2. 电力低碳技术不断突破

我国充分发挥新型举国体制优势推进科技创新，电力科技创新水平不断提升，有力支撑了电力碳减排和能源低碳转型。2023 年，全球首台 16 兆瓦超大容量海上风电机组在福建海上风电场成功并网发电，单台机组每年可输出超过 6600 万 kWh 的清洁电能，可节约标准煤约 2.2 万吨，折合减排二氧化碳约 5.4 万吨。国家电网成功研发世界首套完全可控换相技术换流阀，自主研制特高压换流阀有载分接开关、复合外绝缘避雷器等工程样机和基于国产芯片的网络安全隔离装置。2024 年 1 月，国家能源局发布 2023 年度能源行业十大科技创新成果，其中电力行业低碳发展相关技术 7 项，包括"大规模电力系统电磁暂态仿真平台、高温气冷堆核电成套技术装备、150 兆瓦水电机组大型冲击式转轮、16 兆瓦及以上超大容量海上风电机组成套装备、50 万吨/年燃煤电厂低成本碳捕集成套装置、300 兆瓦压缩空气储能系统压缩机和膨胀机、低能耗兆瓦级质子交换膜电解水制氢装置"。同年 4 月，国家发展改革委发布了《绿色低碳先进技术示范项目清单（第一批）》，推进源头减碳、过程降碳、末端固碳等先进低碳技术的示范应用和推广，其中电力低碳技术涉及风电、光伏、核电、煤电和电能替代等先进技术。

根据国家统计局数据，选取能源行业[①]的研发投入数据[②]和经营数据[③]进行测算，可以看出能源行业的研发投入强度总体呈上升趋势，电力热力行业的研发投入强度从 2012 年的 8.87% 上升到 2022 年的 23.32%（见图 3）。从投入弹性来看，电力热力行业科技创新的人力投入比资金投入影响更大，人才对于产出的拉动效应总体呈现上升趋势（见图 4）。

在技术创新和管理优化的驱动下我国能源利用效率不断提升。电力方

---

① 因数据可得性，"能源行业"主要是选取《中国统计年鉴》中工业分行业中的"煤炭开采和洗选业，石油和天然气开采业，石油加工、炼焦及核燃料加工业，电气机械及器材制造业，电力、热力的生产和供应业，工业燃气生产和供应业"。

② "研发投入数据"选取指标为《中国统计年鉴》中"20-6 按行业分规模以上工业企业研究与试验发展（R&D）活动及专利情况"中的"R&D 人员全时当量（人年）""R&D 经费（万元）"数据。

③ "经营数据"选取指标为《中国统计年鉴》中"13-2 按行业分规模以上工业企业主要指标"中的"营业收入"和"营业利润总额"数据。

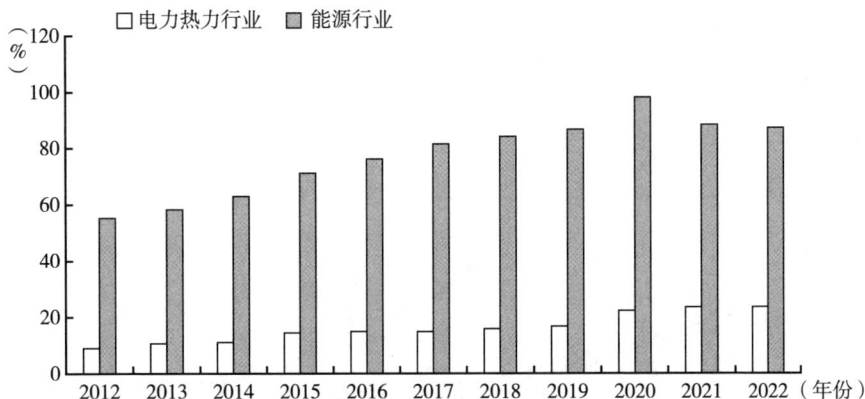

图3　2012~2022年能源及电力热力行业研发投入强度

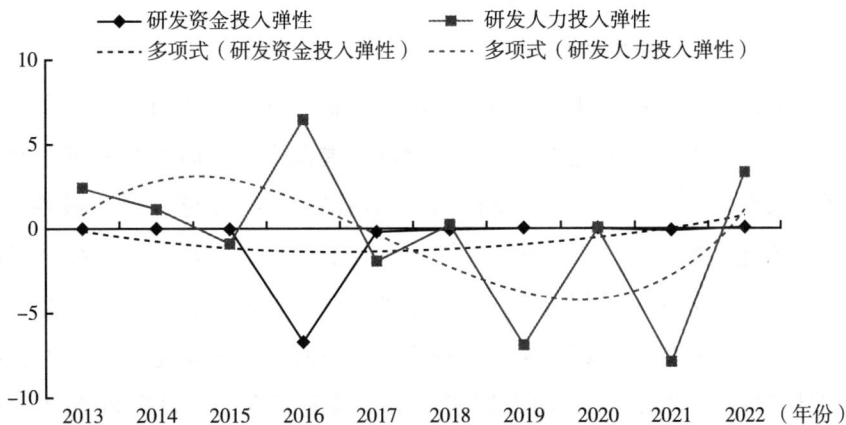

图4　2013~2022年电力热力行业研发资金及人力投入弹性

面，据中电联数据，2022年我国规模以上火电厂供电标准煤耗300.7g/kWh，电厂用电率4.49%，全国总综合线损率下降至4.82%。然而，相较于全球主要发达国家，我国能源强度水平仍相对较高，约为全球平均水平的1.5倍，是主要发达国家的2~4倍（见图5）。我国工业领域部分先进技术和产品的能耗已达到国际领先水平，但整体能耗水平仍然偏高，能效仍有提升空间。

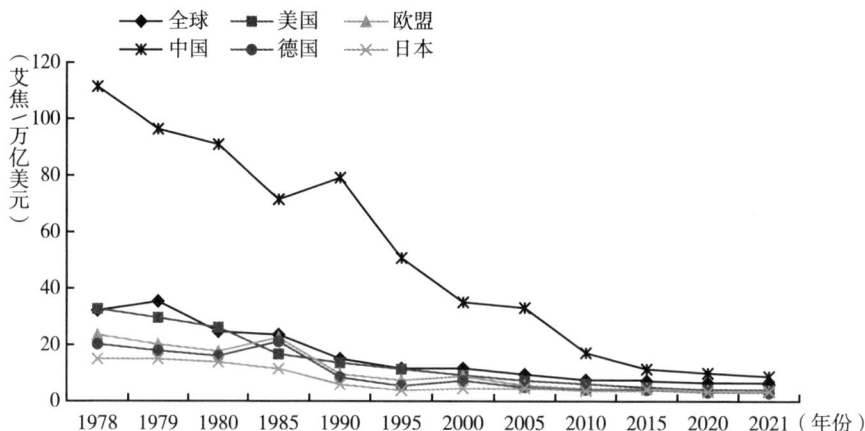

图 5　1978~2021 年主要年份中国与世界主要发达国家能源强度对比

3.绿色能源产业蓬勃发展

新能源产业发展迅速，取得举世瞩目成就。近年来我国电力相关产业蓬勃发展，形成了较为完善、成效显著的新能源产业、储能产业等产业链体系，低碳技术和产品创新积极融入全球清洁能源产业链。越来越多新型市场主体、社会资本进入市场，生产方式、商业模式不断创新，综合能源服务、算力电力融合、能源聚合商、虚拟电厂运营商等新模式、新业态不断涌现，产业链格局深刻变化，能源产业生态圈将加速跨越升级。根据国家统计局数据，2023 年全国太阳能电池、新能源汽车、发电机组（发电设备）产品产量同比分别增长 54.0%、30.3%、28.5%。2023 年，我国新能源汽车、太阳能电池、锂离子蓄电池等"新三样"产品出口额也首次突破万亿元大关，增速达到 29.9%。"十四五"以来，我国新型储能装机增量带动经济投资超过 1000 亿元，带动产业链上下游进一步拓展。低碳电力产业在经济高质量发展中发挥重要驱动作用，成为经济发展新动能。

4.电力市场交易机制不断完善

电力市场交易机制不断完善，交易规模不断扩大。当前已经建立全国范围的电力中长期交易市场，全国中长期交易电量占市场交易电量比重在

90%以上；现货市场方面，23 个省份开展了试点运行；辅助服务市场实现全国各电网区域全覆盖，品种和主体进一步丰富，支撑了新能源大规模消纳，保障了电力系统安全运行。2023 年，全国市场交易电量 56679.4 亿 kWh，同比增长 7.9%，占全社会用电量比重为 61.4%①。

绿电、绿证与碳市场快速发展，市场体系进一步完善。电力市场交易中新能源参与度不断加深，全国范围内促进有效竞争的交易规则体系基本形成。2023 年，全国新能源市场化交易电量 6845 亿 kWh，占新能源总发电量的 47.3%②。绿电、绿证市场交易体系持续完善，绿电、绿证交易规模不断扩大，截至 2023 年底，全国绿电交易累计成交量 954 亿 kWh，绿证交易累计成交量超过 1 亿张③。碳市场方面，全国已有 2257 家火电企业参与碳排放权交易，2023 年碳配额总成交量达到 2.12 亿吨，累计成交额超过 144 亿元，全年覆盖二氧化碳排放量超过 50 亿吨④，成为全球覆盖温室气体排放量最大的碳市场。

5. 国际能源合作不断拓展

电力领域国际合作奠定坚实基础，电力绿色海外投资规模持续增长。国家能源局最新数据显示，2023 年全球可再生能源新增装机容量 5.1 亿 kW，其中中国的贡献超过了 50%。在新能源发展和能源产业升级过程中，我国建成了具有世界竞争力的能源产业供应链，依托"一带一路"等国际合作平台，我国能源企业积极为其他国家提供新能源服务，持续扩大对外投资。截至 2023 年底，中国主要电力企业对外直接投资项目共 34 个，投资总金额超过 44 亿美元，同比增长 30.82%⑤，新能源项目占比约为 61.8%。我国低碳电力产业和企业通过"投资、建设、运营"和"技术、装备、标准"合作，促进相关国家能源转型，有力支撑了相关国家完善清洁能源基础设施建

---

① 数据来源于中国电力企业联合会。
② 数据来源于中国电力企业联合会。
③ 数据来源于中国电力企业联合会。
④ 数据来源于中国电力企业联合会。
⑤ 数据来源于中国电力企业联合会。

设，促进相关技术转型升级等，成为推动全球新能源蓬勃发展、加快实现温控目标的支柱性力量。

（二）电力行业低碳发展面临的挑战

从近年外部形势和发生的问题来看，新型因素与传统的电力系统技术因素和电力产业因素叠加，出现了更为复杂的影响机理和传导路径，技术风险、经济风险、社会风险、环境风险等风险呈现复杂化、融合化、延伸化的特征。

1. 平衡电力系统安全、经济与低碳面临挑战

推进电力行业低碳发展很难同时在安全性、经济性和低碳性三方面实现最优，是电力行业低碳发展面临的首要困难挑战。首先，安全风险是电力行业低碳发展过程中电力系统面临的最根本最突出的风险。推进电力行业低碳发展要依靠大规模可再生能源发电，电力系统将呈现"高比例可再生能源，高比例电力电子装备"的特性，导致电力系统的不确定性、时变性、非线性及复杂性增强，电力系统安全稳定运行难度加大，风险防御和问题修复的难度也增加。其次，随着产业结构、布局调整和新业态不断涌现，电力需求负荷特性、时空分布等都发生变化，给电力供需预测带来新挑战，也加大了电力系统控制难度。最后，推进电力行业低碳发展、保障系统安全稳定运行的成本不断上升。随着高质量发展和社会进步，对电力的要求不仅是电力系统的安全可靠，而且是区域、城乡等全面的供应稳定，对电力行业的安全性要求越来越高，所需的成本不仅有电力系统运行与管理成本，对经济社会带来的成本也会升高。

2. 低碳技术需求巨大与科技创新能力不足面临挑战

近年来我国新能源、核电、输变电、新型储能技术快速迭代，在推进电力行业低碳发展的同时，也带来生产成本的快速下降，从而降低系统转型成本。但是，当前科技创新能力仍然与电力行业高质量发展的功能需求有较大差距。一是电力低碳领域的基础理论方法不足，非工频稳定性分析的基础理论欠缺。二是电力行业低碳发展会带来很多新的技术挑战，例如系统形态和

运行特性转变带来的技术控制与预测难题，电力数字转型带来的信息安全问题，多品种能源之间耦合互济技术难题，科学精细的电力碳核算技术挑战等；研发能力不足，缺乏精细高效的设备设计、组部件设计研发的人才、系统、工艺等，在基础研发环节的投入难以满足高端精密设备生产和新型电力系统建设的需求。三是多主体联动、多要素耦合的创新体系尚未形成，电力行业低碳发展是涉及能源电力、绿色低碳、信息技术、经济管理等多学科的复合领域，目前理论研究、技术研发、生产制造等人才分布在高校、企业、设计院等，复合型人才培养不足，产学研体系正在建设过程中，人才和技术供给不足。

3. 支撑绿色美好生活与进一步降低用能成本面临挑战

电力行业低碳发展促进能源结构、要素结构、电力消费结构的重大调整，在现有的技术水平下转型将付出大量的成本。一方面，在技术成熟前，电力低碳转型会带来供电成本上升，电力价格上涨将会带动企业生产成本上升，影响企业利润空间，进一步可能通过商品价格传导给消费者。另一方面，公众对于价格的敏感程度也影响低碳转型的公众接受成本。在当前复杂形势和经济下行压力较大的情况下，更要谨慎选择电力碳减排的路径，统筹好发展与转型，平衡好成本与效益。

4. 产业链供应链安全稳定面临挑战

电力产业链供应链安全稳定是电力行业平稳发展的前提，也是电力行业低碳发展的保障。从内部环境来看，新型电力系统环境对电力系统运行控制、特高压组部件、新型储能、系统耦合等技术要求越来越高，但是部分核心技术、关键组部件仍存在外国技术为主甚至"卡脖子"风险，国内产品设计难以满足低碳高效精益管控要求，产品精度和性能有待提升；国内低端产能较多甚至部分领域存在过剩，高端产能明显不足，难以满足电力系统转型升级需要。从外部环境来看，世界格局正在深刻调整，俄乌冲突、巴以冲突等局部冲突和动荡频发，给全球地缘政治和地缘经济带来巨大冲击，能源市场剧烈动荡导致全球能源供需格局在博弈中重构，能源体系面临巨大不确定性和不稳定性。欧美市场不断提高贸易壁垒，连续出台针对光伏、新能源汽车等中国新能源产业的贸易政策，多次对中国企业开展贸易调查，加大对我国关键技术设备和稀缺矿产资源的出口限制，给我国电力产业链供应链安全稳定和对外发展带来巨大挑战。

5. 气候变化带来的风险挑战

全球气候变化带来极端天气现象频发，电力可靠供应受气候因素影响的范围和程度深化，电力系统运行不确定性和非常规安全风险显著增加。气候系统综合观测结果显示，2015~2023年是自1850年有气象观测记录以来最暖的9个年度，其中2023年全球地表平均温度达到了有史以来最暖。21世纪初以来，我国极端强降水事件呈增多趋势。极端天气与异常气象愈加频繁和剧烈，进而放大新能源波动性、间歇性特征，增加了电力系统调控运行难度。极端高温、低温会引起社会对电力的需求短时间内骤升，暴雨、暴雪、洪涝、干旱等会导致风电、光伏发电出力大幅下降，自然灾害甚至直接导致电力设施受损，严重危害电力系统安全。

三 服务中国式现代化的电力行业低碳发展路径

立足新形势下经济社会发展对电力行业的功能需求，着眼于电力行业低碳发展已有基础和面临的风险挑战，探寻其间的契合点和不适应性以寻找巩固和调整的着力点，形成服务中国式现代化的电力行业低碳发展思路，不断提升电力行业对功能需求的适应性和支撑力。

（一）总体思路

电力行业低碳发展必须响应新阶段对电力行业提出的功能需求，以习近平新时代中国特色社会主义思想为指导，完整、准确、全面贯彻新发展理念，服务构建新发展格局，着力推动高质量发展，切实落实"四个革命、一个合作"能源安全新战略，以构建新型电力系统为核心载体，以科技创新和治理变革为双轮驱动，在低碳发展中推进新型能源体系、新型电力系统与新型电网一体化创新发展，动态平衡好四个方面（安全性、经济性、低碳性和共享性），实现电力行业对经济社会发展的五大功能价值（保障能源安全、推动结构升级、提供增长新动能、促进发展协调和拓展国际市场空间）（见图6）。

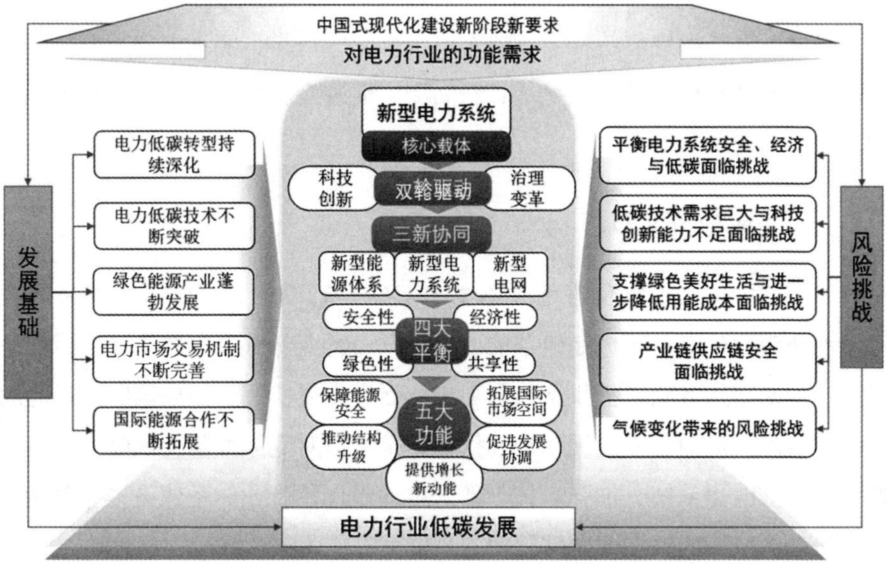

图6　电力行业低碳发展思路框架

一是电力行业低碳发展以新型电力系统建设为核心载体。构建清洁低碳、安全充裕、经济高效、供需协同、灵活智能的新型电力系统是电力行业低碳发展服务"双碳"战略和中国式现代化大局的核心载体。二是要以科技创新和治理变革为双轮驱动。科技是驱动经济社会变革和能源高质量发展的关键动力，推进治理体系现代化要优化政策资源与治理能力配置，以科技和管理赋能电力行业发展，促进电力行业转型升级和竞争力提升。三是要协同推进支撑好新型能源体系、新型电力系统与新型电网一体化创新发展。新型电力系统承载着能源绿色低碳转型的历史使命，是清洁低碳、安全高效能源体系的重要组成和关键载体，新型电网是新型电力系统的核心平台，在服务新型电力系统承接实现新型能源体系功能中发挥重要作用。四是要动态平衡好安全性、经济性、低碳性和共享性，安全性是电力系统的首要要求，是电力行业发展的基本前提；电力系统的经济性不仅是电力系统的成本也是转型过程中社会所需代价，经济性意味着电力行业低碳发展可行性和可持续性；随着绿色发展和"双碳"目标推进，低碳性的要求更为迫切；共享性是电力系统公共服务属性的体现，电力行业低碳发展也要支撑好社会公平和均衡发展。五是响应经济社会发展对电力行业的需求，实现电力行业保障能源安全、推动结构升级、提供增长新功能、促进发展协调、拓展国际市场空间的五大功能价值。

（二）重点发展方向

在推进中国式现代化进程和落实"双碳"行动中，围绕推动经济高质量发展和深化生态文明体制改革的要求，电力行业低碳发展要统筹保障能源安全、推动结构升级、提供增长新功能、促进发展协调、拓展国际市场空间的功能需求，巩固已有发展基础和优势，全力应对克服面临的风险挑战，加快构建新型电力系统，加强科技创新，推动现代化产业体系建设，完善能源电力治理体系，提升参与全球能源治理能力。

一是加快推动新型电力系统建设，统筹好能源安全与低碳转型。立足基本国情，在确保能源安全的前提下，按照先立后破、通盘谋划的原则，统筹推进新旧能源有序替代，积极稳妥有序地推进能源低碳转型。深刻把握以新能源为主体的新型电力系统本质特征，积极适应电力需求持续增长与电源结构加速调整带来的挑战，坚持集中式和分布式并举、远距离输送和就近就地消纳并重，因地制宜、协同供需，技术管理双管齐下扩大系统的调节空间，促进减污降碳扩绿增长协同，提升生态承载力和环境容量，拓展电力行业发展空间。

二是加强技术攻关和创新驱动，积极培育发展新质生产力。我国经济社会持续推进高质量发展，从"扩大增量"转向"增量增长与存量优化并存"，且"存量优化"的占比会持续提升。存量优化的边际成本在逐渐增加，而增量增长的边际收益在下降，这意味着"十五五"时期经济社会的整体投入产出效率会有所下降。破解投入产出效率下降的关键在于技术创新，这是降低边际成本、提升边际效益的关键。技术创新是构建新型电力系统的重要驱动力，也是推动电力行业低碳发展的关键动力。电力行业低碳发展涉及发输配用储电各环节，是一项复杂的系统工程，需要能源科技创新进一步引领和支撑。需要构建适应"双碳"目标和新型电力系统的技术创新体系，依托大数据、云计算、人工智能、北斗等先进信息技术，推进电力系统数智化、绿色化转型，加快新能源、储能、氢能以及适应负荷特性和气候变化的电力系统运行技术等重点领域技术攻关，建立健全相关标准体系，强化原创技术策源地建设，推动产业链、资金链、人才链和创新链深度融合。

三是推动建设现代化产业体系，提升产业链群绿色发展质效。推动完善现代化产业体系，能源绿色低碳转型是实现现代化产业体系绿色化转型的关键。一方面，在电力行业低碳发展中要保障对国家现代化产业体系建设、产业结构调整带来的负荷增长的电力需求，提升对经济产业智能化、绿色化、融合化的支撑水平。另一方面，发挥特高压、核电、新能源等方面技术和产业优势，强化产学研融通创新，建立健全低碳技术、高效管理、综合服务、绿色品牌等全面产业价值培育体系，不断延伸壮大优势产业链，形成生态化的产业链群优势。

四是深化电力体制机制改革，持续完善能源电力治理体系。牢牢把握构建高水平社会主义市场经济体制、构建全国统一大市场的要求，深化能源管理体制改革，推动建设全国统一电力市场。构建分工明确、权责清晰的各级政府事权、责任相适应的电力统一规则体系，进一步发挥宏观调控作用。进一步健全市场功能、完善交易规则、明确参与标准，深化电价市场化改革，将绿色价值、安全价值、容量价值内部化，统筹新能源主体准入机制，健全绿电绿证交易机制，促进绿电绿证与碳市场有效衔接，构建统一开放、竞争有序、安全高效、品种齐全、治理完善的电力市场体系。

五是提升参与全球能源治理能力，构建绿色低碳国际竞合新格局。全面贯彻总体国家安全观，以新安全格局保障新发展格局，需要推进国家安全体系和能力现代化建设。能源安全是国家安全的重要组成部分。一方面，电力行业低碳发展要强化底线思维和风险意识，积极参与全球气候治理、能源合作与科技合作，推动建立公平合理、合作共赢的全球能源治理体系。另一方面，要自主掌握好电力低碳转型的路径和方式、节奏和力度，健全境外投资风险防范体系，提升我国电力企业国际化经营能力，维护能源产业链供应链稳定畅通。

（三）电力行业低碳发展展望

我国深入推进能源革命，加快规划建设新型能源体系，构建新型电力系统，积极稳妥推进碳达峰碳中和，力争在2030年前碳达峰、2060年前碳中和，从峰值到中和减排时间不足欧美主要国家的一半，低碳发展需求与压力巨大，"十五五"期间是我国全面深化转型阶段，经济结构优化、发展方式转变、增长动力转换的特征更加明显，进入加速发展期。课题组应用国网能源电力规划实验室自主研发的"中国能源经济环境系统优化模型"和"多区域电源与电力流优化系统（GESP）"开展规划优化分析，研判中长期电力行业低碳发展路径。

1.深入推进电力系统低碳转型

在保障能源安全、电力可靠供应的基础上，深入推进电力生产消费结构绿色低碳转型。从能源消费需求来看，通过节能管理、采用高效设备、普及节能技术和改进生产工艺等系列措施，能源效率显著提升，单位GDP能耗和单位产品能耗稳步下降。终端能源消费预计在2030年前后达峰，峰值为42亿吨标准煤。从电力需求来看，我国经济发展长期向好，电力需求将持续保持刚性增长，全社会用电需求增速逐渐放缓，中远期趋于饱和。基准情景下，预计2030年全社会用电量将超过13万亿kWh，预计2045~2050年后我国电力需求开始进入饱和增长期[①]。

从电力生产来看，电源结构持续清洁化，新能源、新型储能等装机规模进一步提高，非化石能源发电将逐步成为装机主体和电量主体。2030

---

① 电力需求饱和阶段是指"全社会用电量年平均增长率低于1%"的发展阶段。

年以前，我国新增电源装机约 80% 为非化石能源发电，到 2030 年非化石能源发电装机规模约 39 亿 kW（见图 7），约占总电源装机容量的六成。非化石能源发电量占比持续提升，非化石能源发电量占比从 2020 年的 34% 提升至 2030 年的 49% 左右，新增电量约 70% 为非化石能源发电。煤电、气电仍然是我国重要的调节性电源，通过加快功能定位转变和灵活性改造，支撑新能源高质量发展。预计 2030 年后新增电力需求全部依靠以新能源为代表的非化石能源发电满足，非化石能源发电实现"电力需求增量全部满足，存量逐步替代"。

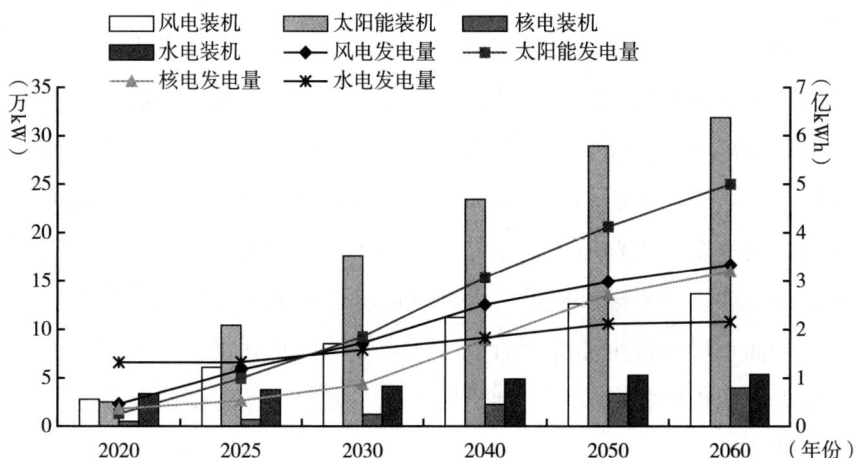

图 7　2020～2060 年主要非化石能源装机及发电量结构

从电力消费来看，我国产业结构调整持续深化，数字化水平不断提升，电能广泛替代推进关键领域能源利用方式转型，将进一步拓宽终端用能电气化市场，带动主要产业部门用能形态转型升级。例如，交通用能电气化水平将逐步提升，预计到 2030 年，实现城市公共交通、铁路运输电气化全覆盖，电动汽车快速发展，并作为灵活资源参与电力系统储能服务。建筑领域，积极拓展可再生能源在建筑领域的应用形式，利用可再生能源电力保障建筑供热（冷）、炊事、热水用能需求，逐步普及太阳能发电与建筑一体化。据中电联预测，"十四五"末期我国电能占终端能源消费比重将提高至 31.2%，东部、中部、西部、东北地区预计分别达到 33.1%、28.2%、31.4%、17.4%。经课题组初步测算，预计"十五五"末期我国电能占终端能源消费比重将达到 35% 左右。

2. 大力推进电力低碳技术创新

加强电力低碳转型技术研发。立足以发展新质生产力为重要着力点推进高质量发展大局，全面推进源网荷储各环节及绿色低碳相关产品和服务的技术创新。新型清洁能源发电技术方面，近中期突破深远海风电及超大型海上风机技术、先进太阳能热发电技术；中远期推动新能源的低成本、大规模、高效率开发利用，大幅提升大规模新能源基地稳定运行和送出能力。推动火电清洁发电与灵活调节技术创新，进一步发掘燃煤发电的降碳潜力，推进老旧煤电机组延寿及灵活高效提升改造。重点突破高效低成本二氧化碳捕集、利用和封存（CCUS）技术，储备二氧化碳矿化发电等颠覆性技术，近中期开展示范应用并推动逐渐具备工程化、产业化能力。核电方面，近中期攻关核岛先进主泵、核电站数字化仪控系统及关键芯片、多用途高效能小型先进反应堆、大型核电基地核能综合利用等技术。氢能方面，全面布局可再生能源制氢、氢能高效储运和利用技术及装备，实现关键装备全面国产化和应用，推进电—氢—碳耦合，逐步建立多元化氢能源利用体系。

加强电力低碳数字技术研发。大数据、物联网、人工智能等先进技术在电力系统应用愈加深入而广泛，电力源网荷储数等全环节全方面进行数字化改造，电力系统运行可靠性、管理效率和水平进一步提升。同时，先进数字技术的应用进一步提升电力系统的计算能力，充分激发电力数据资源整合能力和算力，协同云—边—管—控—端等，提升电力低碳数智体系的质效。近中期突破电力系统一体化封装传感器、异构融合管控、隐私数据安全共享、智能调控等技术，突破超高速可穿戴传感器、通信与计算融合、全环节实时仿真计算、智慧能源电力系统等技术。

加强颠覆性技术储备。颠覆性技术具有高投入、长周期、不确定的特性，对电力低碳转型的技术路径、空间布局、突破方向、突破时点及性能指标甚至可能的"切换"路径产生重要影响。加强颠覆性关键技术储备与投入，如二氧化碳矿化发电、可控核聚变、全直流组网、超导输电等技术，有助于降低存量优化、结构调整的边际成本，提升效率效益。

3. 促进产业升级与布局优化

以科技创新推动产业升级，市场融合与跨界合作等新模式不断创新，新型高效光伏、先进储能、新型材料、新能源汽车、智能家居、智慧城市、数智能源网等新产品新业态纷纷涌现，新兴产业和未来产业加快发展，发展新质生产力带动经济发展新增量。

"十五五"期间是我国经济分区协调发展与市场大融合加速阶段，在区域协调发展战略指导下，我国依托经济圈、经济带和主要板块，"以点带面"推动高质量发展，区域协调发展能力不断增强。我国统一大市场建设推进力度更大，在市场的推动下区域进一步融合发展，京津冀、沿长江经济带、成渝区域、大湾区等经济圈的辐射作用越来越强；统一大市场还推动产业融合发展，高端制造业与服务业融合加深，产业链龙头、链长的带动作用加强，产业有序向西部地区梯度转移，各类要素向产业园区、县（市）、都市圈等集中集聚。城乡融合发展作用下，我国城镇化率进一步提升，根据相关预测"十五五"末期有望达到70%。调研显示，电力消费、用能成本、碳排放等指标已经成为影响产业布局、企业选址的重要考量，中长期我国能源资源远距离输送与就近就地利用并举，推动"西电西用、产业转移"。电力行业低碳发展将持续在推动城乡融合发展、区域协调发展、消除能源贫困、完善普遍服务中发挥重要作用。

4. 进一步激发市场机制作用

构建统一开放、竞争有序、安全高效、品种齐全、治理完善的电力市场体系。推动电力中长期交易向更长周期、更短时序双向延伸；稳妥有序扩大现货市场覆盖范围，引导各地加快开展双边电力现货市场建设，加快形成长期稳定运行的电力现货市场；健全辅助服务市场，引导多层次市场协同运行。完善新能源参与中长期交易机制，明确新能源市场化消纳的总体原则和发展方向，推动新能源稳妥有序全面参与市场。建立绿电、绿证与碳市场协同机制，加强可再生能源超额消纳量、绿证、碳排放权、国家核证自愿减排量衔接，健全不同环境权益产品间的流通规则、核算方式和价格传导机制。

5. 提升电力行业国际竞争力

全球竞争加剧背景下，加强合规管理与风险防范体系建设。世界经济复苏乏力，地缘政治冲突加剧，保护主义、单边主义抬头，国际环境变局变量和影响持续加大，影响能源供需形势的不确定因素复杂多变，世界能源市场不确定性不稳定性因素增多。在竞争激烈的国际环境下，中国电力行业企业要以防范风险、有效管控为目标，建立健全全面风险管理体系。

扎实推进共建绿色"一带一路"，全面拓展低碳电力国际合作。国际市场上，中国电力企业在新能源技术、产业基础、市场开拓能力、成本控制能力等方面具备优势，电力行业继续高水平高站位服务国家对外开放战略，持续深化在能源建设、绿色低碳、技术创新等领域的国际合作，积极推进与"一带一路"倡议合作伙伴在能源贸易、能源转型、新能源汽车等多领域的技术研发、标准制定、投资共建方面的合作共赢，不断加强与周边各国的电力基础设施互联互通，进一步为应对全球气候变化、推动全球能源绿色转型做出重要贡献，贡献中国方案。

四 结语

以电力行业低碳发展服务中国式现代化建设需要电力行业发挥保障能源安全、推动结构升级、提供增长新动能、促进发展协调、拓展国际市场空间的功能价值，促进经济社会全面绿色转型。面对已取得的卓越转型成效和扎实基础，还应看到内外部挑战和风险不断涌现，必须以习近平新时代中国特色社会主义思想为指导，完整、准确、全面贯彻新发展理念，服务构建新发展格局，着力推动高质量发展，切实落实能源安全新战略，以构建新型电力系统为核心载体，走生态优先、绿色低碳的电力行业高质量发展之路。

展望未来，我国加快规划建设新型能源体系，构建新型电力系统，积极稳妥推进碳达峰碳中和，电力行业统筹绿色转型与安全发展，推动电力系统结构低碳转型，促进绿色技术不断创新，推进产业升级和布局优化，进一步激发市场机制作用，提升电力行业国际竞争力，进一步为全球贡献人才、技术、方案等，在应对全球气候变化、推动全球能源绿色转型中发挥重要作用。

参考文献

《把全面深化改革作为推进中国式现代化的根本动力》，《人民日报》2023 年 5 月 10 日。

中华人民共和国国务院新闻办公室：《中国的能源转型》，人民出版社，2024。

习近平：《决胜全面建成小康社会夺取新时代中国特色社会主义伟大胜利——在中国共产党第十九次全国代表大会上的报告》，2017 年 10 月 18 日。

韩庆祥、张健：《全面深入学习贯彻党的二十大精神》，《人民论坛》2022 年第 20 期。

《中共中央关于进一步全面深化改革　推进中国式现代化的决定》，人民出版社，2024。

习近平：《开创我国高质量发展新局面》，《奋斗》2024 年第 12 期。

中共中央宣传部、国家发展和改革委员会编《习近平经济思想学习纲要》，人民出版社、学习出版社，2022。

中共中央党史和文献研究院编《习近平关于国家能源安全论述摘编》（普及本），中央文献出版社，2024。

张智刚：《能源安全新战略引领电力事业高质量发展》，《求是》2024 年第 11 期。

辛保安：《为美好生活充电　为美丽中国赋能》，《中国信息化》2022 年第 8 期。

中国电力企业联合会编著《中国电气化年度发展报告 2022》，中国建材工业出版社，2023。

中国气象局气候变化中心编著《中国气候变化蓝皮书（2024）》，科学出版社，2024。

专题篇

B.2
电力行业低碳发展与经济增长的关系研究

张小溪*

摘　要：　本报告试图从机理上阐释中国电力行业低碳发展和经济增长的关系，厘清绿色转型在经济增长中是长期激励而非约束条件，构建转型与增长的分析框架。从结构视角系统分析"双碳"治理对中国经济增长的影响，讨论现阶段伴随火电比例逐渐下降，如何从绿色能源和电力行业转型中获取新的增长支撑，在产业轮动中获得增长潜力，并对经济增长与电力需求的关系进行相关研判和预测，以期通过政府资金支持、电力市场深化改革、高效节能产品推广及智能电网和储能技术发展实现电力行业的进一步发展。

关键词：　电力低碳　电力转型　电力需求

---

* 张小溪，经济学博士，中国社会科学院经济研究所经济增长研究室副主任，研究员，研究方向为绿色增长。

一　电力行业低碳发展与经济高质量发展的内在联系

党中央、国务院将绿色低碳转型作为中国经济未来的重要转型方向。党的十九大报告指出，我国现阶段的主要矛盾是人民日益增长的美好生活需要和不平衡不充分的发展之间的矛盾。习近平主席在第七十五届联合国大会上庄严宣布，中国力争 2030 年前二氧化碳排放达到峰值，努力争取 2060 年前实现碳中和目标，这对于我国全面建设社会主义现代化国家和满足人民美好生活需要具有重大意义，也是我国作为负责任大国推动构建人类命运共同体的重要体现。中国作为世界上最大的发展中国家，新发展阶段面临着向绿色转型的必然性和实现经济增长的必要性。按"碳达峰"和"碳中和"的"3060"计划目标，中国绿色转型需要长达四十年。2021 年绿色转型开启之年虽然新能源领域投资大幅增加，但也遭遇了电力供应紧张的转型摩擦冲击。转型摩擦反映了中国传统能源市场存在的问题，也倒逼中国电力行业进行低碳发展，积极开发和利用以太阳能、风能为代表的清洁能源替代传统的煤电，电力能源转型由此拉开序幕。因此，我国要将电力行业低碳发展作为长期战略并从不断实践和转型摩擦中获得经验，推动电力行业低碳发展和经济可持续增长，为经济高质量发展增添绿色清洁底色。

（一）推动能源结构转型和绿色产业发展

2012 年 11 月，党的十八大报告首次提出，推动能源生产和消费革命以确保国家能源安全，2014 年 6 月，习近平主持召开中央财经领导小组第六次会议，明确提出中国要推动能源消费革命、能源供给革命、能源技术革命、能源体制革命，并全方位加强国际合作，实现开放条件下的能源安全。至此，能源革命成为中国重要的经济政治议题。

高质量发展强调绿色发展理念，要求能源结构转型与环境保护相协调。这包括减少化石能源使用带来的污染排放，推动清洁能源替代，实现能源生产和消费的绿色化、低碳化。电力行业低碳发展要求淘汰常规燃煤发电，增加以可再生能源为主的发电量。其本质是能源结构从传统的高碳能源向清洁、可再生能源转变，与高质量发展的要求一致。这种转型有助于减少温室气体排放，促进环境保护和生态文明建设，实现经济社会发展与自然环境的和谐共生。

2013 年至今，可再生能源的发电成本降幅巨大。据测算，全球光伏和陆上风电的平准化度电成本（LCOE）分别下降了 85% 和 60%，海上风电成本如今也开始快速下降，仅过去 5 年就下降了 60%。在可再生能源资源丰富地区，可再生能源竞价甚至更低。目前全球光伏 LCOE 平均水平大约是每千瓦时 0.35 元，但美国加利福尼亚州、葡萄牙和中东已经出现每千瓦时 0.14 元甚至更低的报价。全球海上风电的 LCOE 目前为每千瓦时 0.63 元左右，英国最新的中标价格大约为每千瓦时 0.36 元。全球范围的大趋势也在中国同步演进。中国的光伏发电成本已经低于燃煤发电成本，而陆上风电也将很快达到这一水平。海上风电成本很可能将在未来十年具备竞争力，而中国的核电成本目前已经基本可以与煤电竞争。

低碳电力为绿色产业提供了必要的能源支持，推动了新能源、节能环保等产业的发展，为经济高质量发展注入了新的绿色动能。工业、建筑、交通等终端部门实现深度脱碳，在加大节能和能效提升力度的同时，加快电气化发展，以电力替代煤炭、石油等化石能源直接燃烧和利用，或以可再生能源电力和核电制氢，强化氢能在终端部门的利用，这都将提高电力在终端能源消费中的比重和发电用能源在一次能源中的比重，而导致电力的增长速度快于能源消费的增速，进而未来各种情景下电力需求仍将持续上升。在 2℃ 情景下，到 2050 年电力总需求将达 13.1×10^4 亿千瓦时以上，由于终端电力替代力度加大，电力总需求量将高于政策情景。电力系统低碳化转型，将持续扩大新能源和可再生能源电力对传统煤电等化石能源电力的替代。

（二）保障能源供应安全和电力系统稳定

在推动能源结构转型的同时，必须确保能源供应的安全和稳定。这要求建立健全能源储备和应急体系，提高能源供应的多样性和韧性，确保在各种情况下能源供应的连续性和稳定性。电力行业低碳发展强调通过多元化的能源供应体系增强能源安全，减少对单一能源的依赖，提高能源供应的稳定性和安全性。不仅有助于保护环境，实现可持续发展，也有助于提高国家的能源安全，保证社会经济的稳定运行。

传统的电力供应主要依赖煤炭、石油等化石燃料，这些能源不仅污染环境，而且资源有限，不可再生。多元化的能源供应体系意味着除了传统的化石燃料，还包括风能、太阳能、水能、核能等可再生能源和清洁能源。这些能源不仅可以有效降低环境污染，而且资源丰富，可再生，有助于实现能源的可持续发展。此外，多元化的能源供应体系可以有效降低对单一能源的依赖，从而降低因能源供应中断而引发的风险，提高国家的整体能源安全。

电网的运动稳定性和抗风险能力正在逐渐适应高质量发展的能源安全需求。随着智能电网技术的发展，电网已经能够高效处理可再生能源的波动性，提高系统的稳定性。分布式发电和微电网技术的应用，使得电力系统更加灵活，能够在局部出现问题时快速响应，减少对整体电网的影响。同时，储能技术的进步也为平衡供需提供了新的解决方案，使得电网能够更好地适应可再生能源的不稳定输出。此外，智能调度系统的引入，大幅提高了电网的负荷管理能力，确保电力供应的稳定性。电力行业低碳发展的目标是构建一个更加稳定、高效、绿色的电力系统，为高质量发展提供坚实的能源保障。

（三）提高能源利用效率和能源优化配置

经济高质量发展要求提高能源利用效率，降低单位 GDP 能耗，实现经济增长与能源消耗的脱钩。在不断强化节能的同时，能源结构优化是碳减排的根本对策。能源领域要过渡到低碳电力为主的绿色能源体系，包括大力发展可再生能源和核能，需要将这些形式转向拥有可行的低碳技术的电力。

低碳电力发展注重提升能源转换和使用的效率，通过高效能源技术和设备的应用，减少能源消耗，降低能源成本，提高经济运行效率。低碳电力发展的核心在于提高能效，即用最少的能源投入获取最大的经济效益和环境效益。这意味着从发电、输电到配电的每一个环节都要追求高效率。使用超临界和超超临界燃煤发电技术可以显著提高发电效率，减少煤炭消耗和碳排放。在输电环节，高压直流输电（HVDC）和特高压交流输电（UHVAC）技术大幅减少了输电过程中的能量损失。而在用电端，智能电网和需求侧管理（DSM）技术能够优化用户用电模式，减少无效和冗余的能耗。高效能源技术和设备的应用是提升能效的重要手段。随着科技的进步，新型材料、新型工艺和数字化技术不断涌现，为提升电力系统的效率提供了可能。如采用绝缘栅双极型晶体管（IGBT）等高效电力电子器件，可以提高变频器和电机驱动系统的效率。还有太阳能光伏和风能技术的持续进步，使得可再生能源的转换效率大幅提升，从而降低了整体的能源成本。

电力行业低碳发展通过市场化手段和政策引导，优化能源资源的配置，确保能源资源在经济社会发展中得到高效利用，支持经济结构调整和产业升级。由于难以储存，电力是由时间和空间定义的具有高度异质性的商品，因此电力的生产与消费之间的矛盾就成为电力市场最为重要的问题。传统电网模式下，电力以保障供给为主要目标，带有部分计划经济色彩，一定程度上限制了发电企业的创新活力，导致风电、太阳能发电等新能源发电企业存在一些弃电现象，电价没有根据市场供求得到及时调整。因此，电力市场化改革之后，充分调动了新能源电力企业、用户节电优化电力使用配置行为、电力相关行业技术创新的积极性，利用价格信号吸引、调节市场主体参与电力市场生产与消费，从而达到了促进电力能源改革与发展的目的。通过跨区域的电力市场，将资源丰富地区的电力输送到需求量大的地区，有效实现了资源的优化配置。这不仅可以提高整体社会的能源利用效率，还可以带动资源丰富地区的经济发展，实现共赢。

（四）驱动技术创新和商业模式发展

能源革命是产业革命的重要内容，目前方兴未艾的太阳能、风能、潮汐能、生物质能等各种新能源将进一步降低人类获取能源的成本，大幅改变能源结构，从而对经济社会产生深远的影响。我国很早就有一些企业从事新能源的开发与利用，但因为电力价格形成机制非常僵化，电力用户对电力价格波动非常敏感，从而供给能力强但是波动较大的新能源电力不具有价格优势。造成的结果就是节能高效环保机组不能充分利用，弃水、弃风、弃光现象时有发生，个别地区窝电和缺电并存。

经过近年来的市场快速发展和技术不断迭代，我国的绿电成本已经降到了一个非常低的水平，太阳能、风能、潮汐能等各种新能源的产能也得到很快的提升。随着电力价格改革的推进和新能源技术水平的提升，我国新建的风能和太阳能发电已经可以与煤电进行价格竞争，即便是小规模的分布式屋顶光伏现在也能在价格上具有竞争力。电力改革之后，我国新能源可以通过网上销售，大幅提升了新能源的利用率，对于新能源的发展和推广具有重要意义。

低碳电力发展需要不断的技术创新，包括新能源技术、智能电网技术、储能技术等，这些创新不仅推动了电力行业的升级，也为其他产业的技术进步和转型提供了支持。从新能源结构来看，我国未来进一步发展将呈继续健全发展机制、加速电力分布化布局的趋势，促进可再生能源和可再生能源发电无歧视、无障碍上网，从而促进新能源产业的发展，特别是促进光伏发电等新能源产业设备制造产能和建设、运营、消费需求的匹配，从而形成研发、生产、利用相互促进的良性循环。各种电力产品之间的优劣取决于经济社会不断变化的挑战，新能源受到自然条件变化的影响可能难以保障稳定的电力供给，而煤炭价格的波动和供应的不稳定也可能造成煤电产量出现大幅波动；风能和太阳能的供给尽管存在波动性，但价格却相对稳定和安全。旨在优化跨省可再生能源交易的市场改革或可帮助减轻可再生能源波动性带来的挑战，同时将鼓励企业采购风能和太阳能来对冲化石燃料成本的上升。

新的商业模式和市场机制也在不断涌现，如电网企业正在从中间商向平台企业转变，新能源发电企业则作为市场主体参与电力市场交易，形成多元化、多层次、分布式、市场化的电力供应模式，为市场提供各种不同特征的电力商品，有助于满足电力市场用户的多元化需求。2022 年 1 月 28 日，国家发展改革委、国家能源局发布《关于加快建设全国统一电力市场体系的指导意见》，指出"鼓励分布式光伏、分散式风电等主体与周边用户直接交易，完善微电网、存量小电网、增量配电网与大电网间的交易结算、运行调度等机制，增强就近消纳新能源和安全运行能力"。可以预计在未来，充分构建电网平台的用户集聚机制、网络外部性带来的正反馈机制、信息搜寻与排序机制、撮合交易机制、定价机制、结算机制、信用机制等，将为新能源电力上网构建良性循环。

二　电力行业低碳发展过程中的替代摩擦

电力行业低碳发展首先需要克服能源替代摩擦，即实现绿电对火电替代所可能遭遇的技术和市场摩擦。技术摩擦主要表现在绿电的不确定性和不稳定性，如光电对日照时间非常敏感，风电对季节非常敏感，不能随时提供工商业所依赖的稳定电力供给。市场摩擦主要表现为绿电价格的不稳定，由于新能源供给受到自然条件的影响，在光能和风能充足的时候能源价格极低，而在这些新能源无法发电的时候则能源价格极高，这就使得部署新能源难以匹配适量需求以稳定价格，从而造成新型能源体系投资的可持续性存疑。能源替代摩擦是实现绿色转型"先立后破"的首要挑战。在传统能源消耗模式下，转向低碳或零碳能源需要面对技术进步的不确定性和转型成本的约束。然而，随着技术的发展和经济规模效应的实现，绿电成本逐渐下降，能源替代摩擦也逐渐减小。

采用中国数据进行校准的理论模型分析结果表明，在实现消费者福利长期最大化的最优路径上，要在中长期内实现碳中和，需要通过不断对绿电部门加大资本投入，支持其技术研发实现突破，逐步实现对火电替代和绿电占据主导地位，实现中国经济增长和绿色转型目标兼容。因此，从长期来看，绿电成本逐渐下降，能源替代摩擦也逐渐减小。

假设消费者效用由消费 C 和碳排放 D 决定，并且随着消费 C 的增长将会带来消费者效用增加，即 $U_C > 0$，而碳排放 D 增长将会使消费者效用出现下降，即 $U_D < 0$。

在上述假定下，连续情形下代表性消费者的最优化系统可以表示为：

$$\text{Max}_{\{C,q\}_{t=0}^{\infty}} \int_0^{\infty} e^{-\rho t}[\ln(C) - \gamma(D - D_*)^2] \tag{1}$$

受约束于：

$$\dot{K} = Y - C - \delta K - \phi(R^p + R)^{-2}q$$

$$\dot{R} = -q$$

$$\dot{D} = \beta_q - \mu(D - \kappa D_*)$$

$$K(0) = K_0, R(0) = R_0, D(0) = D_0$$

$$\lim_{t\to\infty} e^{-\rho t}K(t) \geqslant 0, \lim_{t\to\infty} R(t) \geqslant 0, \lim_{t\to\infty} D(t) \geqslant D_0$$

数值模拟参数选择方面，本报告与 Greiner 等[1]、Nyambuu 和 Semmler[2] 研究相一致。模型系统各变量的初始值和参数设定如下：$K(0) = 1$，$R(0) = 2.5$，$D(0) = 1$，$\rho = 0.03$，$\gamma = 1$，$\delta = 0.05$，$\phi = 0.1$，$\beta = 0.5$，$\mu = 0.1$，$\kappa = 3$。多数参数选择值与已有研究保持一致，例如时间折现系数 ρ 与 Nordhaus[3] 的 DICE 各版本设定一样，其他参数选择也是如此。

图 1 为闭合路径下资本、不可再生资源与碳排放的时间演化路径，图 2 加入了开放循环下闭合路径的生成过程。总体而言，不可再生资源将从初始值不断下降至 0.2 附近的稳态水平，资本演化过程则是先快速上升而后经历转型阻滞阶段后快速上升至稳态水平，碳排放路径在向绿色转型阶段始终处于上升状态，只有在实现绿色转型后，绿色能源占据主导，碳排放才能稳定

① Greiner, J. T., McGlathery, K. J., McKee, B. A., "Seagrass Restoration Enhances 'Blue Carbon' Sequestration in Coastal Waters," *PLoS ONE*, 2013, 8 (8), e72469.

② Nyambuu, U., Semmler, W., "Climate Change and the Transition to a Low Carbon Economy-Carbon Targets and the Carbon Budget," *Economic Modelling*, 2020, 84 (C), 367-376.

③ Nordhaus, W. D., "Geography and Macroeconomics: New Data and Findings," *Proceedings of the National Academy of Sciences of the United States of America*, 2006, 103 (10): 3510-3517; Nordhaus, W. D., "Climate Clubs: Overcoming Free-riding in International Environmental Policy," *American Economic Review*, 2015, 105 (4): 1339-1370.

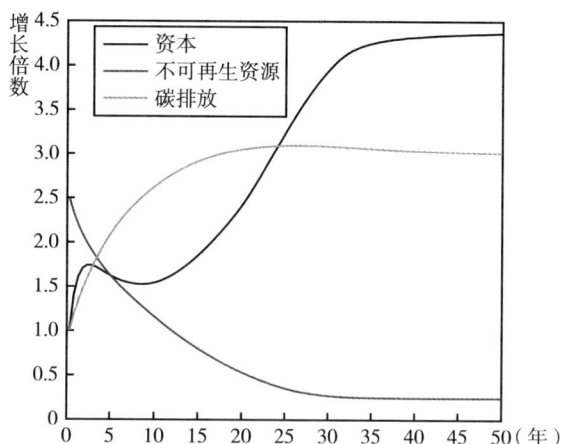

图1　资本、不可再生资源与碳排放时间演化路径

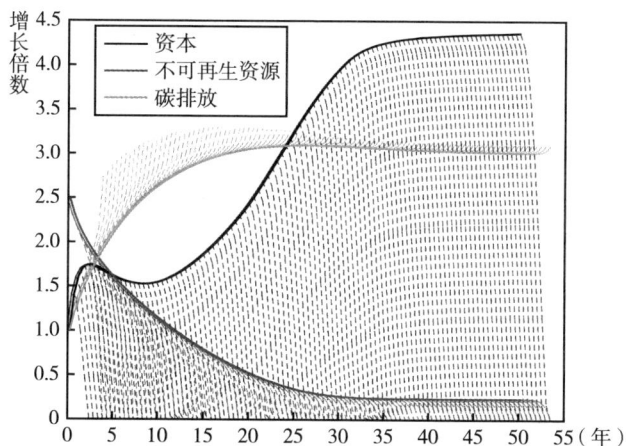

图2　资本、不可再生资源与碳排放时间演化路径（加入开放循环下闭合路径生成过程）

在稳态水平，达到碳中和。具体而言，从不可再生资源运动方程可知其演化路径将会遵循不断下降渠道，主要特征在于转型初始阶段曲率较大，象征向绿色转型攻坚主要集中于转型上半场。而资本演化路径大致呈现为"U"形特征，原因在于：第一，在碳达峰目标提出后，控碳、限碳必然使绿电部门加大资本投入，但受限于绿色能源转型不确定性、安全性和稳定性等因素，绿电部门成长将会经历转型阻滞阶段，导致绿电部门的资本投入进入短暂稳定甚至小幅下降渠道，这时政府绿电研发补贴和其他财政政策支持就显得尤为重要，能够降低转型痛苦和加快绿色转型从不确定性、不稳定性和不安全性向确定性、稳定性和安全性过渡；第二，一旦绿电关键技术得以解决，就会开启加速能源替代轨道，资本投资进入大幅上升空间带动绿电部门取代火电成为经济增长中能源的主要来源，电力行业低碳发展中能源增长与碳排放并行不悖；第三，碳排放演化轨迹正是绿色转型在环境层面的征象，初始阶段绿色转型阻滞所带来的转型摩擦以及传统能源驱动增长模式的路径依赖性，将会使碳排放不断增长，而跨越绿色能源路径后碳排放这一经济增长副产品将会下降或保持在较低水平，使用适当的碳捕捉和碳吸收等手段能够实现低碳、零碳的碳中和目标。

分别模拟得出火电部门和绿电部门及总产出的演化轨迹，结果见图3。概括而言，绿色增长转型遵循"U"形演化特征，电力绿色转型对于经济增长既是冲击也是激励、既是转型阻滞也是升级动力、既是短期报酬递减也是长期报酬递增，长期内必然伴随绿电部门和火电部门的此消彼长，从电力消费→碳排放这一路径升级为电力消费→碳中和可持续增长迹痕。火电部门无疑会随着化石能源开采量减少和绿色转型干预进入消退期，长期而言其在电力消费中将占据较低比重，而绿电部门除了受转型阻滞所导致的短暂收缩影响外，将会处于替代传统火电和居于日益占据电力消费主体的增长轨道，带来的结果便是电力绿色转型与电力消费增长的同步演进，有了绿电支撑或者说支撑能源技术便会导致总产出路径的持续增长，这也正是绿色增长转型的主要内涵。

解决电力能源替代摩擦和充分利用碳达峰阶段可以降低"双碳"治理的外部成本，促进电力绿色转型的实现。实现绿色转型的关键是解决能源替代摩擦和资本长期投入。电力能源替代摩擦的解决需要推动绿电技术的发展和应用，提高能源转换效率，减少对化石燃料的依赖。同时，绿色转型需要资本的长期投入，以支持绿色能源的发展和绿色技术的应用，进一步推动经济增长和结构的绿色转型。

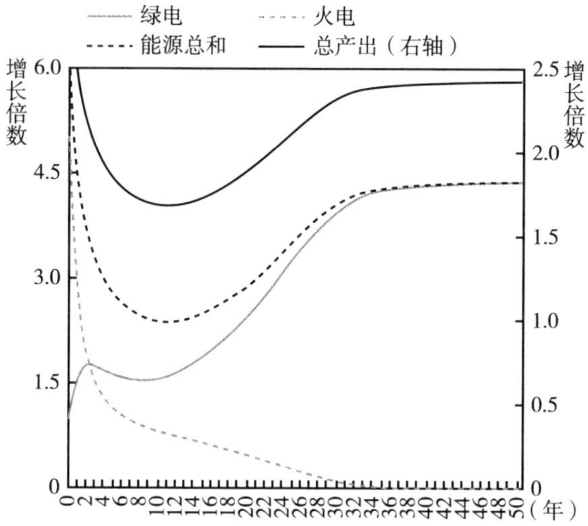

图 3　火电部门、绿电部门和总产出演化轨迹

三　经济增长与电力需求的相关性分析

（一）经济增长与电力需求的长期关系

改革开放以来，中国全社会用电量伴随经济社会发展实现了快速增长，用电总量位居世界第一，人均用电水平实现了大幅跨越。国家统计局公布的数据显示，随着我国 GDP 的增加，我国用电量也逐年增加（见图4）。用电量作为衡量经济活动强度的指标，能够反映一个国家或地区的电力需求，而电力需求与工业、商业和居民的生产和生活密切相关。较高的用电量意味着更多的工业生产、商业活动和消费以及人们生活水平的提高，因此能够反映经济的繁荣和增长。

图 5 反映了经济增长与用电需求轮动的过程。2000~2007 年，电力消费总量增速高于经济增速。这一时期，加工贸易、房地产、基础设施建设等快速发展，带动相关行业用电量持续上升，我国产业结构也从轻工业主导转向重工业引领，单位产值耗电量较高。2008~2019 年，电力消费总量增速波动

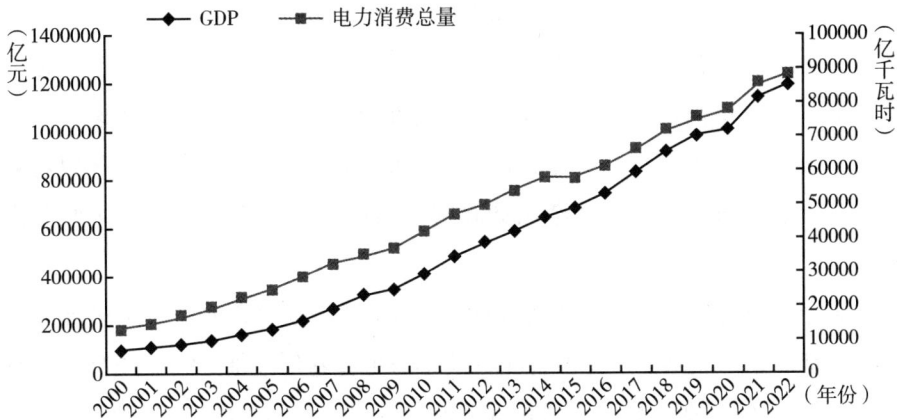

图 4　2000~2022 年 GDP 与电力消费总量变化情况

资料来源：国家统计局。

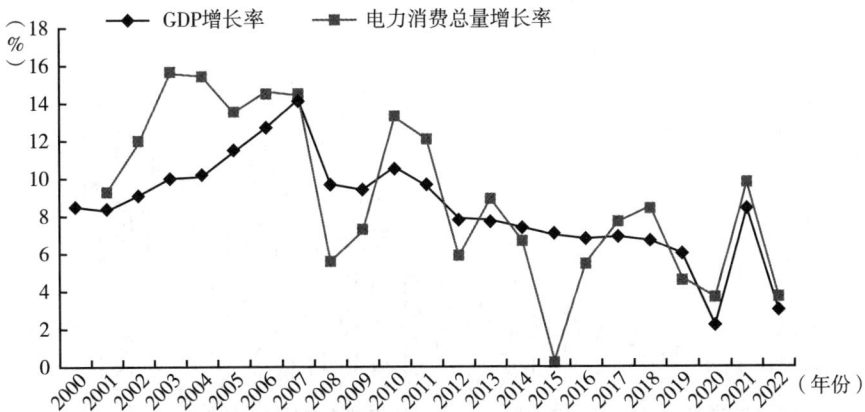

图 5　2000~2022 年 GDP 与电力消费总量增长率变化情况

资料来源：国家统计局。

较大。经济发展与用电结构出现新特点，一方面，我国经济已由高速增长阶段转向高质量发展阶段，第三产业成为经济增长的新引擎；另一方面，随着技术进步和产业结构演变，用电结构出现显著变化，第三产业和居民用电占比提升。2015 年电力消费总量增速出现异常降低，主要是由于开展供给侧结构性改革，单位产值耗电量水平下降。2020 年以来，电力消费总量增速高于经济增速，产业结构和产业特性发生了变化。

总体而言，在经济增速上升期，中国电力消费总量增速常常高于 GDP 增速，而在经济增速下降期，电力消费总量增速往往低于 GDP 增速。在经济增长的同时电力消费总量增长放缓，这表明我国经济增长的能源利用效率正在提高，经济结构正在逐渐从能源密集型产业向服务和技术导向型产业转变。

通过比较历年分行业电力消费总量，可见工业电力消费总量最多且保持增加态势，第一、第三产业占比相对较小但也在逐年增加。第二产业（工业和建筑业）的电力消费总量增长表明制造业和建筑业的扩张，而第三产业（服务业）的电力消费总量增长则表明经济服务化和技术进步（见图6）。

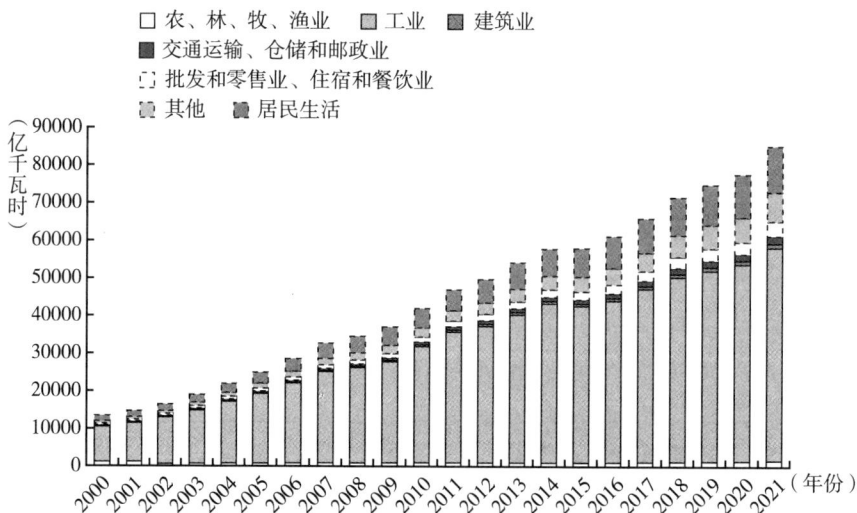

图6　2000~2021 年中国分行业电力消费总量变化

资料来源：国家统计局。

根据《中国统计年鉴（2023）》公布的分地区电力消费总量数据，将北京、天津、河北、辽宁、上海、江苏、浙江、福建、山东、广东、吉林、黑龙江、内蒙古归为东部地区，将山西、安徽、江西、河南、湖北、湖南归为中部地区，将广西、海南、重庆、四川、贵州、云南、西藏、陕西、甘肃、青海、宁夏、新疆归为西部地区，研究中国东中西部地区各自的电力消费总量。结果可见，东部地区电力消费总量最多，西部地区位于其次，中部地区最少（见图7）。东部地区是中国经济的主要引擎，经济总量较大，工业、商业和服务业发达，因此电力消费总量相对较高。同时，东部地区人口众多，城市化程度高，居民和商业用电量大。西部地区进行了大规模的基础设施建设和对能源资源的开发利用，用电量相对较大。中部地区可能由于工业占比相对较低，用电量相对较小。

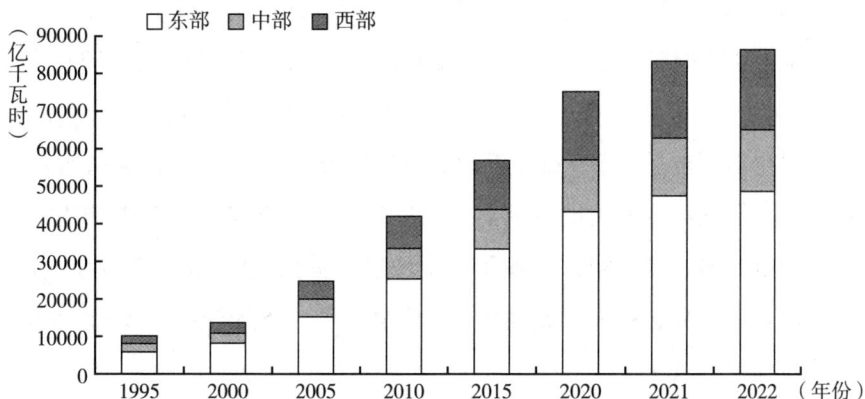

图 7　1995~2022 年主要年份中国分地区电力消费总量变化

资料来源：《中国统计年鉴（2023）》。

（二）未来趋势预测

随着中国经济增长预期放缓并减少对重工业的依赖，根据国际能源署（IEA）预测，中国电力需求增长速度将分别于 2024 年、2025 年及 2026 年放缓至 5.1%、4.9% 及 4.7%。随着中国经济结构的演变，未来太阳能光伏组件和电动汽车生产以及相关材料加工将支撑中国电力需求持续增长。中国电力企业联合会的预测更加乐观，其综合考虑宏观经济、终端用能电气化等因素，根据不同预测方法对全社会用电量的预测结果，预计 2024 年全社会用电量为 9.8 万亿千瓦时，比 2023 年增长 6% 左右；预计 2024 年全国统调最高用电负荷为14.5亿千瓦，比2023年增加1亿千瓦左右。

随着产业结构不断演进以及新能源、新型电能替代技术的发展带来的居民消费习惯的变化，原来的电力供求平衡逻辑发生变化，这给电力供需预测，尤其是最大负荷的预测带来了挑战。本报告接下来将从影响因素出发，考察不同因素未来对用电需求的拉动。

1. 产业结构、城市化与电力需求

（1）产业结构

2023年我国全社会用电量92241亿千瓦时，同比增长6.7%，其中第一产业用电量1278亿千瓦时，同比增长11.5%；第二产业用电量60745亿千瓦时，同比增长6.5%；第三产业用电量16694亿千瓦时，同比增长12.2%；城乡居民生活用电量13524亿千瓦时，同比增长0.9%。从净值与增速来看，我国第二、第三产业的用电量都显示出逐年增长的态势，且2020年以来第三产业用电量增速高于第二产业用电量增速（见图8）。从占比来看，第二产业用电量占全社会用电量比重最大，但总体呈现降低趋势，第三产业用电量占比总体提升（见图9）。

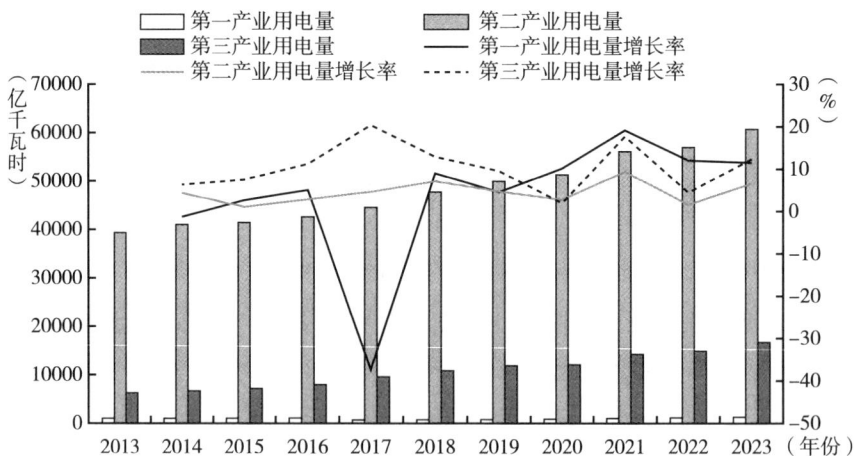

图8　2013~2023年全国三次产业用电量及增速

资料来源：2021年之前数据来源于《中国电力年鉴》，2021年及之后数据来源于国家能源局。

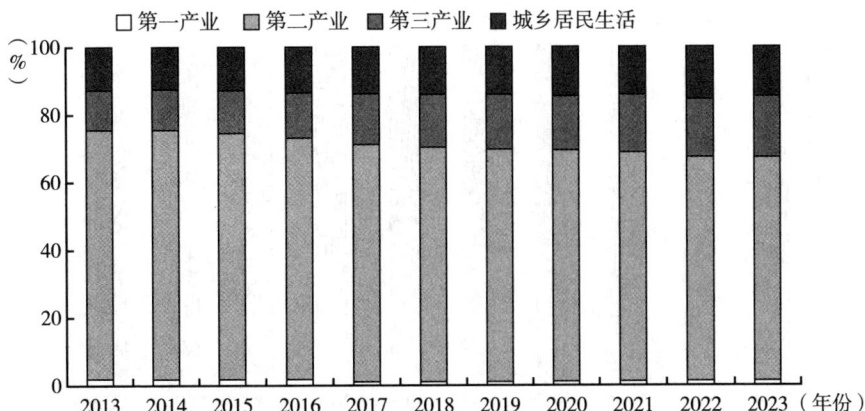

图9 2013~2023年全国三次产业及城乡居民生活用电量占比变化

资料来源：2021年之前数据来源于《中国电力年鉴》，2021年及之后数据来源于国家能源局。

我国三次产业结构不断演进，历史上第二产业长期稳居第一位，2012年第三产业占比首次超过第二产业，此后二者差距总体进一步扩大（2021年、2022年因疫情略有缩小），2023年达到历史新高（第二产业占比38.3%、第三产业占比54.6%）。2023年第二产业增加值对GDP增长的贡献率为15.75%，第三产业增加值对GDP增长的贡献率为81.48%；第二产业用电量贡献率为63.72%，第三产业用电量贡献率为31.27%。可以看出，当前经济增长主要由第三产业拉动，电量增长仍然主要由第二产业拉动，但第三产业贡献的份额总体提升（见图10、图11）。

由于第二产业用电量贡献率最大，其波动也更易导致全社会用电量波动。分行业来看，2020年工业用电量占全行业用电量的78.42%，其中采矿业占3.95%，制造业占59.11%，电力、热力、燃气及水生产和供应业占15.37%。2020年以来，为保就业，促进产业链发展，制造业、基建等部门投资大幅增长，对钢铁、有色等高耗能产品需求提升。2023年，在大部分制造业产能利用率下降的背景下，黑色金属和有色金属冶炼行业的产能利用率分别较上年提升1.9个和0.2个百分点，分别较整体工业高3.1个和4.4个百分点。

图 10 2014~2023 年三次产业增加值对 GDP 增长的贡献率

资料来源：国家统计局。

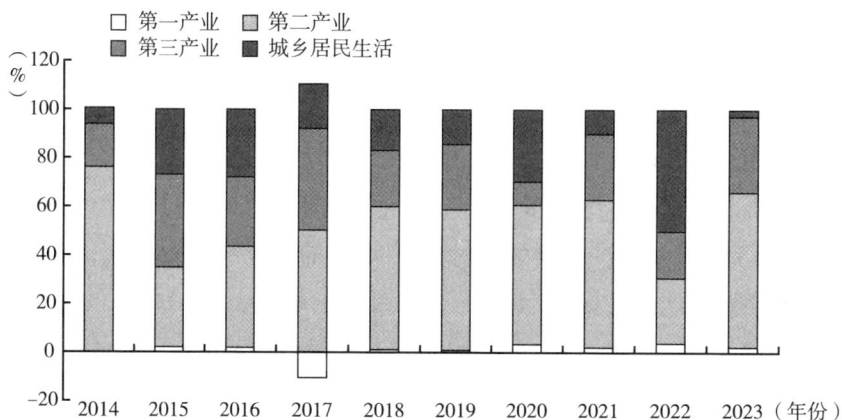

图 11 2014~2023 年三次产业及城乡居民生活用电量贡献率

资料来源：2021 年之前数据来源于《中国电力年鉴》，2021 年及之后数据来源于国家能源局。

与此同时，第三产业对用电量的拉动也非常重要。2020 年公共服务及管理组织用电量占比 5.11%，批发和零售业占比 3.73%，交通运输、仓储和邮政业占比 2.72%，信息传输、软件和信息技术服务业占比 1.78%（见图 12）。以充换电服务和互联网数据服务为代表的新业态成为电耗的新增长点。中国充电联盟数据显示，截至 2023 年，联盟内成员单位总计上报公共充电桩 272.6 万台，2023 年公共充电桩增量为 92.9 万台，未来充换电领域有望贡献更大用电增量。此外，数据中心的快速发展也支撑了第三产业的用电量增长。数据中心一般保持 24 小时运行，其电力成本占运营总成本的 60% 以上，但其产值增速要低于用电量增速。随着数字经济的蓬勃发展，数据资源存储、计算和应用需求将持续增长，相关行业对用电特性的影响将不断增大。

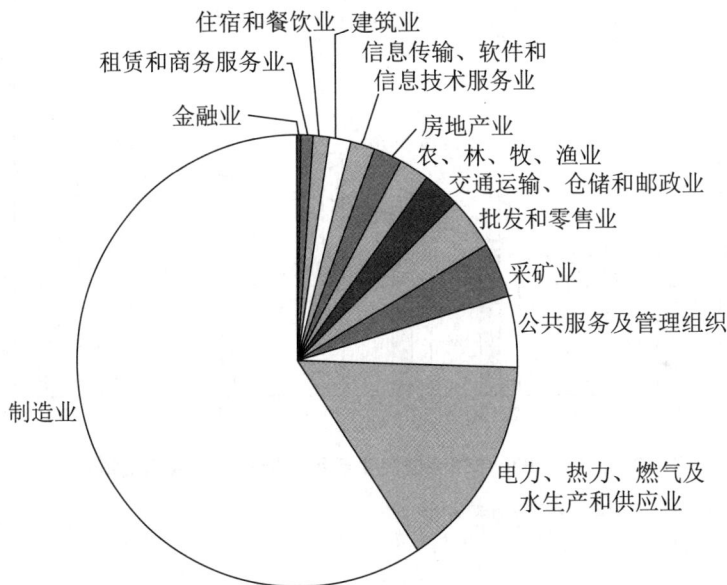

图 12　2020 年全国分行业用电量占比

资料来源：《中国电力年鉴（2021）》。

（2）城市化

近年来城乡居民生活用电量持续增长，在全社会用电量中的占比较为稳定，成为电量增长的重要拉动之一。但从贡献率来看，城乡居民生活用电量的贡献率变动幅度较大，2022 年，城乡居民生活用电量增长对全社会用电量增长的贡献率高达 50%，而 2023 年贡献率则降至 2.69%，频繁变动的背后是生产生活方式的变化，2020~2022年，城乡居民生活用电量持续增长，而生产、消费活动由于疫情相较以往受限较多，这是城乡居民生活用电贡献率波动的原因，也是电力消费增速高于经济增速的重要原因。细分城镇、乡村居民生活用电量来看，城镇居民生活用电量与乡村居民生活用电量均随着不断提高的常住人口城镇化率有所增加（见图13）。未来随着城镇化的深入推进以及居民生产、消费、生活的逐步恢复，城乡居民生活用电量对全社会用电量增长的贡献率将趋于稳定。

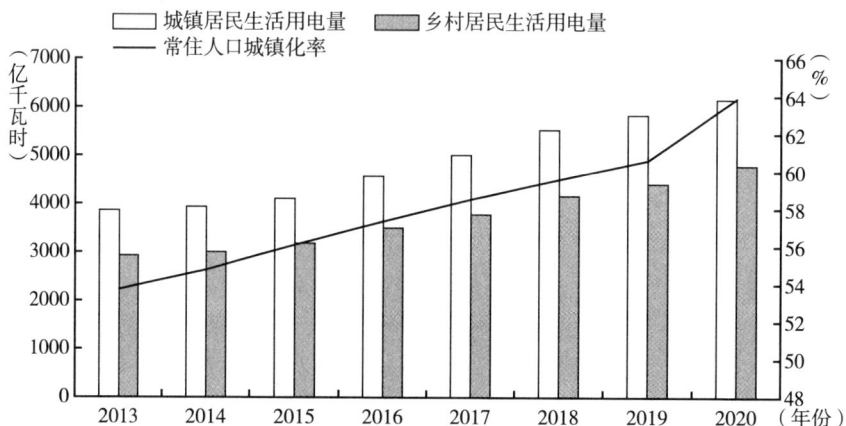

图13　2013~2020年城乡居民生活用电量及常住人口城镇化率

资料来源：历年《中国电力年鉴》。

2. 居民生活水平、消费模式变化与电力需求

电力需求同居民生活水平息息相关。2023年，全国居民人均可支配收入39218元，扣除价格因素实际比上年增长6.1%；全国居民人均消费支出26796元，扣除价格因素比2022年增长9.0%。将居民收入变化情况与居民消费支出变化情况同全社会用电量增长率、城乡居民生活用电量增长率置于同一图中，发现2014~2023年全社会用电量增长率同居民生活水平基本同向变动，城乡居民生活用电量增长情况在2019年之前与居民生活水平基本同向变动，2020~2023年呈逆向变动（见图14）。

近年来，绿色消费理念正逐步普及，绿色低碳成为消费升级的主流方

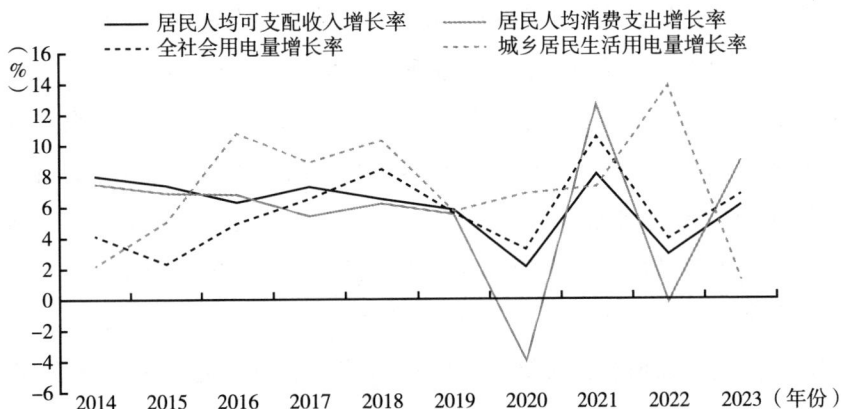

图 14　2014～2023 年全国居民生活水平变化情况及城乡居民生活用电量变化情况

资料来源：历年《中国电力年鉴》、国家统计局。

式。随着"双碳"目标推动落实，绿色消费潜力持续释放，越来越多的消费者会主动选购绿色产品，如绿色家电家具、新能源汽车等成为当前绿色消费的重要增长点。此外，绿色消费不断向服务场景延伸，以旧换新、光盘行动、无需餐具、共享出行等绿色消费行为普及日益加速，这或许可以作为近年来居民生活水平增长情况同居民生活用电增长情况逆向变动的原因。2023 年，我国新能源汽车销售火热，中国汽车协会数据显示，2023 年上半年新能源汽车销量为 374.7 万辆，同比增长 44.1%，市场占有率达到 28.3% 以上。受此影响，全国多地相关制造业用电量大幅增长，在安徽和海南，新能源汽车整车制造业用电量都实现了翻番，安徽的新能源汽车整车制造用电量同比增长超 117%，海南用电量增长超过了 124%。新能源汽车行业的快速发展拉动充换电服务业用电量增长。中电联相关数据显示，2020 年和 2021 年两年充换电服务业用电量平均增速达到 79.0%，2022 年、2023 年充换电服务业用电量同比分别增长 38.1%、78.1%。未来充换电领域有望贡献更大用电增量。

3. 技术进步、能效标准提升与电力需求

在"双碳"目标之下，绿色产业发展提速，风电、光伏等新能源保持全球领先地位。2023 年，以沙漠、戈壁、荒漠地区为重点的大型风电光伏基地建设加快推进，第一批已建成并网超 4500 万千瓦，第二批、第三批已核准超过 5000 万千瓦，正在陆续开工建设。2023 年，全国新增并网风电装机容量 7566 万千瓦，同比增加 3705 万千瓦；新增光伏发电装机容量 2.16 亿千瓦，同比增加 1.28 亿千瓦。风电、光伏发电的新增装机占新增发电装机总容量的比重达到 78.8%，成为新增装机的绝对主体。在近年来新能源装机年均增长 26% 的条件下，利用率连续 5 年保持 95% 以上。全国并网风电和光伏发电合计装机规模从 2022 年底的 7.6 亿千瓦，突破 10 亿千瓦大关，达到 2023 年底的 10.5 亿千瓦，同比增长 38.6%，占总装机容量比重为 36%。中国风电装机容量连续 14 年位居全球第一，光伏发电装机容量连续多年位居全球第一。与可再生能源发电相伴而生的是用电量中含绿量占比越来越高，我国通过给已建档立卡的可再生能源发电项目全部核发绿证，已成为全球最大的绿证供应市场。2023 年绿证核发预计达到 1.76 亿个，绿电交易电量达到 611 亿千瓦时，分别是 2022 年的 7.8 倍和 10.5 倍。

从能源消费结构看，由于电能替代等工作的有效开展，电力消费在总用能需求中的占比提高是用电保持增长的一个重要原因。2023 年，国内终端用能电气化水平不断提升，工业、交通、建筑等重点行业电能替代持续推进。2023 年，工业部门电气化率达到 27.6%，战略性新兴产业用电高速增长。建筑部门电气化率达到 48.1%，热泵、电制冷、供暖的应用场景不断深化。交通部门电气化率达到 4.3%，新能源汽车渗透率超过 35%，累计建成充电基础设施 859.6 万台，同比增加 65%，已建成世界上数量最多、辐射面积最广的充电基础设施体系。当前，中国电能占终端能源消费比重从 2012 年的 19.4% 增长至 2022 年的 27.5%，处于国际前列，预计到 2025 年电能占终端能源消费的比重将超过 30%。与此同时，考虑到电能替代相对容易实施的项目已基本完成，后续增长会进入平缓期，预计"十四五"电能替代规模 5000 亿千瓦时，占用电增量比重约 20%。

四 结论与建议

本报告通过深入分析，得出以下关键结论，为中国电力行业的低碳发展和经济增长提供了理论依据和实践指导。

第一，电力行业的低碳发展与经济增长协同。低碳发展不仅响应了全球气候变化的挑战，也是推动经济结构优化和产业升级的新动能。通过促进绿色技术和清洁能源的应用，低碳发展有助于实现经济的可持续增长。

第二，能源结构转型十分必要。中国电力行业需加速从依赖煤炭等高碳能源向使用风能、太阳能等低碳能源转型，这不仅有助于降低环境污染，也是实现国家"碳达峰"和"碳中和"目标的重要途径。

第三，低碳发展需要技术与成本的双重驱动。技术进步，尤其是可再生能源领域的成本显著降低，为新能源的广泛应用提供了经济上的可行性。未来，随着技术的不断成熟，预计新能源将在更多领域展现出成本优势。

第四，政策与市场机制是保障转型的重要抓手。政府的政策支持，包括补贴、税收优惠等，以及市场机制的改革，如电价市场化、绿色电力证书交易等，对于激发市场活力、促进新能源发展具有决定性作用。

根据上述结论，本报告提出以下四条建议，以期有效推动中国电力行业向低碳、高效和智能化方向发展，同时支持国家经济的高质量增长。

第一，加强新能源技术的研发与资金支持。政府应设立专项基金，专门用于新能源技术的研究与开发，以及推广应用。鼓励企业与科研机构合作，共同进行技术研发，快速转化实验室成果至产业应用。

第二，深化电力市场改革及优化调节机制。推进电价市场化改革，制定合理的电价机制，以真实反映供需关系和环境成本。完善电力市场监管，确保公平竞争，防止市场垄断，同时优化跨区域电力交易，提高电力资源配置效率。

第三，推广高效节能产品与提升能源使用效率。实施能效提升计划，广泛推广高效节能技术和产品，如 LED 照明、高效电机等。加强能源管理，提高能源使用效率，通过政策引导和激励措施，鼓励企业和消费者采用高效节能设备。

第四，发展智能电网与储能技术。投资建设智能电网，提高电网系统的灵活性和对可再生能源的适应能力。支持储能技术的研发和应用，以提高电力系统的稳定性和经济性，促进可再生能源的整合。

参考文献

Greiner, J. T., McGlathery, K. J., McKee, B. A., "Seagrass Restoration Enhances 'Blue Carbon' Sequestration in Coastal Waters," *PLoS ONE*, 2013（8）: e72469.

Nyambuu, U., Semmler, W., "Climate Change and the Transition to a Low Carbon Economy-Carbon Targets and the Carbon Budget," *Economic Modelling*, 2020（84）: 367-376.

Nordhaus, W. D., "Geography and Macroeconomics: New Data and Findings," *Proceedings of the National Academy of Sciences of the United States of America*, 2006, 103（10）: 3510-3517.

Nordhaus, W. D., "Climate Clubs: Overcoming Free-riding in International Environmental Policy," *American Economic Review*, 2015, 105（4）: 1339-1370.

B.3
全球竞争格局背景下电力行业低碳发展的特征与趋势

韩 雪 史玛新*

摘 要： 本报告介绍了全球绿色低碳发展的总体背景下各国在低碳产业发展和产业低碳化方面的竞争态势与主要特征，对典型国家和我国电力行业的低碳发展情况进行了总结和对比。结合电力行业低碳发展对我国产业发展竞争力的影响路径，以及我国资源禀赋偏煤且需要充足的电力供给支撑经济发展的国情，需要在筑牢煤炭兜底保障能力的同时加快各类非化石能源的快速发展，夯实碳排放核算的基础能力，持续推动低碳技术创新和应用。

关键词： 全球竞争 碳壁垒 低碳电力 低碳技术装备

一 低碳成为全球竞争的一项重要内容

全球竞争格局日趋复杂，全球化面临挑战。世界百年未有之大变局正在加速演进。一是地缘冲突频发，俄罗斯等能源重点国家均是地缘冲突的热点。美国等国家妄图改变世界多极化的趋势，持续强调大国竞争，地缘冲突面临整体化、长期化风险。在各方政治对立持续深化的背景下，俄乌冲突已

---

* 韩雪，博士，副研究员，国务院发展研究中心资源与环境政策研究所能源政策研究室副主任，研究方向为应对气候变化和能源转型战略路径，可再生能源和电力部门发展战略路径，可再生能源技术和智慧能源技术创新路径、产业政策和市场趋势，碳定价和绿色贸易政策机制，电力市场化建设和电力价格政策机制，电力系统灵活性和可再生能源消纳机制；史玛新，中国社会科学院大学，研究方向为电力市场与碳市场协同。

经陷入长期化困境，中短期内难以看到和平解决的前景；巴以冲突仍然持续，强烈的煽动力或将诱发全球新的极端主义抬头；美国加快实施印太战略，加强在东亚的军力部署。亚太地区不仅是能源需求和供给重点集聚的地区，更是全球地缘战略竞争的焦点地区。二是全球化呈现碎片化状态，大国博弈日益激烈。在地缘冲突、大国博弈的背景下，极端天气等不可预期或不确定因素事件持续影响全球化，能源安全、供应链安全、产业链安全重回各国视野，单边主义、保护主义明显抬头，全球价值链、供应链、基础设施一体化、高新技术和知识的流通都面临来自多方面因素的影响。在安全和效率的博弈过程中，全球产业格局面临新调整。联合国贸易和发展会议（UNCTAD）的数据显示，2000~2007年全球商品出口金额平均增速为12.1%，而2008~2019年仅为3.4%。经历了新冠疫情全球大流行、俄乌冲突、能源危机等事件，全球商品出口呈现增速大幅波动、贸易流向调整的趋势，2020年的增速为−7.17%，2021年、2022年分别回升至26.69%和11.45%。三是全球贸易规则面临数字化、绿色化趋势带来的新挑战。数字化变革和绿色化变革改变着资源的配置方式和人类生产生活的组织方式，衍生了许多新的贸易形式，相关的贸易规则也正处于加速酝酿过程中，发达国家正通过一些单边或小多边的贸易规则对全球施加影响，抢夺新一轮全球规则制定的话语权。

绿色低碳成为全球竞争的焦点，技术、产品、规则、标准等全方位竞争格局已现端倪。在我国积极推动下达成的应对气候变化《巴黎协定》，确定了各国自主贡献的基本原则。2021年《格拉斯哥气候公约》达成，越来越多国家主动提出到21世纪中叶实现碳中和的目标。目前，已有136个国家宣布或提及碳中和目标，占全球温室气体排放量的88%、经济规模的90%以上，在2023年末的联合国气候变化大会COP28上，按照《巴黎协定》达成了对全球应对气候变化努力的首次"全球盘点"，提出了"转型脱离化石燃料"的目标，并结合此目标提出了全球在2030年实现可再生能源装机3倍、能效2倍的领域目标。各国需要在未来1~2年内提出2035年的自主贡献目标。绿色低碳转型已具有广泛共识，成为全球不可逆转的趋势，更是推动全球经济增长和可持续发展的核心动力之一。在此背景下，围绕绿色低碳的竞争格局已现端倪。国际碳规则制定的话语权已成为各国的必争之地，以碳中和为逻辑的气候博弈不可避免。

低碳产业竞争持续加剧，各国产业政策不断加码。绿色低碳是当前产业技术变革发展的一项重要特征，实现低碳零碳负碳技术的突破和部署是全球如期实现碳中和、有效应对气候变化的必要条件。在低碳转型趋势下，在当前全球化发展深刻调整、多边主义受到前所未有挑战的背景下，各国已纷纷加码布局低碳零碳技术，抢占技术制高点、把握产业链控制权，尤其是力图将可再生能源、新能源汽车等领域的先进技术产业留在本国，以确保未来的竞争优势。根据彭博新能源财经数据，2023 年全球在推动能源转型方面的投资总额达 1.77 万亿美元，同比增长 17%，刷新年度最高纪录，连续两年超过化石能源投资规模。主要国家动作频繁。2022 年，美国的《通胀削减法案》推出 3690 亿美元新能源技术补贴，提升国内净零制造业成本优势，支持消费者购买零碳技术产品，使得 2023 年美国能源转型投资同比增长 22% 至 3030 亿美元。2023 年，欧盟委员会公布"绿色协议工业计划"，计划通过优化监管环境、加大资金使用力度、提升人力资本和打造更具弹性的供应链四个方面支持绿色产业发展，包括从现有的欧盟基金中拨出 2500 亿欧元（2720 亿美元）用于工业绿色化。日本经济产业省提出的《绿色增长战略》拟动员超过 240 万亿日元的投资促进包括海上风电/光伏/地热、氢能/燃料氨、核能、零碳交通工具等 14 个技术领域的发展，2023 年新发布的《绿色变革路线图》提出未来 10 年将投资 150 万亿日元用于支持电力、制造业和终端用能的低碳化，以及发展基础设施和技术研发。英国的《绿色工业革命十点计划》拟投入 120 亿英镑支持海上风电、低碳氢能、下一代核电技术、零碳车辆、绿色公共交通、绿色航空航运、CCUS 等 10 个方向。另一个新兴经济体印度，也在通过产业补贴、本地含量限制、退税和关税调节等方式支持本地的新能源、锂电池、电动汽车、氢能等产业发展。

涉碳的标准和规则制定话语权争夺日益激烈。在低碳趋势下，全球竞争还体现在全球气候治理的影响力和话语权上，以《联合国气候变化框架公约》为核心的气候治理正在不断深化，以技术标准、市场准入门槛、国际贸易规则、政策评价体系为主要元素的绿色低碳规则体系正在加速形成，企业、行业联盟、国际组织、非营利组织等非政府机构发挥的作用日益凸显。从《联合国气候变化框架公约》的"主渠道"来看，《京都议定书》《巴黎协定》等气候协议在搭建全球气候治理机制、引领全球治理方向方面发挥了重要作用，欧盟、中国和美国是主要的三个领导者，"三足鼎立"的格局在未来一段时间不会发生较大变化。与此同时，欧美等发达国家正发起新一轮国际碳规则博弈。在贸易领域，边境碳成本调节成为主要手段。以解决"碳泄漏"为目标，欧盟提出了碳边境调节机制（CBAM），英国、澳大利亚等国也纷纷效仿。七国集团就气候俱乐部达成一致意见，并在 COP28 上成功召集了 36 个国家参加，但具体实施方案仍不清晰。印度、美国在新能源等产品进口上以各种名目施加关税，以保护国内的产业，欧盟也在酝酿相关措施。在市场准入方面，欧盟发布了《企业可持续发展报告指令》《企业可持续尽职调查指令》等相关法律，要求企业掌握并公布组织和产品的碳排放信息，并对供应链企业的情况进行掌握和管理，新的《欧盟电池和废电池法规》将碳足迹作为产品需提供的必要信息进行管理，其他地区和国家也在跟进。此外，国际组织、行业联盟推出自愿性国际贸易碳规则、涉碳政策评估框架、涉碳的财务风险评估方法等；跨国企业开始制定全产业链零碳目标，推动建立国际的低碳技术和制定碳核算标准。

以边境调节、市场准入、国内含量为主要形式的绿色贸易壁垒已现雏形。随着地缘政治、经济冲突以及低碳产业、技术的国际竞争愈演愈烈，各国政府对贸易的干预不断加深，绿色贸易壁垒初现雏形。《关税及贸易总协定》《技术性贸易壁垒协定》等国际贸易多边条约暂时将环境作为例外条款进行管理，尚未明确国际贸易中的环境问题应遵循何种原则，因此一些发达国家正在谋求以其产品绿色低碳的优势躲避日益激烈的市场竞争，维护自身产业规模。边境调节的方式中，欧盟的碳边境调节机制最成熟，通过"名义"碳市场的方式，要求进口商在进口产品的同时必须向进口国家缴纳应支付和已向出口国支付碳费用的差额。在市场准入方面，碳足迹声明、碳强度要求是典型的方式，欧盟也正通过新的《欧盟电池和废电池法规》等开始对重点产品提出碳排放相关的市场准入门槛，欧盟内的一些国家已经开始实施相关政策。法国能源监管委员会于 2023 年更新了《与太阳能发电设施的建设和运营有关的招标规范（AO PPE2 PV Sol）》，对碳评估提出了新的要求。瑞典和意大利要求进口的光伏产品提供环境产品声明（Environmental Product Declaration，EPD），对产品生命周期内产生的环境影响做出规范。挪威、荷兰、西班牙等国也在酝酿产品碳足迹要求。美国的《通胀削减法案》对电池、光伏、电网设备等相关产品提供补贴，但大部分补贴均对国内含量提出要求。印度、越南等国也在发展相关产业时提出了国内含量的要求。

二　我国与其他典型国家电力行业低碳发展情况的比较

（一）全球及典型国家的电力行业低碳发展情况

可再生能源发电装机规模和发电量均快速增长。根据国际能源署统计数据，2023 年，全球可再生能源发电装机容量约为 5.07 亿千瓦，较 2022 年增加近 50%，130 多个国家的持续政策支持刺激了全球增长趋势的重大变化。2012~2022 年，全球可再生能源的消费量增加了 58%，远高于全球能源需求 16% 的增速。主要发达国家的发展也较快。欧盟非化石能源电力占比由 2015 年的 58.5% 增长至 2023 年的 68.6%，可再生能源电力占比由 2015 年的 28.7% 增长至 2023 年的 43.6%（见图 1）。美国非化石能源电力占比由 2015 年的 33.1% 增长至 2023 年的 40.3%，可再生能源电力占比由 2015 年的 13.4% 增长至 2023 年的 21.8%（见图 2）。欧美的化石能源发电量及占比均呈现逐年下降趋势，电力行业碳减排效果较为显著。

未来可再生能源仍将保持较快速度增长，电力系统消纳能力是主要制约因素。根据国际能源署预测，未来 5 年，由于可再生能源发电成本具有相对

□ 煤炭　▨ 石油　▨ 天然气　▩ 其他化石能源　⬚ 不可再生废弃物　▨ 核能
▨ 水能　▨ 风能　▥ 太阳能　□ 生物质能　▨ 其他可再生能源

（万亿千瓦时）

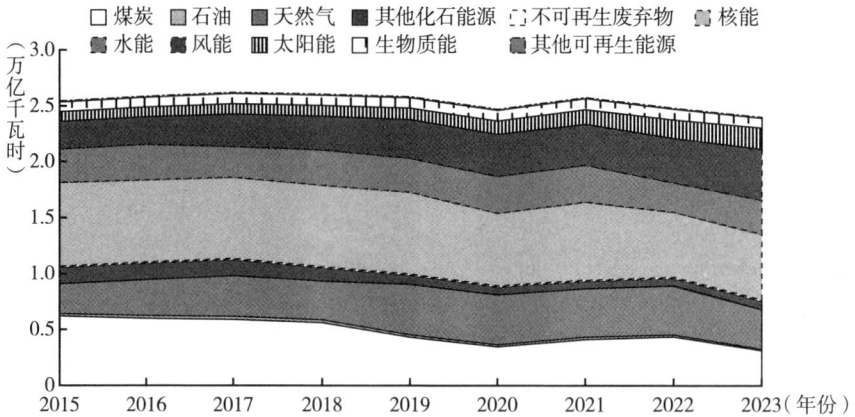

图 1　2015~2023 年欧盟各品种发电量情况

资料来源：ENTSO-E。

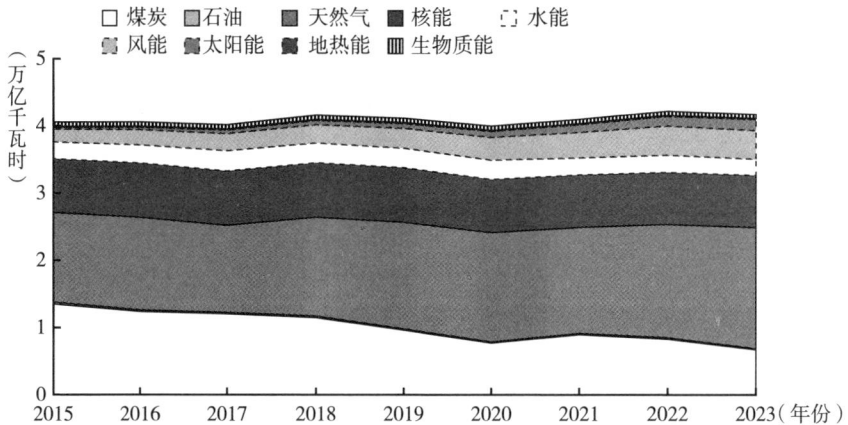

□ 煤炭　▨ 石油　▨ 天然气　▨ 核能　⬚ 水能
▨ 风能　▨ 太阳能　▨ 地热能　▥ 生物质能

（万亿千瓦时）

图 2　2015~2023 年美国各品种发电量情况

资料来源：美国能源信息署。

竞争优势，全球可再生能源装机容量将继续增加，其中太阳能光伏和风能占
新增可再生能源装机容量的 96%，再创世界纪录。预计到 2028 年，全球可
再生能源发电量将达到 14.4 万亿千瓦时，较 2022 年增加近 70%，将占全球
总发电量的 42%，其中风能和太阳能光伏占比为 25%。根据相关统计，截
至 2023 年，全球约 30 亿千瓦的可再生能源项目由于电网基础设施不足、融

资不足和许可延迟而暂缓开发。

供暖、交通、数字等领域的电气化正在加速。欧美等发达国家的电力需求已基本稳定，但相关机构预测受终端用能电气化等因素影响，用电量将再次提升。受俄乌冲突及由此引发的能源危机影响，欧洲对热泵的需求量大幅上涨，目前安装的热泵总数已达到 2000 万台。2023 年，欧洲纯电电动汽车销量超过 150 万辆，与 2022 年相比大幅增长 37%，超过柴油车成为买家的第三大热门选择，市场占有率为 14.0%。混动汽车则位居第二，市场占有率为 25.8%。二者加起来超过了传统燃油车的市场占有率。2023 年，美国电动汽车新注册量超过 140 万辆，较 2022 年增加了 40% 以上，占美国所有轻型汽车总销量的 16%，电动汽车的总用电量首次超过了美国铁路的用电需求。随着人工智能大模型的风靡，预计全球的数字基础设施用电量也将快速增加，根据相关报道，Open AI 公司的 ChatGPT 每日响应约 2 亿个请求，日用电量高达 50 万千瓦时，相当于 1.7 万户美国居民每日用电量。

电力市场支持可再生能源消纳的效果显著，但市场失灵、成本大幅增加的风险也在加大。欧美等发达国家已经建立相对完善的电力市场，市场化程度较高。电力现货价格可以高效地反映电力供需在时间和空间维度的不同形势。实时市场、日内市场、平衡市场等更接近调度的市场交易品种的建立，更有利于波动性可再生能源发电预测偏差的处理。欧洲也在逐步推进各个区域电力市场的耦合和基于潮流的现货市场出清，从而更好地调动跨国、跨价区的灵活性资源在更大范围内进行配置。美国和欧洲的储能规模都在快速增加，欧洲储能协会的数据显示，2022 年欧洲储能新增装机容量约 4.5 吉瓦。但同时，全球各国的零电价或负电价开始越来越频繁出现，市场无法在最低和最高价格区间内出清的情况愈加频繁，无法在有效时间内出清的情况也开始出现。初投资占比较高的资产大幅增加导致短期市场越来越难体现电力系统长期的边际发电成本，资金缺失成为成熟电力市场面临的新问题。由于可再生能源发电的波动性和越来越频繁的极端天气对电力系统容量的充裕度要求更高，可再生能源比例提升带来的系统成本也快速增加。这些因素都对电力市场提升可再生能源消纳能力提出了挑战。

（二）我国电力行业低碳发展情况和比较

我国可再生能源发展迅速，已连续多年居全球各类可再生能源累计装机容量和新增装机容量的第一名，电力低碳化水平快速提升，但与发达国家相比，我国仍有较大差距。

提出能源生产和消费革命战略十年来，我国电力行业低碳发展持续提速。十年来，我国全社会用电量增长了73%，人均用电量增加了67.4%，其中，第二产业用电量占比由2013年的近74%下降至2023年的65.9%。家庭电气化水平快速提升，人均居民用电量增长了93%。近几年电动汽车、数据中心等新的用电需求增速超过50%。十年来，我国非化石能源发电装机容量保持年均15%的快速增长态势。截至2023年底，全国非化石能源装机容量达到15.2亿千瓦，规模较2013年底增长了4倍。可再生能源发电装机容量占比历史性超过火电，占比突破50%。2023年，我国非化石能源发电量①占比达到36.1%，较2013年提高了近5个百分点。

与发达国家比，供电结构偏煤、可靠容量和调节能力不足仍是我国的现状。2023年，风电和太阳能的发展带动全球可再生能源发电量占比达到30%以上。欧盟的非化石能源发电量占比为68.1%，德国和美国的占比分别为61.7%和42.8%，而我国仅为36.1%，低于这些国家。我国的煤电发电量占比为58.2%，远高于全球平均水平（35%）和大部分发达国家（见图3）。

得益于高铁和电动汽车的快速发展，我国终端电气化水平已处于全球领先水平。根据中国电力企业联合会统计测算，2023年我国工业部门电气化率达到27.6%，交通部门电气化率达到4.3%，电能占终端能源消费比重提升至约28%。而欧盟电能占终端能源消费比重连续多年保持在20%~23%，2023年美国电能占终端能源消费比重仅为17.7%。但同时可以看到，随着热泵、电动汽车在这些地区的普及，数据中心、绿氢

---

① 不含抽水蓄能。

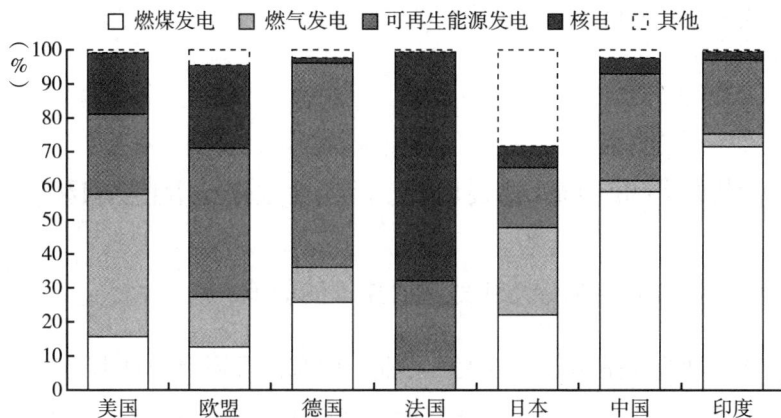

图 3　2023 年全球典型国家的发电结构情况比较

资料来源：美国能源信息署、ENTSO-E、中国电力企业联合会、印度电力部等。

等新兴行业用电需求的增长，全球正在迎来新一轮电气化，电力需求增长将会提速。

系统调节能力和有效容量不足。电力系统调节能力的缺乏是制约全球各国加快部署新能源项目的首要因素。2023 年美国加州的可再生能源发电量占比较五年前提高了不足 10 个百分点，但弃电量增加了 7 倍①，其中 80% 是由于调节能力不足。我国资源以煤为主，当前和今后一段时间电力需求持续增长，新能源发展速度快，风光资源集中的地区电力需求相对较低且电网相对薄弱，进一步凸显了系统调节能力和有效容量不足的问题。2023 年，欧盟的煤电、燃气发电、核电和生物质（含垃圾焚烧）发电的装机容量占比分别为 10%、20%、10% 和 3%，而中国则分别为 41%、4%、2% 和 2%，中国一煤独大的特征相对更加明显。欧盟的电网与周边国家联系更加紧密，周边国家在 2023 年为欧盟地区提供了最高达 1.7 亿千瓦的电力支撑，而中国无法通过与周边国家互济提升电力保障能力。基于 2023 年装机情况和各类发电技术的可靠因子估算，我国的有效容量与当年最大电力负荷比值较欧盟低 20% 左右，更显著低于欧盟内的任一国家。此外，我国的电力市场仍

---

① 根据美国能源信息署 2023 年 10 月的简报整理。

在建设当中，价格信号调节供需的作用有待进一步加强，系统已有的调节潜力尚未得到充分发挥。

三 电力行业低碳发展对提升全球竞争力的影响和挑战

（一）电力行业低碳水平对物质生产的影响

工业和制造业是用电量最大的行业。国家能源局数据显示，2023年我国全社会用电量约为9.22万亿千瓦时，其中第二产业用电量为60745亿千瓦时，占总用电量的65.88%。电力行业是碳排放量最大的单一行业，在我国约占总碳排放量的50%以上。电力行业是中国最大的碳排放部门，也是当前减排潜力最大的部门，还是中间和终端产品中最广泛的"碳"承载形式。因此，中国电力系统整体的度电排放强度已成为关注的焦点，电力行业低碳水平对物质生产的影响广泛且深远。

电力成本影响产品竞争力。一方面，能源转型可能带来供电成本一定程度的上升。新能源发展需要更多的系统资源提供调节和有效容量，在新能源发电成本进一步下降、更先进的技术成熟前，转型过程中的电力供应成本可能会出现一定上升。日益频发的极端天气还将加剧这种趋势。而电力作为工业企业生产必需的投入，电力价格上涨将会带动企业生产成本的上升，最终影响企业利润空间和产品竞争力。另一方面，电力的碳成本会改变产品竞争力。许多国家和地区都引入了碳定价机制，如碳税和碳排放权交易，目的是控制该国或地区的碳排放总额，欧盟、英国等计划通过边境调节的方式将碳价引入进入其市场的产品。对电力企业特别是化石能源发电机组而言，根据成本传导理论，新增的碳排放成本将会被传导至最终商品——电力的价格中。终端用电企业可能会通过电价感受到国内的碳成本，也可能会在国际贸易中通过边境调节支付碳成本。不同地区的碳成本会成为影响产品竞争力的一项因素。

电力间接排放影响产品碳含量，不仅可能通过碳价影响产品竞争力，还可能影响到产品形象和市场准入。产品碳足迹核算通常包含一个完整生命周期评估（LCA）的温室气体排放，基于此，国际上形成了 PAS 2050、ISO 14067、GHG Protocol 等碳足迹核算准则。发达国家的贸易规则正在逐渐收严关于生产用电的碳排放核算标准。以往一些企业可以通过收购可再生能源电站、与可再生能源电站签订中长期购电协议、购买绿证等方式将生产用电认定为零碳电力。然而，欧盟近期的一些法律实施规则（或规则草案）显示，欧盟希望通过收严电力溯源和碳排放核算标准体现其电力系统低碳水平的优势，从而重塑其产品的竞争力，更计划将产品碳足迹作为其市场准入的条件。美国新任气候特使约翰·波德斯塔也在多个场合强调贸易必须考虑碳等环境因素，从而避免"碳泄漏""碳倾销"。碳含量不仅涵盖生产过程中的直接排放，生产耗电产生的二氧化碳间接排放也需要纳入测算范围。因此，电力行业的碳排放量通过间接方式计入产品的碳含量，电力行业碳减排对产品满足碳足迹核算标准至关重要，电力系统的整体度电排放强度和发电结构的低碳水平已成为产品竞争力的重要衡量标准。

（二）电力行业低碳发展对低碳电力装备产业发展的影响

电力行业低碳发展方向引出了对低碳电力装备的大量需求，为各个技术路线的发展和创新提供了多样的应用场景。我国的风电、光伏、电池、电动汽车的发展正是借由这个趋势，实现了技术的快速迭代和成本的快速下降。电力行业低碳发展使我国的电力装备产业成为在国际产业分工中新的优势产业。能源生产利用方式的变革加速了电力装备的低碳化以及技术创新融合，智能电网、晶硅光伏、风电装备、特高压设备等产业链发展需求迅速增长，风光水火储多能互补技术、CCUS、绝缘栅双极晶体管（IGBT）、大容量海上风电机组、氢能制备关键装备加速研发，大功率电力电子器件、质子交换膜材料与新一代技术融合发展。2022 年，我国新能源技术装备行业市场规模已经达到 10.5 万亿元，同比增长 20%，尚普咨询预计 2025 年市场规模将达到 15 万亿元，同比增长约 43%，市场需求强劲。快速发展和迭代的低碳电力装备技术能够通过技术创新降低整个电力系统的成本，同时提高电力行业碳减排程度；电力装备产业作为电力行业的上游产业，抢占低碳技术发展高地也为我国提升产业全球竞争力、增强碳减排全球话语权、树立负责任的大国形象提供了有利条件。

电力行业低碳发展也成为我国落实绿色"一带一路"建设和开展南南合作的重要场景。我国在低碳技术装备领域的优势，在全球共同应对气候变化的背景下，可以进一步转化为支持全球绿色低碳发展的务实行动。我国先后发布《关于推进绿色"一带一路"建设的指导意见》《关于推进共建"一带一路"绿色发展的意见》等，与共建"一带一路"国家、国际组织积极建立绿色低碳发展合作机制。目前，中国已与31个国家共同发起"一带一路"绿色发展伙伴关系倡议，与32个国家建立"一带一路"能源伙伴关系，与超过40个国家的150多个合作伙伴建立"一带一路"绿色发展国际联盟。通过装备支持、人才培训、技术转让交流、投资开发等多种方式的合作，我国可以为全球广大发展中国家提供更具经济性的绿色低碳解决方案。

（三）当前我国绿色低碳发展面临的挑战

1. 资源禀赋和发展阶段决定电力低碳化中平衡速度和成本、安全难度大

煤炭在我国的能源结构中一直占据主体地位，这是由我国"富煤、缺油、少气"的能源资源禀赋决定的。且我国能源生产主要集中在中西部地区，如中部地区拥有丰富的煤炭资源，西部地区具备丰富的风电、光伏、水电等清洁能源资源，但电力消费分散在全国各地特别是东部地区，导致运输成本激增。煤炭具有高碳属性，单位碳排放量是天然气的2倍，2020年我国碳排放总量中有69%来源于煤炭。"减煤"是我国当前电力行业绿色低碳转型的主要措施，但煤炭同时对于能源体系安全运转具有重要托底保障作用。因此"减煤"速度过快、力度过大就难以充分发挥煤炭的"压舱石"作用，增加我国能源安全保障难度。快速发展非化石能源发电也面临巨大的装备、设施建设成本，短期内成本可能难以迅速回收。

发达国家提出碳中和目标时，大多已经过了经济发展的高能源消费与高

碳排放阶段。当前我国经济发展仍处于能源需求和碳排放上升的阶段，实现"双碳"目标的难度远高于其他国家。就工业发展而言，我国目前处于工业化发展后期，第二产业占 GDP 的比重仍较高，制造业是我国国民经济的基石。且目前我国制造业主要为加工制造业，能源资源消耗强度大，单位 GDP 的碳排放量相较于发达国家高。而煤炭仍是我国工业的主要用能品种，因此我国电力行业低碳化面临速度与成本、安全的平衡问题，十分具有挑战性。

2. 碳计量、核算、管理的基础能力有差距，标准规范积累不足

我国已逐步开展碳计量和核算工作。2010 年我国编制了《省级温室气体排放清单编制指南（试行）》，核算省级和地方层面的温室气体排放；2013～2015 年我国借鉴国际通用碳核算标准《IPCC 国家温室气体清单指南》（2006）规定了我国发电企业等 24 个行业企业温室气体核算方法与报告指南；2019 年我国借鉴并使用 1996 年和 2006 年的《IPCC 国家温室气体清单指南》对 1994 年、2005 年、2010 年、2012 年和 2014 年的碳排放量进行了核算并自主通报给联合国；其后我国分别于 2021 年、2022 年、2023 年发布了《金融机构碳核算技术指南（试行）》《关于加快建立统一规范的碳排放统计核算体系实施方案》《碳达峰碳中和标准体系建设指南》等规范性文件，完善全国碳排放统计核算机制。

但与较早建立国家等各层面国际碳核算标准体系的欧美发达国家相比，我国碳计量、核算、管理的基础能力仍有差距。我国借鉴使用的国际标准《IPCC 国家温室气体清单指南》已经在 2019 年进行修订，并与 2013 年增补的湿地指南联合使用，成为国际最新通用标准。而我国借鉴的仍是 1996 年和 2006 年的旧版指南，在排放因子设置等方面的科学性已经落后于国际水平。在核算方面，我国仍不具备每年进行碳排放核算的能力，目前仅对 5 个年份进行了核算；且全国性企业的碳排放核算工作仍未进行。我国的碳测算技术也落后于国际，例如国际已经出现基于大气浓度对温室气体排放量进行反演的做法，而国内尚未形成有效的碳测算技术体系和产品设备，也缺乏碳核算专业人才。

3.我国在气候领域的全球话语权与我国的贡献有差距

当前，联合国全球碳排放的盘点构架体系由发达国家主导，忽视了零碳能源生产装备的产能、产量、装机、发电量、储能以及终端零碳消费装备等影响碳中和的因素，放大了中国的减排责任，忽略了中国在零碳发展方面已经取得的重大成绩①。世界银行、经合组织、国际货币基金组织等国际机构均在开展针对碳排放政策或碳定价的研究，但大部分已有的研究成果未能充分反映发达国家和发展中国家的国情和能力差异，更未充分反映"共同但有区别的责任"原则。

目前，国际上普遍采用的碳核算标准来自欧盟、美国等发达国家，无论是在国家或区域层面、企业或组织活动层面还是产品层面，碳核算标准体系均是由发达国家构建的。《IPCC国家温室气体清单指南》、BSI发布的PAS 2050《商品和服务在生命周期内的温室气体排放评价规范》、WRI和WBCSD发布的《温室气体核算体系：产品寿命周期核算和报告标准》等国际标准的早期编撰工作主要由发达国家的研究机构和专家完成。发达国家主导的且在全球不统一的碳核算标准系统，使得可信的碳足迹和跨境定价难以实现，发展中国家在减碳领域的大量投资无法获得公平回报。

四 促进电力行业低碳发展、提升全球竞争力的建议

（一）兼顾转型速度与能源安全，切实推进电力行业低碳发展

稳步推进非化石能源替代化石能源发电。应加快推动水电、风电、光伏、核能等低碳能源发电量增长，逐步降低化石能源消费增长速度。严格控制煤炭消费进一步增长，逐步降低煤炭消费需求。着力推动煤炭消耗量高的行业进行能源替代，已有的燃煤机组、煤炭产业中的落后产能要逐步淘汰，实现煤炭产业的绿色化、智能化发展。因地制宜布局非化石能源生产，提高

---

① 根据中国社会科学院学部委员潘家华在《中国能源报》的采访。

现有新能源发电机组的利用率。推动剩余水电资源开发，通过龙头电站建设、优化梯级调度等方式加强已有水电的跨年跨季节调节能力。积极稳妥发展核电，加快推动高温气冷堆、小堆等新型核电提供可替代煤电的高品质工业用热。大力发展新能源，提升电力系统灵活性调节能力，着力破除新能源的消纳障碍。此外，还应统筹优化煤炭布局，确保能源转型安全，持续开展煤炭资源勘探和产能储备，加强煤炭储备能力建设和管理，完善煤炭跨区域输送通道和集疏运体系，增强煤炭供应保障能力，确保充分发挥煤炭"压舱石"作用。

优化能源和产业布局，实现协同发展。化石能源和可再生能源丰富的西部地区应将发展重心转移至清洁能源产业，建设多能互补的清洁能源基地，如在沙漠、戈壁、荒漠等地区建设大型风电光伏基地；东部沿海地区可以建设分布式新能源，充分运用沿海优势发展海上风电、沿海核电等。加强企业、园区和区域级的高比例非化石能源解决方案试点，发展工业绿色微电网、虚拟电厂、负荷聚合商等新的运行和商业模式，拓展新能源应用场景。

形成有利于低碳能源发展的能源定价机制。应推动能源价格充分市场化，使价格成为引导使用低碳能源的长期稳定信号。运用碳税、碳排放权交易等碳定价手段将使用能源的碳排放成本内部化，充分发挥碳定价机制对电力生产者和消费者能源使用结构的引导和改变作用。优化电力系统规划、运行和市场价格机制，在电力市场中消除交叉价格补贴等扭曲市场价格的因素，继续深化电力市场化改革，形成由供需关系决定的市场价格。

（二）大力发展低碳电力装备产业，持续推动低碳技术创新

推动电力装备体系绿色升级。针对化石能源发电装备尤其是煤电机组，要切实推进煤电装备改造以适应节能降碳需求，与灵活性改造、供热改造"三改联动"发展，畅通高损耗、高排放的电力装备淘汰退出机制。加速发展清洁低碳发电装备，提高清洁能源发电效率。加快研制利用海洋能、地热能等发电的装备以及生物质能装备；在水力发电装备方面，应研制可变速抽水蓄能、海上抽水蓄能装备，重点攻关高水头冲击式水电机组关键技术；批

量化生产应用第三代核电装备，重点进行第四代装备研发。加快柔性直流、长时储能等新型电力系统关键技术的研发和规模化应用。推进电池储能材料技术和热失控管理技术发展，提升电池储能的经济性和安全性。推动电力装备与新一代信息技术融合发展，深入变革电力装备生产、服务模式及产品形态，建立低碳电力装备网络体系，推动产业集群化、智能化发展。

推进电力装备技术创新，打造电力低碳发展技术优势。鼓励企业承担技术创新主体责任，通过创新实现电力装备行业关键核心技术突破。支持企业加大研发投入力度，推动新材料、新技术融入电力装备。激励企业在创新中对电力装备基础零部件、元器件、加工工艺等形成创新性突破。通过产学研深度融合为企业提供创新资源。推动形成电力装备产业集群，充分发挥创新的正外部性效应，推动科技资源共享、配置优化。推进绿色、高效、安全等电力装备行业国家标准建设，规范电力装备能效、安全性，实现产业标准化、可持续生产发展。

（三）推动完善碳排放统计核算及管理体系

完善我国碳排放统计核算方法，积极适应国际标准。应尽快建立碳排放、碳足迹的计量、核算与评估体系，针对不同层面如地区、行业、企业的碳排放量、碳足迹和碳分布等关键数据，采用可靠、完善的技术手段进行核算，并建立详细的碳数据库。在国家层面，应当积极开展碳排放标准化发展战略研究，推动建设与国际接轨的核算方法、核算标准及核查机制，对产品全生命周期的碳足迹进行追踪与标识，建设碳排放基础数据库。进一步完善电力碳足迹、电力排放因子等产品碳排放核算的基础公共核算方法和数据。

积极参与国际碳标准制定工作，提升国际话语权。结合全球盘点、碳减排政策评估方法学、贸易的碳边境调节等重要机制性议题，我国应力争话语权，积极参与并协调标准制定，为促进全球合作、务实应对气候变化提供重要思路和意见。在绿色"一带一路"、南南合作框架下，我国应加强与其他发展中国家在碳减排科技等方面的合作，带动发展中国家积极参与国际碳减排相关标准的制定，共同争取公平的碳权利。

　　加快碳核算与管理体系人才培养，打造专业队伍。为满足碳核算的标准化、专业化人才需求，我国应当加快进行碳排放核算与管理人才队伍建设，培养碳领域专精人才。应加速推进高校、研究机构设置碳中和相关专业，开设相关培训课程，增加实战锻炼机会，培养碳核算与管理所需的、与国际接轨的专业人才。与具有国际影响力、专业技术过硬的国际认证机构开展合作，提升第三方认证和核算能力。

参考文献

张广婷、刘涛：《经济逆全球化：现象、困境与对策》，《金融市场研究》2023年第9期。

广发证券：《储能行业专题报告：2024年美国储能发展引领全球》。

中国电力企业联合会：《中国电力行业年度发展报告2023》。

B.4
电力行业低碳发展与国家能源安全

袁惊柱[*]

摘　要： 在碳中和成为全球主要国家共识的背景下，电力行业低碳发展已经成为各国能源转型的主要方向，低碳转型改变了电力系统结构、技术、网络、供应链等形态，给国家能源安全带来电力系统运行安全风险、电网安全风险和电力供应链安全风险，也面临气候风险冲击、建设新型电力系统和电力系统数字化转型带来的新挑战。为了高质量促进电力行业低碳发展，提升国家能源安全保障能力，可以有序推进煤电战略功能的阶段性转变，加快推进新型电力系统建设，攻坚关键核心技术实现全产业链科技自主可控，科学推进新型能源综合基地建设。需要统筹好电力高水平安全与高质量发展的关系，加快建设全国统一竞争性电力市场，提高电力行业数字化转型的数据安全治理水平，并加强电力风险管控和应急能力建设。

关键词： 电力低碳　新型电力系统　国家能源安全风险

在碳中和成为全球主要国家共识的背景下，电力行业低碳发展已经成为各国能源转型的主要方向，包括以化石能源为主体的传统电力低碳转型和建立以新能源为主体的电力系统两个方面。前者主要指煤炭、天然气、石油等化石能源在电力生产中的清洁低碳高效利用，后者主要指建立以光伏发电、风电、核电等新能源电力为主的电力系统。低碳转型改变了电力系统结构、技术、网络、供应链等形态，将给国家能源安全带来重大影响。高质量促进

---

* 袁惊柱，博士，中国社会科学院工业经济研究所副研究员，研究方向为能源转型与产业结构调整升级。

电力行业低碳发展，有利于提升国家能源安全保障能力，为"双碳"目标实现、新质生产力培育、新型工业化推进和中国式现代化强国建设提供重要的物质技术基础。

一 电力行业低碳发展的国家能源安全新风险

我国电力行业低碳发展主要包括煤电低碳转型和建立新型电力系统两个方面。低碳转型使电力系统形态特征发生了变化，会给国家能源安全带来系统运行、新供应链、网络安全等新风险。

（一）电力行业低碳发展的形态特征

我国电力行业低碳发展主要通过煤电清洁低碳转型和新能源电力加快发展来实现，呈现电力结构由火电向新能源电力转变，技术路线由大规模集中发电为主向大规模集中发电和分布式发电并行发展，输配网络由大电网向大电网、地方电网、微电网并行发展，供应链由单一向系统化、复杂化转变等形态特征。

1.电力结构由火电向新能源电力转变

电力行业低碳发展改变了我国长期以火电为主的电力结构形态，从2014 年开始，火电在我国电力结构中的占比开始下降，以可再生能源电力为主体的新能源电力和非化石能源清洁电力占比持续升高，使得整个电力结构呈现由火电向新能源电力转变的发展态势。如图 1 所示，2018 年，火电在全国发电装机容量中占比仍高达 60.20%，可再生能源电力和清洁电力分别占比 18.89%和 39.79%。2023 年，三者的占比分别为 47.62%、35.99%和 52.38%。火电占比明显下降，且已经降到 50%以下，可再生能源电力和清洁电力占比明显上升，且清洁电力已经成为主导。从发电量结构来看，火电占比持续下降，非化石能源发电量占比持续上升，虽然仍以火电为主体，但也呈现由火电向新能源电力转变的趋势。

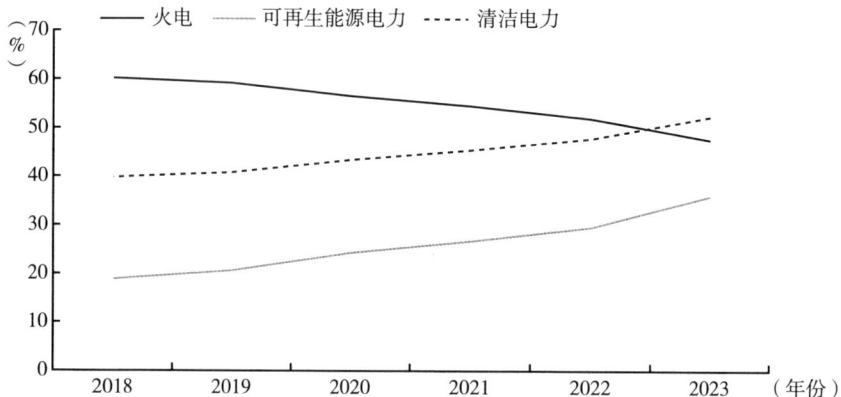

图 1　2018～2023 年全国发电装机容量结构变化趋势

资料来源：国家能源局。

2. 技术路线由大规模集中发电为主向大规模集中发电和分布式发电并行发展

传统的电力系统以大规模发电机组集中发电模式为主，随着光伏发电、风电等可再生能源电力的发展，电力系统技术路线开始由大规模集中发电向大规模集中发电和分布式发电并行发展，即新能源发电除了采取大基地的大规模集中发电模式，还采取屋顶发电、墙体发电等分布式发电以及分散式风电模式。2023 年，全国光伏新增装机容量 21630 万千瓦，集中式与分布式分别为 12001.4 万千瓦和 9628.6 万千瓦，累计并网容量为 60891.8 万千瓦，集中式与分布式分别为 35448.1 万千瓦和 25443.8 万千瓦。[①] 随着土地要素及长距离输配线路等对可再生能源电力发展的限制，以分布式方式发展可再生能源电力会逐渐成为未来的主要方向。

3. 输配网络由大电网向大电网、地方电网、微电网并行发展

随着电力行业低碳转型发展，在新型电力系统建设中，电网结构也发生了转变，电力输配网络由传统的集中式大电网模式逐渐向大电网、地方电网、微电网并行模式发展。在传统的大电网模式下，输配网络是纵向一体化的集中式电网，且呈现输网强、配网弱的结构。随着新能源电子设备广泛接

①　数据来源于国家能源局。

入电网，以及大量分布式光伏、小型新能源电站、微电网等出现，电网所需要的灵活性大幅提升，传统的电网结构已经无法满足新型电力系统发展需要，必须推动电力输配网络从传统的稳定电网向高弹性电网发展。通过电网的数字化、智能化转型，建设电力物联网，实现智能化调度、主动防御，调度模式从传统的自上而下向"源网荷储"全网协同转变，推动输配网络向分布式扁平电网转变。

4. 供应链由单一向系统化、复杂化转变

电力供应链主要包括"发输配售用"五个环节，随着电力行业低碳发展，电力供应链"发输配售用"各环节更多样化，电力供应链整体呈现由单一向系统化、复杂化转变。在发电环节，由煤炭、煤电机组等火电供应链向火电、水电、核电、光伏发电、风电、生物质发电、地热发电等多种类型发电供应链转变；在输电环节，由传统高压线路与传统传感器向特高压、超高压线路、分布式线路与智能传感器转变；在配电环节，由传统配电变压器等设备和设施供应向智能化开关设备、变压设备、融合终端、故障指示器等高比例电气设备转变；在售电环节，由传统的电表、售卖电向智能化交易平台、智能电表等转变；在用电环节，由传统的负荷中心、单一电力供应向源荷一体化、综合能源供应发展转变。随着可再生能源电力加快发展，生产侧多能互补的趋势更加明显；并网增多，电子元器件的增多，以及数字化、智能化的发展，使得输配侧多网互联互通、电力网络与通信网络融合发展成为主要方向；消费侧电冷热气水综合能源供应的需求推动更多分布式综合能源服务商进入供应链。

（二）电力行业低碳发展中的国家能源安全风险

电力安全是国家能源安全的重要组成部分，电力行业低碳发展引起电力系统形态改变，给国家能源安全带来一系列新风险。在总体国家安全观指导下，要统筹好电力发展和电力安全，统筹好传统安全和非传统安全，深入分析电力安全面临的风险挑战，为保障国家能源安全提供有力支撑。

1. 电力系统运行安全风险

电力系统是国家重要的基础设施，是供水、供气、金融、通信、交通等主要基础设施安全可靠运行的基础，因此是国家安全的基础。电力系统要安全稳定运行，必须保障电力发、输、配、售、用等环节组成的系统安全可靠，这不仅需要电能生产、传输、分配和消费各环节安全运行，而且需要各环节组成的整个电力系统能够安全协调运行。电力行业低碳发展会使电源结构、电网结构、调度方式以及源荷作用机制均向复杂化转变，使电力生产、传输、分配和消费各环节以及整个电力系统面临的运行风险大幅升高。

电力行业低碳发展的实质是建设以新能源为主体的新型电力系统，具有高比例可再生能源和电力电子设备、低系统惯性和抗干扰性、早晚和冬夏高峰等特征。这些特征使电力系统的频率、电压和功角特性均发生了变化，次/超同步振荡风险升高，调频能力下降，无功支撑不足使得电压不稳定风险升高，耦合关系复杂使得功角不稳定风险升高，最终导致电力系统运行风险大幅上升，且在预防、抵御和清除风险方面的能力有限，电力系统保持安全稳定运行的韧性和安全水平降低。

如在电力生产环节，随着电力行业低碳发展的推进，煤电等高碳电源装机容量的占比逐渐降低，风、光等低碳电源装机容量的占比逐渐升高，但光伏发电和风电具有明显的间歇性、随机性、季节性。在夜间，光伏出力为零，风电出力高于70%的概率小于10%、低于20%的概率高于50%，这种间歇性电源的供电保障能力弱，电力供应处于紧平衡和区域性短缺的风险较高。同时，水电也面临冬季枯水期出力低的问题，使得一些地区电力供应接近安全极限，甚至出现限电问题。

2. 电力网络安全风险

电网常见的安全风险主要包括一次系统风险、二次系统风险、运行维护风险和其他风险。其中，一次系统存在的安全风险主要来源于直接生产、输送、分配电能的设备，如发电机、断路器、隔离开关、变压器等；二次系统风险主要来源于对一次设备进行控制、保护、调节、监测的设备，如继电保护、测量仪表、自动装置、信号设备等；运行维护风险主要来源于电网建设和设备改造施工等；其他风险主要来源于极端天气、设备老化、设备质量不佳等因素。

随着更多分布式光伏、分散式风电并网接入传统大电网，电网结构更趋复杂化，再加上电力电子设备、数字化和信息化技术在电力系统感知和控制中的高比例渗透，电力系统安全控制和调控的难度大幅增加。同时，随着数字化、智能化发展，以及源网荷储互动融合的增强，电网遭受黑客等外部攻击带来的调控风险升高。另外，在极端天气频发的情况下，电网跳闸断线发生线路故障的概率升高，停电风险进而升高。

随着新型电力系统建设不断推进，电网形态逐渐向交直流混联大电网、局部直流电网、微电网和可调节负荷的能源互联网转变，电力系统调度面临的挑战更大，给电网安全带来的威胁更大。如电网系统的信息采集系统主要由主站、采集设备、采集信道组成，需要软件、网络和多重通信层面的协同和管理，主要存在电网系统主站风险和采集信道风险。其中，前者包括病毒侵入风险、结构性安全风险、临界风险等网络风险，恶意程序代码攻击、服务器过载等主机风险，数据完整性、参数和控制命令风险等应用程序风险，数据泄露、存储介质损坏等数据风险；后者包括外部网络连接风险等无线公网风险，信道缺陷、信息窃听和篡改等无线专网风险，电力载波风险和RS-485总线风险。

3. 电力供应链安全风险

电力供应链主要由一次能源供给企业、发电企业、电网企业、售电企业、电力用户等节点组成，在供应链上存在能量流、信息流和资金流。电力供应链安全风险不仅来源于各节点企业自身，也来源于企业之间及外部环境，主要包括能源转型风险、宏观环境风险、节点企业内部风险等。

电力供应链安全风险的内部来源主要包括节点企业内部风险和系统内节点企业之间风险。其中，前者包括规划科研风险、项目建设风险、安全生产风险、市场营销风险、技术应用风险、企业稳定风险、信息安全风险、国际化风险，后者包括一次能源风险、电力传输风险、电力交易风险、电力调度风险。随着电力行业低碳发展，节点企业的范围进一步拓展，一次能源供给企业中的新能源企业增多，碳交易中心、设备供应商、电力设计企业和施工企业、电力调度中心、电力交易中心等主体均成为节点企业，使得电力系统内部风险更加复杂。

电力供应链安全风险的外部来源为能源转型风险和宏观环境风险。其中，前者主要包括低碳转型技术风险、并网消纳风险、系统稳定风险、产业升级风险、碳交易风险；后者主要包括经济风险、政治风险、政策风险、自然灾害风险、环境污染风险、气象变化风险等。

二　电力行业低碳发展提升国家能源安全保障能力的机理和途径

在总体国家安全观下，电力安全是基础。保障电力安全是保障国家能源安全的必然要求，是保障经济社会高质量发展的物质技术基础。促进电力行业低碳发展，可以推动化石能源清洁高效利用和新能源高质量发展，缓解我国石油长期高对外依存度的能源安全风险，以新型电力系统建设为抓手推进新型能源体系建设，为提升国家能源安全保障能力提供主要支撑。

（一）电力行业低碳发展提升国家能源安全保障能力的机理

电力行业低碳发展能节省化石能源消费和增加新能源电力供给，降低石油的对外依存度，推动能源系统绿色低碳转型，提高能源系统韧性，保障能源供给安全、气候安全、环境安全、经济安全、军事安全等，为国家能源安全保障能力不断提升提供内在动力。

1. 提升国家能源供给安全能力

在"以煤为主"的能源基本国情下，促进电力行业低碳发展能够优化能源供给与消费结构，降低石油的对外依赖度，有效提升国家能源供给安全能力，从而更好地保障国家能源安全。一方面，传统化石能源电力低碳发展会推动煤炭、油气清洁高效利用，节约化石能源消费；另一方面，新能源电力特别是可再生能源电力的加快发展，形成了光伏、风电、水电、核电、生物质能发电等多元化清洁电力供应体系，提升了新能源电力安全可靠替代能力，特别是通过电动汽车对燃油车的替代，实现新能源电力对石油的替代，从而降低石油对外依存度。

2. 提升能源气候安全和环境安全保障能力

电力行业低碳发展通过构建以新能源为主体的新型电力系统，引导整个能源系统的绿色低碳转型，能够有力推进新型能源体系建设，提升能源气候安全和环境安全保障能力。在应对气候变化挑战和环境污染威胁的大背景下，经济社会的全面绿色低碳转型成为保障人类可持续发展的必然要求，其中，能源电力作为基础要素支撑，必须绿色低碳转型先行，因而是保障能源气候安全与环境安全的前提。一方面，电力行业低碳发展通过促进化石能源清洁低碳高效利用和大力发展新能源电力，优化清洁低碳能源供给，从而更好地实现降碳减污协同；另一方面，电力作为经济社会的主要能源消费，通过低碳发展可以带动产业绿色低碳转型，从而形成现代绿色低碳产业体系，发挥巨大的降碳减污间接效应。

3. 提升能源经济安全保障能力

电力行业低碳发展能够提高能源系统韧性，为经济发展提供稳定的能源电力供应，从而提升能源经济安全保障能力。一是电力行业低碳发展能够促进能源结构多元化，推进能源电力来源和品种的多元化，促进传统能源电力与新能源电力的多能互补，从而大幅降低能源供应集中度，降低供应链系统风险；二是电力行业低碳发展能够增强能源系统的供给充裕能力，充分发挥煤炭和煤电的兜底保障作用，实现煤炭、煤电战略功能从主体到基荷再到调节、备用的转变，提升能源系统应对异常气候与不稳定负荷的能力；三是电力行业低碳发展能够推动能源系统从集中式向"集中式+分布式+智能化"转变，通过能源系统更加高效灵活的供需互动，推动源网荷储一体化发展，从而更好地实现能源系统供需平衡；四是电力行业低碳发展能够促进能源合作与协调治理，在能源技术创新攻坚与碳减排责任分担上共商共建，从而更好地保障产业链供应链安全。

（二）电力行业低碳发展提升国家能源安全保障能力的途径

电力行业低碳发展能提升国家能源供给、气候、环境、经济等安全保障能力，但也因为新的形态特征具有一系列安全风险。因此，要有序推进煤电战略功能的阶段性转变，加快推进新型电力系统建设，攻坚关键核心技术实现全产业链科技自主可控，科学推进新型能源综合基地建设，促进分布式光伏和分散式风电高质量发展，从而更好保障国家能源安全。

1. 增强以新型电力系统为核心的能源体系供给能力

以新型电力系统建设为核心，形成多区域、多元化、绿色化、低碳化的能源产业体系，增强在保障产业链供应链安全、安全稳妥推进能源转型等方面的区域协调发展战略功能。

一是加快建设以新能源为主体的新型电力系统，优先实现电力系统清洁化、低碳化转型。新型电力系统在电源结构、负荷特性、电网形态、技术体系和运行特性方面均发生了变化，即在电源上，弱可控出力和强不确定性的新能源发电装机占主导；在负荷特性上，以柔性、生产与消费兼具型为主；在电网上，转向包括交直混联大电网、局部直流电网、微电网、可调节负荷等多种形式的能源互联网；在技术体系上，以同步发电机和电力电子设备等共同主导的混合系统为主；在运行特性上，以源网荷储协同互动的非完全实时平衡模式、大电网与微电网协同控制模式为主。"十四五"时期乃至未来十五年，中国需要在这些方面加强技术攻坚与创新，通过新型电力系统的不断完善，优先实现电力系统的低碳化转型。

二是建设完善新型能源体系，实现能源系统清洁化、低碳化转型。能源系统的绿色低碳转型不仅需要电力系统清洁化、低碳化转型，而且需要整个能源系统的全面绿色低碳转型。一方面，要促进传统化石能源的生产和消费全面进行绿色低碳高效改造，且配备相应的 CCUS 技术装备；另一方面，促进新能源充分发展，推动能源结构、能源技术、能源负荷的清洁化、低碳化转型。结合区域特征进一步促进水电、可再生能源电力及储能的发展，加大对西部地区水电的开发力度，加强在"三北"地区进行风电、光伏发电的大基地建设，充分利用生物质资源发展热电联产项目或煤炭掺烧项目，形成风光水火储一体化、冷热电气水多能联供和源网荷储高度融合的区域能源格局，为新型能源体系建设奠定一个良好的转型基础。

2.攻坚关键核心技术实现全产业链科技自主可控

支持新能源电力产储输用全产业链关键核心技术攻坚，打通新能源电力创新链堵点，为新能源电力发展孕育更安全、高效、低碳、智能、高端的生产工具，为形成绿色新质生产力提供物质条件。一是加大在关键原材料和设备部件、工业软件等新能源电力中间品生产制造上的技术攻坚力度，实现对过度依赖进口的新能源中间品的国产替代，不断提升新能源电力产业的自主创新能力。如强化对光伏胶膜原材料，风电发电机、齿轮箱和主轴的高端轴承与风电设计开发仿真软件，液氢的规模化制取和氢的有机液化等方面技术攻坚的支持，破除产业链关键核心环节技术"卡脖子"问题。二是重视新能源电力运输、储存、消费等环节的技术研发和场景开发，促进新的商业模式和新业态快速发展。如大力支持可再生能源电力并网输配储存、氢气运输储存、"光伏+建筑"、"光伏+储能+地热"等方面的技术和模式创新。三是在新能源电力产业链循环利用方面加大技术研发投入，推动循环利用技术创新链与产业链深度融合。如聚焦退役光伏组件、风机、动力电池的回收处理利用技术研发，驱动新能源电力产业链的循环利用环节高质量发展。

3.科学推进新型能源综合基地建设

通过新型能源综合基地建设促进新旧能源融合发展，统筹化石能源清洁高效利用、新能源高效消纳和储能高质量发展。一是可将新疆、甘肃等化石能源和新能源资源丰裕的地区，确定为国家产业绿色化、低碳化、数字化、智能化转型发展的示范区，从产业布局、国家财政税收支持、投资引导等多方面形成倾斜性政策支持，建设以煤炭为兜底、优先利用新能源、促进化石能源释放先进优质产能的新型能源综合基地。二是将化石能源丰裕、新能源资源较匮乏的地区确定为国家化石能源清洁低碳高效利用示范区，着重从污染物与碳排放减量、集约化发展和数字化转型的角度形成产业政策支持，探索实行更高标准的"超低排放"、前沿的碳收集储存利用以及更系统化的数字化改造升级发展路径，建设化石能源绿色化、低碳化、数字化高质量发展基地。三是对于新能源资源丰裕且化石能源匮乏的地区，应该确定为国家新能源高质量发展示范区，着重从新能源基地建设、新能源与产业融合方面给予政策支持，建设新能源主导的源网荷储一体化能源基地。四是对于化石能源和新能源均匮乏的地区，应该确定一批国家电气化进程提升改造示范区，着重从能效提升、节能循环利用方面给予政策支持，探索节能循环利用与降碳减污的融合路径，并实现与就近能源基地的匹配。

4. 促进分布式光伏和分散式风电高质量发展

加快分布式能源电力开发，将有助于优化电力结构、推动节能减排、实现经济社会可持续发展，是推动实现碳达峰、碳中和目标的重要举措。一是摸清"风光"资源底数，为我国分布式光伏和分散式风电规划和重大项目布局提供基础支撑，是推动风电和光伏发电实现高质量发展的基础条件。二是鼓励企业发展分布式光伏和分散式风电，促进用电结构的绿色化、低碳化，在生产经营中逐步提高绿电使用比例，打造绿色产业链供应链。如城市能源企业可以通过发展分布式光伏进行供电、供暖改造，油气、煤炭生产企业可以通过发展分布式光伏、分散式风电为生产区提供电力。三是支持农村地区有序发展屋顶光伏等分布式光伏和分散式风电，积极实施"千乡万村驭风行动""千家万户沐光行动"，不仅能提高农村地区能源自给率，还能促进农村地区电力系统低碳转型。

三 电力行业低碳发展背景下国家能源安全面临的新挑战

电力行业低碳发展推动电力系统绿色低碳转型调整，加快建设以新能源为主体的新型电力系统，使电力系统在供给、技术、网络、供应链等方面呈现新形态，但潜在的风险也给国家能源安全带来新的挑战。

（一）气候风险冲击电力供应链安全的新挑战

电力系统安全运行的重大威胁主要来自极端天气等非常规安全风险。受气候变化影响，极端天气出现得愈加频繁和剧烈，进而放大新能源波动性、间歇性特征，使得保持电力实时平衡的难度进一步增大。洪涝、冰雹、暴雪、干旱、炎热等极端天气不仅会引起电力需求在短时间内激增，而且突然恶化的气象条件还会造成风电、光伏、水电等发电出力大幅下降。随之发生的自然灾害还可能导致发电燃料供应受阻与电力设施损毁等问题，最终导致电力供需严重失衡，出现电力供应紧张问题。由于光伏、风电等可再生能源发电与天气高度耦合，在高温热浪和静风环境下，风机由于无风驱动不能发电，在极寒和连续阴雨天条件下，光伏发电出力效率大幅下降，冬季则风机叶片冷冻覆冰不能出力。另外，极端天气、自然灾害可能会导致倒塔断线、设备故障、用户停电等问题，进而破坏电网安全稳定运行和电力可靠供应。再加上我国电网覆盖地域广、密度大、线路走廊长，一旦受到损坏，造成的损失会非常严重。

（二）"双碳"目标下新型电力系统建设的新挑战

要如期完成"双碳"目标，中国需在"十四五"期间完成产业结构低碳化调整的同时，建立以清洁低碳、安全可控、灵活高效等为特征的新型电力系统，目前，仍存在系列风险。一是以新能源为主体的新型电力系统具有较大的安全风险，主要包括三方面：能源稳定供应风险，电力系统安全稳定运行风险，以及电力系统与能源系统、经济社会系统之间的协调性带来的整体安全性风险，即风电和光伏发电不能"源随荷动"和容易受季节和极端天气影响出力不稳定的特征使得电力供应无法平衡，电力系统转动惯性、频率等电网重要参数的不稳定问题容易造成新能源脱网或出现电力系统故障，电力对经济社会系统的重要性提升带来的风险升高。二是数字技术在提高电网灵活性、吸纳可再生能源、落实需求响应、帮助管理日益复杂的电力系统等方面发挥重要作用的同时，也使电力系统面临与日俱增的网络威胁，并网设备的快速增加扩大了潜在的网络攻击面，而电力系统互联性和自动化程度的提高也增加了这方面的风险，任何通过芯片连接的能源系统都存在被黑客攻击的风险，能源系统连接的设备越多、范围越广，风险也越大。三是能源低碳转型带来电价加速上涨风险，在平衡煤电退役成本与新能源投资建设成本方面具有较高难度，经济成本较高。四是电化学储能技术、氢能技术等技术创新及集成应用仍不成熟，存在不确定风险。

（三）电力行业数字化转型中的安全新挑战

解决电力技术与数字技术的协调融合问题是电力行业数字化转型的关键，即通过电力技术和数字技术的场景兼容和协调发展，可以在保障电力安全的基础上提升电力生产、调运、输配及管理效率。同时，在电力的产输配储用等链条和环节上，云计算、区块链技术等数字技术的广泛应用，能够显著削减经济活动的碳排放强度和总量。目前，数字技术与电力技术之间的融合技术水平仍达不到电力数字化转型的需求，数字技术仍不能在较复杂的电力生产输配环境中发挥作用，电力技术的数字化管理水平也需要更大的提升。电力行业数字化转型存在数据风险等新问题，是影响能源安全的新风险。一方面，电力行业自身的发展存在运营、战略和应急三大风险，影响能源安全，在电力行业数字化转型中，这些风险会进一步放大，形成能源安全的新挑战；另一方面，ICT等数字技术与电力技术融合所形成的新风险，将影响电力行业数字化转型。ICT等数字技术和电力技术均存在关键核心领域技术"卡脖子"问题，会影响数据采集和集成的效果，只有两方技术均实现突破，才能成功实现数据的传输与联动，否则会降低融合成功率，从而导致电力行业数字化转型失败；数字化互联后，企业的知识产权、商业秘密等敏感数据的暴露风险较高，需要增加一定规模的数据安全投资来进行专门的保护，进而增加企业成本，且一旦受到攻击，将给电力行业安全生产和数字化生态构建带来较大冲击。

四　促进电力行业低碳发展保障国家能源安全的对策建议

为了高质量促进电力行业低碳发展，提升保障国家能源安全的能力，需要统筹好电力高水平安全与高质量发展的关系，加快建设全国统一竞争性电力市场，提高电力行业数字化转型的数据安全治理水平，并加强电力风险管控和应急能力建设。

（一）统筹好电力高水平安全与高质量发展的关系

明确煤电在能源体系中的安全兜底角色，探索电力战略功能的转变路径，并确定不同战略功能的安全边界，在保障安全的基础上实现新能源电力对煤电的有效替代。在"先立后破"原则下，煤炭与煤电安全兜底的边界难以确定，使得新能源替代煤炭、可再生能源电力替代煤电的进程受阻。通过逐步改革体制机制，推动煤炭与新能源、煤电与可再生能源电力融合发展，并在技术上逐渐明确煤电和煤炭的安全兜底边界，探索"立"与"破"协调推进的路径，在新能源与新能源电力有序发展的同时，推动煤炭与煤电的减量替代，实现主体到基荷再到应急备用功能的转变，真正发挥好煤炭与煤电安全兜底的战略功能，同时推动新能源电力高质量发展。

（二）加快建设全国统一竞争性电力市场

破除新能源供给消纳、符合新型电力系统特征的电网运行、新型储能等参与市场交易和定价过程中的体制机制障碍，深化市场化改革，加快构建以企业为主体、多种所有制企业充分竞争的全国统一竞争性电力大市场，为形成绿色生产力中的生产要素创新性配置奠定基础。一是破解新能源电力开发、并网、输配、消纳中存在的技术、要素、体制障碍，不断完善新能源电力供给消纳体系。如强化对大型风光基地、分布式能源、调峰电源、特高压输变电线路建设的土地、环境、金融信贷、法律法规等要素保障。二是加大电网改革力度，建立增量配电网常态化发展机制，构建适应"源网荷储互动"特征，兼具集中灵活性和分散灵活性的智能电网运行体制机制。如加强对微电网、区域性电网发展的支持。三是加快建设多层次的新能源电力市场体系，完善电力现货、辅助服务、容量、跨省跨区输电权等市场的体制机制建设，健全市场功能，形成全国统一的竞争性市场。如推动新型储能、氢能、综合能源服务商等进入市场的体制机制改革，以及促进新商业模式、新业态的价格、税收和投融资政策出台。

（三）提高电力行业数字化转型的数据安全治理水平

随着大数据、人工智能和云计算等数字信息技术在电力行业的深度应用，亟须提高电力行业的数据治理安全水平，为新型电力系统建设筑牢数字经济安全底座。一是加快完善电力行业关键信息基础设施的安全标准体系，持续提升关键信息基础设施的安全保护能力。二是致力于电力行业数字化技术的融合发展，特别是要加强数据使用安全技术的攻坚，如加快机密计算技术的研发和运用，从而更好保障电力行业数字化转型的数据安全。三是围绕新型电力系统建设，打造全场景网络安全防护体系，提高电力行业对恶意网络攻击、云安全威胁等方面的防御和对抗能力。

（四）加强电力风险管控和应急能力建设

健全电力安全风险分级管控和隐患排查治理的双重预防机制，深入落实电力安全风险管控行动计划，推动解决大电网风险管控、局部电网补强、电力行业网络安全等重点领域突出问题。逐步建立并不断完善电力波动的早期预警系统、预警响应系统和处置反馈系统。重点提高灾害多发地区防灾抗灾能力，加强关键骨干电网建设，保障极端条件下核心电网安全。提高地方政府大面积停电事件应急处置协调能力，健全跨地区应急救援资源共享及联合处置机制，推进大面积停电事件应急能力示范县（市）建设。完善电力企业应急能力建设评估工作长效机制，滚动提升电力企业应急能力，做好重大活动和重要时段保电工作。继续推进国家级电力应急救援基地建设，建设电力行业应急资源信息共享平台，盘活闲置应急资源，实现应急物资的共享应用。通过构建包括可再生能源在内的多品种能源应急供给体系，并深入推进电网调度、辅助服务等电力体制机制改革，进一步提高电力系统消纳供给灵活性，提升电力系统应对突发事件风险的抗冲击能力。

参考文献

黑文斌、安军、贺红梅：《电网常见安全风险分析及解决对策》，《内蒙古科技与经济》2021 年第 21 期。

韩永文、袁惊柱：《高质量发展框架下的区域能源安全问题研究》，《全球化》2023 年第 4 期。

潘小海、梁双、张茗洋：《碳达峰碳中和背景下电力系统安全稳定运行的风险挑战与对策研究》，《中国工程咨询》2021 年第 8 期。

王志轩：《"十四五"构建新型电力系统的路径及展望》，《中国电力企业管理》2022 年第 10 期。

王蕾：《我国能源安全新变化与对策建议》，《中国发展观察》2023 年第 Z1 期。

许键：《电网系统安全风险及认证防护技术研究》，《中国机械》2023 年第 17 期。

岳昊：《构建新型电力系统需更加重视气候变化"新常态"》，《中国电力企业管理》2022 年第 22 期。

袁惊柱：《能源科技创新问题探讨及建议》，《中国能源》2023 年第 7 期。

袁惊柱：《能源安全新范式下煤炭工业高质量发展思考》，《中国国土资源经济》2024 年第 10 期。

张晓亮：《基于复杂网络的电力供应链风险管理研究》，博士学位论文，北京邮电大学，2023。

B.5
电力行业低碳发展与积极稳妥
推进"双碳"工作

谭琦璐　胡珮琪*

摘　要：　实现碳达峰碳中和是推动经济高质量发展、解决资源环境约束突出问题的必然选择，也是构建人类命运共同体的庄严承诺，必然是一场广泛而深刻的经济社会系统性变革。能源领域的碳达峰碳中和最主要的部分是能源结构调整，即低碳、零碳的可再生能源逐步替代高碳化石能源。电力行业作为能源领域实现碳达峰碳中和目标的最重要抓手，在锚定2030年前实现碳达峰、2060年前实现碳中和的目标背景下，按照建设"以新能源为主体的新型电力系统"要求，设置新型电力系统的战略目标，制定能源低碳转型下构建新型电力系统的战略，并在低碳化、电气化、高效化和市场化等多种政策技术手段下，加快步伐实现2030年前碳达峰、2060年前碳中和的目标。同时中国作为应对全球变暖、全球绿色低碳转型的重要参与者，碳达峰碳中和目标的提出加速了全面标准化与精细化碳足迹评价体系建设的脚步。

关键词：　碳达峰碳中和　能源结构　新型电力系统　碳足迹

---

* 谭琦璐，博士，国家发展和改革委员会能源研究所环境中心副主任，助理研究员，研究方向为能源环境规划与政策、减污降碳协同等；胡珮琪，博士，国家发展和改革委员会能源研究所助理研究员，研究方向为双碳政策、气候变化等。

一　我国碳达峰碳中和政策进展与电力行业低碳发展形势要求

（一）我国碳达峰碳中和政策总体要求

1. 将碳达峰碳中和纳入我国生态文明总体布局，构建"1+N"政策体系

2020 年 9 月，习近平主席在第七十五届联合国大会上发表重要讲话，强调中国将提高国家自主贡献力度，采取更加有力的政策和措施，二氧化碳排放力争 2030 年前达到峰值，努力争取 2060 年前实现碳中和。2020 年 10 月 29 日，中国共产党第十九届中央委员会第五次全体会议通过《中共中央关于制定国民经济和社会发展第十四个五年规划和二〇三五年远景目标的建议》（以下简称《"十四五"规划和远景目标建议》），提出"十四五"时期，降低碳排放强度，支持有条件的地方率先达到碳排放峰值，制定 2030 年前碳排放达峰行动方案，到 2035 年基本实现社会主义现代化的远景目标，其中包括碳排放达峰后稳中有降。在 2020 年 12 月 12 日联合国气候雄心峰会上，我国宣布到 2030 年，中国单位 GDP 二氧化碳排放将比 2005 年下降 65% 以上，非化石能源占一次能源消费比重将达到 25% 左右。

实现碳达峰碳中和，是以习近平同志为核心的党中央统筹国内国际两个大局和社会经济发展大局，推动经济高质量发展、建设社会主义现代化强国做出的重大战略决策，是着力解决资源环境约束突出问题、实现中华民族永续发展的必然选择，也是构建人类命运共同体的庄严承诺。中国把 2030 年前碳达峰作为应对气候变化目标，一方面是中国可持续发展的内在要求，是根据自身国情、发展阶段、可持续发展战略做出的重大战略部署，对促进经济社会向绿色循环低碳方向转型、加快生态文明建设具有重要作用；另一方面，体现了中国作为负责任大国在全球治理中的责任担当，对推动发达国家进一步加大减排力度，确保全球温室气体排放尽早达峰提供了有力支撑，对实现全球应对气候变化目标、推动全人类共同可持续发展具有重要意义。

实现碳达峰碳中和是一场广泛而深刻的经济社会系统性变革，为顺利实现碳达峰碳中和目标愿景，国家决定构建"1+N+X"政策体系，精准指导全方位、全尺度开展工作。其中，"1"包括中共中央、国务院印发的《关于完整准确全面贯彻新发展理念做好碳达峰碳中和工作的意见》和国务院印发的《2030年前碳达峰行动方案》，两者共同组成贯穿碳达峰、碳中和两个阶段的顶层设计。"N"包括重点领域、重点行业实施方案和支撑保障方案。前者有能源、工业总体和重点工业行业、交通运输、城乡建设、农业农村等分领域分行业碳达峰实施方案，围绕顶层文件的总体要求进一步聚焦不同行业领域和部门的发展特征和所面临的问题障碍，提出具体的实施方案。后者有科技支撑、绿色消费、能源保障、碳汇能力、财政金融价格政策、标准计量体系、督查考核、教育人才等保障方案。一系列文件将构建目标明确、分工合理、措施有力、衔接有序的碳达峰碳中和政策体系。

2. 能源是碳达峰碳中和的主战场，电力是主力军[①]

在我国约113亿吨的二氧化碳排放中，能源领域排放接近100亿吨，占比达到九成。在能源碳排放中电力碳排放42亿吨，占比接近一半。因此，以电力为主的能源绿色低碳转型对我国实现碳达峰碳中和目标至关重要。能源又是国民经济的粮食和命脉，我国是世界上最大的能源消费国，能源安全和保障是须臾不可忽视的"国之大者"，必须在首先保障安全的前提下实现能源脱碳。此外，同碳达峰碳中和目标愿景所体现的"负责任大国"形象一致，在能源绿色低碳转型时不仅要基于国情推动结构调整优化，增强综合保障能力，也要发挥我国积极作用，提振国际社会的信心和雄心。[②]

推进能源领域的碳达峰碳中和最主要的路径是能源结构调整，即低碳、零碳的可再生能源逐步替代高碳化石能源。国家能源局局长章建华在《人民日报》上发表的《为推进中国式现代化贡献能源力量》中详细指出，要扎实推进能源结构调整，持续推动化石能源清洁高效利用，大力发展非化石

---

① 《舒印彪：实现碳达峰碳中和，能源是主战场，电力是主力军！》，搜狐网，2021年6月11日，https://www.sohu.com/a/471581945_418320。

② 章建华：《为推进中国式现代化贡献能源力量》，《人民日报》2023年7月6日。

能源，扎实抓好煤电"三改联动"，积极推进水电、核电等重大工程和以沙漠、戈壁、荒漠地区为重点的大型风电光伏基地建设，积极推动抽水蓄能、新型储能和氢能发展。而在能源结构调整过程中，构建新型能源体系是处理好"新""旧"能源关系，支撑各能源协调协同、形成最大合力的系统性策略，为基础之基础、关键之关键。党的二十大报告首次提出"加快规划建设新型能源体系"，习近平总书记在全国生态环境保护大会上的重要讲话中明确阐释了建设新型能源体系要处理好几种能源的关系。

构建新型能源体系对于电力这一主力军而言是要构建新型电力系统。2021年10月，国务院印发的《2030年前碳达峰行动方案》提出"构建新能源占比逐渐提高的新型电力系统，推动清洁电力资源大范围优化配置"，意味着构建新型电力系统的根本目标是支撑清洁电力的高比例开发、消纳和利用。新型电力系统有几项突出特征[1]：在电源侧，清洁低碳电源是主体，化石能源电力起到"压舱石"作用；在电网侧，电网结构呈现"大电源、大电网"与"分布式系统"兼容互补、互联互动；在负荷侧，终端用能的电气化程度提升，电—热—冷—气不同负荷实现弹性替代，信息技术发展使得需求响应与源荷互动成为常态；在储能侧，满足不同时间尺度和应用场景、处于不同环节的储能技术形成跨时空多元融合储能体系，为新能源出力提供稳定性、安全性。

3. 推进碳达峰碳中和要立足国情，坚持先立后破、科学有序

在碳达峰碳中和目标提出之后，我国的有些地方、部门、行业出现未立先破、跟风表态、市场至上、行动扭曲等"运动式减碳"[2]，为纠正这种倾向，2021年7月30日召开的中共中央政治局会议明确指出，要统筹有序做好碳达峰碳中和工作，尽快出台2030年前碳达峰行动方案，坚持全国一盘棋，纠正"运动式减碳"，先立后破，坚决遏制"两高"项目盲目发展。同年9月，习近平总书记在榆林考察时指出"立足国情、控制总量、兜住底线，有

---

[1] 张智刚、康重庆：《碳中和目标下构建新型电力系统的挑战与展望》，《中国电机工程学报》2022年第8期。

[2] 《中央点名的"运动式减碳"，如何纠偏？》，"人民论坛网"百家号，2021年10月8日，https：//baijiahao.baidu.com/s？id=1713051313766182277&wfr=spider&for=pc。

序减量替代，推进煤炭消费转型升级"。①

2022年两会期间，习近平总书记在参加内蒙古代表团审议时再次强调，要"立足富煤贫油少气的基本国情"推进碳达峰碳中和，"在降碳的同时确保能源安全、产业链供应链安全"。② 2022年10月，党的二十大报告以"积极稳妥推进碳达峰碳中和"作为章节标题，在这一部分明确提出"坚持先立后破，有计划分步骤实施碳达峰行动"。在2023年7月举行的全国生态环境保护大会上，习近平总书记发表题为《以美丽中国建设全面推进人与自然和谐共生的现代化》的重要讲话，指出实现"双碳"目标是一项长期任务，既要坚定不移，又要科学有序推进，等不得也急不得，并再次明确并细化了"有计划分步骤实施碳达峰行动"的具体要求，包括四个方面：一是深入实施2030年前碳达峰行动方案，确保安全降碳；二是在碳排放强度控制基础上，逐步转向碳排放总量和强度"双控"；三是进一步发展碳市场，完善法律法规政策，建成更加有效、更有活力、更具国际影响力的碳市场；四是推动减污降碳协同增效，提升多污染物与温室气体协同治理水平。

"立足国情、先立后破、积极稳妥"是碳达峰碳中和目标下推进能源和电力绿色低碳转型的核心要求。"立足国情"强调了实事求是的原则，在能源和电力领域就是要认识到现阶段煤炭是我国的主体能源，煤电仍是主体电源的基本现实。由于可再生能源电力出力波动间歇，且与储能的配合尚在发展初期，从保障能源供给安全的角度看，煤电在未来一段时间也仍将起到很重要的支撑供应的作用。"先立后破"首先明确能源和电力体系需"破"需"立"，从长远看，"破"是为达到碳达峰甚至是碳中和的目标，传统碳基化石能源要在供应中逐渐退出；"立"是指可再生能源对能源供应的支撑能力不断变大，在未来成为引领。但是，在逐步推进时需要把握"先立后破"

---

① 《习近平在陕西榆林考察时强调　解放思想改革创新再接再厉　谱写陕西高质量发展新篇章》，习近平系列重要讲话数据库，2021年9月15日，http：//jhsjk. people. cn/article/32227920。

② 《习近平在参加内蒙古代表团审议时强调　不断巩固中华民族共同体思想基础　共同建设伟大祖国　共同创造美好生活》。习近平系列重要讲话数据库，2022年3月6日，http：// jhsjk. people. cn/article/32367416。

这一时序和节奏。从终极目标看,只有当技术、政策、市场等发展到可以支撑可再生能源电力高效稳定供应时,才能够真正彻底退出化石能源。更为重要的是,在分阶段、分步骤的推进过程中更要遵循"立"在前"破"在后。例如,目前可再生能源电力占比已较高,但新型储能技术尚不能有效配合,就需要煤电起到调节性、灵活性电源的作用。"积极稳妥"实质再次重申了"先立后破",讲的是推进的态度,"立"上要积极,充分发挥主观能动性,而"破"时要稳妥谨慎,避免对能源安全造成影响,要有效有力支撑"立""破"二者在循序渐进的过程中相互支撑、接续直至替代。

(二)2023年碳达峰碳中和政策进展与成效

2023 年 12 月 26 日,国家发展改革委主任郑栅洁在十四届全国人大常务委员会第七次会议上报告《〈中华人民共和国国民经济和社会发展第十四个五年规划和 2035 年远景目标纲要〉实施中期评估报告》。报告指出,两年以来,污染防治攻坚战向纵深推进,碳达峰碳中和工作积极稳妥推进,绿色、循环、低碳发展迈出坚实步伐。特别提到了政策体系和能源领域碳达峰碳中和的进展成效。在政策体系方面,形成了碳达峰碳中和"1+N"政策体系。在能源碳达峰碳中和方面,非化石能源发电装机容量历史性超过化石能源,非化石能源占能源消费总量比重提高至 17.5%。重点领域、行业和产品设备节能降碳更新改造加快推进,煤电节能降碳改造 1.52 亿千瓦。

1. 以"1+N"政策体系为核心的实操细化政策相继出台,工作基础更为扎实

在 2023 年 8 月 15 日全国首个生态日上,国家发展改革委表示我国碳达峰碳中和"1+N"政策体系构建完成,并持续落地。除两份"1"的文件外各有关部门出台了 12 份重点领域、重点行业实施方案和 11 份支撑保障方案,31 个省(区、市)也根据资源环境禀赋、产业布局、发展阶段等实际制定并出台了本地区的碳达峰实施方案。在"1+N"的核心制度和政策文件之下,2023 年又陆续出台了节能降碳、碳管理制度、绿色低碳技术、碳达峰试点示范等碳达峰碳中和相关的制度安排和政策文件,推动工作基础进一

步夯实增强。

在节能降碳方面，国家发展改革委联合工业和信息化部、国家市场监管总局等相关部门分别印发出台了《关于统筹节能降碳和回收利用 加快重点领域产品设备更新改造的指导意见》《关于进一步加强节能标准更新升级和应用实施的通知》《工业重点领域能效标杆水平和基准水平（2023年版）》《锅炉绿色低碳高质量发展行动方案》等文件，针对工业等重点领域和项目以及锅炉等重点产品和设备，提出持续完善能效标准，发布更新的能效指南，提出新建存量项目改造举措，强化先进适用技术研发应用。

在碳管理制度方面，2023年7月，国家发展改革委、财政部、国家能源局印发《关于做好可再生能源绿色电力证书全覆盖工作促进可再生能源电力消费的通知》，提出进一步健全完善可再生能源绿色电力证书制度，实现其对可再生能源电力的全覆盖，充分发挥促进可再生能源开发利用、引导全社会绿色消费的重要作用。同年9月，中共中央、国务院印发《关于推动能耗双控逐步转向碳排放双控的意见》，提出了分阶段推动能耗双控转向碳排放双控，为实现碳达峰碳中和提供重要制度基础。同年11月，国家发展改革委会同有关部门印发《关于加快建立产品碳足迹管理体系的意见》，提出推动建立符合国情实际的产品碳足迹管理体系，促使生产生活方式绿色低碳转型，为实现碳达峰碳中和提供支撑。

在技术应用和试点示范方面，国家发展改革委、科技部等十部门印发《绿色低碳先进技术示范工程实施方案》，通过实施绿色低碳先进技术示范工程，聚焦源头减碳、过程降碳、末端固碳三大重点方向，布局一批技术水平领先、减排效果突出、示范效应明显、减污降碳协同的示范项目，推动形成绿色低碳产业竞争优势，为经济社会发展注入绿色动能。2023年11月，国家发展改革委公布了首批碳达峰试点名单。名单中包含的25个碳达峰试点城市和10个碳达峰试点园区围绕绿色低碳转型开展探索，为全国提供行之有效的经验做法，助力实现碳达峰碳中和目标。

2.绿色能源在供给中占比不断上升，能源需求侧持续推进绿色低碳发展

可再生能源朝成为供能主体的目标快速推进。截至2023年底，我国可再生能源装机容量达到 14.7242 亿千瓦，占全国发电总装机容量比重超过 50%，历史性超过火电。可再生能源装机容量同比增长超过 19.5%，为近 10 年来最大增幅。其中，太阳能发电为装机容量第一的可再生能源电力，约 6.1 亿千瓦的装机容量占总容量的 20.9%；风电装机容量排名第二，约 4.4 亿千瓦，占比 15.1%。[①] 风光总装机容量突破 10 亿千瓦，在电力新增装机容量中的主体地位更加巩固，风电光伏发电量已超过同期城乡居民用电量，占全社会用电量比重突破 15%。[②] 西北地区以沙漠、戈壁、荒漠为主的风电、光伏大基地项目为此提供了重要支撑。据国家能源局介绍，目前第一批项目已全部开工，第二批项目已陆续开工，第三批项目清单已正式印发实施。与此同时，通过不断强化新型储能等新型电力系统的建设，我国新能源利用率一直保持在 95% 以上的较高水平。截至 2023 年底，我国新增新型储能装机规模约 2260 万千瓦/4870 万千瓦时，较 2022 年底增长超过 260%，近 10 倍于"十三五"末装机规模，[③] 新能源电源配建储能、独立储能、共享储能和工商业负荷侧储能多元化发展，有力支撑了新能源消纳和电力系统的安全稳定运行。

煤炭等化石能源的利用在清洁低碳的方向深入推进。推进煤炭"三改联动"，根据国家发展改革委统计数据，截至 2023 年 8 月，全国累计完成煤电机组节能降碳改造、灵活性改造、供热改造超过 5.2 亿千瓦。煤炭绿色矿山的建设促进了煤炭清洁高效利用水平提升，截至 2021 年底，全国约有 300 家煤炭企业纳入全国绿色矿山名录，[④] 煤矸石综合利用率、矿井水综合利用率、矿产综合利用水平、煤矿瓦斯抽采利用率等体现清洁高效利用的指

---

① 《国家能源局发布 2023 年全国电力工业统计数据》，中国政府网，2024 年 1 月 28 日，https：//www.gov.cn/lianbo/bumen/202401/content_ 6928723.htm。

② 《开局之年 能源高质量发展阔步向前——全国能源工作 2023 年终综述》，"中国电力报"百家号，2023 年 12 月 22 日，https：//baijiahao.baidu.com/s? id＝1785973623130736431&wfr＝spider&for＝pc。

③ 《国家能源局 2024 年一季度新闻发布会文字实录》，国家能源局网站，2024 年 1 月 25 日，http：//www.nea.gov.cn/2024-01/25/c_ 1310762019.htm。

④ 《中国煤炭产业提升：高效清洁化开发和利用取得显著进展》，"董秀成闲说能源"百家号，2023 年 11 月 27 日，https：//baijiahao.baidu.com/s? id＝1783695221785768558&wfr＝spider&for＝pc。

标均有一定程度提升。在温室气体排放控制方面，我国煤矿瓦斯抽采利用率也在逐步提高，煤炭开发过程排放到空气中的甲烷大幅度减少；二氧化碳捕集、利用与封存（CCUS）技术在煤矿、油气田中应用已经较为成熟，2023年油气田CCUS项目二氧化碳注入量超200万吨。[1]

工业领域开展产业转型升级和节能降碳改造，主要围绕工业领域碳达峰"一个行动"，构建绿色低碳技术和绿色制造支撑"两个体系"，推动产业结构高端化、能源消费低碳化、资源利用循环化、生产过程清洁化、产品供给绿色化、生产方式数字化等"六个转型"，同时以创建绿色工厂、绿色工业园区和绿色供应链为牵引，全面推行绿色生产方式。一方面，大力发展战略性新兴产业，以太阳能电池、锂电池、电动载人汽车为代表的"新三样"成为外贸增长新动能，2023年上半年"新三样"产品合计出口增长61.6%，拉动出口整体增长1.8个百分点。另一方面，推进传统产业节能降碳改造，在钢铁、石化化工、有色金属、建材等重点行业实施绿色化升级改造。2021~2022年，规模以上工业单位增加值能耗累计下降6.8%，重点耗能工业企业单位电石、合成氨、电解铝综合能耗分别累计下降6.8%、0.8%、2.5%。截至2022年底，钢铁、电解铝、水泥熟料、平板玻璃等单位产品综合能耗较2012年降低了9%以上，均处于世界领先水平。[2]

推动建筑、交通等另外两大用能领域绿色低碳发展。大力发展绿色建筑和建筑用能清洁替代。2022年，我国新建绿色建筑面积占比由"十三五"末的77%提升至91.2%；推动既有建筑绿色低碳改造，节能建筑占城镇民用建筑面积比例超过65%；[3] 北方地区清洁供暖保障能力不断增强，清洁取

---

① 《2024年全国能源工作会议在京召开》，国家发展改革委网站，2023年12月22日，https://www.ndrc.gov.cn/fzggw/wld/zsj/zyhd/202312/t20231222_1362854.html。

② 《工业和信息化部：工业领域节能降碳有序推进　重点行业能效水平持续提升》，国家发展改革委网站，2023年7月7日，https://www.ndrc.gov.cn/xwdt/ztzl/2023qhjnxcz/bfjncx/202307/t20230707_1358203_ext.html。

③ 《国家发展改革委发布碳达峰碳中和重大宣示三周年重要成果》，国家发展改革委网站，2023年8月17日，https://www.ndrc.gov.cn/fzggw/wld/zcx/lddt/202308/t20230817_1359896_ext.html。

暖率达到 76%。[①] 加快"公转水""公转铁"运输结构优化，2023 年全国铁路货运发送量 50.4 亿吨、同比增长 1%，水路货运发送量 93.7 亿吨、同比增长 9.5%。推动新能源和清洁能源运输装备普及，2023 年上半年，新能源汽车产销分别完成 378.8 万辆、374.7 万辆，同比增速均超过 40%；保有量超 1620 万辆，占全球一半以上。

二 碳达峰碳中和目标下的电力行业发展路径

（一）碳达峰碳中和目标下电力行业低碳发展的资源禀赋

1. 电力行业是实现碳达峰碳中和目标的最重要抓手

电力行业是我国碳排放量最多的经济部门。我国电力行业具有碳排放总量大、占全国碳排放量比例高的特点。1990~2022 年，中国经济的快速发展带动电力消耗量节节攀升，中国成为全球发电量最大的国家。2022 年，全球总发电量为 291651 亿千瓦时，中国发电量占全球比重达到 30.3%（见图 1）。根据 IEA 数据，2022 年我国碳排放 114.8 亿吨，同比下降 0.2%。电力行业碳排放占比超 1/3，其中燃煤电厂贡献 95% 以上的碳排放。电力行业减碳排放，进行能源结构改革成为重要任务。电力行业的碳减排工作是我国实现碳达峰碳中和目标的最重要抓手。

我国电力行业碳排放量大、占比高的直接原因在于我国一直以火电作为最主要的发电方式。2001~2023 年，我国火电发电量从 11834.3 亿千瓦时增长到 62657.4 亿千瓦时，占全国发电量比例虽然呈现下降趋势，但在 2023 年依然达到 66.26%，是我国最重要的电力供给形式。而煤电又是我国最重要的火力发电形式，单位煤炭燃烧产生的二氧化碳远高于单位石油和单位天然气。2022 年，我国煤炭发电占比达到 63.8%，是我国最重要的发电形式，

---

① 《开局之年　能源高质量发展阔步向前——全国能源工作 2023 年终综述》，"中国电力报"百家号，2023 年 12 月 22 日，https：//baijiahao. baidu. com/s？ id = 1785973623130736431&wfr = spider&for = pc。

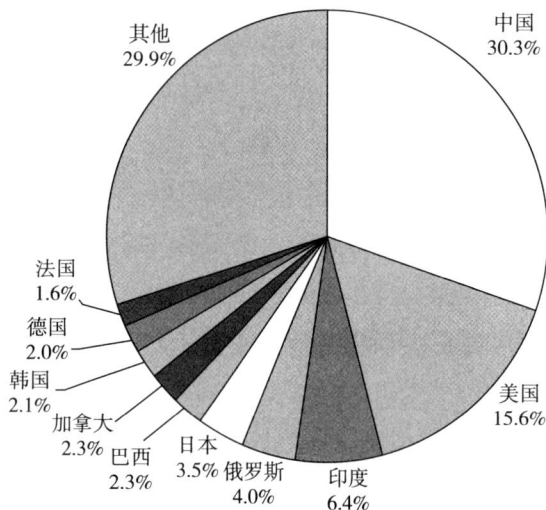

图1 2022年全球主要经济体发电量占比

资料来源：2022年《BP世界能源统计年鉴》。

占比远高于全球平均水平和发达国家，是全球煤炭发电占比最高的国家。在煤炭、石油、天然气三种主要化石燃料中，煤炭类燃料的碳排放系数显著高于石油和天然气，高煤炭消耗量、高碳排放系数使我国电力行业碳排放量居高不下。

在碳达峰碳中和目标的要求下，调整电力结构成为我国的必然选择。根据清华大学气候变化与可持续发展研究院的预测，在2050年升温2℃情景下，电力行业2050年非化石能源发电占比将达到76.2%；在2050年升温1.5℃的强化政策情景下，非化石能源发电占比将达到90.5%，[①] 可再生能源发电将成为电力行业最主要的能源消耗形式。由于可再生能源发电具有随机性、间歇性和波动性的特征，当可再生能源发电比例大幅提升后，电力系统整体，包括电网端、负荷端都将随之呈现新的发展趋势，储能技术也将得到更多应用；而电力体制也将配合可再生能源发电特点向更加市场化的方向

---

① 清华大学气候变化与可持续发展研究院等：《中国长期低碳发展战略与转型路径研究：综合报告》，中国环境出版集团，2021。

发展。

2. 电力行业低碳发展的主要目标

2021 年 3 月 15 日，习近平总书记主持召开中央财经委员会第九次会议，其中"研究实现碳达峰、碳中和的基本思路和主要举措"的第一项重点工作就是，"要构建清洁低碳安全高效的能源体系，控制化石能源总量，着力提高利用效能，实施可再生能源替代行动，深化电力体制改革，构建以新能源为主体的新型电力系统"，为电力行业低碳发展明确了定位、指明了方向。"十三五"时期，我国电力行业能源结构持续优化，低碳转型成效显著，煤炭消费比重下降至 56.8%，常规水电、风电、太阳能发电、核电装机容量分别达到 3.4 亿千瓦、2.8 亿千瓦、2.5 亿千瓦、0.5 亿千瓦，非化石能源发电装机容量稳居世界第一位。"十四五"是中国实现碳达峰的关键期、窗口期，2022 年 3 月 22 日，国家发展改革委发布了《"十四五"现代能源体系规划》，强调加快推动能源绿色低碳转型。其中进一步提到了推动构建新型电力系统，具体包括：推动电力系统向适应大规模高比例新能源方向演进，创新电网结构形态和运行模式，增强电源协调优化运行能力和加快新型储能技术规模化应用。

我国电力行业的不同发展阶段存在不同资源禀赋特征。在锚定 2030 年前实现碳达峰、2060 年前实现碳中和的目标背景下，按照建设"以新能源为主体的新型电力系统"要求，设置新型电力系统的战略目标，制定能源低碳转型下构建新型电力系统的战略，提出构建新型电力系统"三步走"，分步骤预测不同阶段电力系统的能源结构。第一阶段（2020~2030 年）：此阶段仍以煤电为主，新能源发电快速发展。其中，煤炭发电量比重在 2030 年降低到 50% 以下，可再生能源发电量比重提高到 37% 左右，非化石能源发电量比重提高到 45% 左右，新能源发电量比重提高到近 25%。此阶段为增量替代、技术攻关、体制改革的重要阶段。第二阶段（2031~2040 年）：初步形成以新能源为主体的新型电力系统。煤电逐渐退出主导地位，非化石能源发电逐渐成为主体能源。风光发电量比重超过煤电，成为第一大电源。新型电力系统开始具备"清洁低碳、安全可控、灵活高效、智能友好、开放互动"的特征。其中，新能源发电比重接近 40%，煤炭发电量比重降低到 33%。此阶段为存量替代、系统变革的重要阶段。第三阶段（2041 年及以后）：新型电力系统逐步成熟，将建成近零排放电力系统。新能源主体地位不断加强，煤电加快退出，形成包括生物质发电、核电、水电、储能、氢能等的低碳多元灵活性电力系统。此阶段，预计 2045 年，非化石能源发电量比重超过 70%，带动非化石能源消费比重超过 50%，可再生能源发电量比重接近 70%。

（二）电力行业在推进碳达峰碳中和中存在的主要问题

1. 当前我国终端用能效率和电气化水平仍较低

在能源消费方面，我国存在部分行业电气化水平较低、终端用能能效较低的问题。2021 年我国工业、建筑业、交通运输业的产值占 GDP 的 42%，但能源消费却占消费总量的 77%，能源利用效率过低。电能具有清洁、安全、便捷等优势，对低能效、高耗能产业实施电能替代，是提高能源利用效率的重要举措。促进能源终端开展清洁电能替代，提高终端用能的再电气化水平，并应对电气化后的冲击性负荷导致的终端负荷调节难度提高问题，是目前能源消费方面的挑战之一。

目前，在我国发电侧一次能源供应结构中，煤炭供应比重过高，与传统化石能源相比，风能、光能等可再生能源在我国能源供应体系中占比较低。2012~2022 年我国一次能源供应结构变化情况如图 2 所示。2022 年煤炭供应占一次能源供应总量的 56.2%，非化石能源供应占比为 17.5%，化石能源占比依旧过高，能源供应格局存在较大的可调整空间。由图 3 可知，2022 年我国一次能源发电中，火电装机容量占比为 45.66%、发电量占比为 65.95%，并网风电、并网太阳能发电量占比合计约为 14%，发电结构的清洁化与低碳化仍需持续推进。截至 2024 年 6 月底，全国全口径发电装机容量 30.7 亿千瓦，其中，煤电装机容量占总发电装机容量的 38.1%；并网风电装机容量 4.7 亿千瓦，并网太阳能发电装机容量 7.1 亿千瓦，合计达 11.8 亿千瓦，占总装机容量的 38.4%，我国新能源发电装机规模首次超过煤电，电力生产供应绿色化不断深入。

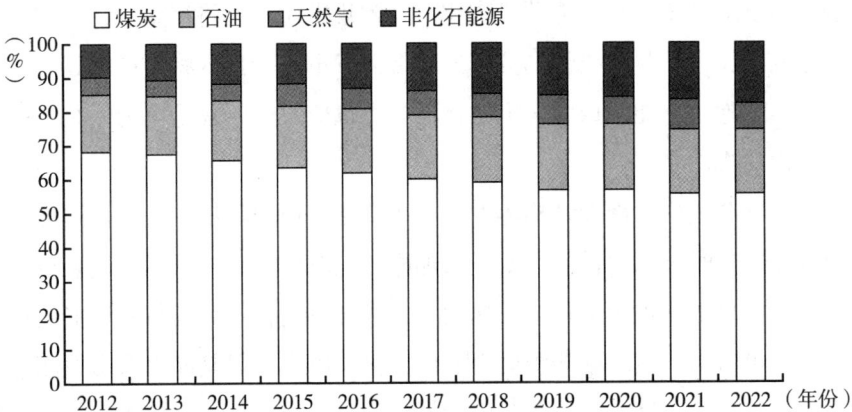

图 2 2012~2022 年我国一次能源供应结构

资料来源：《中华人民共和国 2022 年国民经济和社会发展统计公报》。

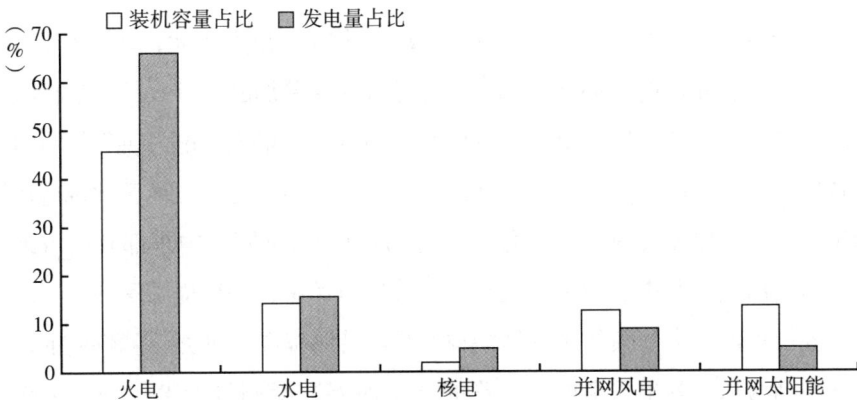

图 3 2022 年我国电源装机容量与发电量占比

资料来源：《中华人民共和国 2022 年国民经济和社会发展统计公报》。

2. 大规模可再生能源给电力安全保供带来挑战

在碳达峰碳中和目标与新型电力系统的要求下，新能源装机容量增速远高于火电，新能源将成为一次能源供应的主体，煤电、气电等火电机组将在 2030 年达峰，功能上将逐步转为兜底保障和系统调节电源。新能源设备对电网稳定运行的支撑性较弱，将会约束电网大规模输送新能源发电的能力，影响电力供应安全。在新能源高占比下，常规电源不足将严重制约大型新能源基地外送能力，强随机性的分布式新能源发电海量接入将对电网运行安全带来巨大风险，新能源成为发电主体后电力供应安全问题是电力系统在能源供应方面的挑战之一。

我国电源结构、网架结构等发生重大变化，但因峰值出力不足而导致部分地区、部分时段电力供需时空矛盾加剧。从时间来看，虽然发电装机总容量增长速度足以覆盖用电量增长速度，但发电机组在实际运行中所能提供的可靠发电出力却不足。新能源电力高比例接入电网，但其却没有提供相应足够多的可用装机容量，导致了我国发电可用容量增长速度滞后于用电负荷的增长速度。从发用电动态平衡的角度来看，风电及光伏发电出力受自然环境影响较大，且在不同地区、不同气候环境，出力曲线都有不同。风电出力呈现"夜峰昼谷"的特性，其出力高峰往往集中于夜间。而光伏出力在晴天呈现"单峰"的特性，多数地区中午12时到14时出力较大，晚8时到早5时无出力。新能源电力的高比例接入将导致峰谷差加剧，巨大的峰谷差极大增加了电网平衡的难度，电力系统调峰压力进一步增大，电力供需矛盾将会日益突出。从空间来看，大规模新能源并网地区和负荷中心地区常规电源装机不足，主网电压支撑"空心化"，源网调节能力下降。中东部和南方地区是我国的用电负荷中心地区，近年来随着生态环保、土地资源等约束不断增强，发展煤电和大规模集中式新能源的难度持续提高，电力保障供应的压力也在不断增加。如果仅考虑已明确的"十四五"期间投产电源和跨区输电通道，2025年国网公司经营区东中部地区高峰时段电力供应能力将明显不足，其中，华北、华东、华中等地区的电力缺口将分别达到2400万千瓦、3400万千瓦和2800万千瓦。

新型储能尚不能提供全方位灵活性调节作用。目前我国新型储能装机规模已超过3000万千瓦，但大量已建成新型储能项目调用率仍有待提升，部分项目由于多方原因暂未并网，存在建而不用的问题，不能实际为电力系统提供灵活性调节能力。

3. 电力安全保供与降碳之间权衡协调难度大

过去一段时间，以煤为主的能源资源禀赋决定我国能源供给高度依赖化石能源，未来我国将用比欧美国家更短的时间完成碳排放强度降低，实现能源电力领域的"脱化石能源化"和"脱碳化"，难度和挑战极大。低碳转型并不意味着近期不发展化石能源。预计未来我国煤、油、气消费将依次达峰，达峰前仍有一定增长。降碳减排并不意味着不产生碳排放，也不意味着在较短时间内快速减排。我国资源环境禀赋、产业结构、发展阶段与欧美国家不同，快速激进退出化石能源将带来能源供应风险，煤炭消费的减量化节奏取决于非化石能源的替代供应能力。能源领域降碳方向在于大力发展非化石能源与推动化石能源清洁利用的双轨推进。统筹能源保供和降碳减排，既要考虑新增能源需求更多以非化石能源来满足，又要有效推动庞大的存量化石能源安全有序地清洁化利用，平稳渐进地过渡到存量替代阶段。

4. 当前电力市场尚不能完全支撑新型电力系统建设

随着可再生能源的开发利用不断增加，当前电力市场、绿电市场、绿证和碳市场等之间协同发展也存在一定挑战。

在当前电价机制下，在未来新型电力系统下市场价格出现低价或零价的频次将会大大增加，造成电力市场的不稳定。一是新能源由保障性收购向市场化消纳过渡缺乏明晰的路径。各地新能源参与市场规模的确定方式不尽相同。各地对新能源参与市场缺乏统一标准和明晰路径，给电力市场建设和新能源项目投资带来了不确定性。二是高比例新能源下的系统调节成本缺乏合理有效的疏导机制。现行的辅助服务市场机制成本疏导不畅，系统调节费用主要在发电侧分摊，缺乏向用户侧疏导的机制，其中新能源分摊比例较大。一方面影响了火电等常规电源参与系统调节的积极性，另一方面给部分新能源企业带来较大经营压力。三是新能源参与市场存在收益下降的问题。新能源参与现货市场后，市场价格普遍较低。此外，新能源还需承担辅助服务费用、负荷预测偏差等考核费用，进一步拉低了市场化收益，影响新能源企业参与市场的积极性。

绿电市场与常规电力市场化交易不衔接。绿电作为中长期交易品种，与常规中长期交易在交易频次、交易标的、出清机制、结算机制等方面存在差异。绿电市场与碳交易市场的市场范围不衔接。碳交易市场为全国市场，绿电市场尚未形成全国市场。我国碳交易实行全国统一市场机制，从不同角度发挥着助推碳减排的功能。绿电交易在我国中长期市场框架下运行，以省内市场为主，跨省（区、市）交易并行。目前我国电力市场仍在建设过程中，暂未形成全国市场，点对点跨省（区、市）交易仍未大规模实现。绿电价格随各区域供求关系变化差异较大，难以实现相关市场的协同统一。同时，当前新能源主要执行保障性收购政策，市场化放开路径不清晰，主体市场化意愿不强，导致绿电供给不足。随着发用电计划"应放尽放"，除优先发电和居民、农业等优先购电外，70%以上电量已进入市场，资源配置的方式实现由计划向市场的根本性转变。但新能源目前仍以计划方式下的保障收购为主，仅在部分存在弃风弃光现象的地区，出台文件放开超出新能源项目保障利用小时数外的电量或平价新能源项目通过市场化方式消纳，导致绿电供给不足。

绿证无法在碳市场抵扣绿证持有者的碳排放量，这将影响绿证交易规模的扩张以及用户交易绿证的积极性。同时，由于没有与碳市场建立连接，我国绿证更加难以实现与国际绿色电力消费的互认。绿电绿证和国家核证自愿减排量（CCER）都包含可再生能源项目，环境价值重复计算，对可再生能源存在重复激励。根据2023年8月3日国家发展改革委、财政部、国家能源局联合发布的《关于做好可再生能源绿色电力证书全覆盖工作 促进可再生能源电力消费的通知》文件要求，绿证是我国可再生能源电量环境属性的唯一证明，是认定可再生能源电力生产、消费的唯一凭证，用于可再生能源电力消费量核算、可再生能源电力消费认证等。可目前CCER的方法学中包含海上风电和光热发电，与绿证核发范围重叠，因此这部分企业既可以通过出卖CCER实现环境价值变现，也可以直接参与绿证交易获取环境价值带来的溢价，目前并没有明确的政策要求两者不可重复申领，对可再生能源存在重复性激励问题。

（三）碳达峰碳中和目标下我国电力行业低碳发展路径

加快构建以新能源为主体的新型电力系统，是电力行业促进自身碳减排、支撑全社会碳减排的必由之路，是实现电力行业高质量发展的必然选择。

1. 低碳化——推行非化石能源发展与化石能源清洁利用并举

统筹能源供应和降碳减排，既要考虑新增能源需求更多以非化石能源来满足，又要有效推动庞大的存量化石能源安全有序地清洁化利用，平稳渐进地过渡到存量替代阶段。一是煤电承担电力电量保障的双重任务，仍是保障电力供应的重要基础。二是新能源以提供清洁电力为主，高峰负荷时段电力（功率）支撑能力有限。三是其他各类电源协调发展，共同保障未来电力供应。因此，一方面大力开发利用可再生能源，发展核能、生物质能、地热能等非化石能源综合利用，在电力系统中形成以非化石能源为主的电源结构，是实现能源转型的关键；另一方面积极推动煤电灵活性改造，为高比例可再生能源电力系统运行提供紧急备用和灵活调节能力，探索煤电碳资源综合利用，助力煤电实现低碳无碳转型。

2. 电气化——电源两侧电力供给多元化

实现电力安全可靠供应，要充分利用电力系统各环节多元协同、优势互补的特性，系统性地推动供需两侧多元化发展，持续推进终端用能的电气化，实现以电为中心的多能互补用能结构，大幅提高电能在终端能源消费中的比重，提高能源综合利用效率。一是推动电源端发展多元化。大力发展新能源。"十四五"期间，加快发展东中部分布式光伏、分散式风电和海上风电，优先就地平衡；推动西部北部沙漠、戈壁、荒漠地区大型光伏基地项目建设。中远期，新能源开发重心重回西部北部，海上风电逐步向远海拓展。努力促进煤电清洁高效发展，逐步向基础保障性和系统调节性电源并重转型。"十四五"期间，用好存量煤电，加快实施灵活性改造；在负荷中心就地就近安排一批煤电保障电力供应。加快 CCUS 等技术装备突破，将煤电改造为"近零脱碳机组"，转型升级为"清洁电力"。中远期，稳妥推进煤电逐步减量发展。因地制宜开发水电,积极安全有序发展核电。中远期,加快发展新型储能,积极推动梯级水电改造,具备周以上调节能力。二是推动终端用能多元化。充分发挥终端用户节能提效的关键作用。坚持节能优先方针,加快产业结构深度调整,坚决遏制"两高"项目盲目发展,加大节能技术推广和管理提效力度。高效有序推进终端能源消费电气化。工业领域优先在高耗能行业推广电锅炉、电窑炉,建筑及居民领域推广热泵技术,交通领域推广电动汽车和电动重卡。三是坚持需求响应优先、有序用电保底、节能用电助力。汇集可调节资源,参与电力系统调峰调频调压,提高电力系统稳定性。

3. 高效化——发电利用技术

技术进步是构建新型电力系统的根本动力,实现碳达峰碳中和目标,必须立足国情实际,坚持先立后破,确保安全降碳。电力行业降碳不等于简单地退出煤电,需要加快 CCUS 等技术的规模化应用,促进煤电机组实现脱碳运行和高效利用,统筹好常规电源和新能源发展,构建多元化发展格局,有效保障电力长期安全可靠供应。在碳达峰碳中和的总体战略目标下,针对未来源、荷不确定性特征,高比例新能源接入电网的演进趋势,新型电力系统清洁、高效、低碳的发展方向,需发展支撑新型电力系统的能源生产、传输、消费、储存等技术。例如,氢能技术、柔性智能配电网技术、智能用电与供需互动技术、机械与电磁储能技术等。

4. 市场化——充分发挥市场在资源配置中的决定性作用

坚持市场化改革方向,加快完善推动电力市场、碳市场、电碳协同市场建设,助力国家碳中和目标的实现。构建并完善适应新型电力系统的各层、各级电力市场与碳交易权市场机制是促进新能源消纳、实现低碳转型的关键。

持续深化电力市场建设。构建统一开放、高效运转、有效竞争的电力市场体系,出台灵活的电价政策。加快完善辅助服务市场机制,有序开展容量市场和输电权市场建设。积极发挥碳市场低成本减碳作用。继续完善全国碳市场交易体系,分步有序推动其他重点排放行业纳入全国碳市场。分阶段引入 CCER、碳汇等交易产品，建立碳金融衍生品交易机制，积极引导社会投资。探索绿证在碳市场中的应用。加强发电企业参与碳市场能力建设，深入开展企业碳资产管理工作，努力降低发电企业整体低碳发展成本。探索建设全国电-碳市场。建立电力市场与碳市场的联动机制，将现有电力市场和碳市场管理机构、参与主体、交易产品、市场机制等要素深度融合，构建主体多元的竞价体系、减排与收益相关的激励机制，以及"统一市场、统一运作"的交易模式，形成电价与碳价有机融合的价格体系。

（四）电力行业碳足迹国内外进展及相关建议

1. 碳足迹是助力实现碳达峰碳中和的重要政策工具

碳足迹是一个用来衡量个体、组织、产品或国家在一定时间内产生的二氧化碳排放量的指标，其中所指的二氧化碳排放量包含了从制造、生产、运输、使用到废弃全生命周期的排放，既包括直接排放又包括间接排放。近年来，一些国家逐步建立重点产品碳足迹核算、评价和认证制度，政府层面将碳足迹核算和管理作为推进绿色低碳相关工作的重要政策工具。

中国是应对全球变暖、全球绿色低碳转型的重要参与者，碳达峰碳中和目标的提出加速了全面标准化与精细化碳足迹评价体系建设的脚步。2021年10月发布的《2030年前碳达峰行动方案》明确提出"探索建立重点产品全生命周期碳足迹标准"，首次明确了碳足迹在推进碳达峰碳中和目标中的重要作用。2021~2023年，工业和信息化部、国家发展改革委、生态环境部等部门先后针对光伏发电、石化化工、化纤工业、重点畜产品生产过程碳足迹出台指导意见，加强相关行业产业链的全生命周期管理与碳足迹核算，鼓励企业主动参与碳足迹核算与公布。[1] 2023年11月，国家发展改革委发布《关于加快建立产品碳足迹管理体系的意见》，再次强调要加快建立我国自主的碳足迹管理体系，提升重点产品碳足迹管理水平，助力实现碳达峰碳中和目标。

在电力领域，碳足迹工作也在持续开展中，特别是围绕电力相关产品的

---

[1] 《国内碳足迹政策汇总》，《资源再生》2023年第6期。

碳足迹标准制定已有不少探索，近两年针对光伏组件、垃圾焚烧电力、燃煤发电、电力变压器等相继出台了团体标准。正在编制当中的国家标准《温室气体产品碳足迹量化要求和指南》《道路车辆　温室气体管理通用要求第2部分：产品碳足迹标识》等出台后对电力碳足迹管理也将起到指导作用。此外，相关部门也在着力推动电力碳足迹管理与其他政策的协同衔接。例如，2024年1月，国家发展改革委会同有关部门发布《关于加强绿色电力证书与节能降碳政策衔接大力促进非化石能源消费的通知》，提出"将绿证纳入产品碳足迹核算基本方法与通用国家标准，明确绿证在产品碳足迹计算中的一般适用范围和认定方法"，推动电力行业加强与现有绿电管理制度的衔接。

2. 电力行业碳足迹评价方法和主要结论

（1）电力行业碳足迹评价主要方法

电力行业碳足迹主要考虑电力产品生产、建设、运输、运营、回收等所有阶段的排放。[①] 目前，国内外通行的电力行业碳足迹评价方法主要有生命周期评价法（Life Circle Assessment，LCA）和投入—产出法（Input-Output Assessment，IOA）。生命周期评价法是目前应用最广、认可度最高的碳足迹评价方式。[②]

生命周期评价法是被写入国际组织与欧美各国发布的碳足迹核算制度的标准技术方法，主要通过建立全流程碳排放清单实现核算，包括三个步骤：首先，根据生命周期阶段将电力生产划分为原材料生产阶段、电站建设阶段、电站生产运行阶段以及电站退役阶段；其次，细化各个阶段碳排放种类，原材料生产阶段主要包括关键原材料生产能源消耗和生产过程的排放，电站建设阶段包括原材料运输、土木施工的排放，电站生产运行阶段包括人员日常维护和部件更换的排放，电站退役阶段包括设备报废与循环利用的排放；最后，根据不同阶段统计各来源的碳排放并进行汇总，主要包括初级原

---

① 刘天蔚等：《电力系统碳排放核算综述与展望》，《电力系统保护与控制》2024年第4期。

② 师华定等：《电力行业温室气体排放核算方法体系研究》，《气候变化研究进展》2010年第1期。

材料开采、次级原材料生产、交通运输与电力消耗等来源。

各类电站参与核算的碳排放来源具有共同性，同时根据电力生产方式不同有所差异。共有的碳排放来源为木材、天然气、钢铁、水泥、粉煤灰等原材料生产，以及交通运输所用的柴油、汽油以及电力消耗。碳排放核算的差异主要在电站设备生产和电站运营阶段。不同电站使用的原材料不同，例如光伏发电机需要使用多晶硅、风电需要使用更多的特种钢，而核电的主要原材料为浓缩铀。在电力生产和电站运营阶段，可再生能源大多不需额外投入燃料，但火力发电要燃烧煤炭等化石燃料，该过程的碳排放同样需计入。

投入—产出法是以投入产出表为基础，结合各部门的温室气体排放数据来计算某一行业或部门的碳足迹。投入—产出法计算电力行业碳足迹是通过电力行业的电力生产量、电力结构以及电力加工所需的能源投入量、产出量、损失量以及转化系数，结合各类能源碳排放系数进行核算。相比生命周期评价法，投入—产出法的优势在于在国家、地区等更大尺度的碳核算中，所需的数据量小、操作更为简便，便于开展碳足迹部门间、地区间的比较。其不足也较为明显。[①] 首先，投入—产出法不能用于进行低于部门尺度的碳足迹核算。其次，投入—产出模型是将碳足迹与经济发展或能源投入等宏观数据挂钩，得出的结论也多以调节进出口贸易、调整能源投入结构等宏观层面为主，难以提出更有实操性与落地性的政策建议。最后，投入—产出模型计算方式简略，得出的结果与所用数据的年份、经济与资源数据口径、调节系数等高度相关，计算结果的精度与准确度需进行验证。

（2）可再生能源电力碳足迹的主要结论

可再生能源发电在全生命周期产生的碳足迹明显低于传统化石能源发电。以生命周期评价法为基础，大量实证研究支撑了这一结论。一项对比研究发现，燃煤、燃气、燃油三类化石能源发电全生命周期单位发电量碳

---

① 计军平、马晓明：《碳足迹的概念和核算方法研究进展》，《生态经济》2011 年第 4 期；白伟荣、王震、吕佳：《碳足迹核算的国际标准概述与解析》，《生态学报》2014 年第24 期。

排放均值分别为 874.0 克/千瓦时、444.8 克/千瓦时、710.0 克/千瓦时，生物质发电的全生命周期单位发电量碳排放均值为 212.0 克/千瓦时，光伏发电与风电的全生命周期单位发电量碳排放均值分别仅为 72.5 克/千瓦时、20.1 克/千瓦时（见表 1）。整体来看，光伏发电与风电的全生命周期单位发电量碳排放均值仅为传统化石能源发电的 2.30%～4.52%。除单位发电量碳排放外，光伏发电与风力发电的碳排放回收周期均远小于电站服务周期，其中光伏发电的碳排放回收周期约为 3 年，风力发电的碳排放回收周期低于 2 年。

表 1　主要发电方式的全生命周期单位发电量碳排放

单位：克/千瓦时

发电方式	最小值	最大值	平均值
燃煤	810.0	973.4	874.0
燃气	392.0	522.4	444.8
燃油	710.0	710.0	710.0
生物质	200.1	223.9	212.0
光伏	28.8	119.4	72.5
风电	2.7	31.4	20.1
水电	3.3	25.8	15.1
核电	3.4	12.4	9.2

资料来源：田佩宁等《中国电网全生命周期碳排放及发电结构转型路径规划研究》，《气候变化研究进展》2024 年第 1 期。作者改绘。

如前所述，可再生能源电力的碳足迹更为集中在设备生产和退役更换阶段，电站运营中的碳排放较少。因此，在可再生能源发电碳足迹核算中更注重这两个阶段的碳排放，不同可再生能源电力在这两个环节的碳排放有较大差异。光伏电站需要包含多晶硅生产的全生命周期碳排放测算;[①] 海陆风电站与水电站需要包含更为详细的钢铁、玻璃纤维、塑料以及其他金属原材料

---

① 焦在强等：《光伏电站项目全生命周期碳排放研究》，《中国资源综合利用》2023 年第 10 期。

生产的全生命周期碳排放测算;[①] 核电站则需要包含浓缩铀制备的全生命周期碳排放测算。在退役阶段，核电站需要对乏燃料后处置以及废物处置进行专门的碳排放测算。[②]

光伏发电碳足迹包含从工业硅、多晶硅到多晶硅光伏组件、光伏系统平衡组件制造，从原料生产运输至最终废弃处置的完整数据。如表 2 所示，以某 280 兆瓦多晶硅太阳能电池片与光伏组件生产阶段的碳排放为例，光伏发电行业碳足迹集中于多晶硅生产过程的能源消耗，多晶硅生产能源消耗的碳排放占所有生产阶段能源消耗碳排放的 91%（见表 2）。

表 2　280 兆瓦多晶硅太阳能电池片与光伏组件生产阶段的碳排放

单位：吨

生产环节	资源消耗类型	资源消耗碳排放	能源消耗碳排放	合计
高纯多晶硅	氢气	5627	490447	496074
多晶硅铸锭和切片	金刚砂	74807	16950	91757
电池片与光伏组件	银浆	1127	31515	124397
	铝浆	329		
	低铁玻璃	37863		
	铝矿	53526		
	氧气	37		

资料来源：詹晓燕《多晶硅—光伏系统全生命周期碳排放研究》，硕士学位论文，扬州大学，2013。作者改绘。

与光伏发电类似，风电碳足迹集中于风电机组设备制造阶段。以装机容量 50 兆瓦的陆上风电场为例，风电机组设备主要使用的原材料包括铸铁、不锈钢、玻璃纤维等，考虑机组退役后的材料回收利用，设备生产制造阶段的碳排放为 32747 吨，其中材料回收抵扣 28336 吨。风电机组设备生产制造

① 李新航：《基于全生命周期的风电系统碳排放核算与分析》，《环境保护与循环经济》2021年第 6 期；周玮、潘峰、吴秀山：《分布式风电并网的全生命周期碳核算研究与分析》，《价值工程》2024 年第 3 期。

② 梁军等：《我国主力堆型核电生命周期碳排放因子核算研究》，《设备管理与维修》2024年第 5 期。

碳足迹占全部碳足迹的 63.39%，考虑设备材料回收的抵扣后占比下降至 18.91%。

核电碳足迹则主要集中于燃料制备生产阶段，电厂建设等其他阶段碳足迹相对较小。我国核电主力堆型包括华龙一号、CNP1000、CNP650、AP1000 以及 VVER，以上核电机组在堆型建设、发电运行、设备更换以及电厂退役的"电厂周期"中所产生的碳足迹占比为 19.88% ~ 36.68%。其余碳足迹均产生于燃料制备环节。核电燃料制备包括铀矿开采冶炼、转化浓缩制 UF_6、冶炼烧结制燃料棒、乏燃料后处理与废物处置等环节，产生的碳足迹占全生命周期的 63.32% ~ 80.12%。

生物质发电碳足迹同样集中于原料生产阶段。生物质发电在中国主要体现为生活垃圾焚烧发电，目前以生物质燃料掺烧传统化石燃料发电的技术运用较少。生物质焚烧不会额外产生碳排放，碳足迹主要为焚烧所需的助燃剂与辅料生产与运输，占全部碳足迹的 78%。烟气净化辅料所需消石灰是碳足迹占比最高的原材料，占比约为 38%。[1]

水力发电碳足迹主要集中于运行阶段，原因是运行时淹没土壤中的微生物会产生大量温室气体。三峡水电站发电 1 千瓦时产生的单位碳足迹为 12.7 克，其中运行阶段产生的碳足迹占 89.68%。水电站周期性蓄水放水淹没土壤，会导致土壤内有机质与生物在微生物作用下腐烂产生甲烷。除运行阶段外，水电站土建阶段产生的碳足迹占比为 9.33%、机电设备制造阶段占比为 0.69%、运输阶段占比为 0.58%。[2]

3. 国际碳足迹管理进展

日本与欧美国家碳足迹管理起步较早，已经形成适用于不同尺度且相对完备的标准体系。这些适用于国家层面、企业层面以及产品层面的碳足迹核算标准兼顾了编制方式指导、技术方法指导以及实操案例指导。

---

① 刘含笑等：《生活垃圾焚烧发电碳足迹量化评估》，《能源环境保护》2024 年第 3 期。
② 李哲、王殿常：《从水库温室气体研究到水电碳足迹评价：方法及进展》，《水利学报》2022 年第 2 期；李雨晨等：《长江上游大中型水库碳排放量估算与分析：以 IPCC 国家温室气体清单指南为基础》，《湖泊科学》2023 年第 1 期。

（1）国际标准化组织 ISO 14040 和 ISO 14060 系列标准

在进行企业与产品层面碳足迹核算时，电力行业碳足迹核算主要参考的是国际标准化组织出台的 ISO 国际标准体系与英国标准协会（BSI）发布的 PAS 2050《商品和服务在生命周期内的温室气体排放评价规范》。对更小尺度的电力碳足迹核算主要采用的方式是生命周期评价法，国际标准化组织分别对生命周期与碳足迹出台了 ISO 14040 与 ISO 14060 系列标准。前者对全生命周期清单分析与影响评估等做出了规范，是最早的 LCA 完整标准；后者对组织与项目层面的温室气体排放量化与检测进行了规范。2006 年，美国国家标准学会（ANSI）批准 ISO 14064 标准正式成为美国国家碳足迹评价标准。2013年出台的 ISO 14067《温室气体 产品碳足迹 量化要求与指南》将生命周期评价法作为量化产品碳足迹的技术方法，是最具认可度的电力碳足迹核算参考。

（2）英国标准协会 PAS 2050 标准

作为世界首个发行的产品碳足迹标准，PAS 2050 具有非常详细的全生命周期电力产品碳足迹核算标准。英国标准协会发布的 PAS 2050《商品和服务在生命周期内的温室气体排放评价规范》是最为广泛运用的产品碳足迹核算标准，[1] 在电力行业碳足迹核算方面有详细的电力产品生命周期划定、电力产品分类核算以及分技术类别的核算标准。以火电为例，PAS 2050 规定火力发电碳足迹核算需涵盖原料开采、精制与运输、发电、配送、能源消耗与废物处置六个环节的碳排放。此外，针对热电联产碳足迹分配制定了根据燃料类型差异、发电轮机差异不同的分配规则。值得一提的是，英国的碳足迹标识也是依据 PAS 2050 标准推广的。

（3）欧盟的《欧盟产品环境足迹指南》

该指南同样是以生命周期评价为方法框架，涵盖了碳足迹、水足迹等多项评价指标的通用标准。[2]《欧盟产品环境足迹指南》为各类产品制定了专

---

① 李雨晨等：《长江上游大中型水库碳排放量估算与分析：以 IPCC 国家温室气体清单指南为基础》，《湖泊科学》2023 年第 1 期。

② 史志呈、雷蕾：《欧盟生态标签和欧盟产品环境足迹发展与我国绿色产品的对比分析》，《质量与认证》2021 年第 S1 期。

门的评价规范，并敦促企业按照评价规范发布产品的环境足迹报告，经过第三方审核机构认定后可向外发布。《欧盟产品环境足迹指南》在 2013 年开始试点，目前已经完成 19 类产品与行业的规则制定。其中，与电力行业相关的产品为充电电池、不间断供电电源以及光伏发电板。欧盟对于充电电池碳足迹的管控还体现为 2024 年实施生效的《欧盟电池和废电池法规》①，其中规定了容量超过 2 千瓦时的可充电工业电池、LMT 电池与 EV 电池都必须提供碳足迹报告与标签，并且相关碳足迹的核算方式应遵循《欧盟产品环境足迹指南》所规定的标准，涵盖原材料生产加工、电池生产制造、运输以及循环回收所有生命周期阶段。

（4）日本碳足迹管理

日本推行的 JIS TS Q0010：2009《产品碳足迹量化和标签基本准则》在参考多个环境标准与国际公约的基础上，随技术发展不断完善，与国际标准不断协调，是国际认可度较高的亚洲碳足迹核算标准。② 该准则主要是基于 ISO 14044 标准编制的，并进一步提出了"排除原则"，明确规定当数据获取难度较高时，碳排放贡献度低于 1% 的过程或材料可省略。这一规定有效提升了碳足迹核算的效率，提升了实用性。2009 年后日本依据该准则授予了 94 种产品碳标签，发展至今增加了 73 类产品的碳足迹评价标准，但多为食品与果蔬类产品，少有涉及电力产品。2023 年发布的《碳足迹实用指南》进一步探索了可再生能源证书在碳足迹核算中的使用方式，通过扣减可再生能源证书对应的功率计算最后产品的碳足迹。

4. 推进电力行业碳足迹管理的政策建议

（1）加快研究制定电力行业碳足迹核算规则和标准

我国电力行业相关的碳足迹标准体系还不完善，通过梳理已经颁布和正在制定的标准文件，发现绝大部分已经出台的电力相关标准为团体标准，涉及内容包括燃煤发电、垃圾焚烧发电、光伏组件等，国家标准暂时缺位。正

---

① 邹振耀、周亚鹏：《欧盟电池和废电池法规解读》，《上海轻工业》2024 年第 2 期。
② 赵立华：《日本产品碳足迹量化与标注体系的特征分析》，《湖南工程学院学报》（社会科学版）2016 年第 3 期。

在编制当中的国家标准《温室气体产品碳足迹量化要求和指南》和部分省（区、市）如上海已经出台的碳足迹核算通则，对电力行业碳足迹核算和管理指导的精准性不够。因此，亟须加快研究制定我国电力行业碳足迹核算规则和标准体系。深入研究各电源形式的核算边界和计算原则，科学设定各阶段碳排放因子，有针对性地建立核算模型。细化产品分类，全面覆盖电力生产各种技术形式，如燃煤发电、太阳能发电、风电、生物质发电、水电、核电等，构建完善的碳足迹量化与评价标准，探索建立源侧发电+储能的碳足迹核算标准。

（2）以推动国际互认为目标完善国内电力碳足迹管理

近两年，电动载人汽车、锂电池、太阳能电池等成为我国外贸"新三样"，有力拉动了国内经济增长。欧盟、美国因此开始对这些具有竞争力的关键出口型产业设置碳足迹等所谓"绿色、低碳"的规制要求。由于我国电力结构仍以化石能源为主，上述规制要求对这些行业形成了一定"壁垒"效应。作为主要使用电力的行业，这些行业的碳足迹主要是电力碳足迹。若无法做好电力碳足迹的管理和国际对接，这些产业及相关链条将受到巨大打击。在电力碳足迹中，最为重要的是绿电如何进行抵扣。进一步明确电力排放因子的计算边界、绿电的体现方式，并随着我国可再生电源比重的不断提升进行动态更新。推动研究核算不同应用场景中扣除绿证的修正电网排放因子。结合现有的绿证制度和溯源方式，加快推动绿证与欧盟、美国等重要产业主要出口地的谈判、对接、互认。[①]加强与各电源形式碳足迹核算的衔接，在高用电、高能耗产业产品的碳足迹量化评价标准构建时，将不同电源形式碳足迹核算标准的最新成果及时反映在主要产品的碳足迹核算中。

（3）加快建设支撑碳核算与碳足迹的高标准数据库

受制于标准体系不健全，我国在电力碳足迹数据库建设上也存在系统性、实用性、完整性欠缺的问题，需要进一步加强围绕电力碳足迹的基础计

---

① 《欧盟电池法案下，中国动力电池的碳足迹困境怎解》，"财经十一人"百家号，2024 年 2 月 4 日，https：//baijiahao.baidu.com/s？id=1789970955546559636&wfr=spider&for=pc。

量能力和基础数据库建设。首先，健全碳足迹计量体系，在各种电源和重要用电产品的碳足迹量化评价标准中，细化明确相关数据采集规范、技术要求和质量标准。推动相关企业按照相关要求，完善同碳足迹相关的能源项、资源项监测计量，制定相关信息披露指南。[①] 其次，推动地方建立碳足迹背景数据库，依托各地现有的数字、信息和大数据基础设施，结合电源结构、主导产业和产业未来发展规划，建设行业和产品碳足迹背景数据库，鼓励地方为企业和服务机构开展产品碳足迹核算、评价、认证等公共服务。最后，加强数据披露和监管。建立电力、热力、电网及重点行业产品等排放因子发布机制。强化政府主管部门的数据监管责任，定期开展同行评议和数据溯源核算，在保障数据安全的前提下有序开展数据的国际比对，确保数据的完整性、准确性与实时性。

参考文献

《舒印彪：实现碳达峰碳中和，能源是主战场，电力是主力军!》，搜狐网，2021 年 6 月 11 日，https：//www. sohu. com/a/471581945_ 418320。

章建华：《为推进中国式现代化贡献能源力量》，《人民日报》2023 年 7 月 6 日。

张智刚、康重庆：《碳中和目标下构建新型电力系统的挑战与展望》，《中国电机工程学报》2022 年第 8 期。

《中央点名的"运动式减碳"，如何纠偏?》，"人民论坛网"百家号，2021 年 10 月 8 日，https：//baijiahao. baidu. com/s？id＝1713051313766182277&wfr＝spider&for＝pc。

《国家能源局发布 2023 年全国电力工业统计数据》，中国政府网，2024 年 1 月 28 日，https：//www. gov. cn/lianbo/bumen/202401/content_ 6928723. htm。

《开局之年 能源高质量发展阔步向前——全国能源工作 2023 年终综述》，"中国电力报"百家号，2023 年 12 月 22 日，https：//baijiahao. baidu. com/s？id＝1785973623130736431&wfr＝spider&for＝pc。

《国家能源局 2024 年一季度新闻发布会文字实录》，国家能源局网站，2024 年 1 月

---

① 《上海市人民政府办公厅关于印发〈上海市加快建立产品碳足迹管理体系 打造绿色低碳供应链的行动方案〉的通知》，上海市人民政府网站，2024 年 3 月 18 日，https：//www. shanghai. gov. cn/nw12344/20240325/9ddcd99b89f14cb2a3c301ab8fc8c859. html。

25 日，http：//www.nea.gov.cn/2024-01/25/c_1310762019.htm。

《中国煤炭产业提升：高效清洁化开发和利用取得显著进展》，"董秀成闲说能源"百家号，2023 年 11 月 27 日，https：//baijiahao.baidu.com/s？id=1783695221785768558&wfr=spider&for=pc。

《2024 年全国能源工作会议在京召开》，国家发展改革委网站，2023 年 12 月 22 日，https：//www.ndrc.gov.cn/fzggw/wld/zsj/zyhd/202312/t20231222_1362854.html。

《工业和信息化部：工业领域节能降碳有序推进 重点行业能效水平持续提升》，国家发展改革委网站，2023 年 7 月 7 日，https：//www.ndrc.gov.cn/xwdt/ztzl/2023qhjnxcz/bfjncx/202307/t20230707_1358203_ext.html。

《国家发展改革委发布碳达峰碳中和重大宣示三周年重要成果》，国家发展改革委网站，2023 年 8 月 17 日，https：//www.ndrc.gov.cn/fzggw/wld/zcx/lddt/202308/t20230817_1359896_ext.html。

清华大学气候变化与可持续发展研究院等：《中国长期低碳发展战略与转型路径研究：综合报告》，中国环境出版集团，2021。

戴璟等：《新型电力系统形态特征与关键技术》，《新型电力系统》2023 年第 2 期。

《国内碳足迹政策汇总》，《资源再生》2023 年第 6 期。

刘天蔚等：《电力系统碳排放核算综述与展望》，《电力系统保护与控制》2024 年第 4 期。

师华定等：《电力行业温室气体排放核算方法体系研究》，《气候变化研究进展》2010 年第 1 期。

计军平、马晓明：《碳足迹的概念和核算方法研究进展》，《生态经济》2011 年第 4 期。

白伟荣、王震、吕佳：《碳足迹核算的国际标准概述与解析》，《生态学报》2014 年第 24 期。

焦在强等：《光伏电站项目全生命周期碳排放研究》，《中国资源综合利用》2023 年第 10 期。

李新航：《基于全生命周期的风电系统碳排放核算与分析》，《环境保护与循环经济》2021 年第 6 期。

周玮、潘峰、吴秀山：《分布式风电并网的全生命周期碳核算研究与分析》，《价值工程》2024 年第 3 期。

梁军等：《我国主力堆型核电生命周期碳排放因子核算研究》，《设备管理与维修》2024 年第 5 期。

刘含笑等：《生活垃圾焚烧发电碳足迹量化评估》，《能源环境保护》2023 年第 3 期。

李哲、王殿常：《从水库温室气体研究到水电碳足迹评价：方法及进展》，《水利学报》2022 年第 2 期。

李雨晨等：《长江上游大中型水库碳排放量估算与分析：以 IPCC 国家温室气体清单指南为基础》，《湖泊科学》2023 年第 1 期。

史志呈、雷蕾：《欧盟生态标签和欧盟产品环境足迹发展与我国绿色产品的对比分析》，《质量与认证》2021 年第 S1 期。

邹振耀、周亚鹏：《欧盟电池和废电池法规解读》，《上海轻工业》2024 年第 2 期。

赵立华：《日本产品碳足迹量化与标注体系的特征分析》，《湖南工程学院学报》（社会科学版）2016 年第 3 期。

《欧盟电池法案下，中国动力电池的碳足迹困境怎解》，"财经十一人"百家号，2024 年 2 月 4 日，https：//baijiahao. baidu. com/s？id = 1789970955546559636&wfr = spider&for = pc。

《上海市人民政府办公厅关于印发〈上海市加快建立产品碳足迹管理体系 打造绿色低碳供应链的行动方案〉的通知》，上海市人民政府网站，2024 年 3 月 18 日，https：//www. shanghai. gov. cn/nw12344/20240325/9ddcd99b89f14cb2a3c301ab8fc8c859. html。

B.6
电力行业低碳发展与新质生产力

孟 垚 秦佩欣 戴 璟*

摘 要： 新质生产力代表先进生产力的演进方向，是由技术革命性突破、生产要素创新性配置、产业深度转型升级而催生的先进生产力质态。作为符合新发展理念的先进生产力样态和质态，新质生产力是"环境友好"的可持续生产力，与绿色发展相互促进、协同共进，新质生产力是绿色发展的重要支撑，践行绿色发展理念为培育发展新质生产力提供了持续动力，与电力行业低碳发展具有相同的底层逻辑。技术创新与产业发展带来的新质生产力不仅支撑了新型电力系统的建设，也支撑了中国乃至全球能源安全发展与电力行业的绿色低碳转型。未来，电力行业低碳发展将要在"源网荷储碳数"六大方向加速形成新质生产力，并与数字经济、制造业等加速融合。基于对面临挑战的分析，从科技创新体制、科技研发主体、成果转化、成果推广、人才培养五个方面提出促进电力低碳领域新质生产力加快形成的对策建议。

关键词： 新质生产力 战略性新兴产业 未来产业 电力低碳 数字化

---

* 孟垚，电气工程博士，咨询工程师（投资），清华大学能源互联网创新研究院能源治理中心研究员，研究方向为能源绿色低碳转型、新型电力系统转型、新型储能产业发展等；秦佩欣，含油气盆地分析博士，清华大学能源互联网创新研究院能源治理中心博士后，研究方向为传统能源与新能源融合发展、储能、工业绿色微电网、数字能源等领域的政策与战略；戴璟，电气工程博士，清华大学能源互联网创新研究院能源治理研究中心副主任，研究方向为新型能源体系、新型电力系统、综合能源系统、微电网、电力数字化智能化相关的智库。

一 电力行业低碳发展践行新质生产力要求

（一）新质生产力的提出及定义

新质生产力是创新起主导作用的先进生产力形态。新质生产力代表先进生产力的演进方向，是由技术革命性突破、生产要素创新性配置、产业深度转型升级而催生的先进生产力质态。新质生产力以劳动者、劳动资料、劳动对象及其优化组合的跃升为基本内涵，具有强大发展动能，能够引领创造新的社会生产时代。2024年1月31日，习近平总书记在主持中央政治局第十一次集体学习时发表重要讲话，从理论和实践结合上系统阐明新质生产力的科学内涵，深刻指出发展新质生产力的重大意义，对发展新质生产力提出明确要求。从2023年在地方考察时提出"新质生产力"，到在中央经济工作会议上强调"发展新质生产力"，再到政治局集体学习时作出系统阐述，总书记关于发展新质生产力的一系列重要论述、一系列重大部署，深刻回答了"什么是新质生产力、为什么要发展新质生产力、怎样发展新质生产力"的重大理论和实践问题，为新征程上推动高质量发展提供了科学指引。战略性新兴产业和未来产业是新质生产力的主要载体。产业是生产力变革的具体表现形式，主导产业和支柱产业持续迭代升级是生产力跃迁的重要支撑。作为引领产业升级和未来发展的新支柱、新赛道，战略性新兴产业和未来产业的效能更高，具有创新活跃、技术密集、价值高端、前景广阔等特点，为新质生产力发展壮大提供了巨大空间。近年来，我国战略性新兴产业蓬勃发展，2022年增加值占国内生产总值（GDP）的比重超过13%，新能源汽车、锂电池、光伏产品等重点领域加快发展，在数字经济等新兴领域形成一定领先优势。我国前瞻谋划未来产业发展，促进技术创新、研发模式、生产方式、业务模式、组织结构等全面革新，发展新质生产力的产业基础不断夯实。

绿色发展就是高质量发展的底色，新质生产力本身就是绿色生产力。

习近平总书记强调："必须加快发展方式绿色转型，助力碳达峰碳中和。牢固树立和践行绿水青山就是金山银山的理念，坚定不移走生态优先、绿色发展之路。加快绿色科技创新和先进绿色技术推广应用，做强绿色制造业，发展绿色服务业，壮大绿色能源产业，发展绿色低碳产业和供应链，构建绿色低碳循环经济体系。持续优化支持绿色低碳发展的经济政策工具箱，发挥绿色金融的牵引作用，打造高效生态绿色产业集群。"① 作为符合新发展理念的先进生产力样态和质态，新质生产力是"环境友好"的可持续生产力，与绿色发展相互促进、协同共进，新质生产力是绿色发展的重要支撑，践行绿色发展理念为培育发展新质生产力提供了持续动力。实现绿色低碳发展，能源是主战场，电力是主力军。2020 年，我国二氧化碳排放量约 116 亿吨，其中，能源活动二氧化碳排放约 101 亿吨，占总二氧化碳排放量的 87% 左右，能源消耗是我国主要的二氧化碳排放源；发电二氧化碳排放约 40 亿吨（不含供热碳排放），约占能源活动二氧化碳排放量的 40%，约占总二氧化碳排放量的 35%。因此，大力发展以风能、太阳能为代表的新能源技术，加快形成电力领域新质生产力，构建新型电力系统，促进电力领域脱碳，将在推动能源清洁低碳转型、实现"双碳"目标中发挥关键作用。

新质生产力的形成和发展，正在以前所未有的速度重塑经济模式和社会结构，电力行业低碳发展与发展新质生产力具有相同的底层逻辑。第一，电力行业低碳发展与发展新质生产力都以科技创新为引领。电力行业低碳发展聚焦数字技术、绿色技术等原创性引领性技术突破，以技术变革为牵引，推动传统电力系统向新型电力系统转变。第二，电力行业低碳发展与发展新质生产力都需要实现生产要素优化配置。电力行业低碳发展与新质生产力构建过程中，伴随人才、资金、技术、设备、数据等生产要素的优化配置，促进全要素生产率提升。第三，电力行业低碳发展与发展新质生产力都聚焦产业深度转型升级。相较于传统电力系统，除保障经济社会发展这一基础功能外，电力行

---

① 《习近平在中共中央政治局第十一次集体学习时强调　加快发展新质生产力　扎实推进高质量发展》，《人民日报》2024 年 2 月 2 日，第 1 版。

业低碳发展的另一功能定位是引领产业升级转型，不仅带动新能源、储能、氢能等能源产业发展，也促进工业、建筑等其他行业转型升级。第四，电力行业低碳发展与发展新质生产力都以绿色发展为核心要义。新质生产力本身就是绿色生产力，电力行业低碳发展以构建高比例新能源消纳体系为主线，推动能源生产和消费革命，是能源电力领域绿色发展的集中体现。

（二）新质生产力赋能电力行业低碳发展

改革开放以来，我国电力系统规模持续扩大、结构持续优化、效率持续提升、体制改革和科技创新不断取得突破，为中华民族伟大复兴提供了强劲动力。2021 年 3 月 15 日，习近平总书记在中央财经委员会第九次会议上提出"构建以新能源为主体的新型电力系统"的重大能源战略部署，为新时代能源电力发展指明了科学方向，也为全球电力可持续发展提供了中国方案。《新型电力系统发展蓝皮书》指出，清洁低碳是构建新型电力系统的核心目标。电力行业低碳发展的进程，对新质生产力及经济社会发展产生深刻影响。一是助力实现"双碳"目标，改善环境质量。能源生产是产生二氧化碳排放的主要活动之一，可再生能源对化石能源的逐步替代有效减少了碳排放，对绿色发展具有重要意义。二是提高用能效率，引导产业升级。通过绿电绿证及碳市场等机制，将外部环境成本内部化，提升企业碳排放成本，鼓励企业节能减排。在此过程中逐步淘汰落后产能，推动产业向高附加值、低碳环保的新型产业发展，提高了能源利用效率，提升了产业竞争力。三是形成具有国际优势的新能源产业链。得益于我国支持性的产业政策及旺盛的国内需求，我国新能源产业快速发展。目前已形成相对完善的光伏、风电、储能等新能源产业链，供应链充足、制造工艺成熟，产业链核心环节在国际上占据主导地位，具有明显优势。在电力行业低碳发展的进程中，我国坚持创新驱动发展，加快推进能源电力科技自立自强。

随着非化石能源发电逐步转变为装机主体和电量主体，水电、核电、风电、太阳能以及新型储能等多种清洁能源协同互补发展，化石能源发电装机容量及发电量占比下降的同时，在新型低碳零碳负碳技术的引领下，电力系统碳排放总量逐步达到"双碳"目标要求。在电力行业低碳发展与新型电力系统构建进程中,需要坚持创新驱动发展,加快推进能源科技自立自强,持续推进传统能源产业转型升级,着力培育新能源产业竞争优势,能源科技现代化水平进入国际先进行列。山东石岛湾全球首座高温气冷堆商业示范工程建成投运,与传统的水冷反应堆相比,高温气冷堆采用氦气作为冷却剂,能在更高的温度下安全运行,提高了热效率并降低了运行成本。这一标志性成就不仅展示了中国在核能技术领域的全球领导地位,也是中国核能安全发展和科技创新能力提升的重要里程碑,面对国内外无先例可循的挑战,石岛湾项目的成功依赖大量自主创新。非常规油气勘探开发、重型燃气轮机研制不断取得新突破。特高压输电、高参数煤电等技术保持世界领先。风电形成从设备制造、开发建设到运行维护的完备全产业链体系,光伏电池转换效率多次刷新世界纪录,风电和光伏发电成本分别下降60%和80%。水电全产业链水平领先全球,建成单机容量世界最大的白鹤滩水电站。新型储能、氢能等前沿技术产业化步伐加快。技术创新与产业发展带来的新质生产力不仅支撑了新型电力系统的建设,也支撑了中国乃至全球能源安全发展与电力行业的绿色低碳转型。

电力行业低碳发展进程中,电力系统的传统模式将从根本上改变,需要数字化技术支持赋能,完善调度运行机制,促进源网荷储协调互动。伴随全球新一轮科技革命和产业革命的加速兴起,云计算、大数据、物联网、人工智能、5G等数字化技术更快融入电力系统,助力电力系统实现高度数字化、智慧化和网络化,支撑源网荷储海量分散对象协同运行和多种市场机制下系统复杂运行状态的精准感知和调节,推动以电力为核心的能源体系实现多种能源的高效转化和利用。技术创新是构建新型电力系统的关键支撑,智慧融合是构建新型电力系统的必然要求。新型电力系统以数字信息技术为重要驱动,呈现数字、物理和社会系统深度融合特点,数字化、智能化技术推动源网荷储智慧融合发展,推动传统电力发输配用向清洁低碳、全面感知、双向互动、智能高效转变。以数字化转型促进新型电力系统高质量发展正成为发展趋势。

二 电力领域新质生产力发展展望

（一）电力领域新质生产力的发展趋势

绿色化与数字化协同发展。党的二十大报告提出"广泛形成绿色生产生活方式，碳排放达峰后稳中有降，生态环境根本好转，美丽中国目标基本实现"，同时提出"加快发展数字经济，促进数字经济和实体经济深度融合"。从我国经济社会发展进程中可以看出，数字化与绿色低碳转型正从以往的泾渭分明阶段逐渐向协同融合阶段演进。当前，我国经济已由高速增长阶段转向高质量发展阶段，数字化与绿色化协同发展的必要性不断显现并得到业界广泛认可。数字化与绿色化的协同，是我国创新、协调、绿色、开放、共享新发展理念下的必然选择。2023 年 1 月，工业和信息化部等六部门印发《关于推动能源电子产业发展的指导意见》，电子信息技术和新能源需求融合创新产生的能源电子产业，是实施制造强国和网络强国战略的重要内容；2023 年 3 月，国家能源局印发《关于加快推进能源数字化智能化发展的若干意见》，提出到 2030 年，能源系统各环节数字化智能化创新应用体系初步构筑、数据要素潜能充分激活，数字技术与能源产业融合发展对能源行业提质增效与碳排放总量和强度"双控"的支撑作用全面显现。

低碳电力与制造业融合发展。工业是我国国民经济的主导产业，也是能源消费和碳排放的重要领域，在"双碳"目标的指引下，工业领域亟须形成具有行业特色的碳达峰碳中和路径举措，加快推动工业绿色低碳转型。电力绿色低碳转型，带动了相关产业的高质量发展，以新能源发电技术为例，我国风电和太阳能光伏产业的技术和产能均达到世界先进水平，风能和太阳能作为清洁能源的重要组成部分，促进了电力和能源行业的高质量发展，也为中国乃至全球的绿色低碳转型提供了坚实的技术支撑和实践示范。更为重要的是，新型电力系统的建设和完善，为激活新质生产力、推动新型工业化进程和经济社会的可持续发展提供了强大动力。它不仅在源网荷储各环节催生了大量新技术和新业态，还促进了一批关键共性技术的快速发展，释放了绿色低碳产业的新动能，为构建人类命运共同体和实现全球环境可持续发展贡献了中国智慧和中国方案。

（二）电力领域新质生产力的重点发展方向

我国电力系统低碳发展取得初步成效，2021年平均度电含碳量较2015年降低10%，相当于用电量不变的情况下碳排放减少10%。随着清洁电量占比不断提高，未来我国平均度电含碳量还将进一步降低。电能在终端用能中的占比逐年提高，预计2025年将达到30%。更加清洁的电能降低了用电企业的碳排放，对实现全社会碳减排具有重要意义。建设新型电力系统是电力领域新质生产力的主要载体，也是实现电力系统碳减排的关键抓手，需要依托数字化技术，统筹源网荷储资源，以源网荷储互动及多能互补为支撑，满足电力安全供应、绿色消费、经济高效的综合性目标。新型电力系统将由"源网荷储"四要素拓展为"源网荷储碳数"六要素。其中，源网荷储是新型电力系统的物理架构；"碳中和"目标是建设新型电力系统的核心动因，数字化转型是建设新型电力系统的关键途径。

在源侧，需要加强对低碳清洁能源生产技术的研发，包括煤炭清洁高效灵活智能发电技术、先进风电技术、太阳能利用技术、负碳生物质技术、氢能技术等。在网侧，需要加强对安全高效能源网络技术的研发，包括高比例新能源并网支撑技术、新型电能传输技术等。在荷侧，需要加强对用户灵活高效能源利用技术的研究，包括低碳需求响应技术、虚拟电厂技术等。在储侧，需要进一步加强对经济高效储能技术的研究，并进一步探索以云储能、共享储能为代表的储能运营新模式。从碳视角看，未来电力系统的发展趋势与形态演化将转变为节能减排、低碳发展的"外力驱动"倒逼机制，从而改变电力行业的发展模式，并在行业内部各个环节引入"碳约束"，使电力行业呈现明显的低碳特性与全新的运行模式，并广泛地影响电力系统的运行、投资、调度与规划等功能环节。数字技术也将成为促进电力系统低碳转型的关键支撑技术，云计算、大数据、物联网、移动互联网、人工智能、区块链等新一代数字技术将充分赋能源网荷储各个环节的高效决策与分析。

（三）电力领域新质生产力的典型场景

1. 低碳电力与数字经济融合

低碳电力与数字经济融合主要体现在两个方面，一方面是利用先进的数字技术对能源的生产、传输、分配、存储和消费进行数字化改造和优化，提高能源利用效率和管理水平，实现能源的可持续发展；另一方面是数字经济的实现过程需要用到大量的能源以实现高效、海量计算，通过对算力用能和电力供应特征的刻画，科学协同算力网和电力网资源，在保证算力用能稳定性的前提下，最大化实现绿色能源的消纳。时间上，由于能源电力系统的动态变化特性，需要能够实时地获取、处理和应用相关数据，以确保能源系统的稳定、高效和安全运行，同时算力需要可靠的电力供应作为支撑。空间上，算力中心要服务能源企业的生产、经营，要以云—管—边—端的架构匹配客户的业务分布，算力中心的空间规划应该与新能源等电力系统的空间规划适配，降低传输成本，提高系统效率。业务上，数字化业务与能源生产经营业务的融合，要通过数据、模型、工作流和平台实现数字经济与能源业务的融合。数能融合最重要的表现形式是"东数西算"战略，充分利用西部冷凉的气候和丰富洁净的电力资源，建设一批超算工厂，形成超算、智算乃至未来量子计算相结合的低成本算力网络，同时通过新能源大基地项目的建设满足算力节点的低价绿电需求和综合能源调控需求，既满足了数字中国建设对算力生产要素的需求，又解决了局部地区新能源消纳难题，是实施数字中国战略与"双碳"战略的重要举措。2023 年 12 月 25 日，国家发展改革委、国家数据局、中央网信办、工业和信息化部、国家能源局联合发布《关于深入实施"东数西算"工程加快构建全国一体化算力网的实施意见》，指出算力网是支撑数字经济高质量发展的关键基础设施，可通过网络连接多源异构、海量泛在算力，实现资源高效调度、设施绿色低碳、算力灵活供给、服务智能随需，实现算力和绿色电力协同建设，充分发挥风光水电资源丰沛地区的优势，强化绿色低碳技术推广应用，提升数据中心绿电使用比例和绿色算力供给水平，进一步强化算力基础设施自主防护能力，确保算力基础设施安全可靠。在目标中明确提出，通用算力、智能算力、超级算力等多元算力加速集聚，算力电力双向协同机制初步形成，国家枢纽节点新建数据中心绿电占比超过80%。

通过技术创新推动数能融合发展，对打造新质生产力具有重要意义。在数能融合的时间方面，需要发展多目标算力网在线调控模型和计算任务优化模型以实现数据业务的拆解与供能匹配；在数能融合的空间方面，需要发展依托电力网络和数据中心的算力网络规划模型以实现算力网络用能的高效与安全；在数能融合的业务方面，需要发展基于能源生产经营需要的数字化工具与系统为能源业务赋能。数能融合的过程需要大量的通用技术创新，如通信技术、电力电子设备等，新质生产力将带动相关产业的发展，并会促进这些技术的不断创新，培育新的产业发展机会。

2. 低碳电力与制造业融合

新型电力系统构建过程中，新能源发电由以集中式开发为主向集中式与分布式开发并举转变。低碳电力与制造业融合，主要是通过工业绿色微电网、源网荷储一体化等方式实现，采用低碳、清洁、高效的分布式能源技术，支撑工业园区、工业企业等能源密集型工业场所的用电，核心是通过可再生能源、储能和智能化系统管理实现能源的高效利用和优化。它是工业互联网与能源互联网的深度融合，也是工业能源消费的新模式，可有效提高工业用能的绿色化、低碳化、智能化水平。

以工业绿色微电网为例，其面向工业负荷，具备绿色低碳、经济高效、灵活可靠的特征。绿色低碳：具备接纳和优化配置多种能源的能力，充分利用可再生能源、循环能源与其他低碳能源，有效支撑可再生能源的分散开发、就地消纳。经济高效：积极采用节能减排技术，在生产流程各环节最大限度降低能源消耗、减少二氧化碳排放，能效达到或优于国际先进水平，多种能源系统高效协同运行，用电成本不高于工业用电价格。灵活可靠：采用数字化技术，实现微电网内源网荷储各环节、冷热气电多能源品种以及微电网与周边能源系统的灵活互动，主要能源环节可观可控，供能可靠性高于地区平均水平。推动制造业绿色低碳转型的主要措施包括工业生产装置与设备创新、生产工艺流程改进与创新、循环生产等，需要以技术创新作为驱动，着力开展绿氢制储输用、新型储能、热电耦合、新型电力电子技术、碳管理技术、智慧能源管控系统等方面的研究，实施关键装备研发与示范应用，打造电力低碳领域的新质生产力。

3. 低碳电力与碳排放管理

"碳中和"目标是建设新型电力系统的核心动因，是一种创新的能源管理和碳减排策略，通过整合电力系统与碳减排相关的技术和资源，实现能源的高效利用和低碳化。电碳融合具备系统性、目标一致性和灵活性三个方面的特点。系统性方面，电碳融合是一个涉及电力系统、碳减排技术、能源政策等多个方面的系统性工程。它要求各个组成部分之间相互协调、相互配合，形成一个有机的整体，以实现能源的高效利用和碳减排目标。电碳融合的核心目标是实现碳减排和能源的高效利用。在这个过程中，电力系统的优化运行和碳减排措施的实施需要保持一致，共同为实现这个目标而努力。灵活性方面，由于电力系统运行和碳减排需求可能随着时间和空间的变化而变化，因此电碳融合需要具备一定的灵活性。它要求能够根据实际情况及时调整和优化融合策略，以适应不同场景下的能源需求和碳减排要求。

传统基于核算的碳计量方法已难以应对高精度、高实时性、高认可度应用需求下的碳排放核算需求，电力碳计量方法将逐渐从基于"年度统计"的平均碳排放因子法过渡到基于"实时计量"的动态碳排放因子法，而在计算动态碳排放因子时，需要以海量机组出力数据、电力系统潮流数据、电力负荷数据为基础，也需要开发电力碳计量表以满足精准碳计量体系的需求。因此，电碳融合的实施和落地离不开数字化处理技术、通信技术、区块链技术等数字化技术的大力支持。数字化技术驱动下，碳排放计量方法将呈现"智能高效""实时精确""权责分明""可靠溯源"等特征。直接碳排放计量方面，当前基于燃料排放因子的直接碳排放计量方法存在时间滞后性高、受人为因素干扰大等问题，无法满足电力系统实时、精准碳计量的发展需要。未来需要进一步创新碳排放连续监测技术，开展碳排放浓度监测、烟气流速监测、流速校准等技术研究，降低监测设备安装运维成本，建立健全相应的技术规范与监管体系。间接碳排放计量方面，目前的用电间接碳排放计量方法无法厘清交易行为对电力系统碳排放责任转移和分摊产生的影响。因此，需要进一步研究计及电力交易行为的电力系统间接碳排放计量方法，有效辨析电网中交易电量、非交易电量、辅助服务的碳排放责任差异，并实现用电碳排放责任的可靠溯源。数字化技术将拓宽基于电力大数据的碳排放计量应用场景，促使低碳转型工作由"碳排放计量、监测、认证"向"降碳引导、低碳优化"演进。探索基于电力系统精准计量体系的应用服务场景，可以有效发挥计量机制的优化和引导作用，在促进电力行业降碳减排的同时带动其他相关行业的低碳转型。随着新型电力系统中用电间接碳排放计量方法在准确性和时空分辨率方面的改进与完善，精准用电碳排放计量技术将成为用户低碳用电的指导因素。

三　电力行业低碳发展与新质生产力形成面临的挑战

发展新质生产力是推动高质量发展的内在要求和重要着力点，在电力低碳新的发展阶段，应深入实施创新驱动发展战略，突出问题导向和需求导向，加强能源电力科技自主创新，提升能源产业链供应链自主可控水平。在加快形成电力新质生产力的进程中，我国仍面临一些挑战。

（一）电力科技创新举国体制有待进一步完善

一是集中力量办大事的制度优势未完全发挥，亟须做好能源科技创新顶层规划设计，统筹优化科研投入布局。目前我国关键核心技术领域存在很多"卡脖子"难题，2020年，我国基础研究投入占科技投入的比重为6.01%，这与发达国家基础研究投入占科技投入的比重15%~25%相比，还有很大差距。二是缺乏国家层面的统一协调，我国产学研围绕项目进行的短期合作较多，为企业服务的团队也趋向个体化，流动性强，导致对相关技术领域缺乏长期跟踪和研究，重大能源电力技术创新存在产学研"散而不强"现象。此外，对市场和技术变化具有高度敏锐性的企业，在国家科技创新体系中的地位不高、作用未完全发挥，国有企业和民营企业的联动不足。三是人才队伍建设有待加强。一方面，能源电力作为综合性学科，具有突出的交叉性和前沿性，我国高等教育所培养人才的专业水平、创新意识及实践能力有待提升，特别是能源电力转型升级所需的创新型、实用型、复合型人才供给不足。另一方面，人才管理机制亟待创新，目前我国能源领域高水平的技术人才主要分散在国家科研院所、高校和国企中，人才流动受到制约，收入无法用市场化机制来衡量，未能形成统一的科研力量。

（二）能源电力产业链现代化水平亟待提升

一是部分环节仍存在"卡脖子"技术问题。当前，我国能源电力领域的一些核心设备和关键零部件主要依靠进口，一些关键核心技术仍掌握在美国、日本、德国等国家手中，在高压设备、氢能制备存储等能源电力细分产业的多个环节上仍存在"卡脖子"技术问题，严重阻碍我国提升能源自主创新能力，也不利于我国能源产业链现代化水平的提升。二是能源领域产业链与创新链的融合不够紧密。我国每年的科技成果转化率为10%~15%，与发达国家40%左右的水平相比仍有较大差距，科技资源优势没有完全转化为产业发展优势。同时，创新主体与企业协同合作转化机制尚不完善，产学研深度融合的前沿性和差异化创新水平不高，推进互融互促的相关政策体系和综合服务能力支撑不足。三是技术研发与市场应用之间的矛盾，技术研发与市场应用之间存在脱节。能源电力科技成果在转化过程中，往往面临市场认可度低、投资回报周期长等问题，导致许多创新技术难以快速普及。部分企业在技术应用过程中难以找到合适的商业模式和盈利途径，对绿色低碳电力技术的投入持谨慎态度，从而进一步增加了从技术研发向市场应用转化的难度。四是能源电力产业链国际话语权有待提升，虽然我国已经形成比较完备的新能源技术研发和装备制造产业链，但是在细分产业的某些环节上，例如锂矿资源，我国自供能力尚有不足，受国际局势影响，结构性"去全球化"可能会加速。如何找准我国在国际能源产业链中的定位，在不具备生产优势的环节构建稳定的国际合作、提升国际话语权，将成为我国关注的重点。

（三）能源电力对经济高质量发展的支撑作用仍需加强

一是支撑区域协调发展的作用需要加强。我国的能源电力资源分布和负荷需求分布存在不匹配的问题，城乡之间能源需求差异也较大，乡村的能源供给相比城市而言，规模和质量都不足，同时随着能源转型的深入推进，将产生大量新兴绿色产业，如何通过合理设置能源价格、优化新兴产业布局，实现能源电力送端与受端之间的利益平衡，带动落后地区发展，推动共享融合，实现区域共同富裕，是亟待解决的难题。二是带动全产业链转型升级的作用需要加强。能源电力转型为中国提供了换道超车、提升产业竞争力的重大机遇，我国在风电和光伏产业已具备较强的产业积累，但是在长时储能、氢能方面还需要进一步发力，锻造长板、补齐短板，以能源转型带动用能成本下降，促进电动汽车、交通设备制造和其他相关产业的发展，同时能源变革带来的产业转型升级需要更好地带动就业岗位增加，推动经济发展。三是助推我国深度参与全球能源转型变革的作用需要加强。我国绿色金融与碳市场建立起步晚于西方国家，绿色金融在与全球分类标准接轨、推动市场互联互通、提高市场的规范性和透明度等方面需要进一步加强，融入国际市场。碳市场方面，以交易改革为契机，提升我国碳市场成熟度和开放度，争取国际碳定价主导权。要充分利用我国在光伏、风电、大型水电等领域的优势地位，在"一带一路"低碳化投资、绿色低碳政策协调和弥补全球治理缺口方面扮演更加积极的角色。

四 促进电力低碳领域新质生产力形成的建议

与传统生产力相比，新质生产力更加重视创新、技术进步和智力资源对生产方式和生产效率的全面提升，具有技术创新导向，是信息化和智能化时代的重要标志。加快形成新质生产力，是我国把握新一轮科技革命机遇、推动绿色低碳电力科技发展的关键之举。针对电力领域新质生产力打造，从科技创新体制、科技研发主体、成果转化、成果推广、人才培养五个方面提出相关对策建议。

（一）科技创新体制方面

完善政策法规体系。完善的政策法规体系有助于激发科技创新活力，这要求相关部门建立健全绿色低碳电力科技创新政策体系，明确政策导向，加大财政支持力度，制定一系列有利于绿色低碳电力科技发展的政策法规，包括财政补贴、税收优惠、绿色信贷等，为科技创新提供良好的政策环境。建立健全协同创新机制。推动政府、企业、科研院所、高校等多方参与，构建产学研用紧密结合的协同创新平台，实现资源共享、优势互补，共同开展绿色低碳电力科技研究。强化知识产权保护。加大对绿色低碳电力科技领域知识产权的保护力度，激发创新主体的积极性。

（二）科技研发主体方面

提升企业、高校和科研院所的创新能力。新质生产力的"创新"是指以科技创新为驱动，以知识和信息为要素，以提高劳动生产率和资源利用效率为目标所进行的生产方式、组织方式和管理方式变革。应鼓励企业提升创新活力，形成多元化、多层次的研发体系，建立企业技术创新中心，培育具有国际竞争力的创新型企业，支持高校和科研院所开展绿色低碳电力科技基础研究和应用研究，提升原始创新能力。

培育新型研发机构，加大科技研发投入。2023 年，中国全社会研发经费支出超 3.3 万亿元，比 2022 年增长 8.4%，研发经费投入强度达到 2.65%，建设了一批国家级科技创新平台。应支持高校、科研院所与企业联合组建新型研发机构，推动科技成果转化，培育一批具有国际竞争力的创新型企业。加大对绿色低碳电力科技研发的投入，提高研发经费占比。

（三）成果转化方面

优化成果转化流程。应简化科技成果转化审批手续，提高转化效率，降低转化成本，同时建立绿色低碳电力科技成果转化平台，促进产学研用紧密结合。建立成果转化激励机制。鼓励对企业、高校和科研院所及在绿色低碳电力科技成果转化过程中做出贡献的个人和团队给予奖励，激发成果转化积极性。完善成果转化政策。搭建绿色低碳电力科技成果转化服务平台，提供技术评估、市场分析、政策咨询、融资对接等服务，帮助企业降低成果转化过程中的信息成本和交易成本。

（四）成果推广方面

加强示范项目建设。在重点区域和行业开展绿色低碳电力科技示范项目，以点带面推动技术普及。相关部门可通过评选高新技术企业、专精特新"小巨人"企业等方式，树立创新标杆，引导企业走创新驱动发展道路，增强国际竞争力。拓展国际合作。鼓励企业采用绿色低碳电力技术，积极参与国际绿色低碳电力科技合作，引进国外先进技术，推动我国技术走向世界。

（五）人才培养方面

实施人才引进计划。新质生产力的重要特征是数字化和绿色化，着力点在于科技创新，强化创新驱动。应吸引国内外顶尖人才加入绿色低碳电力科技领域，提升整体创新能力。建立健全人才培养与评价机制。完善人才评价体系，注重人才创新能力、实践能力的培养，为绿色低碳电力科技发展提供人才保障。建立健全人才培养激励机制，提高人才待遇，吸引更多优秀人才投身绿色低碳电力科技领域。

建立多层次人才培养体系。优化人才培养体系，加强交叉学科建设。加强高校和职业院校绿色低碳电力科技相关专业建设，培养一批高水平交叉学科人才。加强在职培训。针对企业、科研院所等在职人员，鼓励企业、科研院所以多形式开展绿色低碳电力科技相关培训，提升在职人员综合能力素质。

参考文献

《习近平在中共中央政治局第十一次集体学习时强调：加快发展新质生产力　扎实推进高质量发展》，中国政府网，2024 年 2 月 1 日，https：//www. gov. cn/yaowen/liebiao/202402/content_ 6929446. htm。

《求是》评论员：《深刻认识和加快发展新质生产力》，《求是》2024 年第 5 期。

《习近平主持召开中央财经委员会第九次会议》，中国政府网，2021 年 3 月 15 日，https：//www. gov. cn/xinwen/2021-03/15/content_ 5593154. htm。

《新型电力系统发展蓝皮书》编写组编《新型电力系统发展蓝皮书》，中国电力出版社，2023，第 13 页。

《刘兴峰：构建现代能源体系　激发产业发展活力》，庆阳网，2024 年 2 月 26 日，http：//www. qingyangwang. com. cn/content/2024-02/26/content_ 673839. htm。

《工业和信息化部等六部门关于推动能源电子产业发展的指导意见》，中国政府网，2023 年 1 月 3 日，https：//www. gov. cn/zhengce/zhengceku/2023-01/17/content_ 5737584. htm。

《国家能源局关于加快推进能源数字化智能化发展的若干意见》，中国政府网，2023 年 3 月 28 日，https：//www. gov. cn/zhengce/zhengceku/2023-04/02/content_ 5749758. htm。

《国家发展改革委等部门关于深入实施"东数西算"工程加快构建全国一体化算力网的实施意见》，中国政府网，2023 年 12 月 25 日，https：//www. gov. cn/zhengce/zhengceku/202401/content_ 6924596. htm。

《2020 年全国科技经费投入统计公报》，国家统计局网站，2021 年 9 月 22 日，https：//www. stats. gov. cn/sj/tjgb/rdpcgb/qgkjjftrtjgb/202302/t20230206_ 1902130. html。

《加快形成新质生产力　积极构建未来竞争优势》，陕西党建网，2023 年 12 月 13 日，http：//www. sx-dj. gov. cn/dylt/dkll/1734750082209964033. html。

郭永红：《聚焦科技创新　强化智能引领　加快培育和发展新质生产力》，《中国煤炭工业》2024 年第 7 期。

B.7

建设现代化产业体系下的中国电力行业
低碳发展分析报告

盛如旭　张于喆[*]

摘　要： 党的二十大报告首次提出"建设现代化产业体系"，电力行业低碳发展是建设现代化产业体系的一个重要领域，其与现代化产业体系之间呈现了复杂而深刻的相互促进和依赖多个维度关系。在建设现代化产业体系的战略部署和理论框架下，从产业经济学中的产业增长、驱动要素、产业创新、产业结构、产业安全等若干重要维度看，电力行业低碳发展需保障产业规模增长的用能需求、需成为释放数据要素价值的支撑、需成为技术创新补短板和锻长板的重要领域、需成为经济发展新动能的重要来源、需要应对好来自外部的特定挑战。对此，本报告提出扩大绿电规模、加强技术创新、保障供电稳定、深化用能变革四个方面政策建议。

关键词： 现代化产业体系　产业经济学　电力行业　低碳发展

　　党的二十大报告首次提出"建设现代化产业体系"这一新任务，随后二十届中央财经委员会第一次会议提出"推进产业智能化、绿色化、融合化，建设具有完整性、先进性、安全性的现代化产业体系"，进一步丰富了现代化产业体系的内涵。在建设现代化产业体系的战略部署和理论框架下，电力行业低碳发展与现代化产业体系之间呈现了复杂而深刻的相互促进和依

　＊　盛如旭，博士，中国宏观经济研究院产业经济与技术经济研究所助理研究员，研究方向为产业创新、产业政策；张于喆，博士，中国宏观经济研究院产业经济与技术经济研究所研究员、研究室主任，研究方向为高技术产业。

赖多个维度关系。一方面,从支撑角度分析,电力行业低碳发展是现代化产业体系中不可或缺的生产要素之一。电力行业低碳发展为大规模且完备的工业体系、先进制造业以及需要高算力的人工智能等产业体系中的重要领域提供了必要的能源支撑。此外,电力行业低碳发展在源头上为整个产业体系的低碳化转型做出了重要贡献。从该角度看,电力低碳是建设现代化产业体系过程中,实现完整性、先进性,推进智能化、绿色化的支撑。另一方面,从本质层面探讨,电力低碳产业已经成为现代化产业体系的重要组成部分。随着我国电力低碳产业的不断壮大和技术革新,它已经逐渐成为我国经济发展的新动能。而且,电力低碳的技术创新已经成为我国产业补短板、锻长板的重要领域。同时,需要注意的是,随着电力低碳产业的快速发展,该领域面临的产业安全和相关风险也日益显现,这些风险的有效管理对保障产业体系的安全性至关重要。从该角度看,电力低碳作为现代化产业体系中的新动能之一,是实现完整性、先进性、安全性的重点领域。

一 产业增长方面,电力行业低碳发展需保障产业规模增长的用能需求

在全球气候变化和碳排放减少的国际承诺背景下,我国的经济持续发展与产业规模不断扩大,伴随对现代化产业体系建设过程中绿色化的追求,电力供应面临前所未有的挑战。电力作为支撑经济增长和产业体系发展的基础能源,其供应的可靠性、可持续性和清洁性成为产业可持续增长的关键因素。因此,电力行业的低碳发展是多维度的挑战,不仅涉及供给侧结构性改革如提升能源效率、提高清洁能源比例,而且涉及需求侧管理,如优化能源消费结构和提升能源利用效率。

扩大低碳电力供应确保产业规模增长的用能需求。从产业用电需求角度看,我国作为全球唯一拥有联合国全部工业门类、500 种主要工业产品中200 多种产品产量位居世界第一的国家,要构建完整、先进、安全的现代化产业体系,必然要维持制造业比例基本稳定,必然要大力发展以电动载人汽

车、锂电池、太阳能电池、通信设备等为代表的先进制造业，在这些产品生产过程中，使用大量电力是不可避免的。观察历年全行业用电量增长率与 GDP 增长率的变化同步趋势，在可预期的发展前景下，未来全行业用电量适度增长、年均增长率维持在 5% 左右是支持产业发展的必要条件。为了满足产业规模增长带来的用电需求，电力系统需要通过建设更多的可再生能源发电设施、通过技术创新提高现有发电设施的效率等多种途径提高供应能力。

优化能源结构是实现现代化产业体系绿色化转型的关键。在确保电力供应稳定性的基础上，优化能源结构是减少碳排放、促进经济绿色转型的一个重要途径。可以说，当前我国对于扩大可再生能源供应的决心在政策层面得到了明确，在政策引领下的实际行为也体现了绿色低碳发展战略的成效，特别是光伏产业的快速增长。以 2023 年为例，国家能源局数据显示，我国新增的光伏装机容量约为 216 吉瓦，同比增长 148%，占新增电力装机容量的 60.7%，相当于 2019~2022 年新增装机容量的总和。这一趋势意味着在整个电力系统中，我国通过减少煤炭等高碳能源的使用，同时大力发展风能、太阳能等清洁能源，实现在满足产业规模增长的电力需求的同时，降低碳排放，推动经济绿色转型发展。

二 驱动要素方面，电力行业低碳发展需成为释放数据要素价值的支撑

数据要素在构建现代化产业体系中的地位日益显著，已经发展成为继土地、劳动力、资本、技术之后的又一关键生产要素。数据的价值实现与功能发挥深度依赖算力的直接支撑，[1] 而算力本身是一个集信息处理能力、网络传输能力和数据存储能力于一体的生产力。[2] 在数字经济的发展过程中，算

---

[1] 崔铁军、李莎莎：《人工系统中数据—因素—算力—算法作用及相互关系研究》，《智能系统学报》2022 年第 4 期。

[2] 郭亮等：《数据中心算力评估：现状与机遇》，《信息通信技术与政策》2021 年第 2 期。

力已成为推动各行各业数字化和智能化转型的关键动力，是实现经济增长和技术革新的基础能力。

构建必要的大规模算力设施，充分释放数据要素的潜在价值，对稳定且大规模的电力供应提出了迫切需求。在数字经济时代，建立一个低碳电力体系以支撑对电力需求极为庞大的数据中心和算力中心，成为支持数据发挥最大化价值的核心基础设施。推动电力的低碳转型，不仅可以显著减少数字经济范围内的碳排放，还能确保数据要素在一个高效且可持续的环境中得到最大化的价值实现。例如，人工智能技术的快速发展预示着大规模模型训练所需的智能算力对电力的需求将会急剧增加，行业领导者在国际论坛上的洞察也预测了未来人工智能行业可能面临的电力供应挑战。特斯拉的 CEO 埃隆·马斯克提出，到 2025 年困扰人工智能行业的可能不再是芯片的短缺，而是电力供应的紧张。OpenAI 的 CEO 山姆·奥特曼也在访谈中提到，在人工智能时代，世界未来将有两种重要"货币"——算力和能源。全球预测也显示，人工智能业务对数据中心电力使用的需求比例将显著增长。美国机构 Uptime Institute 的预测指出，到 2025 年，人工智能业务在全球数据中心用电量中的占比将从 2% 增加到 10%。波士顿咨询集团的报告预计，到 2030 年底，仅美国数据中心的用电量就将是 2022 年的 3 倍，这一增幅主要由人工智能模型训练和服务更高频的人工智能查询两项关键需求因素驱动。在国内，当前算力总量快速增长，未来适合大模型训练的智能算力仍有较大的发展空间，这也预示着未来我国人工智能发展对电力的需求将持续增加。根据工信部数据，截至 2022 年底，我国算力总规模已达 180EFLOPS，近五年平均增速超 30%，算力规模排名全球第二，但其中很大一部分是通用算力，而不是更适合大模型训练的智能算力。

数字化和智能化领域对电力的需求增加将产生"传导溢出效应"和"阶乘降耗效应"，进一步促进绿色低碳发展。与其他产业不同，数据中心消耗的能源不仅创造了经济价值，也为运行于其上的各行业数字化应用贡献了大量经济价值，产生了显著的"传导溢出效应"。国家信息中心的研究估算表明[1]，数据中心每消耗 1 吨标准煤，不仅能直接贡献产值 1.1 万元，还能带动产生数字产业化增加值 88.8 万元，并间接通过支撑各行业的数字化转型，产生 360.5 万元的产业数字化增加值。同时，评价体系未考虑数据中心带来的减碳效益。实际上，数据中心通过集中性满足全社会数字化转型的共性需求，可有效促进其他产业，特别是钢铁、石化等高能耗产业的节能降碳，产生"阶乘降耗效应"。权威机构的研究预计，到 2030 年，数字化改造在工业、能源、交通等行业带来的减排量，将超过信息通信行业本身排放量的 7~10 倍，进一步显示了数据中心在推动节能降碳方面的潜在贡献。

三 产业创新方面，电力低碳技术创新需成为补短板、锻长板的重要领域

不可否认的是，电力低碳技术的创新及应用，已经成为我国推动产业创新、补齐短板和增强产业竞争力的关键动力。特别是光伏、风电及储能技术等方面的创新和应用，不仅显著提高了能源利用效率和可再生能源的供应能力，还促进了低碳电力产业链的技术进步和产业升级，为我国经济绿色、低碳发展奠定了坚实的基础。

从全球范围看，电力低碳技术的创新被广泛认为是当代科技革命与产业变革的重要组成部分。值得关注的是，《麻省理工科技评论》（MIT Technology Review）将"超高效太阳能电池""增强型地热系统"等电力低碳技术的突破性进展列为 2024 年"十大突破性技术"，此举不仅凸显了电力低碳技术创新的重要性，还标志着这些技术很可能将在全球范围内引领新的科技创新趋势。作为麻省理工学院的官方出版物，《麻省理工科技评论》自 2001 年以来一直是全球科技创新趋势的预测者，曾准确预测了包括脑机

---

① 于施洋：《"碳达峰、碳中和"目标下应三管齐下 有效发挥数据中心集群化阶乘化降耗效应》，国家信息中心网，2021 年 6 月 4 日，http：//www.sic.gov.cn/sic/608/609/0604/10954_pc.html。

接口、量子密码、灵巧机器人、智能传感城市以及深度学习等一系列前沿技术的兴起。

在国内，电力低碳技术创新是锻长板的重要领域，光伏等领域的技术突破正加速推进。《光伏产业专利发展年度报告》数据显示，2003~2023 年，我国光伏产业的专利申请数量快速增长，年均增速达到 23.1%。产业链关键环节的创新水平不断提升，硅料、硅片、电池、组件、逆变器等关键领域的专利申请数量不断提高，分别达到 1.3 万件、2.8 万件、4.3 万件、4.8 万件、3.8 万件。专利影响力不断扩大，从专利被引证次数来看，被引证超过 10 次的光伏专利达 3509 件，被引证超过 50 次的专利达 194 件。此外，在近年来创新活跃的储能技术方面，我国也展现出了强大的创新能力。国家知识产权局数据显示，我国在电化学储能领域的发明专利授权量由 2016 年的 0.43 万件增长到 2022 年的 1.3 万件，年均增速达到 19.9%，占全球总量的比重由 35.5% 增长到 44.9%。

技术产业化方面，我国电力低碳技术创新的产业化应用落地效果显著。相较我国部分其他领域面临的专利数量多而产业化成效不明显的产研"两张皮"问题，受益于国内光伏技术进步和产业发展，光伏领域的技术创新产业化落地效果尤为突出。过去十年，我国企业主导的技术创新使得光伏发电成本显著下降、生产效率大幅提高。例如，组件成本方面，十多年来组件成本从约 40 元/瓦降至 1.5 元/瓦以内，系统成本从约 60 元/瓦降至 4 元/瓦以内，降幅达 95% 左右，且仍将处于持续下降通道。发电电价方面，我国光伏上网电价从 2008 年的 1.09 元/千瓦时下降到低于 0.15 元/千瓦时，光伏发电度电成本十年间累计下降近 90%。生产效率方面，以隆基绿能为例，2012 年隆基绿能只有 4068 名员工，当时只在单晶硅片上有 1 吉瓦的产能，人均产出 0.25 兆瓦。到 2021 年，隆基绿能员工接近 5 万人，形成的产能是硅片 105 吉瓦、电池 37 吉瓦、组件 60 吉瓦。这时候的人均产出为 4 兆瓦，十年间人均产出提高了 15 倍。这些领域的数据充分体现了中国在电力低碳技术创新及产业化应用方面取得的显著成就。

四 产业结构方面，电力行业低碳发展需成为经济发展 新动能的重要来源

电力行业低碳发展在推动产业结构优化升级中发挥不可替代的作用，它既是战略性新兴产业的关键组成部分，也是经济发展新动能的重要来源。光伏等新能源领域的零部件制造、整机集成以及电厂建设和运营等产业链环节的发展，不仅为我国经济发展提供新的增长点，而且促进产业向绿色、低碳方向转型。

产业层面，电力低碳产业链逐渐成为我国经济发展新动能之一。据国家统计局公布的 2023 年数据，在 35 个规模以上工业主要产品中，与电力低碳相关的产品增长速度位居前列。例如，增长速度排名第一的是太阳能电池（光伏电池），同比增长高达 54.0%。后续排名中，与电力低碳相关的产品有排名第二的新能源汽车（增速 30.3%）、排名第三的发电机组（发电设备，增速 17.2%）、排名第四的太阳能发电量（增速 17.2%）、排名第五的风力发电量（增速 12.3%）。以光伏为例，光伏产业在国内制造端和应用端规模的扩大及出口量的显著增长体现其新动能效应。根据中国光伏行业协会统计数据，2023 年国内光伏制造业（不含逆变器）产值超过 1.75 万亿元，同比增长 17.1%。此外，多晶硅、硅片、电池、组件的产量均显示了强劲的增长态势，多晶硅产量同比增长 66.9%，硅片产量同比增长 67.5%，电池产量同比增长 64.9%，组件产量同比增长 69.3%。

企业层面，我国龙头企业逐渐在全球电力低碳市场中占据主导地位。以光伏为例，国内涌现一批世界级光伏龙头企业，它们不仅在全球光伏技术发展中占据主导地位，而且在全球光伏产业链的多个环节占有重要的市场份额。德国《经济周刊》数据显示，中国企业在全球光伏技术市场中占据主导地位，有 7 家企业位于全球十大太阳能电池制造商之列，并在多晶硅、硅片、光伏电池和光伏模块的大部分市场中占有重要份额。"2023 全球光伏 100 强品牌榜单"显示，光伏品牌百强企业中共有 90 家中国企业，前十名均为中国企业，剩下的

10 家中有 6 家来自美国，加拿大、德国、韩国、意大利则各有 1 家入围。这些数据都反映了我国光伏企业的强大竞争力和市场影响力。

发展空间层面，电力低碳在全球低碳发展趋势和我国"双碳"目标的共同指引下，拥有广阔的发展空间。国内市场方面，电力低碳领域是实现"双碳"目标的重要抓手，"双碳"目标的确立为电力行业低碳发展开拓了巨大的市场空间。国家能源局发布的《新型电力系统发展蓝皮书》指出，在当前至 2030 年，非化石能源消费比重将达到 25%，终端用能领域电气化水平逐步提升，终端用能电气化水平提升到 35% 左右，推动新能源成为发电量增量主体，装机容量占比超过 40%，发电量占比超过 20%。全球市场方面，全球对于可再生能源的需求将显著增加，为电力行业低碳发展提供了前所未有的机遇。在 2023 年 12 月召开的《联合国气候变化框架公约》第二十八次缔约方大会（COP28）上，118 个国家签署《全球可再生能源和能源效率承诺》，承诺到 2030 年将全球可再生能源发电装机容量增加两倍，至少达到 11000 吉瓦，并将全球能源效率的年均增幅翻一番。考虑到目前风能和太阳能的全球总装机容量为 2.3 太瓦，根据该项承诺，全球可再生能源的发展目标将需要前所未有的加速部署。根据标准普尔全球商品洞察的分析，从现在到 2030 年，预计全球将增加约 4.6 太瓦的太阳能和风能装机容量，耗资 4.7 万亿美元，为电力行业低碳发展提供了前所未有的历史性机遇。

五　产业布局方面，电力行业低碳发展需服务于产业转移和布局优化趋势

从产业自身看，电力低碳的产业发展特性与区域间资源禀赋差异，决定了其更适宜在西部布局，不仅有利于区域协调发展，还促进了资源的合理配置。新能源发电的效率依赖自然条件，因此新能源发电厂的布局显示出强烈的地区倾向性，而与此对应的我国自然条件禀赋的区域间差异较大。西部地区丰富的可再生能源资源，包括风能和太阳能，占全国资源总量的绝大部分，这些条件为电力低碳产业的布局提供了天然优势。据统计，西部地区可再生能源资源占全国资源总量的 70% 以上。其中，风力资源占 85% 以上，

太阳能资源占90%左右。除风光资源之外，西部地区的地形、海拔和气候条件都极为有利于光伏发电项目的建设和运营，如平坦的地形适合大规模光伏电站的建设，发挥规模效应，高海拔和较低的气温有助于提高光伏电池的效率并延长使用寿命。据估算，仅利用西部地区土地面积的1%，即约1亿亩荒山、荒滩、沙漠、戈壁等非耕地打造国家西部新能源基地，每年发电量就将达到10万亿千瓦时。具备比较优势的西部无疑成为电力低碳产业发展的理想区域，因此，通过在这些资源丰富的西部地区开展电力低碳项目，不仅可以充分利用优质的风光资源比较优势，也有助于提升当地的经济发展水平和居民生活水平。也就是说，电力低碳产业为实现产业优化布局、区域协调发展和缩小地区发展差距提供了有力支持。

从产业关联看，电力低碳产业发展带来的电量和价格优势，间接推动西部产业有序发展。电力低碳产业的发展通过提供大量价格优惠的电力供应，为产业向资源条件更优的西部地区转移创造了条件，促进了产业结构的优化和区域经济的均衡发展。此外，推动高载能产业向低碳电力富集的西部地区有序转移，加快新能源的开发利用，从用电源头控制碳排放，是兼顾"双碳"目标和高耗能产业发展的重要路径。此外，西部地区以资源优势带来电厂布局和电力供应的能源优势，进一步形成了制造优势，特别是在新能源产业自身的制造环节，呈现"资源优势—能源优势—制造优势—集聚优势"的发展轨迹。以光伏产业链为例，通威、隆基绿能、晶科等光伏龙头企业已经开始在西部地区进行重点投资，建立生产基地。如通威频繁投资西部，高纯晶硅项目落地内蒙古包头、四川乐山、云南保山；隆基绿能在云南和宁夏的基地是其在国内的两大产业基地。产业的集聚进一步吸引众多光伏公司在西部投资项目和生产线，天合光能、协鑫科技、TCL中环等公司也在西部有所布局。

六 产业安全方面，电力低碳产业需要应对好来自外部的特定挑战

电力低碳产业要面对欧美非市场化进口限制方面的特定挑战。不同于集

成电路等产业存在的"卡脖子"问题、纺织服装领域存在的过快外迁问题，以光伏、风电为代表的电力低碳领域面临的主要产业安全风险在于欧美的非市场化进口限制，这对我国的电力低碳产业构成了直接冲击。以我国光伏组件出口的最大市场欧盟为例，2023 年我国对欧盟国家的出口额达到了 190.1亿美元，这一规模占光伏组件总出口额的一半以上。面对如此巨大的市场份额，欧盟的政策变动对中国光伏产业的影响尤为显著。最值得关注的是，欧盟《净零工业法案》已于 2023 年 3 月正式发布，该法案是欧盟"绿色工业计划"的重要组成部分，法案规定到 2030 年，欧盟将在本土制造至少 40%的所需净零技术产品，包括太阳能光伏板、风力涡轮机、电池等。该法案还有一个关键条款是，欧盟国家的公共采购需优先考虑本土制造的光伏产品，涵盖硅料、硅片、电池和组件。虽然该法案还未完全生效，但这种政策明显反映了限制中国产品市场准入的想法，并可能导致我国企业在欧盟市场的份额受到重大影响。此外，法案还规定对单一国家的欧洲市场份额设置 65%的上限，这显然是针对中国的光伏出口设计的。除了《净零工业法案》，欧盟还通过《外国补贴条例》对中国企业进行频繁的贸易调查，这增加了中国企业在欧盟市场运营的不确定性和风险。例如，第二次和第三次调查中涉及的企业包括罗马尼亚 ENEVO 集团和隆基绿能的德国子公司 LONGi Solar Technologie GmbH 组成的联合体，以及上海电气（英国）有限公司和上海电气香港国际工程有限公司组成的联合体。

七　政策建议

（一）扩大绿电规模

建议多措并举提高非化石能源比重，优化完善产业发展政策，确保非化石能源在我国能源结构中的占比持续提升，以能源的绿色发展支撑美丽中国建设，为落实"双碳"目标任务、实现 2060 年前碳中和目标奠定坚实基础。一是巩固并扩大风电光伏良好发展态势。稳步推进风电、光伏大型基地建设，有序促进项目建成投产。统筹优化海上风电布局，推进基地建设，推进海上风电向深水远岸发展。加强全国光热发电规划布局，推动规模化发展。依据地区实际情况，加速分散式风电、分布式光伏发电的开发，实施"千乡万村驭风行动"和"千家万户沐光行动"，开展全国性的风能和太阳能发电资源普查试点工作。二是稳步推进水电和核电的开发与建设。编制流域水风光一体化基地规划。有序推进重大水电工程前期工作，积极安全有序推动沿海核电项目的核准及建设。三是持续完善绿色低碳转型政策体系。优化新能源利用率目标，印发并落实2024年可再生能源电力消纳责任权重，推动风电光伏高质量发展。加强绿证制度全覆盖及应用拓展，促进绿证与国内外碳市场的衔接和认可，提升绿证影响力。修订分布式光伏发电项目管理办法，持续提升分布式光伏接入电网的承载力。研究光伏电站的升级改造及退役政策，制定抽水蓄能电站开发建设管理暂行办法，促进其可持续健康发展。

（二）加强技术创新

建议深入实施创新驱动发展战略，聚焦能源科技在高端化、数字化、智能化方面的自主创新。提升能源产业链和供应链的自主可控能力，促进新质生产力发展，以支撑绿色低碳转型和安全发展。一是持续完善电力低碳科技创新体系。扎实推进"十四五"电力低碳领域科技创新规划项目的落地实施和后续的跟踪评价。加强电力低碳研发创新平台管理，确保落实研发任务以及强化日常监督考评。要重视电力低碳相关新技术、新业态、新产业的发展，统筹研究设立电力低碳行业标准委员会，加快相关标准的制修订及实施应用，提升标准的国际化水平，支持参与国际标准化工作，推动我国电力低碳技术标准的国际传播。二是加快电力低碳技术的攻关和成果转化。巩固拓展新能源产业优势，推动大型风电、高效率光伏、光热等技术创新。大力推进小型堆、四代堆等新一代核能技术研发，前瞻性布局受控核聚变。依托电力低碳领域的战略科技力量，推进关键技术装备的创新，组织开展重大技术装备的申报和评定，加快示范应用。持续推进核电等重大专项，组织实施"科技创新2030—智能电网"重大项目和"可再生能源技术"、"煤炭清洁高效利用"、"氢能技术" 等能源领域国家重点研发计划项目。三是促进电力低碳新技术的应用示范。组织开展电力低碳数字化、智能化核心技术的攻关和应用示范，推进电网基础设施的智能化改造，提升电网对清洁能源的接纳、配置和调控能力。探索推广虚拟电厂、新能源可靠替代、先进煤电、新型储能多元化应用等新技术。

（三）保障供电稳定

一是提升电力系统稳定调节能力。推动煤炭、煤电一体化联营，合理布局支撑性调节性煤电，推动退役机组按需合规转为应急备用电源。在气源有保障、气价可承受、调峰需求大的地区合理规划建设调峰气电。深入落实《关于新形势下配电网高质量发展的指导意见》，提升配电网支撑保障能力和综合承载能力。强化迎峰度夏、度冬电力供需平衡预警，"一省一策"做好电力供应保障，加大供应紧张和偏紧地区的督促指导力度。优化抽水蓄能中长期发展规划布局。二是加大力度推动新型储能发展。推动新型储能多元化发展，强化促进新型储能并网和调度运行的政策措施。压实地方、企业责任，推动电力需求侧资源参与需求侧响应和系统调节。支持新型储能参与调峰调频的投资和建设，引导和鼓励市场主体参与储能业务，用市场化机制解决储能面临的问题。鼓励并推动部分局域网、微网、自备电网率先实现发储用一体化方案解决。

（四）深化用能变革

在适应经济社会清洁化、低碳化发展的趋势下，深化能源利用方式变革成为我国能源政策转型的关键环节。为此，我们提出一系列具体政策建议，旨在加大清洁低碳能源消费的替代力度，协同推进能源产业的节能减污降碳，从而推动形成绿色低碳的生产生活方式。一是推动清洁能源替代。这包括加快构建充电基础设施网络体系，深入推进交通用能电气化，优化城市和公路沿线的充电网络，加大对县域充电基础设施建设的支持力度。同时，促进北方地区清洁取暖的发展，推进多种清洁供暖方式的稳妥有序实施，并加快农村能源清洁低碳转型。二是强化能源行业的节能降碳和提效工作。这涉及持续推进煤炭开发的节能降碳，加快煤层气产业化发展，淘汰落后产能，并探索火电掺烧氢、氨技术，强化试点示范。此外，推进能源行业与新能源的融合发展，降低单位产品的能耗和二氧化碳排放，支持煤制油气项目与新能源的耦合发展。三是加快培育能源新业态和新模式。加强新型储能技术的试点示范和跟踪评价，推动氢能产业的高质量发展，有序推进氢能技术创新与产业发展。同时，推进绿色清洁液体燃料的发展，推广生物质能的多元化开发利用，并探索实施新能源微电网、微能网等示范工程。

参考文献

崔铁军、李莎莎：《人工系统中数据—因素—算力—算法作用及相互关系研究》，《智能系统学报》2022 年第 4 期。

郭亮等：《数据中心算力评估：现状与机遇》，《信息通信技术与政策》2021 年第 2 期。

《"碳达峰、碳中和"目标下应三管齐下　有效发挥数据中心集群化阶乘化降耗效应》，"国家发展改革委"百家号，2021 年 6 月 2 日，https：//baijiahao. baidu. com/s? id = 1701420026862951703&wfr = spider&for = pc。

B.8
电力行业低碳发展助力共同富裕的
理论逻辑、成就及建议

刘洪愧*

摘 要： 本报告聚焦电力的准公共产品与自然垄断特性，探讨其作为重要生产能源与基本公共服务对经济与民生的影响。基于电价体系，分析其如何在保证稳定与可持续的前提下，通过效率提升与公平促进，驱动电力行业低碳发展，进而推动共同富裕。合理的电价机制不仅促进电力行业低碳转型，还通过保障工商业生产、提升发电企业效率、降低居民用电成本等路径促进"富裕"；同时通过保障基本服务普及性与满足差异化需求促进"共同"。数字化赋能的低碳电力系统增强了系统可靠性，加速了清洁转型步伐，为共同富裕奠定了坚实基础。本报告还总结了我国电力系统在优化地区资源配置、推动电力系统清洁低碳转型、通过交叉补贴保障政府履行电力普遍服务和实现政府管制及市场机制的协调方面已取得的显著成就。最后，本报告从构建多层次且统一的电力市场体系、促进电价与碳价的联动、加速电力系统清洁低碳转型、推进电力体制深化改革、完善电力消费端的价值机制等方面提出深化电价体系改革的政策建议。

关键词： 电价体系 电力系统 共同富裕

---

* 刘洪愧，博士，中国社会科学院经济研究所副研究员，研究方向为国际贸易、跨国投资、国际金融、数字贸易。

一 电力作为准公共产品要有利于推进共同富裕

在中国迈向第二个百年奋斗目标的征程中，针对社会主要矛盾的转变，为满足民众对美好生活的持续追求，聚焦全体人民的共同富裕已成为增进社会福祉的重要着力点。共同富裕作为社会主义的本质要求和中国式现代化的重要特征，实现路径备受关注。习近平总书记提出了六大策略框架，旨在实质性推动这一进程，包括："提高发展的平衡性、协调性、包容性"、"着力扩大中等收入群体规模"、"促进基本公共服务均等化"、"加强对高收入的规范和调节"、"促进人民精神生活共同富裕"及"促进农民农村共同富裕"。① 在社会主义现代化的宏大叙事中，实现共同富裕既要促进经济总量的持续增长，即"做大蛋糕"，也要优化分配机制，确保发展成果惠及全民，即"分好蛋糕"。其中，"做大蛋糕"是前提，奠定了物质基础；而"分好蛋糕"则是关键，直接关系共同富裕的实质进展。在这一过程中，公共产品的高效供给，特别是政府主导下的供给模式，成为推进共同富裕的重要途径。鉴于多数人民美好生活的需求均与公共产品紧密相连，确保所有个体在享用这些产品及基本公共服务上享有无差别的权利，是维护社会公平正义的关键。政府应持续发挥主导作用，在纯公共产品领域实现无差别供给的同时，更应着力保障准公共产品供给的公平性与可及性，② 以此全面促进共同富裕目标的实现。

电力作为一类关键的准公共产品，在经济社会发展的全局中占据举足轻重的地位，其稳定且高质量的供给对于推动共同富裕目标的实现具有深远意义。电力不仅是经济运行不可或缺的基石，深刻影响着众多行业的生产活动与效率，同时紧密关联着民众日常生活的方方面面，构成了政府基本公共服务体系的重要组成部分。从经济维度出发，电力构成了企业生产成本的核心要素之一，支撑着劳动环境、生产设备等关键环节的持续运作，直接关系生

① 习近平：《扎实推动共同富裕》，《求是》2021年第20期。
② 洪银兴：《以包容效率与公平的改革促进共同富裕》，《经济学家》2022年第2期。

产过程的稳定性和最终产出的效率，对于经济增长与社会发展的总体进程具有显著的促进作用，是"做大蛋糕"过程中的基本支撑。从社会视角出发，电力则是民众基本生活需求与日常活动顺利进行的根本保障，其普及程度与服务质量直接关系居民生活质量的提升与社会福祉的增进。中国于2015年底全面实现电力覆盖，这一里程碑式的成就不仅彰显了政府公共服务职能的有效履行，也极大地提升了国民生活的基础保障水平，电力普遍服务的广泛覆盖与持续优化，是"分好蛋糕"的生动体现。

此外，在实现共同富裕的进程中，破除市场垄断、激发市场竞争活力、提升市场运作效率，是驱动经济持续发展的关键举措。在无有效政府监管的环境中，市场垄断往往会阻碍中小企业在行业内的健康成长，对供应链上下游企业施加不当压力，导致资源分配效率低下，进而制约经济总量的扩张，即"蛋糕"的有效做大。更为严重的是，垄断企业可能利用市场支配地位，采取价格歧视、不当竞争等手段，在财富分配格局中占据更为有利的位置，对分配制度的公平性构成挑战，影响"蛋糕"的公正分配。针对电力这一具有自然垄断特性的领域，其特殊性主要体现在负责电力输送与分配的电网企业上。电网基础设施建设涉及巨额投资且回收周期长，形成了显著的沉没成本，这自然构筑了较高的行业进入门槛，赋予了电网行业天然的垄断性质。鉴于此，为确保电力的稳定供应，维护社会经济秩序的稳定与发展，电网企业的运营往往需置于政府的有效监管之下，以体现对全体民众利益的维护与促进。政府的主导作用不仅在于确保电力供应的连续性，也在于通过合理规制，减少垄断带来的负面影响，促进电力市场的健康发展与共同富裕目标的实现。

值得深入探讨的是，公共设施领域的自然垄断特性，尤其是电网工程等民生基础设施，相较于纯粹垄断行业，在促进共同富裕方面展现出独特优势。电网工程显著体现出规模经济与网络外部性的双重效应：一方面，电网规模的持续扩张能够有效摊薄运营成本与维护费用，实现规模经济，提升整体运营效率；另一方面，用户基数的增长进一步降低了单一用户分摊的固定成本，增进了消费者福祉。这两种特性不仅巩固了电网企业的经济效益，也促使其在公共服务供给中发挥关键作用。尤为重要的是，在政府的主导下，电网企业并非单纯追求利润最大化，而是肩负确保电力基本服务供给的重要使命。这种双重角色的结合，使得电网企业在推动电网设施建设时，能够充分利用规模经济效应，同时确保在合理利润激励下，不偏离其公共服务的核心职能。因此，政府主导下的电网企业机制，通过有效融合经济效益与社会责任，构成了公共设施领域推动共同富裕的独特路径。

传统经济理论指出，市场机制在公共产品领域的资源配置上常显不足，易引发资源错配或短缺，难以达到帕累托最优的理想状态。同样，在自然垄断行业环境中，市场竞争的缺失往往促使价格高企而产量受限，造成市场供给不足，直接侵害消费者权益，并引发社会福利的净损失。鉴于电力的公共性与自然垄断特性，其定价机制亟须政府或相关监管机构的介入与引导。在推进共同富裕的宏观背景下，政府应扮演关键角色，在尊重市场机制运行规律的同时，兼顾社会公平与可持续发展的多维度考量，构建科学合理的电价体系。这一体系旨在确保电力的稳定供应，有效满足社会各界的能源需求，进而促进经济社会的全面协调与可持续发展。

在新能源革命与"碳达峰""碳中和"目标的双重驱动下，电力行业作为关键能源领域，其电价体系的改革对于协同推进电力行业低碳转型与促进共同富裕具有战略意义。当前许多学者对共同富裕的深刻内涵与量化展开了广泛探讨，李实和朱梦冰[1]强调，共同富裕是富裕成果的广泛共享与共享机制的深化。李金昌与余卫[2]则进一步指出，共同富裕是经济、社会、文化等多维度"五位一体"的均衡发展，其中经济发展为基石，收入增长为核心动力，成果共享为终极目标。电价体系在推动共同富裕进程中的作用显著，主要体现在两个方面：一是作为经济生产的基本能源支撑，确保电力供应稳定，促进经济增长；二是作为社会福利的重要保障，确保人民基本用电需求得到满足，提升民众生活质量。电价体系的优化不仅关乎电力生产的激励与成本控制，更直接影响电力的合理分配与使用效率。面对日益增长的电力需

---

① 李实：《共同富裕的目标和实现路径选择》，《经济研究》2021 年第 11 期；李实、朱梦冰：《推进收入分配制度改革　促进共同富裕实现》，《管理世界》2022 年第 1 期。

② 李金昌、余卫：《共同富裕统计监测评价探讨》，《统计研究》2022 年第 2 期。

求，构建高效的电价机制对于激发电力产能扩张、满足生产需求、推动经济持续发展至关重要。同时，在电力供给总量限定的条件下，科学合理的电价体系能够有效引导电力资源的优化配置，提升能源使用效率，促进电力行业的低碳转型，为"蛋糕"的做大做好奠定坚实基础。值得注意的是，当前中国电力普遍服务已从"有电用"迈向"用好电"的新阶段，这要求电力体系不仅要关注量的扩张，更要注重质的提升，通过推动电力体系创新升级，改善民众生活品质，增强人民幸福感，并着力缩小城乡电力服务差距，实现"蛋糕"的公平分配。

电力行业低碳发展与共同富裕的推进需遵循效率与公平并重的原则，在确保电力市场稳定运行与可持续发展的前提下，通过电价体系的设计与调整，既激发市场效率，又保障社会公平。

第一，从效率视角看，共同富裕目标的实现内在要求电价体系能够有效促进经济的稳健增长，旨在通过"做大蛋糕"提高社会整体的富裕水平。为实现这一目标，电价体系的设计需充分激发发电企业的积极性，促使其不断提升发电效率，同时降低生产成本与碳排放量，从而实现资源能源的最大化高效利用。此外，电价机制亦应激励电网企业加大投资力度，完善电力基础设施建设，以技术进步提升电力传输效率，并减少输电过程中的损耗，同时优化电力分配策略，确保电力资源的高效配置。进一步地，新型电价体系的构建还需在需求侧管理上体现精细化，减少不必要的交叉补贴现象，旨在平衡各方利益。具体而言，应避免工商业用户因承担过高电价而削弱生产动力，同时要防止居民用户因电价过低而产生电力资源的过度消费与不合理浪费。

第二，从公平视角看，共同富裕的理念强调电价体系需促进电力资源的更高质量共享，确保"蛋糕"的公平分配，核心在于保障居民用电的稳定性和公平性。值得注意的是，这里所追求的公平并非绝对平均，而是蕴含了普惠性质的考量，旨在以合理的成本结构为社会各阶层及不同群体提供适当且有效的电力服务。具体而言，新型电价体系的设计应兼顾电力作为基本生活服务的稳定供给，同时实施差异化定价策略，以体现对不同社会群体的关怀。一方面，对于高收入群体及电力消费量较大的用户，可适当提高其单位电价，以反映其更高的支付能力和对电力资源的相对较多占用；另一方面，对于贫困地区及低收入群体，则应实施优惠电价政策，通过降低单位电价负担，确保其基本生活用电需求得到满足，缩小电力消费方面的社会差距。

第三，从稳定与可持续性要求视角看，共同富裕被视为一种动态且持久的状态，而非只在短期实现的目标，它要求在未来持续得到维护与发展。基于此，当前推进共同富裕的进程中，必须避免以牺牲长远利益为代价换取短期收益，诸如不得以环境持久性损害为代价促进经济增长，亦不可过度消耗国内资源禀赋而限制未来的发展潜力。这一原则强调了在维护当前稳定状态的同时，必须确保未来社会的可持续发展能力。在电力领域，低碳发展的战略部署正是这一原则的具体体现。它要求在确保电力供应的安全可靠，以支撑经济社会平稳运行的基础上，积极推动电力体系向更加清洁、低碳、高效的方向转型。这一转型过程不仅关乎能源结构的优化调整，更是对可持续发展目标的积极响应。通过促进可再生能源的广泛应用，减少对化石能源的依赖，电力体系能够逐步摆脱传统高碳模式的束缚，向更加绿色、环保、可持续的方向迈进。

二 电价体系助力电力行业低碳发展和共同富裕的理论逻辑

（一）中国电价体系的改革历程与当前体系

中国电力系统涵盖发电公司、电网企业、售电公司以及电力用户四大核心主体，贯穿发电、输电、配电、售电至终端用电的完整链条，各环节电价共同构成了复杂而重要的电价体系。该体系的核心管理与制定职责由国家发展改革委承担，旨在适应经济发展与市场动态的不断变化，已历经数次关键性改革。回溯历史，2002 年前，中国电力市场呈现高度集中垄断特征，电价机制缺乏市场化元素，显著偏离了效率与公平原则。自 2002 年起，通过实施厂网分离改革，电力市场的多元化与竞争态势初显，电价体系逐渐向市场化与多元化转型，竞价上网机制应运而生，并构建了涵盖上网电价、输电电价、配电电价及终端销售电价的全新电价形成框架。进入 2015 年后，新一轮电力体制改革（简称"新电改"）进一步深化，核心在于解构传统捆绑式销售电价模式，释放电价市场决定机制，同时强化政府对输配电价的核定与监管职能。此举有效推动了电力市场的有序构建，促进了多元竞争主体的初步形成，但电力市场体系尚待进一步完善，存在体系不健全等挑战。为应对这些挑战并加速全国统一电力市场体系的建设，2022 年国家发展改革委与国家能源局联合发布了《关于加快建设全国统一电力市场体系的指导意见》，该意见旨在通过构建统一市场体系，促进电力资源在全国范围内的优化配置与共享，增强电力系统的稳定性与灵活性，同时推动构建符合中国国情、高效消纳新能源的新型电力系统。该意见强调了遵循电力运行与市场经济双重规律的重要性，并配套发布了《关于推进输配电价改革的实施意见》作为附件 1，明确了还原电力商品本质属性、清晰界定政府性基金与交叉补贴以及加强社会监督等关键改革方向与目标。

我国现行的电价体系可精练地表述为一个综合性等式，该等式揭示了最终电力用户支付的销售电价由四大核心要素构成：上网电价、输配电价、线损折价以及政府基金与附加费。具体而言，上网电价旨在补偿发电企业的电力生产成本；输配电价则覆盖了电网企业的电力传输费用，包括传输过程中的电力损耗；政府基金与附加费经国务院批准征收，作为非税收入，专项用于支持可再生能源发展、重大水利工程建设及水电站库区移民安置等；① 销售电价作为电力用户的最终支付价格，在工商业同价原则下，细分为居民生活、农业生产及工商业用电三大类别，② 其中前两者沿用目录电价管理方式。为深化电力市场化改革，促进工商业用户全面参与市场竞争，国家发展改革委实施了取消特定工商业目录电价、转而采用基于用电容量差异化的单

---

① 《我国电价的国际比较分析》，国务院国资委网站，2021 年 3 月 23 日，http：//www.sasac. gov.cn/n16582853/n16582883/c17715327/content.html。

② 《国家发展改革委关于第三监管周期省级电网输配电价及有关事项的通知》（发改价格〔2023〕526 号）。

一制或两部制电价策略。① 对于已参与市场交易的用户，其购电成本由市场交易决定的电价、含线损与交叉补贴的输配电价以及政府性基金共同组成；对于尚未直接参与市场的用户，电网企业则通过市场化代理购电机制提供服务，其电价构成包括代理购电成本（涵盖平均上网电价、辅助服务费用等）、输配电价（含线损及政策性交叉补贴）及政府性基金与附加费。② 此外，我国还实施了阶梯电价与分时电价等创新机制，旨在维护电力系统安全稳定运行，提升电力资源利用效率，并有效降低全社会的总体用电成本，体现了电价政策在促进能源可持续发展与经济结构优化中的重要作用。

共同富裕作为中国高质量发展的重要组成部分，其理念应深度融入高质量发展的全方位各领域。③ 各行业在推进自身发展的过程中，应积极探索并界定符合行业特性的共同富裕内涵，构建针对性的评价体系，同时强化跨行业视角，考量相互间的关联性，构建综合性评估框架，以促进全国性共同富裕目标的协同实现。在当前新能源革命与碳排放市场转型的新时代背景下，电价体系的优化成为推动电力市场改革、助力共同富裕的重要途径。这一进程需从富裕性、共享性和可持续性三个维度深入剖析，既要确保资源配置的效率，也要兼顾社会分配的公平性，同时坚守稳定与可持续的发展原则。

（二）电价体系促进"富裕"的效率机制

电力作为经济社会发展不可或缺的基石，重要性不言而喻，不仅支撑着工业生产与商业活动的开展，更是居民日常生活需求的基本保障。构建一个稳定且合理的电价机制，对于促进经济社会的可持续发展具有关键作用，同时它也是实现社会共同富裕目标的重要策略之一。

1. 通过合理的工商业电价保障工商业的生产活动

工商业作为我国社会经济发展的重要支柱，在推动共同富裕的进程中扮

---

① 《国家发展改革委关于进一步深化燃煤发电上网电价市场化改革的通知》（发改价格〔2021〕1439 号）。

② 《国家发展改革委办公厅关于组织开展电网企业代理购电工作有关事项的通知》（发改价格〔2021〕809 号）。

③ 刘培林等：《共同富裕的内涵、实现路径与测度方法》，《管理世界》2021 年第 8 期。

演着关键角色，是财富创造的主体角色。2022 年数据显示，第二产业（工业与建筑业）对我国 GDP 的贡献率为 39.9%，而第三产业（服务业）则占据了 52.8% 的比重，彰显了其在经济结构中的重要地位。在此背景下，工商业用户作为电力消费市场的主力军，其电力需求占据了总用电量的显著份额，具体表现为全国用电量中 66.0% 源自第二产业，17.2% 来自第三产业，总计高达 83.2%（见表 1）。这一现状凸显了电力作为工商业生产不可或缺生产要素的核心地位，其在资本投入中的关键作用不言而喻。电力消费与 GDP 增长之间存在紧密的正向关联性，反映了电力对经济增长的强劲支撑作用。[1] 对于工商业而言，电力的稳定供应与合理的电价机制至关重要。电价波动会直接影响工商业用户的生产成本预测与控制能力，进而影响生产计划的稳定性和效率。相反，稳定的电价环境有助于工商业用户精确预估成本，优化生产计划与资源配置，减少不必要的成本支出，最终提升生产效率与市场竞争力。当前，我国电价体系正致力于深化市场化改革，特别是通过扩大一般工商业用户参与电力市场的交易规模，旨在利用市场机制的力量进一步降低用电成本，[2] 激发工商业活力。此举不仅有助于提升工商业的生产效率与盈利能力，还能通过增加国家产出与提升国民整体富裕度，为共同富裕目标的实现奠定坚实基础。

表 1　2022 年中国用电量与 GDP 统计数据

项目	用电量（亿千瓦时）	用电量占比（%）	GDP/增加值（亿元）	GDP/增加值占比（%）
全国	86372	100	1210207	100
第一产业	1146	1.3	88345	7.3
第二产业	57001	66.0	483164	39.9
第三产业	14859	17.2	638698	52.8
居民生活	13366	15.5	—	—

资料来源：根据国家统计局、国家能源局数据整理。

---

[1] 林伯强：《碳中和进程中的中国经济高质量增长》，《经济研究》2022 年第 1 期。

[2] 《国家发展改革委关于降低一般工商业电价的通知》（发改价格〔2019〕842 号）。

2. 通过合理的上网电价提高发电企业的经济效率

发电企业在电力产业链中占据核心地位，其运营效率深刻影响着整个电力行业的运行态势与发展轨迹。发电部门在电力生产过程中，需平衡社会用电需求与经济效益的双重目标。电价作为关键调节杠杆，其合理性直接关系发电企业的经营健康状况。电价设置过低，可能制约发电企业覆盖运营成本，进而引发供电短缺，对电力产业链上游造成连锁性不利影响；反之，电价过高则可能增加下游用电行业的成本负担，削弱整体经济效能。构建科学合理的电价体系，旨在促使发电企业在确保利润最大化与成本控制优化的前提下，实现高效发电。近年来，我国政策层面积极响应，如国家发展改革委于 2019 年发布《关于进一步深化燃煤发电上网电价市场化改革的通知》，旨在有序放开燃煤发电电量上网电价，于 2021 年印发《关于 2021 年新能源上网电价政策有关事项的通知》，旨在促进光伏发电、风电等新能源产业的蓬勃发展。我国发电行业格局中华能国际、大唐发电、华电国际、国电电力及中国电力是代表性的五大发电集团，这些企业的经营数据显示，近年来各集团上网电价呈逐年上升趋势，有效促进了企业收入的显著增长，并维持了较高的增长速度。同时，发电量与上网电量保持稳定供给，为电力用户提供了坚实的能源保障；装机容量整体扩张，发电能力持续增强（见表 2）。这一系列变化表明，合理的上网电价设定不仅保障了发电企业的合理利润，还稳固支撑了下游用电行业的用电需求，既增强了电力体系上游的供给韧性，也促进了下游用电行业实现更加繁荣的发展态势。

表 2 2020~2022 年四大发电集团电力统计数据

公司名称	年份	发电量（亿千瓦时）	同比增长（%）	上网电量（亿千瓦时）	同比增长（%）	上网电价（元/兆瓦时）	同比增长（%）	装机容量（兆瓦）	同比增长（%）	收入（亿元）	同比增长（%）
华能国际	2022	4510.70	-1.37	4251.86	-1.16	509.92	18.07	127228	7.19	2199.83	16.00
	2021	4573.36	13.20	4301.65	13.23	431.88	4.41	118695	4.71	1896.33	20.21
	2020	4040.16	—	3798.94	—	413.63	—	113357	—	1577.51	—

续表

公司名称	年份	发电量（亿千瓦时）	同比增长（%）	上网电量（亿千瓦时）	同比增长（%）	上网电价（元/兆瓦时）	同比增长（%）	装机容量（兆瓦）	同比增长（%）	收入（亿元）	同比增长（%）
大唐发电	2022	2619.04	-4.04	2469.30	-4.19	460.79	18.42	71024	3.28	1006.92	13.47
	2021	2729.25	0.11	2577.16	1.16	389.1	5.69	68770	0.72	887.4	6.91
	2020	2726.30	—	2547.69	—	368.15	—	68278	—	830.04	—
华电国际	2022	2209.32	-5.10	2070.45	-5.38	519.25	20.75	54754	2.62	954.96	14.17
	2021	2328.01	12.29	2188.16	12.47	430.02	6.34	53356	-8.71	836.42	19.17
	2020	2073.17		1945.54		404.4	-7.86	58448		701.85	
国电电力	2022	4633.55	-0.16	4405.45	0.04	438.88	21.46	97381	-2.43	1513.95	16.06
	2021	4640.96	22.98	4403.79	23.02	361.34	13.32	99809	13.43	1304.49	29.00
	2020	3773.63	—	3579.63	—	318.87	—	87992	—	1011.26	—

注：中国电力的年度报告部分数据未进行汇报，故不列出。
资料来源：根据各集团年度报告数据整理。

3. 通过合理的居民销售电价减少人民的生活用电成本

电力作为现代社会的基石，既是工商业繁荣不可或缺的驱动力，也是民众日常生活的基本保障。维持电力价格的稳定，确保了公众能够以可预测且合理的成本获取基本生活服务，进而满足多样化的日常生活与文化需求，这对于减轻民众经济负担、提升整体生活质量及促进生活富裕具有深远影响。根据统计分析，2013~2018 年，我国平均居民销售电价总体呈现下降趋势，与此同时，人均生活电力消费量逐年攀升（见表3）。值得注意的是，在此期间，居民人均生活电力消费支出占人均居住支出、人均消费支出及人均可支配收入的比重均呈下降趋势（见图1）。这一趋势清晰地反映了居民电力消费成本的稳步下降，意味着居民在电力支出上的经济压力有所减轻，进而促使他们能够将更多的可支配收入用于其他商品与服务的消费，从而提升了整体消费效应与生活质量。综上所述，居民电价体系的合理性与稳定性，不仅有助于民众更精确地规划电费支出，合理安排家庭财务，还促进了生活水平的显著提升与生活质量的不断优化，为提高社会整体的富裕程度奠定了坚实的基础。

表3　2013～2018年我国居民生活电力消费情况

年份	平均居民销售电价（元/千瓦时）	人均生活电力消费量（千瓦时）	人均生活电力消费支出（元）	人均可支配收入（元）	占比（%）	人均消费支出（元）	占比（%）	人均居住支出（元）	占比（%）
2018	599.31	717	429.71	28228	1.52	19853	2.16	4647	9.25
2017	609.10	650	395.92	25974	1.52	18322	2.16	4107	9.64
2016	614.83	607	373.20	23821	1.57	17111	2.18	3746	9.96
2015	644.16	548	353.00	21966	1.61	15712	2.25	3419	10.32
2014	647.05	523	338.41	20167	1.68	14491	2.34	3201	10.57
2013	635.49	513	326.01	18311	1.78	13220	2.47	2999	10.87

注：三列占比从左至右依次为人均生活电力消费支出占人均可支配收入、人均消费支出、人均居住支出比重。

资料来源：根据国家统计局、国家能源局相关数据整理。

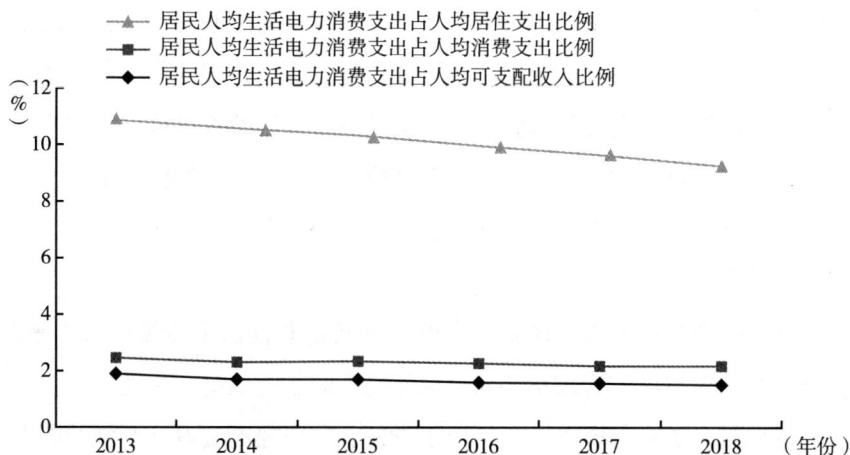

图1　2013～2018年居民人均生活电力消费支出占比变化趋势

资料来源：根据国家统计局、国家能源局相关数据整理。

（三）电价体系推动"共同"的公平机制

公平机制作为推动共同富裕目标实现的重要保障，其构建与运行对于社会整体福祉的提升具有不可替代的作用。电价作为电力市场调控的核心要素之一，不仅关乎电力资源的有效配置，还在保障民众基本电力服务需求、适应并满足多元化用电需求以及促进社会经济公平与和谐方面展现出显著的重要性。

1. 通过保障人民的基本生活服务实现普遍性

电力作为现代社会的基石，对于维系全体民众的基本生活需求至关重要。构建一个稳定的电价体系，是确保电力持续、可靠供应的关键，进而满足社会广泛的基本电力需求。值得注意的是，中国在电力普及方面已取得显著成就，至2015年底即实现了电力基本服务对全国范围（包括城市与农村）的100%覆盖，彰显了电力供给的普遍性和广泛包容性。深入分析表3提供的数据，可观察到居民人均生活电力消费量持续增长的现象，与此同时，人均生活电力消费支出占人均居住支出的比例及平均居民销售电价却呈现下降趋势。这一趋势反映出电力服务在保持质量稳定的同时，也实现了成本的可负担性，使得不同社会经济背景的群体均能以合理的价格获取所需的电力资源。此现象是电力供应领域公平机制有效运作的直接体现，它确保了电力服务的普遍可及性和消费公平性，进而促进了社会的整体公平、和谐与稳定。通过这一机制，电力不仅作为技术进步的驱动力，也成为推动社会公平正义的重要力量。

此外，一个稳固的电价体系为发电与电网企业提供了持续的收入来源，这激励它们积极响应政府政策导向，确保电力的稳定供应。在此基础上，企业能够调配更多资金与资源，专项用于农村、贫困地区及偏远区域的电力基础设施建设与维护，从而助力政府推动社会公益事业发展，确保电力服务能够无差别地惠及全体民众，实现电力服务的基本普及。表4的数据进一步印证了这一趋势。2018~2022年，我国全口径发电设备容量稳步增长，且自2020年起，电网基本建设投资完成额实现了由减少到增长的转变，这标志着我国发电与输电能力的可靠性显著增强，是政府致力于促进电力公平分配与普遍服务可及性的具体体现。

表4 2018~2022年我国电网基本建设投资完成额与全口径发电设备容量情况

单位：亿元，万千瓦

年份	电网基本建设投资完成额	全口径发电设备容量
2022	5012	256405
2021	4951	237692
2020	4699	220058
2019	4856	201066
2018	5373	189967

资料来源：根据国家能源局数据整理。

2. 通过满足人民差异化需求体现普惠性

随着经济社会的持续进步与人民生活品质的显著提升，电力需求日益多元化，不仅涵盖了基本的生活需求如照明、温控等，还扩展至学习、娱乐、创业等多元化活动领域。当前，我国电力服务面临的挑战已转向如何高效、优化地利用电力资源，而非单纯解决用电可及性问题。因此，电价体系的构建需超越基本服务供给的范畴，旨在通过合理调控满足不同社会群体的差异化电力需求，实现电力资源的精准配置。在此背景下，电价机制作为推动社会共同富裕的重要工具，其设计应兼顾公平与效率，通过差异化定价策略回应不同用户的实际需求。具体而言，实施阶梯电价制度旨在，一方面为低收入家庭提供必要的电价优惠，减轻其生活负担，确保电力消费的基本可及性；另一方面通过引导高收入家庭适度承担更高电价，既激励节约用电，减少资源浪费，又促进电力成本的合理分摊与电力资源的优化配置。这一公平与效率并重的电价机制，有助于确保每位社会成员都能根据实际需要获得适宜的电力服务，进而为实现共同富裕目标奠定坚实基础。

（四）电价体系保障"共同富裕"的可持续性与稳定性

我国所追求的共同富裕目标，本质是一种长期且需不断优化与巩固的社会状态，而非短暂实现的里程碑。因此，在运用电价体系促进共同富裕的实践中，必须兼顾经济效率的提升、资源分配的公平性，以及体系的稳定性和可持续性。这一进程要求我们在确保电力稳定供应的同时，避免采取任何可能牺牲未来利益的短期行为。具体而言，即在推动经济发展的同时，坚决不以长期环境损害为代价，不透支自然资源储备以限制未来发展潜力，而是在维护当前社会稳定的基础上，前瞻性地规划并保障未来的可持续发展能力。简而言之，既要稳固当前的发展成果，又要为后代留下可持续发展的坚实基础。

1. 电价体系要保证电力系统的可靠性

电力的供求实时平衡特点导致电力系统不稳定时会造成重大负面影响，因此电力系统的可靠性不仅涵盖了应具备满足时刻电力总需求能力的容量充足性，还应该具备承受突发冲击能力的安全可靠性。[①] 稳定的电价体系是确保电力供应的容量充足性和安全可靠性的关键因素，如果电力供应不稳定或者出现停电等问题，将会对一国的居民生活和经济生产造成极大的影响。历史上，一些国家曾经发生大停电事故，对生产活动和社会稳定造成了重大损失。相关文献整理了近三十年全球大停电事故，发现大停电事故发生次数多的国家普遍具有国土面积辽阔、供电跨度大、电力运行工况复杂的特点，同时是世界主要经济体；自然灾害与电力管理机制往往是停电原因。[②] 这便要求我国电价体系在推动共同富裕进程中保障电力系统的可靠性。目前中国电力可靠性指标保持较高水平，根据国家能源局数据，2022 年全国城市电力网用户平均供电可靠率 99.97%，农村电力网用户平均供电可靠率 99.88%。但受能源价格处于高位、极端天气突发频发等多重因素叠加影响，我国部分地区电力供应紧张，保障电力供应安全已是重要事项。[③] 因此稳定的电价体系保证电力系统的可靠性是至关重要的一环，不仅为经济生产和人民生活提供了稳定的基础，也有助于维护国家的能源安全和社会稳定。

2. 电价推动绿色清洁能源的发展

在电力生产领域，多样化的发电形式如火电（含燃煤与燃气）、水电、

---

① 胡源等：《近30年全球大停电事故发生的深层次原因分析及启示》，《中国电力》2021 年第 10 期。
② 冯永晟：《安全价值、分时定价与容量投资——双碳目标下的电力市场理论与政策》，《经济研究》2022 年第 12 期。
③ 《新型电力系统发展蓝皮书》编写组编《新型电力系统发展蓝皮书》，中国电力出版社，2023。

风电、光电及核电共同构成了复杂的发电市场格局。其中，火电作为当前中国电力供应的支柱，2022年发电量占比高达66%。尽管火电在能源供应中占据重要地位，但也伴随显著的碳排放与环境污染问题。鉴于清洁能源所展现出的环保性、可再生性等优势，其被视为中国能源结构未来转型的关键方向。为实现可持续发展目标及促进共同富裕，电价体系的优化设计应成为推动电力生产向清洁能源过渡的重要杠杆。通过合理的电价激励机制，可以有效促进能源结构的优化调整与转型升级，加速电力行业的低碳化发展。此举不仅响应了中国低碳发展战略的迫切需求，也契合了高质量发展的内在要求，对于减轻环境污染、改善空气质量以及激发绿色可持续经济增长潜力具有深远意义。因此，构建适应清洁能源发展需求的电价体系，是推动电力行业绿色转型、实现经济社会与环境和谐共生的关键路径。

三 当前电力行业低碳发展与共同富裕取得的主要成就

（一）优化地区能源资源配置，促进电力资源的均衡分配与利用

在中国经济全面发展的战略框架下，遵循党中央倡导的"东西部协同并进，共谋繁荣，同频共振"原则，国家积极部署并实施"西电东送"重大工程，该工程横跨南北、纵贯西东，构建北部、中部、南部三大输电通道体系。鉴于西南地区得天独厚的丰沛水资源条件，该地区成为水电开发的重镇，水电装机容量在全国占比逾七成，显著优化了能源结构。同时，西北地区凭借丰富的煤炭储量，吸引火电产业集聚，降低了发电成本，使得这两个区域成为电力富余并具备高效外送潜力的关键地带。反观华东与中南地区，作为中国经济发展的核心引擎，2021年两个地区的GDP分别占全国的38.3%和27.2%，经济活跃度高，对电力的额外需求尤为迫切。"西电东送"工程的实施，有效促进了西部地区能源资源向东部经济发达地区的优化配置，不仅保障了全国电力供应的基本稳定性和可靠性，还极大地满足了

各地区特别是经济中心区域的用电需求，进一步加速了全国范围内共同富裕目标的实现进程，体现了能源战略与经济社会发展规划的深度融合与相互促进。

表5的数据揭示了我国不同区域在发电量与全社会用电量以及GDP方面的排序呈现相似格局，均表现为华东、中南地区领先。这种排序的基本一致性可以从经济学与能源需求的角度进行阐释。具体而言，GDP较高的区域，如华东与中南，往往伴随更为快速的经济增长，这些地区吸引了大量工商业活动集聚，并承载了密集的人口，进而催生了更高的电力消费需求。为了满足这种高涨的用电需求，支持区域内工商业的蓬勃发展和居民生活的正常运转，当地政府与企业通常会加大投资力度，积极建设并扩建发电设施，以确保电力供应的充足性和稳定性。因此，发电量与全社会用电量的高企，在一定程度上是对区域经济活跃程度与电力需求强度的直接反映。综上所述，GDP排序与发电量、全社会用电量排序的高度一致性，深刻体现了经济发展与能源需求之间的内在联系，以及能源基础设施建设对支撑区域经济发展的重要作用。

我国区域经济结构与能源供需格局中有一个特别的现象值得关注：尽管华东与中南地区作为中国经济的中心地带，2021年分别贡献了全国GDP的38.3%和27.2%，但这两个地区的本地发电量并未能充分匹配庞大的用电需求，呈现显著的电力供需缺口。同时，西南与西北地区尽管在GDP上相对落后，却凭借丰富的能源资源禀赋，尤其是水电和火电资源，成为我国电力输出的重要基地，贡献了最多的额外发电量。这一现象凸显了我国能源分布与经济发展需求之间的地域差异，以及跨区域能源调配在保障国家能源安全和经济稳定运行中的关键作用。

通过对我国各区域用电量与全社会发电量差值的分析，可以量化出电量供需差异，这一差异与GDP之间呈现一定的反向关联性，揭示了能源消费与经济发展之间的复杂互动关系。基于表6中2021年省级数据的考察，可以发现能够实现电力自给自足的省份共16个，然而，在GDP排名前16的省份中，仅有安徽、福建、湖北、四川、陕西5省位列其中，表明经济发展与电力自给能力并非完全同步。值得注意的是，GDP 排名前 10 的强省中，仅四川、湖北、福建实现了电力自给，而广东、江苏、山东、浙江等经济大省则位列电力供需差排名后 5，凸显了这些经济发达地区对外部电力的高度依赖。此外，电量供需差排名前 10 的省份中，除四川、湖北外，GDP 排名最高仅至第 14 位（陕西），最低则为第 29 位（宁夏），进一步印证了电量供需差异与经济发展水平的非对称性。具体到区域层面，华东地区 7 个省份中，尽管有 5 个省份 GDP 位列全国前 10，但同样有 5 个省份在电量供需差排名中居第 20 位及以下，反映了该区域电力需求与供给之间的显著不平衡。中南地区亦表现出类似特征，6 个省份中有 4 个省份 GDP 居前 10，却同样面临电力供需紧张的问题，仅有一省实现电力自给。电量供需差不仅反映了区域电力自给能力的强弱，还间接衡量了电费净收入状况，即供需差越大，电费净收入可能越多。这一指标揭示了电价体系在促进资源均衡分配与利用方面的作用机制，即通过电价调节，使能源资源相对匮乏但经济发达的地区能够获得稳定的电力供应，而能源丰富的地区则能通过电力输出获取经济收益，从而在一定程度上优化了能源资源配置，助力区域经济的协调发展，体现了电价体系在推动共同富裕中的积极作用。

表5　2021年中国分区域经济发展与电力供需情况

单位：亿元，亿千瓦时

区域	GDP	GDP 排名	发电量	发电量 排名	全社会 用电量	全社会 用电量 排名	电量 供需差	电量 供需差 排名
华北	139460.3	3	14174	3	13074	3	1100	3
东北	55698.8	6	4288	6	4508	6	−220	4
华东	437580.1	1	24898	1	29163	1	−4265	6
中南	310549.2	2	16524	2	18784	2	−2260	5
西南	130558.2	4	11782	5	8599	5	3183	1
西北	63896.8	5	12294	4	9188	4	3106	2

资料来源：根据《中国电力统计年鉴》数据整理。

表 6　2021 年中国分省份经济发展与电力供需情况

单位：亿元，亿千瓦时

区域	省份	GDP	GDP排名	发电量	发电量排名	全社会用电量	全社会用电量排名	电量供需差	电量供需差排名
华北	北京	40269.6	13	471	29	1233	24	-762	26
	天津	15695	24	776	28	982	27	-206	18
	河北	40391.3	12	3074	11	4294	5	-1220	28
	山西	22590.2	20	3843	8	2608	12	1235	4
	内蒙古	20514.2	21	6010	3	3957	6	2053	1
东北	辽宁	27584.1	17	2159	17	2576	13	-417	23
	吉林	13235.5	26	984	26	843	29	141	12
	黑龙江	14879.2	25	1145	23	1089	26	56	15
华东	上海	43214.9	10	1007	24	1750	20	-743	25
	江苏	116364.2	2	5867	4	7101	3	-1234	29
	浙江	73515.8	4	4227	7	5514	4	-1287	30
	安徽	42959.2	11	3045	12	2715	11	330	11
	福建	48810.4	8	2931	13	2837	10	94	14
	江西	29619.7	15	1625	22	1863	19	-238	20
	山东	83095.9	3	6196	1	7383	2	-1187	27
中南	河南	58887.4	5	2931	13	3647	7	-716	24
	湖北	50012.9	7	3291	10	2472	14	819	7
	湖南	46063.1	9	1749	21	2155	17	-406	22
	广东	124369.7	1	6154	2	7867	1	-1713	31
	广西	24740.9	19	2008	18	2238	15	-230	19
	海南	6475.2	28	391	30	405	30	-14	17
西南	重庆	27894	16	978	27	1341	23	-363	21
	四川	53850.8	6	4519	6	3275	9	1244	3
	贵州	19586.4	22	2407	16	1743	21	664	8
	云南	27146.8	18	3765	9	2139	18	1626	2
	西藏	2080.2	31	113	31	101	31	12	16
西北	陕西	29801	14	2768	15	2217	16	551	9
	甘肃	10243.3	27	1932	20	1495	22	437	10
	青海	3346.6	30	989	25	858	28	131	13
	宁夏	4522.3	29	1992	19	1158	25	834	6
	新疆	15983.6	23	4613	5	3460	8	1153	5

资料来源：根据《中国电力统计年鉴》数据整理。

（二）推动电力系统清洁低碳转型

中国的电力供应体系多元化，主要由火力发电、水力发电、核能发电、风力发电及太阳能发电等五大发电形式构成。鉴于中国煤炭资源的相对充裕性，火力发电长期以来一直是电力生产的主导方式。据 2022 年统计数据，火电发电量占全国总发电量的 66.5%，装机容量占比亦达到 52.0%，且新增装机容量中火电仍占据 24.1% 的比例，这充分证明了火电在当前中国电力生产与经济发展中的核心地位，且此趋势预计将在未来一段时间内持续存在。然而，值得注意的是，火电行业在贡献能源的同时，生产过程中产生的环境污染问题亦不容忽视，这成为制约中国实现可持续发展目标的一个重要因素。因此，在继续发挥火电基础性作用的同时，积极探索并推广清洁能源发电技术，如提高水电、风电、太阳能发电等清洁能源的占比，对于促进中国能源结构的优化升级、实现经济与环境的和谐共生具有重要意义。

鉴于国家对环境保护与可持续发展战略的深化推进，为达成减少对化石燃料依赖及降低碳排放的战略目标，政府已实施一系列政策框架与激励机制，旨在加速电力系统发电端的清洁低碳转型，且已取得阶段性成果。优化火电部门的能效与环境绩效是节能减排政策实施的关键路径之一。[①] 根据对表 7～表 9 数据的分析，中国显著降低了对火电的依赖度，火电发电量占比由 2013 年的 78.6% 稳步下降至 2022 年的 66.5%，同时新增火电装机容量占比亦从 40.8% 缩减至 24.1%，显示出火电去产能与低排放改造工作的积极成效。伴随此趋势，清洁能源发电行业蓬勃发展，发电量、装机容量及新增装机容量的占比整体呈上升趋势，特别是风电与太阳能发电，装机容量占比分别从 2013 年的 6.1% 和 1.3% 增长至 2022 年的 14.3% 和 15.3%，且自 2017 年起，两者年新增装机容量合计占比接近或超过 50%，标志着能源结构转型的加速推进。

电价机制作为调节发电企业行为的关键杠杆，其变动对发电行业具有深远

---

① Ang, B. W., Mu, A. R., Zhou, P., "Accounting Frameworks for Tracking Energy Efficiency Trends", *Energy Economics*, 2010, 32 (5): 1209-1219.

影响。依据表 10 中我国历史平均上网电价数据，2014~2018 年，火电与清洁能源的平均上网电价均总体呈现下降趋势，且清洁能源电价逐渐趋近于火电电价。这一电价下调趋势，是电力行业技术进步与成本控制的直接体现，反映了发电效率提升与成本降低之间的良性循环。它不仅彰显了电力行业在提升能效、降低成本方面的不懈努力，也预示着我国能源体系正朝着更加绿色、低碳的方向稳步迈进，体现了电价机制在促进能源结构转型中的重要作用。

表 7 2013~2022 年我国发电量结构

单位：亿千瓦时，%

年份	火电	火电占比	水电	水电占比	核电	核电占比	风电	风电占比	太阳能发电	太阳能发电占比
2022	58888	66.5	13522	15.3	4178	4.7	7627	8.6	4273	4.8
2021	56655	67.5	13399	16.0	4075	4.9	6558	7.8	3270	3.9
2020	51770	67.9	13553	17.8	3662	4.8	4665	6.1	2611	3.4
2019	50465	68.9	13021	17.8	3487	4.8	4053	5.5	2240	3.1
2018	49249	70.4	12321	17.6	2950	4.2	3658	5.2	1769	2.5
2017	45877	71.1	11947	18.5	2481	3.8	3046	4.7	1178	1.8
2016	43273	71.8	11748	19.5	2132	3.5	2409	4.0	665	1.1
2015	42307	73.7	11127	19.4	1714	3.0	1855	3.2	395	0.7
2014	43030	75.8	10601	18.7	1332	2.3	1598	2.8	235	0.4
2013	42216	78.6	8921	16.6	1115	2.1	1383	2.6	84	0.2

资料来源：2022 年数据来自国家能源局、《中国能源大数据报告（2023）》，其余年份数据来自《中国电力统计年鉴》，如无特殊说明，下同。

表 8 2013~2022 年我国发电装机容量结构

单位：万千瓦，%

年份	火电	火电占比	水电	水电占比	核电	核电占比	风电	风电占比	太阳能发电	太阳能发电占比
2022	133239	52.0	41350	16.1	5553	2.2	36544	14.3	39261	15.3
2021	129739	54.6	39094	16.4	5326	2.2	32871	13.8	30654	12.9
2020	124960	56.7	37028	16.8	4989	2.3	28165	12.8	25356	11.5
2019	118957	59.2	35804	17.8	4874	2.4	20915	10.4	20429	10.2
2018	114408	60.2	35259	18.6	4466	2.4	18427	9.7	17433	9.2
2017	111009	62.2	34411	19.3	3582	2.0	16400	9.2	13042	7.3
2016	106094	64.3	33207	20.1	3364	2.0	14747	8.9	7631	4.6

年份	火电	火电占比	水电	水电占比	核电	核电占比	风电	风电占比	太阳能发电	太阳能发电占比
2015	100554	65.9	31954	20.9	2717	1.8	13075	8.6	4218	2.8
2014	93232	67.6	30486	22.1	2008	1.5	9657	7.0	2486	1.8
2013	87009	69.2	28044	22.3	1466	1.2	7652	6.1	1589	1.3

注：发电装机容量中其他项占比较低，故不列出。

表9 2013~2022年我国新增发电装机容量结构

单位：万千瓦，%

年份	火电	火电占比	水电	水电占比	核电	核电占比	风电	风电占比	太阳能发电	太阳能发电占比
2022	4805	24.1	2387	12.0	228	1.1	3763	18.8	8741	43.8
2021	4939	27.6	2349	13.1	340	1.9	4765	26.6	5454	30.5
2020	5660	29.6	1313	6.9	112	0.6	7211	37.7	4820	25.2
2019	4423	42.1	445	4.2	409	3.9	2572	24.5	2652	25.3
2018	4380	34.3	859	6.7	884	6.9	2127	16.6	4525	35.4
2017	4453	34.2	1287	9.9	218	1.7	1720	13.2	5341	41.0
2016	5048	41.6	1179	9.7	720	5.9	2024	16.7	3171	26.1
2015	6678	50.7	1375	10.4	612	4.6	3139	23.8	1380	10.5
2014	4791	45.9	2180	20.9	547	5.2	2101	20.1	825	7.9
2013	4175	40.8	3096	30.3	221	2.2	1487	14.5	1243	12.2

注：新增发电装机容量中其他项占比较低，故不列出。另外，2022年火电新增发电装机容量为4471万千瓦，生物质能为334万千瓦；按此前统计口径将两者相加从而为4805万千瓦。

表10 2014~2018年我国平均上网电价

单位：元/兆瓦时

年份	平均上网电价	火电平均上网电价	水电平均上网电价	核电平均上网电价	风电平均上网电价	太阳能平均上网电价
2018	373.87	370.52	267.19	395.02	529.01	859.79
2017	376.28	371.65	258.93	402.95	562.3	939.9
2016	370.97	352.37	264.6	421.06	564.72	938.21
2015	388.25	402.91	275.19	435.76	573.99	926.72
2014	398.65	400.89	297.76	437.67	597.67	1016.33

资料来源：Wind数据库。

（三）通过交叉补贴保障政府履行电力普遍服务的基本职能

在电价改革的深入探索中，销售电价的结构调整，特别是针对用户层面的细分占据了核心地位。这一领域主要包含工业电价与居民电价两大类别。根据传统经济学理论，鉴于工业部门庞大的用电需求及相对较低的单位成本，理论上其电价应低于居民部门。然而，在国际电力市场的对比分析中，普遍现象是居民电价相对于工业电价存在溢价，两者之比在国外竞争市场中平均达到 1.7。反观中国，数据显示我国工业与商业电价分别较美国高出 31% 与 19%，而居民电价则低了 50%，这一差异凸显了中国电力市场存在的独特现象——工商业电价长期对居民电价进行交叉补贴。交叉补贴现象，根植于传统的能源管理机制，是政府为实现特定政策目标而采取的一种经济手段，即特定用户群体（如居民）所支付的电价高于（或低于）实际供电成本，而由此产生的成本差异则由其他用户群体（如工商业用户）通过电价机制间接承担。[①] 这一现象不仅反映了电价结构的复杂性，也揭示了电力市场中政府干预与市场机制之间的微妙平衡。

中国电力市场中交叉补贴机制的形成可追溯至电价设计体系，该体系深植于历史沿革、社会稳定考量、居民经济承受能力及行政调控机制等多重因素之中。政府出于保障民生、促进居民用电便利性的目的，设定了居民电价低于供电成本的策略，并通过工商业用户承担更高电价的方式，间接分摊了由此产生的成本缺口。交叉补贴机制的实施，不仅体现了政府对于提升民众生活质量、保障基本生活需求的深切关注，也是政府积极践行电力普遍服务原则、确保电力服务广泛覆盖与可负担性的具体体现。具体而言，交叉补贴机制通过精细化的电价结构调整策略，确保了电力资源在不同用户群体间的合理分配，尤其是保障了经济条件较为薄弱地区的居民能够持续获得稳定、价格合理的电力供应。此举不仅彰显了政府在公共服务供给领域的责任担当

---

① 刘自敏等：《交叉补贴、工业电力降费与碳价格机制设计》，《经济学》（季刊）2020 年第 2 期。

与前瞻规划，还促进了社会资源的均衡分配与社会公平正义的实现。同时，通过防止电价过高对低收入群体造成经济负担，交叉补贴机制有效规避了因电力成本问题可能引发的社会不满与不稳定因素，为社会的长期稳定发展奠定了坚实的基础。

（四）实现政府管制与市场机制的协调

鉴于电力行业固有的准公共产品特性与自然垄断性，加之供需关系的复杂性，若无政府的有效调控，电力市场易于陷入市场失灵的困境。市场失灵具体表现为资源配置效率低下、价格机制扭曲、信息透明度不足等弊端，这些均对市场的效率、公平性以及社会福利最大化构成阻碍。鉴于电力行业对国民经济命脉与民众日常生活的深刻影响，我国电价体系的制定与实施必须纳入政府监管范畴。然而，纯粹的政府管制亦存在局限性，可能因过度干预而削弱市场机制的自发调节作用，导致电价僵化，无法灵敏捕捉并响应市场供需的动态变化，进而影响资源的高效配置。此外，缺乏市场机制的激励作用还可能抑制生产者的创新动力与消费者的节约意识，不利于激发市场活力与促进可持续发展。因此，在电力行业的价格监管中，既需寻求政府干预与市场机制之间的平衡，确保电力供应的稳定性与普遍服务性，又要通过适度的市场化改革提升价格信号的灵敏性与资源配置的效率，以实现社会福利的最大化。

政府管制与市场机制之间存在相互依存、相互促进的关系，二者能够相互协调，共同促进市场的健康发展。当市场机制面临不足时，政府管制能够发挥矫正作用，确保社会福利目标的达成；而当政府管制显现滞后性时，市场机制则以灵活性和效率优势进行补充和完善，从而维持政府管制与市场机制之间的动态平衡与协同效应。

我国电力市场化改革的核心理念"管住中间、放开两头"深刻体现了这一融合思想。在电价体系的构建中，政府管制与市场机制各司其职、相辅相成。具体而言，针对输配电环节的自然垄断特性，政府通过监管手段明确成本构成，制定合理的输配电价，有效体现了政府管制的必要性；而在上网电价与工商业销售电价领域，则放开竞争，利用市场机制发现边际成本，形成合理价格，激发发电侧的积极性和促进用电侧的福利优化，凸显了市场机制的活力；至于居民销售电价采取目录销售电价政策，则是政府管制与市场机制协同作用的具体实践，旨在保障居民用电的公平性与可负担性。

四　兼顾电力行业低碳发展和共同富裕的政策建议

党的十九大报告明确规划了到 2035 年实现"全体人民共同富裕坚实迈进"以及到 2050 年"全体人民共同富裕基本达成"的宏伟蓝图，电力行业及其电价体系作为关键一环，被赋予了促进这一目标实现的重要使命。鉴于电力既是基础性的生产要素，也是不可或缺的公共服务，本报告聚焦电价体系的多重功能，强调通过提升效率、促进公平等机制，在确保电力供应稳定与可持续发展的前提下，加速电力行业的低碳转型，从而为共同富裕的实现贡献力量。进一步地，本报告提出了一系列政策建议，旨在通过优化电力体系结构，增强其服务实现共同富裕目标的能力。这些建议旨在促进电力资源的均衡配置，加速清洁能源的广泛应用，矫正价格信号，提高电价体系的透明度与公平性，并确保所有社会群体都能公平地享受电力行业发展的红利，从而为实现全体人民共同富裕奠定坚实的基础。

（一）在构建多层次且统一的电力市场体系过程中，深入实施"谁受益，谁补偿"原则，促进输受电双方生态补偿机制的构建

为此，需完善电力输送区域的环境与经济损失综合评估体系，全面审视并量化电力生产与传输流程中涉及的各类成本，包括但不限于环境污染治理费用、生态修复成本以及基础设施建设投资等。基于这一详细评估，电力受端区域应设计并实施一套既科学又合理的补偿体系，该体系应融合资金补贴、先进技术支持共享、资源优化配置等多重策略，旨在有效保障并促进电力输送区域的长期可持续发展，实现经济与环境的双赢。

（二）在深化市场化改革的过程中，促进火电上网电价与碳价之间的有效联动成为关键一环

鉴于我国火电企业面临煤炭价格波动带来的挑战，若其上网电价调整未能及时响应煤炭成本上升，将不可避免地削弱环境效率。[1] 因此，构建火电上网电价与碳价之间的紧密联动机制，依托碳市场与电力市场的深度融合与协同作用，是推动电力行业低碳转型、提升火电行业环境绩效与碳排放管理效率的重要策略。[2] 此举不仅有助于火电企业更好地应对成本波动，还能激励其采取更加环保的生产方式，为实现电力行业乃至整个经济体系的绿色可持续发展贡献力量。

（三）在推动新型电力系统构建的过程中，加速清洁能源向主体能源角色的转变是核心任务之一

光伏发电、风力发电等新能源产业补贴政策的逐步退出，并不意味着对清洁能源发展的支持力度减弱，而是标志着支持方式朝着更加市场化、高效化的方向转变。一方面，政策制定应与市场机制紧密结合，鼓励新能源发电项目积极参与市场化交易，通过价格信号引导技术创新与成本削减，充分展现其绿色发展的内在价值；另一方面，需实施精准有效的扶持政策，为新能源产业提供持续稳定的发展环境，激发其创新活力，促进技术进步与效率提升，从而确保清洁能源能够稳步承担主体能源的重任。

（四）在电力体制持续深化改革的背景下，电力普遍服务的提供模式正逐步向多元化、分散化方向演变

偏远地区的电力普遍服务往往因基础设施建设的高昂投入、输配电成本的显著增加以及电费回收难题而面临重重困难。为此，国家政策亟须进行系统性

---

[1] 解百臣等：《中国电力系统效率评价与节能减排优化策略研究》，科学出版社，2021。

[2] 刘自敏、杨丹、冯永晟：《递增阶梯定价政策评价与优化设计——基于充分统计量方法》，《经济研究》2017 年第 3 期。

完善与精细化调整，以明确界定电力普遍服务的责任主体及相应的权利与义务，确保服务提供的连续性与稳定性。同时，应清晰界定普遍服务基金的筹集渠道与使用方向，确保资金的有效利用与监管透明。此外，为激励服务主体的积极性与可持续性，应建立科学合理的补贴机制，对承担电力普遍服务责任的主体给予必要的经济支持与政策优惠，共同推动电力普遍服务的高质量发展。

（五）在电力消费端，完善市场竞争机制成为优化电价结构、确保价格信号真实性的关键

鉴于短期内价格扭曲与交叉补贴现象的持续存在，工商业电价普遍高于实际成本，而居民电价则受到政府管制的影响，这限制了电价对市场供需关系及环境外部性的充分反映。研究指出，市场竞争的缺失导致电价难以准确体现供电成本及用户支付意愿，特别是在零售侧，多样化的定价策略虽能强化稀缺性信号，但在揭示真实用电成本方面尚显不足，制约了定价政策的有效性。针对工商业电价，建议积极推动工商业用户参与电力市场，依据电力供需平衡及环保考量灵活调整电价，以促进市场资源的优化配置。同时，为小微企业和个体工商户提供阶段性电价优惠，以减轻其经营负担。对于高耗能、高污染行业，则应实施差异化电价政策，利用价格杠杆促使其进行技术改造与产业升级，提升能源使用效率。在居民电价方面，应在保障基本生活用电需求的基础上，适时调整电价结构，优化阶梯电价与分时电价机制。具体而言，可通过维持第一档电价稳定保障基本民生，同时适当缩短后续档位的电量区间并提高相应电价，以渐进方式实现居民电价的合理上涨。此外，还应加强宣传教育，引导居民树立节能意识，鼓励其在电力负荷低谷时段增加用电，以减少峰谷电价差，平衡电力负荷曲线，从而实现电力资源的更高效利用。

参考文献

冯永晟：《安全价值、分时定价与容量投资——双碳目标下的电力市场理论与政

策》，《经济研究》2022 年第 12 期。

冯永晟、张昊、阙光辉：《递增阶梯定价、分时定价与微观需求行为》，《世界经济》2016 年第 7 期。

洪银兴：《以包容效率与公平的改革促进共同富裕》，《经济学家》2022 年第 2 期。

胡源等：《近 30 年全球大停电事故发生的深层次原因分析及启示》，《中国电力》2021 年第 10 期。

林伯强：《能源革命促进中国清洁低碳发展的"攻关期"和"窗口期"》，《中国工业经济》2018 年第 6 期。

林伯强：《碳中和进程中的中国经济高质量增长》，《经济研究》2022 年第 1 期。

林伯强、蒋竺均、林静：《有目标的电价补贴有助于能源公平和效率》，《金融研究》2009 年第 11 期。

刘培林等：《共同富裕的内涵、实现路径与测度方法》，《管理世界》2021 年第 8 期。

刘自敏、杨丹、冯永晟：《递增阶梯定价政策评价与优化设计——基于充分统计量方法》，《经济研究》2017 年第 3 期。

刘自敏等：《交叉补贴、工业电力降费与碳价格机制设计》，《经济学》（季刊）2020 年第 2 期。

李金昌、余卫：《共同富裕统计监测评价探讨》，《统计研究》2022 年第 2 期。

李实：《共同富裕的目标和实现路径选择》，《经济研究》2021 年第 11 期。

谢里、张斐：《电价交叉补贴阻碍绿色发展效率吗——来自中国工业的经验证据》，《南方经济》2017 年第 12 期。

解百臣等：《中国电力系统效率评价与节能减排优化策略研究》，科学出版社，2021。

《新型电力系统发展蓝皮书》编写组编《新型电力系统发展蓝皮书》，中国电力出版社，2023。

俞秀梅、王敏：《阶梯电价改革对我国居民电力消费的影响——基于固定电表月度面板数据的研究》，《经济学》（季刊）2020 年第 2 期。

张昕竹、田露露、马源：《居民对递增阶梯电价更敏感吗——基于加总 DCC 模型的分析》，《经济学动态》2016 年第 2 期。

Ang, B. W. , Mu, A. R. , Zhou, P. , "Accounting Frameworks for Tracking Energy Efficiency Trends," *Energy Economics*, 2010, 32（5）：1209-1219.

R. Bhattacharyya, A. Ganguly, "Cross Subsidy Removal in Electricity Pricing in India," *Energy Policy*, 2017, 100：181-190.

Cui, H. , Wei P. , "Analysis of Thermal Coal Pricing and the Coal Price Distortion in China from the Perspective of Market Forces," *Energy Policy*, 2017, 106：148-154.

Shi, X. , S. Sun. , "Energy Prue, Regulatory Price Distortion and Economic Growth：A Case Study of China," *Energy Price*, 2017, 63（3）：261-271.

B.9
中国电力行业 ESG 投资发展报告

刘自敏　陈星月*

摘　要： 随着"双碳"目标的提出，作为碳排放量占比最大的电力行业，发展 ESG 已经成为其实现可持续发展的必经之路。通过对电力行业的 ESG 投资市场、实践现状以及评级特点进行分析可以发现：第一，随着投资者对电力市场 ESG 要求的提高以及相关监管部门在 ESG 方面的高标准要求，电力行业整体的 ESG 披露数量逐年增加；第二，电力行业对 ESG 信息披露质量、ESG 管理架构，以及环境、社会和公司治理三方面的重视程度都较高；第三，由于目前缺乏统一的 ESG 评级标准，公司之间的 ESG 表现可比性较差；第四，为增强可比性，促进电力行业的 ESG 发展，本报告在分析国内外评级机构优缺点的基础上，认为华证 ESG 评级最适合电力行业，并从评级覆盖范围、ESG 争议事件、赋值行业权重以及提高数据更新频率四个方面对其进行改进。本报告对电力行业的 ESG 现状进行详细分析，为完善电力行业 ESG 监管、统一评级标准提供了借鉴意义。

关键词： "双碳"目标　电力行业　ESG 投资　ESG 评级

温室气体等影响全球实现可持续发展的社会公共问题，已经引发全球性的广泛关注。2015 年，《巴黎协定》为应对 2020 年后全球气候变化做出了安排，该协定的长期目标是将全球平均气温的上升幅度控制在 2℃之内，并

---

* 刘自敏，经济学博士，西南大学经济管理学院教授，博士生导师，研究方向为产业规制与竞争；陈星月，西南大学经济管理学院硕士研究生，研究方向为金融投资与风险管理。

尽力将气温上升幅度限制在 1.5℃ 以内。为实现这一目标，各国都需要尽快实现碳达峰，再实现碳中和。2020 年 9 月，中国在第 75 届联合国大会上正式提出了两个具有里程碑意义的目标：力争于 2030 年前实现碳达峰，2060 年前实现碳中和。电力行业作为我国主要的碳排放源之一，碳排放量总体呈现上升趋势。因此为实现"双碳"目标，电力行业被率先纳入碳排放权交易体系。而配额是实现碳排放权交易的基础环节，基于此，2020 年 12 月，生态环境部公布了《碳排放权交易管理办法（试行）》，并印发了配套的配额分配方案和重点排放名单，这意味着全国碳市场电力行业第一个履约周期正式启动，电力行业实现绿色低碳发展势在必行。电力企业作为电力行业的微观组成部分，其发展水平决定了整个行业的发展水平，因此电力企业的可持续发展能力备受关注。

ESG 指标能够综合评价企业在保护环境、履行社会责任以及加强公司治理方面的能力，有利于衡量电力企业的可持续发展绩效，对于投资者、公司决策管理以及监管机构都具有十分重要的参考意义。在此背景下，研究电力行业的 ESG 披露、评级、投资以及监管，对优化电力行业 ESG 理念和促进电力行业的低碳转型意义重大。

一　中国电力行业 ESG 投资市场分析

（一）电力行业 ESG 信息披露状况

2006 年 1 月 1 日开始实施的第二次修正的《公司法》第五条明确要求企业需要承担社会责任。因此，2006 年可以被认为是中国企业社会责任元年。这意味着，企业的经营目标已经开始兼顾经济利益与社会责任。在这样的转变过程中，企业的经营目标逐渐契合可持续发展理念。

目前我国上市公司进行非财务信息披露的方式较为多样，主要表现为可持续发展报告、社会责任报告、环境专项报告以及 ESG 报告等。本报告以 2006 年为起点，对电力行业上市公司 ESG 信息披露状况进行了统计，具体结果如图 1 所示。电力行业上市公司自 2006 年《公司法》要求履行社会责任开始，ESG 信息披露率虽出现一定波动但总体呈现上升趋势，这表明电力企业在 ESG 信息披露方面的积极性逐渐提高。2011 年电力行业上市公司 ESG 信息披露数量大幅增加的主要原因在于，2011 年温家宝总理在第十一届全国人大四次会议所作的报告中提到要推进传统清洁能源利用，加强智能电网建设，大力发展清洁能源，这表明我国电力企业的智能电网建设已经从企业行为上升为国家战略。政策上的推动促使电力企业的低碳发展得到推进，从而使企业非财务信息披露数量增加。2012 年开始，电力行业上市公司 ESG 信息披露数量出现波动的可能原因在于，ESG 理念在我国发展时间较短，存在监管体系不完善以及投资者将 ESG 因素纳入投资决策的动力不足等问题，企业披露 ESG 信息的积极性不高。

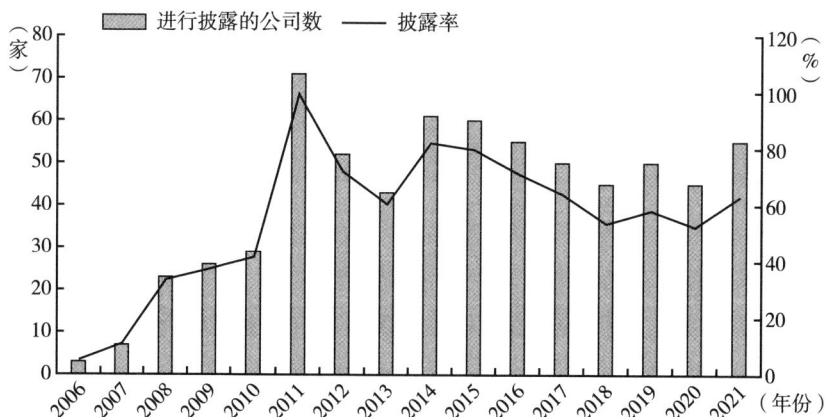

图 1 2006~2021 年电力行业上市公司进行 ESG 信息披露的变化趋势

资料来源：金蜜蜂中国社会责任报告数据库。

图 2 列出了自 2006 年起，电力行业上市公司中国有企业与民营企业 ESG 信息披露的对比分析。除了 2009 年和 2021 年，民营企业 ESG 信息披露率低于 7%，这表明民营企业相较于国有企业进行 ESG 信息披露的积极性不高。可能的原因是：一方面，国有企业因股东的特殊性，在贯彻政策方针方面更具表率性；另一方面，由于国有企业与政府的天然关系，

国有企业更容易获得政府的资金支持，进而更愿意履行社会责任并进行 ESG 信息披露。除此之外，民营企业 ESG 信息披露率较低也反映出民营企业社会责任意识不强、政府支持力度不够、政策覆盖面不全以及监管不严等问题。

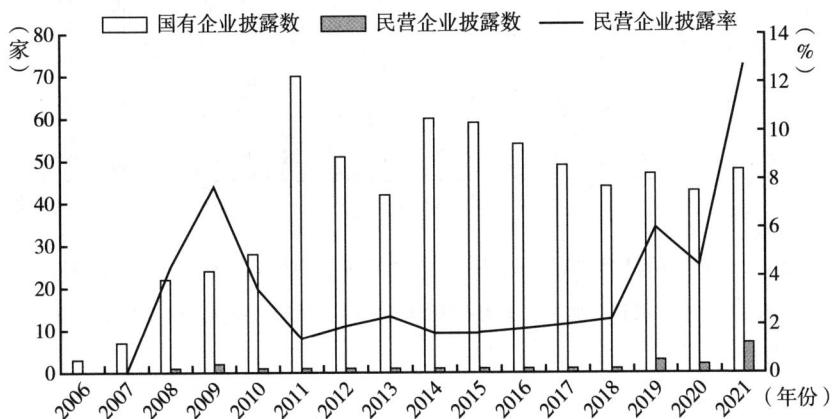

图 2　2006~2021 年电力行业上市公司中国有企业与民营企业 ESG 信息披露情况

资料来源：金蜜蜂中国社会责任报告数据库。

（二）电力行业 ESG 评级状况

本报告统计了华证、彭博、Wind、商道融绿、富时罗素自开始评级起对电力行业上市公司的 ESG 评级覆盖率情况，结果如图 3 所示。2018 年起，华证、Wind、富时罗素三家评级机构对电力行业上市公司 ESG 评级的覆盖率在 80% 以上，覆盖较为全面；彭博虽开始进行 ESG 评级的时间较早，但覆盖率较低且不稳定；商道融绿的 ESG 评级覆盖率低于 30%，在电力行业上市公司评级方面表现最差。除评级机构覆盖率差异较大外，上述评级机构 ESG 评级并没有涵盖所有的电气行业上市公司。

图 3 只能表明不同评级机构对电力行业上市公司的覆盖面不同，却未能体现评级标准的特点。由于不同评级机构所采用的表达方式不同，为更好进

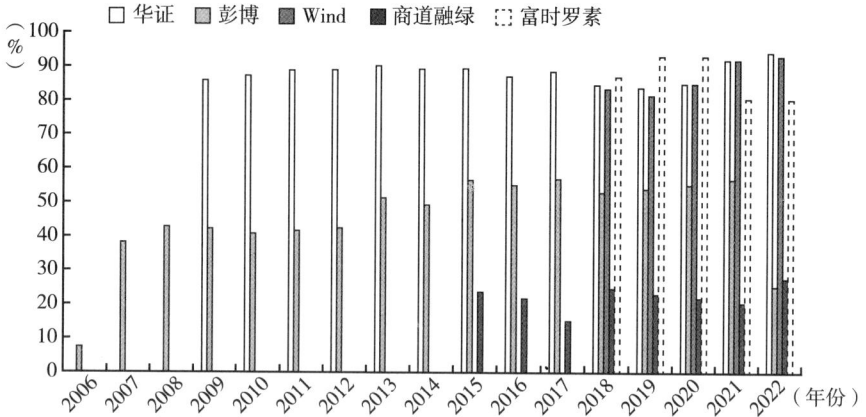

图3　2006~2022年5家评级机构对电力行业上市公司ESG评级的覆盖率

资料来源：各评级机构官网；电力行业上市公司数量来自中国经济金融研究数据库（CSMAR）。

行比较，本报告以2022年的数据为例对上述评级机构所涉及的评级结果进行适当处理，对公司具体评级结果按比例分为优秀、良好、及格三个等级，比较结果如图4所示。

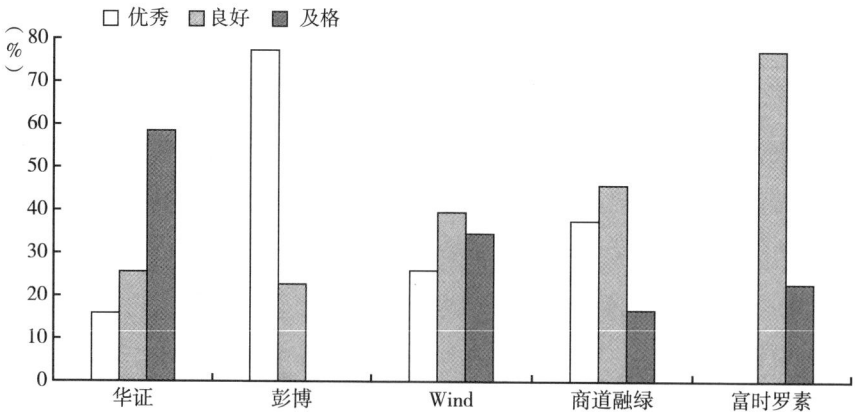

图4　2022年5家评级机构对电力行业上市公司ESG信息披露的评级结果分布

资料来源：各评级机构官网。

2022 年，富时罗素对电力行业上市公司的 ESG 评级并不存在优秀等级，这说明该机构对电力行业上市公司的评级要求较高；华证三个等级评级中及格占比最高，而彭博则是优秀占比最高，这可以体现两家评级机构对电力行业上市公司的评级要求存在较大差异，这也暴露出目前对于电力行业上市公司缺乏统一的评级标准，评级结果差异性较大。出现这类现象的可能原因是：中国 ESG 评级发展时间较短，目前并未形成针对电力行业上市公司的统一评级标准。

（三）ESG 投资

近年来，ESG 理念逐渐在企业的投资和财务分析中扮演重要角色。而电力行业作为 ESG 投资的新兴产业，在融资方面面临越发严格的 ESG 标准，最显而易见的就是投资者对气候变化的社会预期所带来的挑战。大量的投资者意识到企业良好的 ESG 表现能够为其带来长期稳定的收益，因此将 ESG 理念纳入投资决策（见图 5）。联合国责任投资原则组织（UN PRI）的统计显示，截至 2024 年 3 月 4 日，全球有 5388 家机构签署了 UN PRI 原则。

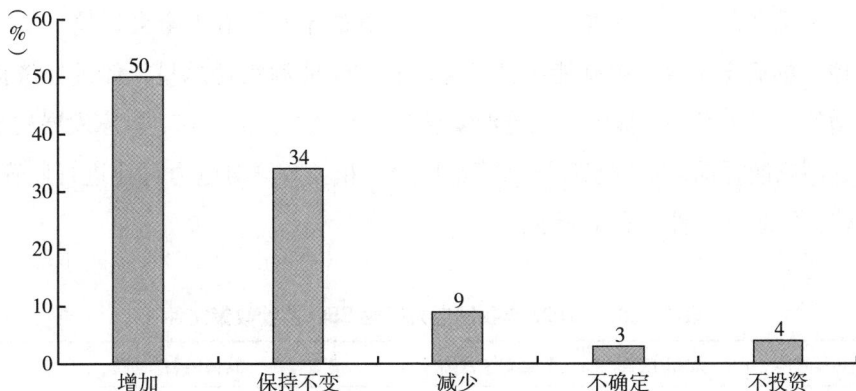

图 5　全球专业投资者预计 2024 年 ESG 投资的增减情况

资料来源：Statistical 统计数据。

大多数机构投资者开始减少对非新能源发电公司的投资。欧洲最大的国家养老基金挪威政府养老基金自 2014 年开始从煤炭领域撤资；2015 年英国计划对褐煤电厂定向征收额外的碳税。在我国，国家电投集团创新投资公司作为国家电投集团的子公司，自创立以来就将 ESG 理念与资本市场等相结合，对多个 ESG 热点问题进行综合分析，构建了"私募股权基金 ESG 投资体系"。该体系将组织结构、合规风控以及资本市场等多个重点环节与 ESG 理念相结合，设立了 200 多个审查指标，抑制电力行业的污染排放，促进行业绿色低碳转型，实现经济高质量发展。2022 年，南网碳资产管理公司聘请第三方机构对贷款项目进行碳减排测算，开展绿色低碳评估，并根据评估结果确定贷款利率。2022 年中国银保监会发布《银行业保险业绿色金融指引》，要求保险资管机构将 ESG 理念纳入投资活动，这对碳排放量占比最大的电力行业来说，无疑会导致融资成本上升。

（四）ESG 监管

我国电力行业是碳排放量最大的工业行业，2020 年所排放的二氧化碳占全国二氧化碳排放量的 40% 以上。为实现"双碳"目标，电力行业成为国家需要重点监管的领域，具体监管措施分为以下两个方面。

一是出台相关政策进行监管。2015 年党的十八届五中全会提出"能耗双控"的概念，通过控制能源消耗强度和控制能源消耗总量，促进经济提质增效、绿色发展，保障国家能源安全。除此之外，国务院、国家发展改革委、国家能源局以及生态环境部等也出台了相关政策对电力行业进行监管，具体监管政策文件如表 1 所示。

表 1　2016~2023 年我国电力行业 ESG 监管政策文件

发布时间	发布主体	政策文件名称	具体内容
2016 年 3 月	国家发展改革委、国家能源局	《关于促进我国煤电有序发展的通知》	提出建立煤电规划建设风险预警机制、严控各地煤电新增规模、按需推进煤电基地建设、加大淘汰落后产能力度等十三项措施

发布时间	发布主体	政策文件名称	具体内容
2017 年 8 月	国家发展改革委等十六部委	《关于推进供给结构性改革防范化解煤电产能过剩风险的意见》	从严淘汰落后产能,依法依规关停不符合要求的 30 万千瓦以下煤电机组;清理整顿违规项目,未核先建、违规核准、批建不符、开工手续不全等违规煤电一律停工、停产;严控新增产能规模,强化燃煤发电项目的总量控制;加快机组改造提升;鼓励和推动大型发电集团实施重组整合;鼓励金融机构加大对煤电企业结构调整、改造提升的信贷支持力度
2020 年 6 月	国家发展改革委等六部委	《关于做好 2020 年重点领域化解过剩产能工作的通知》	积极稳妥推进煤电优化升级,淘汰关停不达标落后煤电机组;持续推进燃煤电厂超低排放和节能改造工作;进一步增强电力、热力供应保障能力,巩固化解煤电过剩产能工作成果,提升煤电清洁高效发展水平
2021 年 9 月	中共中央、国务院	《中共中央 国务院关于完整准确全面贯彻新发展理念做好碳达峰碳中和工作的意见》	把碳达峰、碳中和纳入经济社会发展全局,以能源绿色低碳发展为关键,走绿色低碳的高质量发展道路;坚持把节约资源放在首位,持续降低单位产出能源资源消耗和碳排放,提高投入产出率,从源头和入口形成有效的碳排放阀门
2021 年 10 月	国家发展改革委、国家能源局	《全国煤电机组改造升级实施方案》	提高煤电利用效率、减少煤电消耗、促进清洁能源消纳的重要手段;各地各企业在推进煤电机组改造升级工作过程中,要考虑煤电节能降耗改造、供热改造和灵活性改造,实现"三改联动"
2021 年 10 月	国务院	《2030 年前碳达峰行动方案》	全面推进风电、太阳能发电大规模开发和高质量发展,坚持集中式与分布式并举,加快建设风电和光伏发电基地;积极推进水电基地建设;构建新能源占比逐渐提高的新型电力系统,推动清洁电力资源大范围优化配置
2022 年 1 月	国家发展改革委、国家能源局	《"十四五"现代能源体系规划》	提出非化石能源消费比重在 2030 年达到 25% 的基础上进一步大幅度提高,可再生能源发电成为主体电源,新型发电系统建设取得实质性成效,碳排放量达峰后稳中有降
2022 年 1 月	国家发展改革委、国家能源局	《关于完善能源绿色低碳转型体制机制和政策措施的意见》	完善和推广绿色证书交易,促进绿色电力消费;鼓励发展工业绿色微电网;完善适应可再生能源局域深度利用和广域输送的电网体系

发布时间	发布主体	政策文件名称	具体内容
2022 年 5 月	国务院国资委	《提高央企控股上市公司质量工作方案》	推动更多央企控股上市公司披露 ESG 报告,力争到 2023 年实现 ESG 信息披露"全覆盖"
2022 年 11 月	财政部、应急管理部	《企业安全生产费用提取和使用管理办法》	电力生产与供应企业以上一年度营业收入为依据,采取超额累退方式确定本年度应计提的安全生产费用
2023 年 6 月	国家能源局	《新型电力系统发展蓝皮书》	全面阐述了新型电力系统的发展理念、内涵特征,制定"三步走"发展路径,并提出构建新型电力系统的总体架构和重点任务

资料来源:国家发展改革委、国家能源局等官方网站。

二是国务院国资委对国有企业的 ESG 实践提出更高标准。电力行业与民生密切相关,因此大量企业为国有企业,国务院国资委基于对国有企业的 ESG 高标准要求,也会加强电力行业的 ESG 监管。2022 年国务院国资委发布的《提高央企控股上市公司质量工作方案》要求中央企业探索建立 ESG 体系,力争于 2023 年实现国有企业上市公司的 ESG 报告披露全覆盖。2023 年国务院国资委发布《关于转发〈央企控股上市公司 ESG 专项报告编制研究〉的通知》,为央企控股上市公司 ESG 信息披露提供参考,为实现央企 ESG 报告全覆盖提供帮助。

二 中国电力行业的 ESG 实践

为打破电力行业垄断现象,2002 年 12 月,国家电力公司被拆分为 2 家电网公司和 5 家电力集团。目前,电力行业已然形成以两大电网公司、五大发电集团以及六大电力投资公司为主的多元局面。为探寻电力行业具体的 ESG 实践情况,本报告选取国家电网、华能集团、国家电力投资集团以及华润电力作为代表进行分析。

（一）ESG 信息披露不断完善

1. ESG 信息披露内容趋于规范

ESG 信息披露有助于电力行业上市公司向外界展示自身在保护环境、履行社会责任以及加强公司治理方面的能力，能够加强投资者、政府以及监管机构对电力行业上市公司 ESG 履行情况的了解。但由于我国 ESG 理念发展比较晚，因此不同公司开始将 ESG 理念纳入公司治理的时间存在差异。表 2 展示了截至 2022 年底国家电网、华能集团、国家电力投资集团以及华润电力的 ESG 信息披露细节。

表 2　截至 2022 年底 4 家电力行业上市公司 ESG 信息披露情况

ESG 相关信息	国家电网	华能集团	国家电力投资集团	华润电力
ESG 信息披露年限	18 年	15 年	8 年	13 年
ESG 评级依据	未披露	《中国企业社会责任报告指南（CASS－CSR 4.0）》&《中国企业社会责任报告评级标准(2020)》	《中国企业社会责任报告指南（CASS－CSR 4.0）》&《中国企业社会责任报告评级标准(2020)》	《中国企业社会责任报告指南（CASS－ESG 5.0）》&《中国企业 ESG 报告评级标准(2023)》
ESG 信息披露依据	《2030 年可持续发展议程》&《GRI 可持续发展报告标准》（GRI Standards）&《关于中央企业履行社会责任的指导意见》&《关于国有企业更好履行社会责任的指导意见》&《社会责任报告编写指南》&《中国企业社会责任报告指南（CASS-CSR 4.0）》&《中国工业企业及工业协会社会责任指南》&ISO 26000《社会责任指南(2010)》	《2030 年可持续发展议程》& 联合国"全球契约"十项基本原则&《可持续发展报告统一标准》&《环境、社会及管治(ESG)报告指引》&ISO 26000《社会责任指南(2010)》&《社会责任指南》(GB/T 36000—2015)&《央企控股上市公司 ESG 专项报告参考指标体系》	未披露	《环境、社会及管治(ESG)报告指引》&《GRI 可持续发展报告标准》&《中国企业社会责任报告指南（CASS－CSR 4.0）》&《中国企业社会责任报告指南（CASS-ESG 5.0）》&《关于中央企业履行社会责任的指导意见》&《华润集团社会责任工作管理办法》&《华润电力社会责任工作管理标准》

资料来源：所涉 4 家公司 2022 年 ESG 报告。

上述4家电力行业上市公司进行ESG信息披露的年限较长，且4家公司都会参考一定标准进行ESG信息披露，内容具有一定权威性。但由于ESG信息披露依据的不统一，不同公司之间的ESG信息可比较性较差，不能较好地反映整个电力行业ESG履行情况，因此政策制定存在一定难度。

2. 设置ESG信息披露专题

电力企业在进行ESG信息披露的过程中，不断完善具体内容，通过设立环境、社会以及公司治理三大模块，清晰表述公司在贯彻ESG理念中所做的努力（见表3）。在环境方面，输电公司主要通过披露企业服务"双碳"目标、支持公共事业、提供优质服务等方面的信息展示其在保护环境方面所做出的努力；发电公司主要是披露清洁能源转型、绿色低碳的运营方式等议题。在履行社会责任方面，电力公司主要是通过披露乡村振兴投入、公共事业参与、"一带一路"建设等议题的信息展示公司在履行社会责任方面所做出的努力。在公司治理方面，电力公司主要是通过披露自身治理结构的优化、提升管理效能的方法、依法稳健经营的措施和搭建沟通平台的途径等方面展现公司在贯彻ESG理念方面所做出的努力。

表3 电力行业上市公司ESG报告的披露内容

ESG报告专题	国家电网	华能集团	国家电力投资集团	华润电力	所属ESG类别
温室气体排放管控	√	√	√	√	E
优化调整能源结构	√	√	√	√	E
"双碳"规划以及执行	√	√	√	√	E
降低能源消耗	√	√	√	√	E
污染物减排	√	√	√	√	E
减少资源浪费	—	√	√	√	E
碳资产管理	—	√		√	E
环境保护理念	√	√	√	√	E
助力乡村振兴	√	√	√	√	S
支持公共事业	√	√	√	√	S
推进节能减排	√	√	√	√	S

ESG 报告专题	国家电网	华能集团	国家电力投资集团	华润电力	所属 ESG 类别
国际化发展	√	√	√	√	S
加强伙伴合作	√	√	√	√	S
带动地方区域发展	√	√	√	√	S
劳工权益保障	√	√	√	√	S
职业发展与晋升	√	√	√	√	S
供应链责任	√	√	√	√	S
董事长致辞	√	√	√	√	G
ESG 治理架构	—	√	—	√	G
安全生产	√	√	√	√	G
职业健康	√	√	√	√	G
实质性议题	√	√	√	√	G
利益相关方参与	√	√	√	√	G
风险识别与应对管理	√	√	√	√	G
规范信息披露	√	√	√	√	G
优化公司治理	√	√	√	√	G
深化国企改革	√	√	√	√	G
加强企业党建	√	√	√	√	G
报告编制说明	—	√	—	√	—
专题报告	√	√	√	√	—
报告索引	√	√	√	√	—
公司基本信息披露	√	—	√	√	—
整体组织架构	√	√	√	—	—

注：E、S、G 分别代表环境、社会及公司治理。
资料来源：根据所涉电力公司 ESG 报告整理。

总体来看，电力行业的 ESG 信息披露内容较为完善，能够体现该行业在保护环境、履行社会责任以及加强公司治理方面所具有的特点。但其中，国家电网在某些专题并没有体现履责情况，这主要是由于国家电网主要业务与其他三家企业不同，因此其他三家企业所涉及的部分义务对于国家电网来说并不存在。

（二）"双碳"目标引领绿色低碳发展

电力行业通过制定节能减排目标、淘汰落后产能、构建以新能源为主体的新型电力系统等措施，将"双碳"目标纳入公司战略。

1. 制定融入 ESG 理念的"双碳"目标

电力行业所包含的电网企业、发电集团以及投资公司都在积极改革现有以煤电作为主要发电模式的现状，寻求自身的长远发展。"双碳"目标提出以来，电网企业、发电集团以及电力公司纷纷设置包含保护环境、履行社会责任以及加强公司治理的"双碳"目标。

国家电网作为我国电力行业的领头羊，在 2021 年 3 月发布了《国家电网公司"碳达峰、碳中和"行动方案》，是国内首个发布"双碳"行动方案的企业。该方案提出了"一网四翼"的发展战略，采取推动电网互联网审计、推动网源协调发展、推动电力技术创新以及加深与国家交流合作等措施，加快推进能源供给多元化、清洁化、低碳化，进而实现"双碳"目标。

华能集团于 2021 年 10 月制定并印发了《碳达峰行动方案》，方案提出确保在 2025 年实现新增能源装机容量达 8000 万千瓦，清洁能源装机占比超过 50%；积极推进低碳零碳能源技术开发，推动低成本捕碳固碳技术应用，助力公司在实现"双碳"目标中做好表率。华能集团又于 2021 年 12 底召开两次党组织会议，会议表明，华能集团要在服务"双碳"这一重大战略部署上做出表率，提出以"三型""三化"能源基地为主要开发路径，以新能源、水电以及核电作为三大支撑，进而大力推动火电转型。

国家电力投资集团董事长钱智民于 2020 年 12 月在中国品牌论坛上，发表了题为"绿色智慧能源大品牌时代来了"的宣讲并提到 2023 年国家电力投资集团将实现碳达峰目标，这是国内首个宣布实现碳达峰时间的央企。2021 年，国家电力投资集团通过发布《建设世界一流光伏产业宣言（升级版）》宣布实现碳达峰以及碳中和的路线图。此外，国家电力投资集团还分别于 2021 年 12 月和 2022 年 1 月开设以"双碳"概念为核心的私募投资基金，助力行业低碳可持续发展。

华润电力于 2021 年 4 月发布《碳达峰与碳中和行动方案》，承诺探索碳捕集利用、加强碳资产管理，同时宣布于 2025 年实现碳达峰，并通过积极布局清洁能源、持续加强核心技术研发以及加强环境治理等措施，将"双碳"目标纳入行动。此外，华润电力也根据全国碳市场建设的最新情况，编制了明确碳资产管理架构和业务流程的《碳资产管理办法》。2022 年华润电力制定的《华润电力社会责任工作管理标准》将可持续发展理念落实到公司的各方面。

2. 坚持提高清洁能源占比，促进行业低碳转型

电力公司积极贯彻新发展理念以及能源安全战略，加快产业结构转型与质量升级发展，助力能源供给革命，推动我国清洁能源转型发展。表4、表5、表6分别展示了 2020~2022 年国家电网、华能集团、国家电力投资集团和华润电力为实现低碳转型所采取的重要举措和主要方向。

表4　2020~2022 年国家电网的绿色低碳行动

指标	2020 年	2021 年	2022 年
温室气体减排量（万吨二氧化碳当量）	—	2539.8	2725.6
抽水蓄能装机容量（万千瓦）	—	2798	7069
抽水蓄能发电量（亿千瓦时）	—	242.7	—
风电、太阳能发电并网装机容量（亿千瓦）	0.74	5.36	6.40
绿色金融业务规模（亿元）	—	430	
电动汽车充电量（亿千瓦时）	—	32.46	37.92

资料来源：2020~2022 年国家电网社会责任报告。

表5　2020~2022 年国家电力投资集团和华能集团的绿色低碳行动

指标	国家电力投资集团			华能集团		
	2020 年	2021 年	2022 年	2020 年	2021 年	2022 年
清洁能源装机量（亿千瓦）	0.99	1.2	1.4	0.72	0.78	0.92
清洁能源装机占比（%）	56.09	62.13	65.87	36.61	38.12	41.62
供电煤耗（克/千瓦时）	299.14	297.07	296.6	295.34	294.04	292.02
火电总装机量（万千瓦）	8481	8334	8225.93	13712	14006	14224

续表

指标	国家电力投资集团			华能集团		
	2020 年	2021 年	2022 年	2020 年	2021 年	2022 年
二氧化硫排放率(克/千瓦时)	0.152	0.128	0.110	0.072	0.070	0.068
氮氧化物排放率(克/千瓦时)	0.202	0.167	0.151	0.139	0.137	0.137
烟尘排放率(克/千瓦时)	0.0017	0.0014	0.0013	0.010	0.009	0.009
火电机组脱硫装备率(%)	100	100	100	—	—	—
火电机组脱硝装备率(%)	100	100	100	—	—	—
放射性固体废物产生量(立方米)	73.15	71.85	54.57	—	—	—
温室气体排放强度(克/千瓦时)	—	—	—	634.99	635.35	623.00

资料来源：华能集团与国家电力投资集团的社会责任报告。

2020~2022 年，国家电力投资集团清洁能源装机量已达集团总装机量的一半以上且火电总装机量正在逐年下降，这说明国家电力投资集团的主要发电方式已经由原来的火力发电转向了清洁能源发电，致力于实现集团减排降碳、提质增效的目标。而华能集团在转型上并没有国家电力投资集团表现优异，具体体现在：一方面，清洁能源装机占比很低，同时二氧化硫排放率、氮氧化物排放率、烟尘排放率下降趋势并不显著；另一方面，华能集团的火电总装机量呈现上升趋势，表明华能集团目前仍然主要依靠化石能源进行发电。因此对于华能集团来说，为实现"双碳"目标，仍需继续扩大清洁能源投资，推动企业进行结构化调整，逐步减少对火力发电的依赖，促进企业实现绿色低碳发展。

表 6　2020~2022 年华润电力的绿色低碳行动

指标	2020 年	2021 年	2022 年
CCUS 累计捕集二氧化碳(吨)	10000	22000	30000
重复用水率(%)	—	97.48	97.48
可再生能源运营权益装机容量比例(%)	25.9	32.2	32.3
二氧化硫排放量(万吨)	1.06	1.23	1.24
氮氧化物排放量(万吨)	1.97	2.20	2.24

指标	2020 年	2021 年	2022 年
烟尘排放量（吨）	0.13	0.14	0.14
温室气体排放总量（万吨）	14071	15308	15261
供电标准能耗（克/千瓦时）	296.00	296.8	297.20

资料来源：2020~2022 年华润电力可持续发展报告。

（三）积极履行社会责任，贡献社会治理方案

电力是人类实现可持续发展必不可少的要素之一，对人类生活与发展至关重要。对于一般企业而言，其经营目的是追求利润最大化，但因电力对人们生活的特殊性，电力行业需要承担更多的社会责任，因此我国大部分电力企业为国有企业。而国有企业与政府之间的密切关系促使电力企业具备更强的社会责任感。

国家电网通过助力乡村振兴、促进共同富裕和提供优质服务等措施积极履行社会责任。在乡村振兴方面，国家电网通过不断夯实乡村振兴电力基础，实施农网巩固提升工程，全力服务乡村"五大振兴"。2022 年，国家电网已投入帮扶基金 1.65 亿元，参与结对帮扶党组织 526 个，完成农村电网巩固提升工程 11.6 万项，推动建成乡村电气化项目 3388 项，受益群众高达 987 万人；[①] 在实现共同富裕方面，国家电网积极促进东西部协调发展，加大对西藏、新疆等艰苦边远地区的支持力度；在优化服务方面，国家电网始终坚持为人民服务的中心思想，努力满足客户多元化以及个性化的用电需求。

华能集团以习近平总书记在党的二十大报告中所提及的民生问题为导向，通过制定真情守护员工成长、严守安全生产红线和携手伙伴共赢价值等方案，为社会贡献华能方案。在守护员工成长方面，华能集团通过制定《规范劳动用工及劳动合同管理指导意见》《关于完善市场化用工管理指导

---

① 数据来源于《国家电网 2022 年可持续发展报告》。

意见》等企业文件，切实保障员工基本权益，截至2022年底，华能集团的员工流失率仅为5%，全员劳动生产率为111.56万元/人，同比提高14.61%；[①] 为助力员工发展，华能集团积极构建三级技术技能人才管理体系，加强公司人才队伍建设。为实现安全生产，华能集团根据相关政策文件制定《安全生产责任制巡查评估标准》等贴合企业特色的标准，并建立安全风险管控报告工作机制，以便对风险进行动态管理，提升全员风险防范意识。此外，华能集团始终坚持"企业国际交流服务国家主场外交"的理念，着力强化"一体两翼"平台，不断深化企业的国际化发展，携手伙伴实现共赢。

国家电力投资集团始终秉承"绿色、创新、融合，真信、真干、真成"的核心价值观，用心呵护员工，通过深度融入社区追求人类社会和谐、万物共生的目标，实现共同富裕。国家电力投资集团通过贯彻国家相关政策、举办各类安全活动、建立班组示范等措施夯实安全基础。除此之外，国家电力投资集团坚持"以人为本"的发展理念，积极践行多元化的用人机制、开展民主监督工作、创立多维培训体系，不断激发员工的工作热情与集体荣誉感。截至2022年底，国家电力投资集团员工数126500人，同比上涨5.56%，其中女性管理者比例为12.7%，同比上涨5.83%。[②] 除保障企业安全与关爱员工外，国家电力投资集团也牢记央企的责任与使命，不断增进民生福祉，全面推进"绿色电力+乡村振兴+生态"的融合发展，2022年，国家电力投资集团已投入帮扶资金0.6亿元、实施帮扶项目上百个、购买帮扶地区产品2848.75万元、帮助销售农产品2273.96万元。

华润电力在履行社会责任方面主要分为公司内部和公司外部两个层面。在公司内部，华润电力通过制定公司规章、拓宽招聘渠道、完善员工薪酬福利和推动民主管理等方式保护员工权益；通过制定差异化培养方案提升员工职业素质，通过开展岗位职级体系优化工作助力员工职业发展，激励员工进

---

① 数据来源于《中国华能集团2022年环境、社会和管治报告》。
② 数据来源于《国家电力投资集团2022年社会责任报告》。

步；通过制定安全方针、开展安全教育宣传活动和启动安全审核等措施，保护员工安全，关爱员工成长。在公司外部，华润电力利用能源技术和产业优势，带动所在地区多产业发展，并积极开展爱心助学等公益活动，追求实现共同富裕。2022 年，华润电力为助力乡村振兴已投入 3948.2 万元，组织志愿者参与活动达 1568 人次，公益慈善投入约 5502.2 万元。[①]

（四）ESG 管理架构逐渐完善

2021 年国务院国资委要求国有企业、中央企业控股上市公司在 ESG 体系建设中发挥表率作用，强化社会责任理念，建立健全 ESG 治理。电力行业作为国有企业占比较大的行业也正在不断完善 ESG 管理架构，通过整改自身组织结构践行 ESG 理念。

国家电网作为中国电力行业的龙头企业，在践行 ESG 理念方面发挥着表率作用。2007 年，国家电网党组织决定以机构建设和制度建设为重点，在国内企业中率先建立 ESG 管理架构（见图 6），制定 ESG 工作规划，安排 ESG 年度专项预算，为公司开展 ESG 管理提供全面保障。

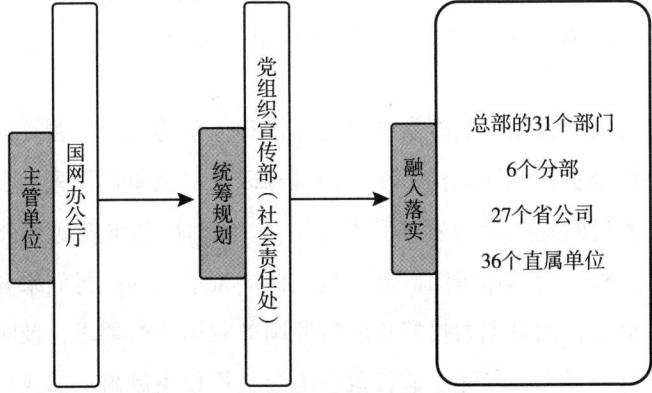

主管单位 → 国网办公厅 → 统筹规划 → 党组织宣传部（社会责任处） → 融入落实 → 总部的31个部门 6个分部 27个省公司 36个直属单位

图 6　国家电网公司 ESG 管理架构

资料来源：《国家电网公司社会责任报告》。

[①] 数据来源于《华润电力 2022 年 ESG 报告》。

华能集团在公司规划发展部设立社会责任处,负责 ESG 工作具体事项的推进,其他职能部门均设立社会责任负责人,并在各所属单位设立社会责任联络人,进而形成如图 7 所示的自上而下、横纵联动以及分工明确的 ESG 管理架构。

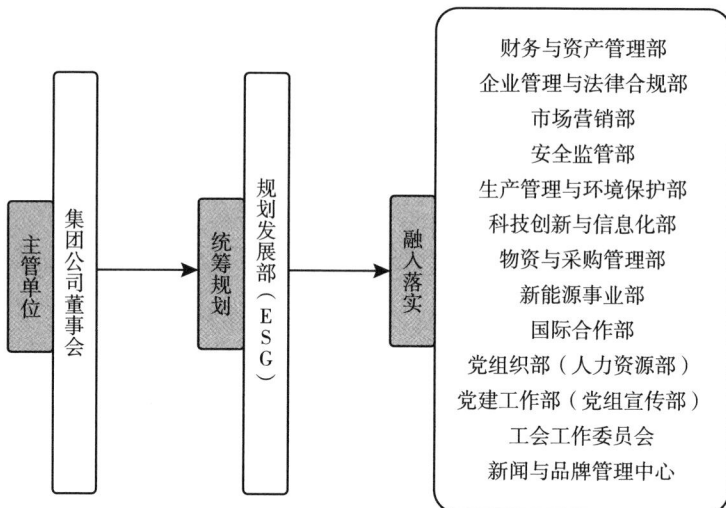

图 7　华能集团 ESG 管理架构

资料来源:《中国华能集团 2022 年环境、社会和管治报告》。

国家电力投资集团不断夯实社会责任治理体系建设,完善社会责任组织体系,激励社会责任领导机构,在公司总部以及二级单位设置社会责任牵头部门,并且通过制定《社会责任管理办法》,推动社会责任融入公司的已有管理制度。此外,为确保集团内部行权主体决策事项的执行效果和决策的正确性以及完整性,国家电力投资集团按照国务院国资委要求,及时设立了央企董事会监督委员会,专注于监督董事会及其授权决策事项的执行情况,从而形成有效的管控闭环。

华润电力遵守香港联交所《主板上市规则》中《企业管治守则》的要求,积极完善公司的管理架构和治理体系。公司董事会对华润电力的 ESG 工作承担全面责任,并通过定期听取可持续发展委员会的汇报,对公司重要

ESG 风险进行管理以及出台相应管理政策，具体架构如图 8 所示。此外，关于可持续发展委员会，华润电力还设置了包含"领导小组—指导小组—统筹小组—推进小组"的四级社会责任管理架构，从而使华润电力在决策、沟通、实际执行以及汇报考核方面形成闭环管理，具体执行架构如图 9 所示。

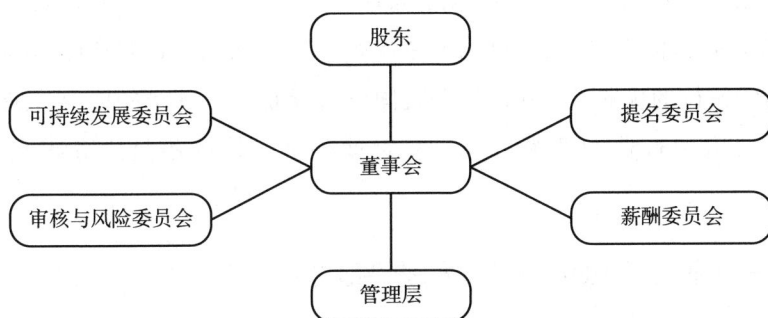

图 8 华润电力 ESG 管理架构

资料来源：《华润电力 2021 年可持续发展报告》。

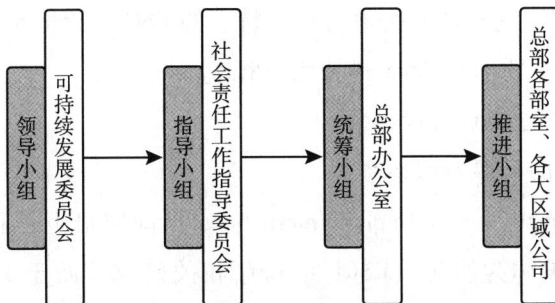

图 9 华润电力可持续发展委员会执行架构

资料来源：《华润电力 2022 年可持续发展报告》。

三 国内外 ESG 评级内容对中国电力行业的借鉴

ESG 框架将保护环境、履行社会责任以及贯彻可持续发展的原则纳入公司治理。但由于评级机构所涉及的评级内容不一致，目前国内外评级机构在对同一公司的 ESG 表现进行评级时存在较大差异。其结果是：对于不具备信息优势的投资者来说，这将导致其不能准确判断公司真实的 ESG 履行情况，从而导致逆向选择的出现；对于公司来说，将会丧失发展 ESG 的动力，导致所在行业可持续发展能力受限。由此可见，为实现我国电力行业的绿色低碳发展，统一或者构建适合电力行业的 ESG 评级标准至关重要。基于此，本报告将梳理国内外主流的 ESG 评级内容，并在此基础上总结各评级机构的优缺点，找出适合我国电力行业 ESG 评级的内容，最后选择最适合电力行业的评级机构，并对该评级机构的不足之处提出改进措施。

（一）国内外 ESG 评级机构的评级内容

ESG 评级是推动 ESG 发展的重要环节，自 1983 年第一家 ESG 评级机构 Vigeo Eiris 成立以来，全球范围内的 ESG 评级机构已经超过 600 家。但由于目前并没有统一的 ESG 评估方法，不同 ESG 评级机构之间的内容划分存在一定差异。因此，为构建符合电力行业特点的 ESG 评价体系，有必要对目前国内外主流的 ESG 评级体系进行系统梳理。

1. 国外主流的 ESG 评级体系

（1）MSCI 的 ESG 评级体系

MSCI（Morgan Stanley Capital International）即摩根士丹利资本国际公司，在国内也被称为明晟。MSCI 的 ESG 相关研究开始于 1988 年，并于 1990 年发布了首个 ESG 指数——MSCI KLD 400 指数。自 1999 年起 MSCI 开始基于 ESG 行业实质性风险评价的角度对公司进行 ESG 评级，并于 2007 年开始引入时间序列数据，评级对象为所有纳入 MSCI 指数的上市公司。目前 MSCI ESG 评级是全球市场接受度和影响力比较高的 ESG 评级结果。2018 年 6 月，MSCI 开始将我国 A 股纳入新兴市场指数和全球基准指数。作为全球接受程度较高的评级机构，MSCI 评级内容值得我们分析与学习。

MSCI ESG 评级侧重于评估在 ESG 议题下公司面临的财务风险或者影响

的大小，其评级目的在于衡量公司对于财务相关的 ESG 风险和机会的管理，旨在回答四个问题：一是公司及其行业面临的最重要的 ESG 风险和机遇是什么；二是公司对这些关键风险和/或机遇的敞口大小/暴露程度如何；三是公司管理风险和机会的能力如何；四是公司整体的 ESG 绩效情况如何，与全球同行相比如何。MSCI ESG 评级的整体框架包括环境、社会责任和公司治理 3 个范畴、10 个主题以及对应的 33 个关键议题（见表 7）。

表 7　MSCI ESG 评级的范畴、主题、关键议题

范畴	主题	关键议题
环境	气候变化	碳排放 产品碳足迹 融资环境影响 气候变化脆弱性
	自然资源	水资源压力 生物多样性与土地利用 原材料采购
	污染废料	有害排放与废弃物 包装材料与废弃物 电子垃圾
	环境机遇	清洁技术 绿色建筑 可再生能源
社会责任	人力资源	劳动力管理 员工健康与安全 人力资本发展 供应链劳工标准
	产品责任	产品安全与质量 化学品安全 消费者权益保护 隐私与数据安全 责任投资
	利益相关者否决权	争议性采购 社区关系
	社会渠道	社交渠道 融资渠道 营养与健康领域的机会

续表

范畴	主题	关键议题
公司治理	公司治理	所有权 董事会 薪酬 会计
	企业行为	商业道德 税收透明度

资料来源：MSCI官网。

依据上述评级内容，MSCI将公司ESG表现分为CCC~AAA共7个等级，一共包括三大类，具体情况如表8所示。

表8 MSCI ESG等级划分

等级	类型	类型的具体含义
AAA	领导者	公司在管理最重要的环境、社会和治理风险及机遇方面领先业界
AA		
A	平均水平	在管理最重要的环境、社会和治理风险以及机遇方面有着混合或者非特殊记录的公司
BBB		
BB		
B	落后者	一家公司因其高风险和未能管理重大的环境、社会和治理风险而落后于行业
CCC		

资料来源：MSCI官网。

（2）富时罗素ESG评价体系

富时罗素（FTSE Russell）属于伦敦证券交易所集团信息服务部门，其所拥有的ESG指数产品主要包括富时罗素ESG指数和富时罗素社会责任指数，其中富时罗素ESG指数旨在帮助投资者将ESG目标纳入广泛的投资标准，同时保持行业独立性。其评级框架由研究领域中每个公司的4个层级数据组成，包括企业整体的ESG评分，环境、社会、公司治理三大核心内容，相应的14项主题评价以及300多项独立的考察指标（见表9）。2020年，富时罗素与Wind达成合作，在Wind金融终端展示富时罗素ESG评级数据，旨在共同推进ESG投资在我国资本市场的发展。

表9　富时罗素 ESG 评级内容

一级指标	二级指标	三级指标
环境	生物多样性	每个二级指标下包含 10~35 个独立指标 权重:衡量环境、社会以及公司治理因素对于企业的重要性
	气候变化	
	污染排放和资源利用	
	公司供应链情况	
	水资源的使用	
社会	客户责任	每个二级指标下包含 10~35 个独立指标 权重:衡量环境、社会以及公司治理因素对于企业的重要性
	产品健康与安全	
	人权与团队建设	
	劳动标准	
	供应链	
公司治理	反腐败	
	企业管理	
	风险管理	
	纳税透明度	

资料来源:富时罗素官网。

依据上述评级内容,富时罗素将会为每个三级指标赋予 0~5 分,进而得到二级指标的得分,然后汇总得到一级指标的得分,最终为符合条件的公司赋予 0~5 分的整体评分。

(3) 汤森路透 ESG 评价体系

汤森路透 ESG 评价体系旨在根据公司报告的数据,透明和客观地衡量公司的相对 ESG 表现,该体系的特色是提出了综合的 ESG 分数,并在 ESG 分数的基础上对影响企业的重大 ESG 争议进行折算。目前,汤森路透 ESG 评价体系作为业内最全面的 ESG 评价体系之一,业务涉及全球超 7000 家上市公司,包括 400 多个不同的 ESG 指标。汤森路透 ESG 评价体系不仅包括对公司环境保护、社会责任、内部治理等传统三项 10 个类别的 ESG 评分(见表10),还包括对于公司争议性内容的评分,两项结合最终构成汤森路透 ESG 综合评分。

表 10　汤森路透 ESG 评级传统三项内容

项目	指标(类别)	指标得分	权重(%)
环境保护	资源使用	20	11
	排放	22	12
	创新	19	11
社会责任	劳动力	29	16
	人权	8	4.5
	社区	14	8
	产品责任	12	7
内部治理	管理	34	19
	股东及相关利益者	12	7
	企业社会责任战略	8	4.5
总计		178	100

资料来源：汤森路透官网。

2. 国内主流的 ESG 评价体系

(1) 华证 ESG 评价体系

华证指数参考国际主流方法和实践经验，借鉴国际 ESG 核心要义，结合中国的实际情况，构建华证 ESG 评价体系，主要向市场提供中国 A 股以及港股等所涉及公司在环境、社会以及公司治理三个维度的评级结果。该评价体系由 3 个一级指标、16 个二级指标、44 个三级指标和超 70 个四级指标以及超 300 个底层数据指标构成（见表 11）。

表 11　华证 ESG 评价体系

一级指标 (三大支柱)	二级指标 (16 个主题)	三级指标(44 个关键指标)
环境	气候变化	温室气体排放、碳排放路线、应对气候变化、海绵城市、绿色金融
	资源利用	土地利用及生物多样性、水资源消耗、材料消耗
	环境污染	工业排放、有害垃圾、电子垃圾
	环境友好	可再生能源、绿色建筑、绿色工厂
	环境管理	可持续认证、供应链管理-E、环保处罚

一级指标 (三大支柱)	二级指标 (16 个主题)	三级指标(44 个关键指标)
社会	人力资本	员工健康与安全、员工激励与发展、员工关系
	产品责任	品质认证、召回、投诉
	供应链	供应商风险和管理、供应链关系
	社会贡献	普惠、社区投资、就业、科技创新
	数据安全与隐私	数据安全与隐私
公司治理	股东权益	股东权益保护
	治理结构	ESG 治理、风险控制、董事会结构、管理层稳定性
	信披质量	ESG 外部鉴证、信息披露可信度
	治理风险	大股东行为、偿债能力、法律诉讼、税收透明度
	外部处分	外部处分
	商业道德	商业道德、反贪污和贿赂

资料来源：上海华证指数信息服务有限公司。

根据表 11 内容对公司 ESG 表现进行评估后，以 9 个等级进行列示（C~AAA），如表 12 所示。

表 12 华证 ESG 评级等级划分

ESG 评级	所对应的得分	ESG 评级	所对应的得分
AAA	95 分以上	B	70~75 分
AA	90~95 分	CCC	65~70 分
A	85~90 分	CC	60~65 分
BBB	80~85 分	C	60 分以下
BB	75~80 分		

注：得分区间均为含左不含右。
资料来源：上海华证指数信息服务有限公司。

(2) 商道融绿 ESG 评价体系

商道融绿基于对 ESG 因素的长期研究经验，于 2015 年推出了自主研发的 ESG 评价体系，并建立了中国最早的上市公司 ESG 数据库。商道融绿 ESG 评级覆盖中国境内的全部上市公司、港股通中的香港上市公司，以及债券发行主体，其目的在于帮助金融机构和投资者更好地了解被投资企业的可持续发展水平，并帮助投资机构将 ESG 因素整合至投资管理的各个流程。商道融绿的 ESG 评级框架包括 14 个核心议题（二级指标，见表 13），ESG 分析团队通过对将近 700 个数据点进行数据采集后，对接近 200 个 ESG 指标进行打分，并且通过构建行业模型，最终得到行业内上市公司的 ESG 得分（0~100 分）以及 ESG 评级结果（10 个等级，分别对应不同的解释，见表 14）。

表 13　商道融绿 ESG 评级内容

一级指标	二级指标	三级指标
环境	环境政策	环境管理体系、环境管理目标、节能与节水政策、绿色采购政策等
	能源与资源消耗	能源消耗、节能、节水、能源使用监控等
	污染物排放	污水排放、废弃物排放、固体废弃物排放等
	应对气候变化	温室气体排放、碳强度、气候变化管理体系等
	生物多样性	生物多样性保护目标与措施等
社会	员工发展	员工发展、劳动安全、员工权益等
	供应链管理	供应链责任管理、供应链监督体系等
	客户权益	客户管理关系、客户信息保密等
	产品管理	质量管理体系认证、产品/服务质量管理等
	数据安全	数据安全管理政策等
	社区	促进社区就业、捐赠等
公司治理	治理结构	信息披露、董事会独立性、高管薪酬、审计独立性等
	商业道德	反腐败与贿赂、举报制度、纳税透明度
	合规管理	合规管理、风险管理等

资料来源：商道融绿官网。

表 14　商道融绿 ESG 评级结果解读

级别	结果解读
A+、A	企业具有优秀的 ESG 综合管理水平，过去三年几乎未出现 ESG 风险事件；或仅出现个别轻微风险事件，总体表现稳健
A−、B+	企业 ESG 综合管理水平良好，过去三年出现过少数有轻微影响的 ESG 风险事件，ESG 风险较低
B、B−、C+	企业 ESG 综合管理水平一般，过去三年出现过一些有中等影响的 ESG 风险事件，或一些较严重的风险事件，尚未构成系统性 ESG 风险

级别	结果解读
C、C–	企业 ESG 综合管理水平较低,过去三年出现过较多中等影响的 ESG 风险事件,或一些较严重的风险事件,ESG 风险较高
D	企业近期出现了重大的 ESG 风险事件,对企业有重大的负面影响,已暴露出很高的 ESG 风险

资料来源:商道融绿官网。

(3) 润灵环球 ESG 评价体系

润灵环球 ESG 评级(RKS ESG Rating)是在已经运行 10 年的润灵环球责任评级(Ranks CSR Ratings,RKS)基础上,参考国内国外主流的 ESG 评级标准自主研发的。其评级标准的核心目标是以回应投资者关切为主要考量,通过对评级对象 ESG 风险管理过程和结果的分析和评估,披露企业 ESG 风险的管理环境、能力和有效性,以及可持续成长能力,进而为中长期投资者提供量化的参考依据,并为企业 ESG 管理提出新的方向。润灵环球的评级标准以 ESG 风险管理能力为核心,回应利益相关方的关切,从三个维度(一级议题)进行评估,每个维度按行业特性,识别出投资者关注的议题(见表 15)。

表 15　润灵环球 ESG 评级内容

一级议题	二级议题	三级议题
环境议题	气候变化、废水排放、有害有毒气体排放、危险固体废弃物排放、尾矿排放、污水处理产生的污泥排放、包装材料、绿色金融产品、低碳产品、活动对环境的影响、供应链环境影响	按管理规划—管理执行—管理绩效的有效性,涉及 100 多个指标
社会议题	员工管理、职业健康和安全、产品安全和隐私保护、人力资源管理、公益和慈善、社区影响、负责任投资、普惠金融、供应链劳工管理、信息安全	
公司治理议题	董事会有效性、高管薪酬、ESG 风险管理、商业道德	

资料来源:润灵环球官网。

根据上述评级内容，润灵环球ESG评级使用国际信用评级经常采用的分级方法，将结果分为7级（CCC~AAA），分数为1~10分。

（二）国内外评级机构的优缺点

根据对国内外ESG评级机构所涉及的评级内容进行梳理后可以发现，机构之间除会采用环境、社会以及公司治理三个方面进行评级外，每个方面所包含的内容差异较大，因此有必要总结每个ESG评级机构的优缺点（见表16），以便在为电力行业制定ESG评价体系时扬长避短。

表16 国内外评级机构ESG评价体系的优缺点

优缺点	国外评级机构			国内评级机构		
	MSCI	富时罗素	汤森路透	华证	商道融绿	润灵环球
优点	公开性；有效性；独立性；权威性；单独考虑ESG争议事件	适用性强；数据具有客观性；行业特征性强	单独考虑风险争议事件；行业特征性强	数据更新频率较高；符合中国特色；考虑行业特征；评级兼顾客观性和可比性；评级范围较为全面	行业特征性强；评级范围较为全面；符合中国特色	环境议题全面；行业特征性强；评级标准定期更新
缺点	评级对象范围有限；核心议题不符合发展中国家现状；国际评级机构获取中国信息存在壁垒；评级体系对能源电力行业的适用较差	评级对象范围有限；国际评级机构获取中国信息存在壁垒；透明度较差	国际评级机构获取中国信息存在壁垒；评级对象范围有限	较少单独考虑争议事件	较少考虑争议事件；数据更新频率低；获得企业负面消息滞后	评级对象范围有限；未单独考虑争议事件；数据更新频率低

注：由于不同评级机构的评级角度、所选指标、聚合规则不一致，不同评级机构之间对于同一公司的ESG评分并不一致，投资者无法合理判断ESG评级内容的准确性。

四 电力行业 ESG 评级的特点与完善措施

（一）电力行业 ESG 评级的特点

1. 中国电力行业具备的特点

（1）高污染、高碳排放

目前我国电力行业已经处于转型阶段，但仍然主要依赖火力发电，而火力发电是所有发电方式中二氧化碳排放量最高的，导致电力行业的二氧化碳排放量居高不下，目前电力行业已成为我国二氧化碳排放量最高的行业。而大量排放二氧化碳会对环境造成较大的危害。因此电力行业需要在环境保护方面承担重大义务，降低生产经营过程中温室气体的排放，完善行业环境保护机制。

（2）社会公益属性

由于电力行业关乎民生，是社会全面发展的有力支撑，因此大部分电力企业为国有企业。国有属性决定了电力企业在追求经济利益时也需履行社会责任。

（3）重视利益相关者权益

我国电力企业十分重视员工的权益，通过在企业内部完善相应措施，为员工提供更安全的工作环境、更全面的培训以及更多的发展机会。此外，电力行业也积极参与和推动与所在社区的合作交流，通过开展公益活动以及提供培训等方式，促进经济和社会发展，进而增进企业与周围社区的联系和信任。

（4）开放互动性

我国主要电力企业积极参与"一带一路"建设，并不断创新"一带一路"建设合作机制，带动相关国家电力发展。

（5）新能源发电快速增长

受环保、电源结构性改革、国有属性等影响，国内新能源发电装机量快速增长，电力企业对传统火力发电方式的依赖程度正在逐渐降低。

2. 适合电力行业的 ESG 评级特点

（1）社会角度

由于我国电力行业目前正处于结构化转型之中，但火力发电方式仍为主要发电方式，因此节能减排是目前电力企业需要重点关注的工作。评级机构在评估电力行业企业履行社会责任情况时，可以重点关注员工健康与安全、员工激励与发展、员工关系、人力资本发展、消费者权益保护、社区安全、普惠、供应链关系等方面表现。

（2）环境角度

电力行业作为维持民生的重要支柱，首先，需要满足公众对电力的需求；其次，需保证电力安全生产；最后，由于电力行业所涉及的利益相关者众多，因此社会各界对电力行业提出的社会责任要求相较于其他行业更高更严。环境方面的二级议题可以包括碳排放、产品碳足迹、绿色技术、有害排放、可再生能源、清洁技术、供应链管理、环保处罚等方面。

（3）公司治理角度

由于电力行业与政府之间密切的关系，电力企业需要根据相关政策方针实施基于国情的现代化改革、以高质量发展为基础实施创新驱动战略、保证产业链和供应链安全以及进行反腐败斗争。为对上述方面进行更好的评价，公司治理议题应该重点关注商业道德、治理结构、治理风险、权益保护、利益相关方沟通以及董监高制度等方面。

（二）ESG 评级的完善措施

通过对电力行业特点、国内外评级机构的评级内容优缺点进行梳理可以发现，目前华证 ESG 评级的内容更加适合电力行业，但还存在一定缺点，可以通过以下措施进行改进。

1. 扩大评级范围

目前华证 ESG 评级以及其他国内外的 ESG 评级都具有一个致命的缺点：大多数评级对象为上市公司，又没有完全覆盖上市公司，而对于非上市公司根本没有涉及。通过对 ESG 评级状况的分析可知，华证 ESG 评级并没有完全覆盖电力行业的上市公司。因此为较好开展电力行业公司的 ESG 评级，必须扩大 ESG 评级范围，争取覆盖所有的电力企业。

2. 提高更新频率

目前华证 ESG 评级是季度更新，虽然相较于国内大部分机构来说更新频率已经较高，但信息变化速度更快，且 ESG 评级要保证信息的有效性，因此可以考虑月更数据。

3. 单独考虑风险争议事件

ESG 风险事件是指在一定时间范围内发生的，可能对企业经营和 ESG 评级造成一定程度负面影响的非财务舆情信息。目前国内评级机构都存在未单独考虑风险事件的缺点，可能会造成公司的 ESG 得分高于实际而误导投资者。

4. 赋予行业特征权重

华证 ESG 评级所包含的内容是根据各类上市公司的特点确定的，因此对于同行业的公司来说一定会具有相同的议题，从而间接赋予华证 ESG 评级一定的行业特征。但相比于商道融绿以及汤森路透等通过赋予行业权重体现行业特征的方法，华证 ESG 评级行业特征较弱，无法全面体现行业特色。因此华证 ESG 评级可以借鉴商道融绿以及汤森路透等评级机构的方法为行业赋予权重，以便更好体现行业特色。

参考文献

Sun L., Cui H., Ge Q., "Will China Achieve its 2060 Carbon Neutral Commitment from the Provincial Perspective?" *Advances in Climate Change Research*, 2022, 13 (2): 169-178.

Qi Lingl, et al., "Feed-in Tariffs and the Carbon Emission Trading Scheme Under China's Peak Emission Target: A Dynamic CGE Analysis for the Development of Renewable Electricity," *Journal of Environmental Management*, 2023, 335: 117535.

Dong Rui, et al., "A Sustainable Development Evaluation Framework for Chinese

Electricity Enterprises Based on SDG and ESG Coupling," *Sustainability*, 2023, 15 (11): 8960.

Kachalov D., Finogenova Y., "Enhancing Investment Attractiveness through ESG Ratings: A Sustainable Development Perspective in the Banking, Electric Utilities and IPP Industries," *Journal of Law and Sustainable Development*, 2023, 11 (1): e0258-e0258.

Walther M., "Sustainable Electric Power from a Responsible Investing Perspective," *Sustainable Electricity II: A Conversation on Tradeoffs*, 2019: 57-74.

宋献中、潘婧、韩杰:《资本市场国际化的鞭策效应: A 股纳入 MSCI 指数与企业 ESG 表现》,《数量经济技术经济研究》2024 年第 4 期。

B.10
电力行业低碳发展与新型能源体系建设

冯永晟*

摘　要：　电力行业低碳发展是新型能源体系建设的重点任务，准确把握新型能源体系建设的战略意义、基本建设规律，以及建设的着力点是扎实推进电力行业低碳发展的基本前提和重要保障。需求引领是建设新型能源体系的先导力量；科技创新是建设新型能源体系的核心驱动；能源成本将结构性分化并呈现阶段性特征；清洁能源与化石能源的功能切换将渐进实现；集中式与分布式融合助推能源网络的平台化。从基本认识到国际形势的诸多挑战，决定了新型能源体系建设的重要着力点；必须在完善顶层设计和方向指引的前提下，扎实推进新型能源体系建设，着力发展能源新质生产力。

关键词：　新型能源体系　需求引领　科技创新　新质生产力

党的二十大提出、二十届三中全会进一步强调，要加快规划建设新型能源体系。新型能源体系的"新型"具有强烈的战略指向性和政策延续性。2014年，"四个革命、一个合作"能源安全新战略奠定了能源转型发展的基本方向，2015~2022年，"清洁低碳、安全高效的现代能源体系"明确了针对能源体系的基本要求。未来一段时期，要完整、准确、全面贯彻新发展理念，构建新发展格局，能源行业就必须担负更大责任，即以党的十八大以来的能源发展成就为起点，超越能源行业的单一视域，在能源—经济—生态的系统框架下，以能源绿色低碳转型为引领，以能源安全

---

* 冯永晟，经济学博士，中国社会科学院工业经济研究所研究员，研究方向为竞争、规制与反垄断、能源经济学。

充分保障为根基，聚焦新型能源体系在发展新质生产力方面的巨大潜能，持续释放绿色低碳效益，着力"为我所用"，带动国内绿色低碳产业发展，打造绿色低碳产业链，支撑现代化产业体系，构建坚实国内大循环，打造中国经济全新的绿色竞争力，这恰是"新型"的根本内涵所在。因此，深刻理解新型能源体系变革的战略意义，准确把握新型能源体系的基本规律，充分认清构建新型能源体系面临的着力点，并采取有效措施切实推进新型能源体系建设，是中国稳步推进落实能源革命战略，实现中国式现代化的内在要求。

一 建设新型能源体系的战略意义

人类社会已经经历从以薪柴为主向以煤炭为主的第一次能源革命和从以煤炭为主向以油气为主的第二次能源革命，并正在经历从以化石能源为主向以新能源为主的第三次能源革命；第三次能源革命的主题即构建新型能源体系。

新型能源体系是对以往能源利用模式的颠覆性"破坏式创新"。新型能源体系承载了对生态文明、人类共同命运的最新理解，要实现在21世纪末将全球升温幅度控制在2℃以内的目标，能源体系的革命性变革将发挥关键性作用。新型能源体系改变了能源仅作为"能量"提供者的单一角色，通过能源利用方式和能源消费结构的根本性变革，使社会发展摆脱对化石能源的过度依赖，增强可持续发展能力。

新型能源体系与经济社会发展间的交互影响超越以往。前两次能源革命形成了相对独立的能源行业边界和能源产业链条，奠定了能源行业作为基础性行业的地位。新一轮能源革命则使能源与经济社会的融合程度空前提高，一方面，新型能源体系深刻地影响和引领经济社会各个领域的变革；另一方面，绿色低碳、智慧高效的能源需求成为能源体系构建的决定因素。新型能源体系作为现代化产业体系的重要组成部分，能源行业正成为基础性、战略性、前沿性并重的行业。

新型能源体系对全球竞争格局的重塑产生深远影响。第一次能源革命及伴生的科技革命带来了英、法、德等西欧发达国家的崛起；第二次能源革命及伴生的科技革命奠定了美国在 20 世纪的超级大国地位；第三次能源革命正与新一代科技革命深度融合，同时，以美、欧为首的发达经济体都在着力打造能源领域的核心竞争力，争夺能源科技高地。因此，构建新型能源体系是打造大国竞争优势、重塑全球竞争格局的战略基石。

因此，百年未有之大变局背景下，构建新型能源体系蕴含着巨大的"破局"机遇。坚持系统观念、做好顶层设计，科学理解新型能源体系的主要技术特征和经济特征，准确把握中国在构建新型能源体系进程中面临的重大挑战，将有助于探索一条以能源革命助推经济高质量发展、协同实现经济价值与生态价值的中华民族伟大复兴之路。

二 建设新型能源体系需要遵循的基本规律

（一）需求引领是建设新型能源体系的先导力量

新型能源体系是落实绿色低碳发展理念的第一试验田，能源需求的绿色低碳属性成为塑造新型能源体系的先导力量。新型能源体系承载着我国对高质量发展、生态文明建设和人类命运共同体的最新理解，可以说，能源需求的升级是绿色低碳发展理念的最直接体现，能否真正落实绿色低碳发展理念，首先取决于能源需求是否具备绿色低碳的特征。只有培育壮大全社会的绿色低碳能源需求，才能为农业、工业、交通、建筑等行业的转型升级提供强大牵引力，促进负责任消费的增长；只有以能源需求为导向挖掘释放新型能源体系的供给潜力，才能形成强大的国内大循环，支撑坚实的新发展格局；只有不断满足全社会的绿色低碳能源需求，才能持续挖掘新型能源体系的生态价值，助推生态文明建设，为应对全球共同挑战做出中国贡献。因此，以满足绿色低碳能源需求为引领，是正确处理能源—经济—生态关系的关键，为新型能源体系的建设提供了明确的方向指引。

（二）科技创新是建设新型能源体系的核心驱动

新型能源体系成为打造我国新质生产力的主阵地之一，科技创新是形成新型能源体系核心竞争力的决定性要素。新型能源体系在科技创新方面的突出特征是能源与信息技术的深度融合，特别是新能源技术（发电、储能和氢能等）与新一代信息通信技术（5G、互联网、物联网、大数据、人工智能、区块链等）的深度融合。只有充分依靠科技创新，才能最大限度地摆脱我国能源资源禀赋劣势的制约，发挥本土可再生能源资源丰富的优势，优化新能源发展布局，促进地区协调发展；只有充分依靠科技创新，才能不断增强能源安全保障能力，有效应对新能源快速增长带来的新型风险挑战；只有充分依靠科技创新，才能构建统一贯通的能源网络，顺畅电、煤、油、气间的可靠能源替代，打破电、热、冷、气、交通等传统用能形态间的割裂状态，培育负荷聚合、虚拟电厂、综合能源、智慧能源等新型服务业态和模式；只有充分依靠科技创新，才能支撑高效的统一能源市场体系，不断优化生产模式和消费模式，激励节能提效，带动产业壮大。此外，新型能源体系还会汇聚海量能源数据，具备强大能源算力，从而成为引领全社会数字化转型的中坚力量。因此，能源技术和信息技术的融合创新是决定未来新型能源体系形态的核心要素，不断提升新型能源体系的生产力。

（三）能源成本将结构性分化并呈现阶段性特征

新型能源体系下，清洁能源与化石能源之间的成本分化逐步扩大，总成本水平则随技术成熟度变化呈先增再降的趋势。一方面，风光等可再生能源发电的边际成本几乎为零，且全生命周期平准成本持续快速下降。2010~2022年，全球光伏、陆上风电和海上风电项目的平准成本分别下降约90%、70%和60%，而中国的下降幅度更大，以"三北地区"典型风电项目为例，2023年的平准成本已降至0.15~0.20元/千瓦时，预计2025年继续降至0.12~0.15元/千瓦时。随着可再生能源装机规模的持续增长，零发电边际成本的优势将得到更大发挥，成为能源成本下降的主要因素。另一方面，化石能源的开发利用成本将逐步增加。受制于可采储量条件有限、资源品位不断下降、勘探开发难度提高、技术准备差距仍较大等因素，油、气、煤等传统化石能源的综合利用成本长期内将持续提高；而且伴随碳排放双控机制的完善，特别是碳市场配额约束的收紧，煤电行业的碳排放成本将增加。预计2030年左右，清洁能源与化石能源的综合成本对比将出现根本性逆转，清洁能源的综合成本优势将推动清洁能源加速替代传统化石能源。

同时，还存在多种因素推高新型能源体系的总成本。首先，多种灵活性资源的研发、投资和运维成本仍处上升阶段。其中，抽水蓄能建设周期较长，投资成本较高；各类新型储能因技术成熟度和产业普及度仍不高，研发和投资成本仍在高位徘徊；煤电机组的灵活性、清洁化改造推高投资、运维成本；燃气机组的燃料成本受制于上游供给能力仍处高位水平；氢能的全产业链条件仍不健全，研发、示范和普及所需成本仍会上涨。其次，可再生能源发电设备组件的大量退役，推高回收处理成本。伴随可再生能源装机容量的快速增长，相应的设备组件回收处理需求将逐年增加，特别是废旧光伏组件、废旧电池的回收处理，需要相应技术创新和产业配套支持，才能达到高效环保、循环利用的要求，这部分成本尽管目前尚不明显，但未来可能比较可观。

（四）清洁能源与化石能源的功能切换将渐进实现

清洁能源在保障能源安全供应中的功能和定位，呈"补充—重要—主力"的演化趋势；相应地，传统化石能源的功能和定位，则呈"主力—支撑—辅助"的演化趋势。具体而言，在清洁能源发展初期，能源保供主力仍是煤、油、气等传统化石能源，可再生能源作为增量补充；伴随清洁能源比重提升，化石能源功能将调整为主力保供与支撑调节并重，在确保能源安全前提下，支撑可再生能源增强保供能力；当可再生能源比重较高并能承担绝大部分主力保供功能时，传统化石能源将主要承担战略和应急备用等辅助性功能。

"有效容量"而非"装机容量",在判断清洁能源所处功能阶段时更具指导意义。截至2023年,我国风光总装机容量突破10亿千瓦,可再生能源装机容量占比历史性突破50%,标志着我国清洁能源发展正突飞猛进,尽管如此,可再生能源的保供能力与装机容量水平并非一一对应,也不意味着传统常规电源可以等比例退出。"有效容量"反映的是新能源主动适应需求波动而进行调整的能力。以提升清洁能源的有效容量为导向,是新型能源体系下实现能源安全可靠替代的基本遵循。

(五)集中式与分布式融合助推能源网络的平台化

传统能源"发输(运)配售用"的线性产业链条逐步改变,能源网络基础设施呈现集中式与分布式融合发展的态势,主网与微网间的双向交互日益活跃、相互依赖程度不断提高,能源网络的平台特征日趋突出。伴随分布式电源、用户侧储能、电动汽车、智能用电设备快速增加,以及"云大物移智链"的广泛应用,能源的类型和服务形式日益丰富,从产到用的单向能源输送功能远远无法满足能源高质量发展的要求。因此,更好支持能源资源就近开发、能源需求就近平衡、能源安全协同保障,构成了大能源网络平台化配置的客观要求。形象地说,大能源网络平台就是国民经济的血液循环系统,传统能源产业链主要扮演"动脉"角色,将能源单向输送至经济肌体的各个部分;而新型能源体系下的能源网络平台则通过"动脉静脉"与"毛细血管"间的交互,实现集中式与分布式的融合发展,提高能源"循环系统"的健康度。一方面,电网、油气管网环节的自然垄断属性对能源资源配置的瓶颈制约作用减弱;另一方面,靠近用户侧的配网形态将快速转型升级,能源需求的主动服务能力不断增强。同时,电网、氢网、油气网等能源网络间的互联互通、协同优化更加紧密,电力、热力、供水等城市综合管廊的综合利用程度不断提升,从而使一次、二次能源融合发展,清洁、化石能源融合发展,源网荷储一体化发展得到强有力的平台支撑。

三　建设新型能源体系的重要着力点

（一）深刻把握能源安全内涵边界的变化

传统能源体系下，能源供应安全常被视为经济发展的瓶颈，能源安全保障具有一定程度的"被动"性，对外储存度成为关键指标；在新型能源体系下，能源供给则呈现本土化趋势，外部直接冲击的风险渐弱，能源安全与能源转型、经济发展之间具有越来越强的一致性和协同性，科技创新、产业升级在开发利用本土清洁能源资源、增强能源安全自主保障能力方面的作用不断增强。因此，能源安全的内涵和边界正在发生变化，与新型能源体系相关的其他能源安全风险则会凸显，主要包括：第一，由于可再生能源的间歇性和不确定性，以及灵活调节资源仍显不足，能源系统的安全稳定运行风险正快速提高，特别是电力系统"两高"（高比例可再生能源、高比例电力电子装备）和"两峰"（夏季负荷高峰、冬季负荷高峰）特征造成的压力十分明显，尤其是受极端天气冲击时，安全保供压力巨大；第二，上游供应链风险，新型储能、新能源汽车等产业所需关键矿物无法保障实现完全自主供应，同时面临美欧等发达国家地区的封锁围堵风险；第三，信息网络安全风险，伴随能源数字化、信息化水平的提升，能源系统遭受网络攻击的风险在提升。因此，科学布局清洁能源品种的战略定位和发展路径，协同提升系统运行安全、供应链安全和信息安全保障能力，已成为协调处理安全与发展关系的紧迫任务。

（二）真正树立能源的绿色低碳发展理念

传统能源体系下，能源投入主要为企业提供成本竞争优势，而新型能源体系面临的首要挑战在于，如何通过能源供求的系统性变革，推动新能源的绿色低碳效益向各行各业传导，打造绿色低碳的创新产业链，助力企业形成绿色低碳竞争力。目前，需求引领的能源发展格局远未形成，主要依靠供给侧政策推动，如可再生能源保障性消纳等；国内用能主体的清洁能源、绿电需求意识仍不够积极主动，可再生能源电力消纳责任权重制度未对用能主体形成直接的约束激励；国内企业碳中和发展、ESG 投资理念仍不够深化，降低用能成本诉求仍强于绿色转型意愿，而且存在较强的"漂绿"动机；国内新能源产业快速壮大带来的绿色低碳效益未被国内积极利用，反而为国外企业所重视，比如对我国出口产品要求必须采用绿电等；国内新能源发展得益于我国的制造业优势，但新能源制造本身仍未实现全生命周期和全产业链的绿色低碳化，特别是光伏、风机的制造环节、回收环节仍产生大量的碳排放、环境污染和资源浪费。总之，针对激发全社会绿色低碳能源需求潜力，仍需下大决心、花大力气解决，尤其要处理好短期保供稳价与长期绿色转型的关系。

（三）适度超前制定新型能源体系规划

尽管深入推进电气化已形成共识，但针对未来 30~40 年建设新型能源体系的具体技术路线等议题，国内仍存争论，主要包括清洁能源的稳健发展路径、氢能等新能源的战略定位和发展节奏、传统化石能源转型并支撑建设进程的作用，核能（特别是内陆核电）的合理布局等方面。同时，能源战略规划对于引导战略性新兴产业的持续壮大至关重要，特别是对于绿色工业、绿色交通、绿色建筑等行业。尽管我国电动汽车行业发展势头较好，但在能源技术快速迭代趋势下，未来全球氢能发展格局仍不容忽视。目前，日本押注氢能路线并处于技术领先地位，欧盟正式着手推进与欧洲统一电力网络、天然气网络并行的氢网络建设，美国于 2020 年和 2021 年分别出台《氢能发展规划》和《氢能攻关》计划，并依据 2021 年的《基础设施投资与就业法案》和 2022 年的《通胀削减法案》分别向绿氢行业提供 130 亿美元和 95 亿美元，总计 225 亿美元的税收抵免支持，2023 年 6 月又发布了《美国国家清洁氢能战略路线图》。这些举措预示着氢能和汽车的全球竞争格局正快速变化，存在巨大变数。在这种背景下，一旦氢能核心技术和成本瓶颈被突破，那么氢能汽车崛起将很可能冲击我国电动汽车产业。2022 年我国虽然出台了《氢能产业发展中长期规划（2021—2035 年）》，但仍缺乏类似美欧产业层面的实质性有力支持举措，对于长达 15 年的规划周期而言，这一趋向可能蕴含一定的技术滞后风险。

（四）切实提高能源管理体制的治理效能

近年来，国外特别是发达国家能源治理体制均表现出经济、能源、气候和生态协同治理的趋势，比如，2008 年英国成立了能源与气候变化部，2016 年又改组为商业、能源和工业战略部，2023 年继续从中分出能源安全和净零部专门负责能源和气候变化事务；2022 年法国成立生态转型和国土协调部负责能源转型工作；2021 年德国成立经济和气候保护部负责能源转型工作；2006 年意大利成立经济发展部负责能源管理，2022 年成立商业与制造部负责能源管理，同时成立环境和能源安全部负责环境保护和能源安全；2016~2020 年澳大利亚的能源管理部门为环境与能源部，2020 年能源管理职能转移到工业、科学、能源和资源部，2022 年该部拆分为工业、科学和资源部以及气候变化、能源、环境和水资源部。美国长期以来一直由联邦能源部负责能源管理，其机构设置比较稳定，但功能十分强大，下辖能源署、能源监管委员会、项目机构及 24 个国家实验室等，并承担一定的环境保护职责，是典型的"大能源"机构。目前我国"双碳"工作和能源管理涉及多个部门，"双碳"和能源管理工作的重要文件一般由多部门联合出台。国家发展改革委、国家能源局、生态环境部、自然资源部、工业和信息化部、科学技术部、住房和城乡建设部、交通运输部等部门之间的职能划分、机制配合、政策协调等方面，需要进一步适应能源转型、气候变化和生态文明协同推进的趋势要求。要着力消除各类绿色低碳发展政策间的功能交叠和潜在冲突问题，真正聚焦新型能源体系建设重点难点；提高政策出台效率、加速政策创新探索，不断增强能源改革发展政策的良性预期；加强能源市场、资源市场、环境权益市场等相关市场制度设计的衔接和协调；切实推进能源领域相关法律法规的制修订，保障新型能源体系建设。

（五）协同推动集中式与分布式互促发展

新能源的泛在性和易获得性，使分布式成为新能源越来越重要的开发方式，同时，资源分布不均衡、优质光伏资源相对集聚需要集中式开发；分布式与集中式并重对电网形态和功能也提出变革要求。其中，分布式光伏已成为全部分布式电源的主体和全部光伏新增装机的主体，并仍将保持快速增长态势。为适应可再生能源大发展的形势，电网结构和功能需要不断调整优化，优化输网、主网功能，补强配网、微网功能，有效支撑新能源资源的充分开发利用。针对水电、风电、光伏、核电，以及清洁煤电和多能互补发电等集中式电源，特别是沙漠、戈壁、荒漠地区的大型风光基地，需要加强特高压电网建设、完善主网架构，在送、受两端协同提升清洁能源输送消纳能力；需要针对有源配网特性的变化，以及电动汽车充电桩、储能设施的广泛分布，加速推进城乡配网升级改造，通过多能互补、源网荷储一体化等协调控制，提升配网的平衡调节能力；需要大力提升分布式清洁能源和并网式微电网的电网接入和服务能力，促进分布式发电就地消纳、就近平衡。然而，目前清洁能源的开发利用模式仍缺乏明确的发展规划、政策保障和科学引导，既不能适应可再生能源持续快速大规模发展的形势，也容易造成一些无序扩张的低效投资，同时会给分布式发展造成不必要的壁垒和阻碍。比如，在整县光伏项目建设过程中，地方政府、项目业主、投资主体、电网企业的利益诉求难以统一于共同的发展目标。

（六）扎实推进全国统一能源市场体系建设

伴随能源品种和服务不断丰富，能源供求主体不断多元化，能源投资前景持续广阔，能源科技创新持续加速，统一能源市场体系在引导能源资源配置方面的决定性作用亟须持续完善。能源市场体系不仅包括一次、二次能源市场，还包括与能源市场紧密相关的生态权益市场和碳排放权交易市场。目前的主要挑战来自以下几个方面。第一，煤炭、油气等一次能源市场体系仍有待进一步健全、价格形成机制仍需理顺，一次、二次能源品种市场尚未实现有效衔接，特别是煤炭、电力价格传导关系仍不顺畅，成为电价波动、企业产生经营风险的重要原因之一。第二，尽管电力市场体系已初步建立，市场化交易电量比例不断提高，但整体建设进度仍需加快；多元市场主体活力仍未充分激发，市场壁垒、地方壁垒仍存，市场建设不协调、不平衡问题突出，各地现货市场建设进度参差不齐，全国统一电力市场建设仍相对缓慢；满足新型电力系统资源需求的交易、定价、结算等机制尚未完善，适应新能源低边际成本、高系统成本、大规模高比例发展的市场设计、辅助服务和容量保障等机制亟待创新，推动可再生能源进市场、分布式电源进市场仍面临较大挑战，各类调节性、支撑性资源的成本疏导方式尚需健全，输配电价、上网批发电价、零售电价改革有待协调深化。第三，体现可再生能源生态价值的绿证市场交易机制建设滞后，目前，我国仅存在自愿绿证交易，交易量、活跃度、价格发现效率不高；在国家政策已经明确绿证是我国可再生能源电量环境属性的唯一证明，是认定可再生能源电力生产、消费的唯一凭证的条件下，加强绿证价值的实现和传递已经是紧迫任务。第四，电力市场与碳排放权交易市场需要进一步加强政策协调，一方面，碳价的有效形成及向电价的传导取决于碳定价机制和电力定价机制的健全；另一方面，火电作为目前碳排放权交易市场的唯一主体，对碳市场的运行、扩围有直接影响，协调推进统一电力市场建设和全国统一碳市场建设，已经成为紧密相关的市场建设任务。

（七）加速推进能源科技创新与产业普及

构建以新型电力系统为基石的新型能源体系需要研究布局一些重大科技创新，掌握核心关键技术，培育新技术、新装备。目前我国的新型电力系统构建仍面临许多技术挑战，包括设备主动支撑技术、储能技术、需求侧响应技术、电力数字化技术、CCUS 技术等。虽然我国氢能产量较高，但氢能科技创新能力不强、装备制造水平不高，煤炭和工业副产制氢约占 85%，清洁制氢比例仍很低。目前，一方面，仍需加强光解水制氢、氢脆失效、低温吸附、泄漏/扩散/燃爆等氢能科学机理，以及氢能安全规律等方面的基础研究；另一方面，要着力突破储、运和用氢方面的关键技术或产业普及瓶颈，特别是研发关键储氢材料、突破氢燃料电池技术、提高可再生能源制氢转化效率、提升单台装置制氢规模，转化或新建氢能网络基础设施，研发临氢设备监测设备和技术等。同时，氢能的终端利用潜力与现有开发规模仍不相匹配，特别是交通领域氢能汽车发展仍受制于技术成本较高、加氢网络布局滞后、产业链不健全等问题困扰，氢能市场开发缺乏产业政策的有力支持，氢能产业竞争力提升仍面临较大压力。

（八）合理把握能源转型进程的经济成本

无论是"电力要先行"，还是"适度超前发展"，均意味着构建新型能源体系需要谋划超前性、先导性的投资，重点用于科技创新、试点示范、需求培育和产业启动等领域。第一，满足新能源投资需要大量资金。由于技术、项目、需求和产业的成熟需要一定周期，因此资金需求大且快速增长，据统计，2022年我国新能源投资金额已超9万亿元，2023年保守估计超10万亿元，未来十年预计仍将以万亿量级递增，对经济增长拉动作用不断增强。但同时，新能源投资也会面临固有的创新风险，前期投资收益率相对较低，从而要求投融资、财税、价格和产业等政策适应新型能源体系构建的需要，进行相应变革调整，充分满足资金需求。目前我国ESG投资、绿色金融（绿色信贷、绿色债券等）、财税激励和产业政策协同发力尚显不足，引导国有资本和社会资本流向绿色低碳能源投资领域仍面临较大挑战。第二，缓解财政负担和提高财政资金效率仍面临挑战。能源领域存量补贴缺口与增量补贴需求可能会加剧财政负担，并面临财政资金争夺的问题。2021年底，我国可再生能源补贴资金缺口已达4000亿元，预计2028年之前补贴缺口仍将扩大；同时，这一时期也是我国新能源发展的关键时期，可再生能源、氢能及相关绿色低碳产业发展仍需必要的财政补贴支持。如何发挥财政资金的扶持鼓励作用，推动新能源行业加速形成造血功能，仍面临较大挑战。

（九）应对全球零碳产品竞争格局的形成

在新型能源体系建设进程中，能源供给将相对更多地依靠本土资源，如前所述，煤炭、油气等能源贸易在全球贸易中的比重将会下降，我国对此类能源的对外依存度风险也会逐步下降。但新型的能源相关贸易将会出现并逐步产生更大影响，尤其是关键矿物和氢能等，并引发潜在的对外依存度风险和全球竞争力下降风险。特别是，美国、欧盟和日本等发达国家地区已密集出台相关政策，着力强化对关键矿物供应链的自主可控，它们的战略措施集中表现出"友岸外包"、"近岸外包"和"盟友外包"等特征，试图打造一个将中国排除在外的关键矿物供应体系。同时，这些国家正全力以产业政策扶持手段加速氢能产业体系构建，特别是美国，通过《通胀削减法案》和《基础设施投资与就业法案》大力补贴氢能产业，大幅提升氢能竞争力。目前，美国绿氢在享受补贴后的市场价格已降至0.73美元/千克，约合5.2元/千克，远低于我国的35元/千克（2023年12月底数据）。同时，全球氢能相关贸易扩大已成趋势，在这种背景下，新型能源体系的建设节奏将不可避免地受到以美国为首的发达国家的政策围堵和竞争力打压。

（十）把握自主建设节奏与应对国际压力

受我国"富煤、贫油、少气"资源禀赋影响，煤炭和煤电既具有基础初级产品的战略价值（储量丰富、装机庞大），也具有低成本资源在保供价中的关键作用（清洁能源成本仍较高），其保障能源安全的"压舱石"与维持市场供求平衡的"稳定器"作用在相当长一段时期内难以替代。尽管我国正通过能耗双控、碳排放双控和清洁能源替代降低化石能源消费，但国外往往忽视中国的主动作为而施加过度要求。在全球应对气候变化框架下，"共同但有区别的责任"极易陷入各说各话的困境，导致"目标与效果""手段与节奏"的叙事方式欠缺，使我国在国际谈判中陷入备受发达国家指责的困境，比如片面强调我国全球最大碳排放国的身份，以及"一带一路"

下的能源合作常被污名化为污染输出。2023 年底首次全球气候盘点尽管在各方博弈中最终形成了可接受的结果，但谈判过程已明显体现出阵营分化。尤其在化石能源问题上，欧美和小岛屿国家希望中国快速退煤，而包括中国在内的发展中国家则希望逐步减少，认为可通过 CCUS 等清洁化技术，将重点置于减少碳排放而非单一减少化石能源使用。由于我国国情决定了无法快速减少化石能源消费，因此立场也会趋同于化石能源出口国，从而可能会增加今后在全球盘点中谈判斗争的压力；同时，发达国家一直试图以中国是碳排放大国之一为借口，竭力加重中国的捐资责任，对此，我国仍需具备清晰明确、持久有效的应对策略。

（十一）应对建设进程中的各类改革风险

建设新型能源体系不仅是能源发展方式的巨大变革，也是牵一发动全身的系统性改革。在这一过程中，探索创新的固有风险、利益格局的调整、外部事件的冲击，都可能影响甚至阻碍建设进程，对此必须有充分的预判和应对。第一，新型能源体系构建进程会因科技创新的成本风险及产业普及的程度而面临一定时期内的成本上涨压力，因此，要科学看待并合理解决成本传导与创新激励之间的关系，过度强调能源行业不计成本的保供可能抑制能源领域的创新和传统产业的转型；而不受节制的成本传导则可能会冲击正常的经济秩序和发展节奏，影响经济发展进程。第二，传统能源部门和部分高耗能产业的改革意愿和搁浅成本构成转型阻力，并影响改革方案的制定和推进；能源富集地区与能源输入地区间的经济利益协调可能面临困难，并引发地方政府对地区间市场化交易的过度干预，制约全国统一市场的形成。同时，缺乏合理的地区间生态价值补偿机制，也会抑制部分地区的合理利益和转型意愿。第三，近年来，俄乌冲突、巴以冲突等国际重大事件均严重冲击了全球能源供应、贸易格局和供应链，未来我国仍要高度重视地缘政治风险对国际能源市场和国内能源供应，特别是油气供应的冲击，着力协调好自主供应和对外依存的关系，有效支撑国内转型的顺利推进。

四 构建新型能源体系的政策建议

加快制定出台新型能源体系建设的顶层设计方案。拓展能源革命新战略的丰富内涵，提升新型能源体系战略高度，明确协同保障能源安全和经济发展的战略路径，坚持"以电为基、多元支撑、先立后破、产业引领"的基本建设思路，为我国现代化产业体系创造转型升级契机和提供持续发展动能。

顶层设计方案应明确新型能源体系的基本构成和发展重心。一是以新型电力系统为关键载体，继续大力推动可再生能源体系发展壮大，持续提升核能安全利用水平；二是加快推动氢能全产业链技术创新和适度超前布局，促进绿氢利用体系成熟，释放绿色氢能利用潜力；三是持续提升传统化石能源体系的清洁化利用水平，提升转型进程的保障支撑能力，稳步推进可靠的能源替代和电能替代。

顶层设计方案应以充分发挥新型能源体系的战略功能为导向，即高效安全引导全社会实现能源供求平衡，充分发挥对产业的升级引领和赋能作用，全面提升能源安全保障的自主可控程度，通过全国统一的能源市场体系实现能源资源的优化配置，通过理顺能源价格体系充分传递绿色生态价值。

顶层设计方案应遵循新型能源体系建设过程的基本规律，包括鼓励和培育全社会的绿色低碳能源需求，为绿色低碳国内大循环奠定坚实的需求侧市场；大力推动新能源技术与新一代信息通信技术的创新和融合，增强资源开发、安全保障、综合服务和节能提效能力，不断拓展产业前沿；科学把握能源成本的长期变化和内部结构特征，稳妥推进清洁能源与化石能源替代；动态把握清洁能源与化石能源的功能转换，以"有效容量"理念研判能源转型阶段；依托功能完善的能源网络平台，实现集中式与分布式协同发展。

在顶层设计方案指引下，加快推进新型能源体系规划，推动构建能源新型生产关系，充分释放能源新质生产力。

第一，构建品种多元、绿色低碳的新型能源体系。传统能源体系下，主力能源品种一般比较单一，主要为煤、油、气等化石能源，环境友好性低。新型能源体系则应包括多种绿色低碳的一次、二次能源品种，除广泛开发利用的风、光、水、海、地、生物等可再生能源外，还包括依托电力系统灵活转化的氢能、甲烷等，以及先进核电；煤电得到普遍的清洁化、低碳化利用，一次、二次能源实现融合发展。

第二，构建功能完善、融合发展的新型能源体系。传统能源体系下，能源与其他行业之间，以及能源商品服务的供求边界均比较明确，能源行业被限定为满足社会能源需求的基础性行业。新型能源体系将调整能源供应与社会生活生产的技术边界，功能将从以"能量供应"为主转向以"能源服务"为主，重塑能源生产、储存、运输、配送、使用的产业图谱，并覆盖能源规划建设、投资运营、回收处理的全产业链条，实现能源与社会生产生活的深度融合，并成为循环经济的重要贡献力量。

第三，构建科技驱动、先进智能的新型能源体系。随着可再生能源比重的不断提升，新型能源体系构建将会面临对象规模扩大、涉及环节增多、时效要求增强、可控要求提高等挑战。新型能源体系将不断加强新能源技术与5G、互联网、物联网、大数据、人工智能、区块链等先进信息通信技术的融合，通过数字化、智能化设备及应用，加强系统元件的实时监控、提升可再生能源预测精度、智能做出实时响应、优化能源电力生产和消费模式、增强系统运行的可靠性。

第四，构建平台运营、系统集成的新型能源体系。随着能源品种、服务功能和技术体系的不断庞大，新型能源体系将形成平台化运营模式，具备强大的系统集成能力和优化配置能力。新型能源体系的平台化运营将实现不同能源品种、不同利益主体、不同服务形态的广泛兼容，具备"即插即用"的平台接入能力和"随需随予"的系统服务能力，高效实现能源流、信息流、价值流的供求双向交互，支撑经济价值和生态价值的协同实现。

第五，构建安全可靠、灵活坚韧的新型能源体系。依靠取之不竭的可再生能源资源，新型能源体系的资源充足性可以获得更好保障。依托互联互通、高度智能的能源系统运营，能源品种之间、主体之间、网络之间、地区之间的协同互济、灵活调节能力空前增强，新型能源体系的可靠性、灵活性得到有效提升。此外，新型能源体系承受极端天气、恐怖袭击等突发事件冲击的坚韧性也会相应增强，特别是具备遭受巨大冲击后的快速复原能力。

参考文献

冯永晟：《理解中国电力体制改革：市场化与制度背景》，《财经智库》2016 年第 5 期。

《国家发展改革委、国家能源局关于印发〈"十四五"现代能源体系规划〉的通知》（发改能源〔2022〕210 号）。

马丽梅、史丹、裴庆冰：《国家能源低碳转型与可再生能源发展：限制因素、供给特征与成本竞争力比较》，《经济社会体制比较》2018 年第 5 期。

史丹、王蕾：《全球能源市场格局新变化与中国能源的安全应对》，《中国能源》2022 年第 11 期。

章建华：《全面构建现代能源体系推动新时代能源高质量发展》，《中国电力报》2022 年 5 月 20 日。

周宏春：《"双碳"目标下我国能源发展战略的若干思考》，《中国煤炭》2022 年第 11 期。

B.11
电力行业低碳发展与电力体制改革

冯升波[*]

摘　要： 　新一轮电力体制改革在"管住中间、放开两头"的体制架构下，以"三放开、一独立、三强化"为重点和途径，全国电力体制改革向纵深快速推进。在2030年前实现碳达峰、2060年前实现碳中和的目标下，电力行业作为能源领域实现"双碳"目标的主力军，应进一步适应低碳发展的要求，不断完善市场体系、价格形成机制，建立健全新能源、新型主体尽快加入电力市场的机制。

关键词： 　电力体制改革　低碳发展　新型主体

　　清洁低碳历来是我国能源系列规划的重点要求，也是新型电力系统的首要特征。完善能源电力体制机制，进一步优化能源资源配置，健全能源监管和法治体系，坚持有效市场和有为政府相结合，是推动我国能源电力高质量发展、实现"双碳"目标的重要制度保障。

一　我国能源电力体制改革总体要求

（一）我国能源体制改革的演进

1. 我国能源体制改革

我国能源体制改革伴随全社会改革大潮逐步推进，初步形成经营主体多元

---

* 冯升波，工学博士，中国宏观经济研究院能源研究所系统分析研究中心主任，研究员，研究方向为能源系统分析、能源低碳发展。

化竞争格局，市场化价格形成机制不断完善，政府治理能力不断提高，有效推动了能源事业发展。煤炭行业基本实现市场化，产销环节竞争充分，价格由市场确定；油气行业形成相对公平的市场竞争格局；电力行业基本实现政企分开、厂网分开、主辅分离，多元化市场体系逐步形成；政府能源管理体制不断完善，能源法治建设取得重要进展。多轮驱动的能源供应体系初步形成，我国成为世界上最大的能源生产国和消费国，基本满足了国民经济和社会发展需要。

我国能源体制机制还存在诸多不足。从市场的角度看，市场结构和市场体系都有待健全，管住自然垄断业务、放开竞争性业务任重道远，能源价格掺杂过多社会责任，无法准确反映供求关系。从政府的角度看，能源管理方式没有根本改变，监管效率和治理效率亟待提高，法律法规内容不健全，部分立法修法滞后。

2. 能源体制革命

2014 年 6 月，在中央财经领导小组第六次会议上，习近平总书记在"四个革命，一个合作"能源安全新战略中，对能源体制革命提出具体部署，为我国能源领域完善政策机制、推出改革举措指引了方向。2016 年 11 月，国家能源委员会会议指出要深入推进能源市场化改革，并从理顺能源价格体系、深化能源国企改革、支持民营经济进入能源领域等方面提出了具体内容。2016 年 12 月，《能源生产和消费革命战略（2016—2030）》围绕"推动能源体制革命，促进治理体系现代化"，进一步明确了能源体制革命的市场体系、治理体系改革方向和内容，并提出四个方面的重点举措。2017年，国家能源主管部门制定《能源体制革命行动计划》，布局了四大类共 14 项主要任务。从能源体制改革到能源体制革命，能源体制机制改革的重要性被提上战略高度。

（二）电力体制改革架构

2002 年国务院下发了《电力体制改革方案》（即电改"5 号文"），打破电力系统的垂直一体模式格局，实现了"厂网分离"；2015 年中共中央、国务院发布了《关于进一步深化电力体制改革的若干意见》（即电改"9 号文"），启动以"管住中间、放开两头"为指导思想，以"三放开、一独立、三强化"为重点的新一轮电改；同年，为推进电力体制改革实施，国家发展改革委、国家能源局公开发布《关于印发电力体制改革配套文件的通知》，即电改"9号文"的6个配套文件，标志着新一轮电力体制改革进入了具体操作阶段，政策架构如图1所示。

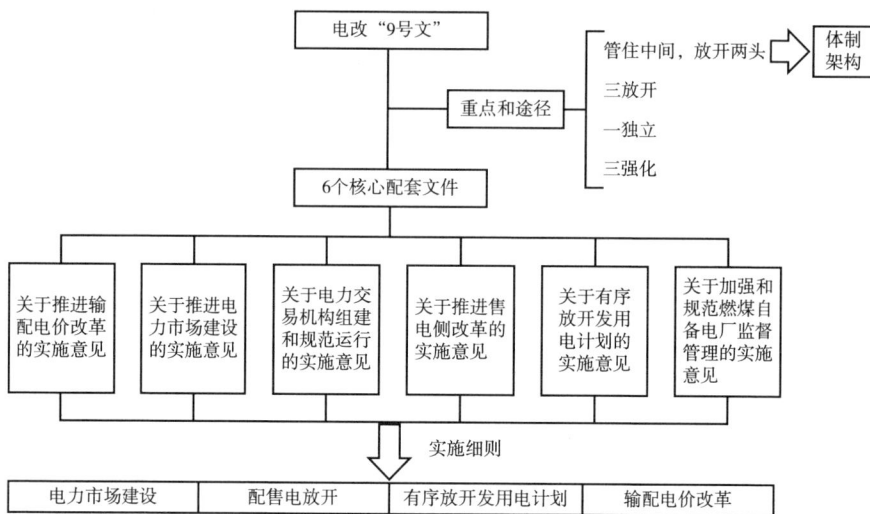

图1 电力体制改革政策架构

二 我国电力体制改革取得实质性进展

新一轮电力体制改革启动以来，以电改"9号文"为引领，国家发展改革委、国家能源局会同各地和电力企业深入推进电力体制改革，陆续出台、完善相关法规细则，加快放开发用电计划，扶持培育新兴主体、产业，强化垄断环节监管，不断提高电力交易市场化程度。

（一）构建有效竞争的电力市场体系

1.电力市场多元化主体蓬勃发展

电力用户和售电公司首次成为经营主体参与市场交易。通过不懈努力，售电公司、电力用户从对市场的不了解到成为市场交易的主力军，通过交易形成电价。售电公司促成电力回归商品属性，由供需双方市场定价的改革初心得到了初步实现。根据中国电力企业联合会和南方电网能源发展研究院数据，截至 2023 年底，各地电力交易中心共注册经营主体 74.3 万家，其中发电企业约 3.3 万家，参与市场发电装机容量占比超过 70%；售电公司约 4200 家。截至 2024 年 6 月，全国所有电力交易机构都已完成股份制改造，除北京电力交易中心外，其他交易机构电网公司持股均不超过 50%。

2. 多层次电力市场体系逐步建立

积极推进全国统一电力市场体系建设，形成以中长期市场保障电力供应、以现货市场发现价格、以辅助服务市场维护电力系统安全稳定运行的多层次电力市场体系。中长期交易常态化开展，交易电量占市场化电量比重超90%；首批现货试点中山西、广东、山东、甘肃电力现货市场相继转入正式运行。按照"谁服务、谁获利，谁受益、谁承担"的总体原则，不断完善辅助服务价格形成机制，充分调动灵活调节资源主动参与系统调节的积极性。跨省电力现货交易取得积极进展，电力资源在更大范围内实现优化配置。

3. 市场化交易电量迅速增长

根据中国电力企业联合会和南方电网能源发展研究院数据，截至 2023 年底，全国各电力交易中心累计组织完成市场交易电量 56679.4 亿千瓦时，同比增长 7.9%，占全社会用电量比重为 61.4%；其中，省内交易电量 45090.1 亿千瓦时，同比增长 6.9%，省间交易电量同比增长约 20.4%。零售市场进一步完善，南方区域售电公司 2023 年交易电量超过 6000 亿千瓦时，占南方区域全社会用电量的 38.3%。

（二）建立主要由市场决定价格机制

1. 竞争性环节定价机制市场化

新一轮电改着力推动"放开两头"，2021 年有序放开全部燃煤发电电量上网电价，通过市场交易及在"基准价+上下浮动"范围内形成上网电价；

有序推动"全体工商业用户进入市场",正式取消工商业目录销售电价,居民、农业用户继续执行目录电价,引入电网企业代理购电机制并逐步缩小范围,确保价格水平稳定。

2. 输配电价改革逐步深化

输配电价单独核定是"管住中间"的必要条件,按照"准许成本+合理收益"对电网进行"成本+激励"复合型监管,已制定输配电价政策体系包括通用的输配电成本监审办法及 4 个针对不同层级电网的定价办法。在前两轮监管基础上,2023 年结束的第三轮监管周期将线损电费、系统运行费单列,进一步剥离与输配电成本无关费用,电网企业盈利模式从传统的"购销差价"彻底转化为按输配电价盈利。

3. 跨省跨区交易价格形成

2020 年,国家发展改革委正式发布经核定的 2020~2022 年区域电网输电价格和省级电网输配电价,将区域电网的容量价格纳入了省级电网输配定价的范畴,简化了区域电力交易的价格结构,同时对跨省跨区购电价格组成做了进一步明确。2021 年 11 月,我国印发首个《省间电力现货交易规则(试行)》,国家电网和内蒙古电力公司经营区范围于 2023 年完成跨省跨区电力现货市场整年连续结算试运行。

(三)探索建立促进新能源消纳的调节激励机制

为适应未来高比例新能源接入,系统调节性需求将显著提高,灵活性资源价值需要合理体现。

1. 抽水蓄能

国家发展改革委《关于抽水蓄能电站容量电价及有关事项的通知》发布了在运及 2025 年底前拟投运的 48 座抽蓄电站容量电价的核定结果,并明确自 2023 年 6 月 1 日起执行。抽蓄电站建设周期长、投资大,以该通知核定的容量电价补偿抽发运行成本外的其他成本及合理收益,能够大幅降低投资风险,激励抽蓄电站的投资建设。

2. 燃煤发电

2023 年 11 月，国家发展改革委、国家能源局联合印发《关于建立煤电容量电价机制的通知》，明确煤电容量电价的适用范围，提出煤电容量电价的总体需求，合理确定了费用来源，结合燃煤发电生产实际确定了基本的考核办法。电力现货市场连续运行的地方，可参考规定的煤电容量补偿机制，研究建立适应当地电力市场运行情况的发电侧容量电价机制，发电侧容量电价机制建立后，省内燃煤机组不再执行规定的容量补偿机制。

3. 分时电价

实现工商业用户分时电价全覆盖，季节差异在绝大部分地区峰谷时段划分得以体现，出台尖峰电价政策，全面覆盖供需紧张地区。部分省份优化调整了时段划分，将午间设置为低谷，有利于可再生能源的消纳。出台了电动汽车分时充电价格机制。此外，峰谷价差持续拉大。通过分时电价的完善，进一步引导用户主动错峰用电、削峰填谷、消纳新能源、提升系统利用效率，保障电力系统安全稳定运行。

4. 新型主体

国家发展改革委、国家能源局在《电力现货市场基本规则（试行）》中提出"不断推动各类经营主体平等参与市场"。从类别看，新型主体主要包括"分布式发电、负荷聚合商、储能和虚拟电厂等"。2019 年江苏省即已提出分布式发电市场化交易试点规则，并发布 7 个分布式发电市场化交易试点；2024 年浙江省发布省内绿电绿证市场化交易细则，明确省内分布式新能源发电通过聚合形式参与绿电交易。目前已有 20 余个省份出台储能参与调峰调频等辅助服务相关政策。虚拟电厂和负荷聚合商参与市场的机制尚处于探索阶段。

三 新形势下电力体制改革面临新挑战

（一）新能源持续快速增长

1. 电力行业低碳转型难度不容低估

我国能源行业碳排放占排放总量的 80% 左右，电力行业碳排放占能源碳排放量的 40% 左右，"双碳"目标下推进绿色低碳转型发展，能源电力行业任务最重，所谓"能源是主战场，电力是主力军"恰如其分。必须加速推进能源结构转型，加大力度开发风电、光伏等新能源，持续增强新能源供给能力，推动新能源逐步成为绿色电力供应的主力军。然而，考虑新能源发电对传统化石能源发电难以快速形成全面安全替代，未来能源电力结构调整将面临电力碳资产累计规模大、脱碳难度高等挑战，电力行业低碳转型任重道远。

2. 可再生能源消纳面临挑战

2023 年 7 月，中央全面深化改革委员会审议通过了《关于深化电力体制改革加快构建新型电力系统的指导意见》，指出要深化电力体制改革，加快构建清洁低碳、安全充裕、经济高效、供需协同、灵活智能的新型电力系统。2024 年，国家发展改革委发布《全额保障性收购可再生能源电量监管办法》，规定 4 月 1 日起电网企业不再全额收购可再生能源电量，电网"统购统销"模式转变为保障性收购加市场化运作，这一变化在加大绿电消纳压力的同时促进了市场竞争发展。因此，在可再生能源补贴政策逐步退出以及构建新型电力系统的背景下，高比例可再生能源的电力市场建设难度加大，面临巨大挑战。市场建设目标由原来单一的效率最优向安全、效率、绿色统筹并进的多元化目标转型。

3. 源网荷储规划衔接亟待加强

由于国家新能源发展目标和规划缺乏约束性，部分地方新能源开发利用中长期总量目标未严格依照全国总量目标确定，地方规划发展目标超过上级总体目标，建设规模、布局和速度与上级规划不一致。规划的不一致导致源网荷储各环节发展节奏不匹配。2023 年新能源电源侧投资完成额同比增长 30.1%，其中风光装机投资占比超过 60%，但电网侧投资完成额仅增长 5.4%，电源侧投资增速远高于电网侧，且电源侧项目审批和建设周期远快于电网侧。

（二）全国统一电力市场

1. 多层次电力市场衔接仍不充分

在统一的市场架构、交易基本规则、调度运行规则下开展市场设计，是推动全国统一电力市场建设的重要工作。从全国跨经营区市场建设来说，国家电网与南方电网之间常态化市场交易机制尚未形成，除三峡水电依据政府间协议确定送电量，其余交易需要依托两网市场营销部门和交易部门协商临时性开展；从区域电网之间、省级电网之间的交易来说，主要依赖电网企业的代理采购组织交易，用户跨省跨区直接采购机制有待完善；从省级市场来说，跨省跨区送受电力仍作为省级市场交易启动前的系统前置边界，未与省级市场有效衔接，导致省级市场供需形势受跨省跨区影响大，一定程度上扭曲了省级市场的价格形成。

2. 适应高比例可再生能源电力系统的电力市场机制建设尚不成熟

从跨省跨区电力交易来说，由于跨区通道采用物理执行模式且自身调节能力不强，一般采取送端依据跨区通道送电曲线平衡后外送的方式，但送端实施电力平衡产生的成本既包括维持送端地区电力系统稳定运行的费用，也包括满足外送电力要求的费用，成本费用疏导机制不清晰，引发送、受两侧对于成本疏导的争议。从省级市场来说，随着可再生能源电力逐步提高参与市场交易的比重，特别是启动了现货市场的地区，可再生能源电力发电同时性造成的踩踏行为大幅压低市场价格，严重影响了可再生能源电力的经济收益和投资积极性。

3. 市场信号不充分限制电力资源功能配置

近年来，随着我国电力市场建设持续深入，中长期连续开市逐步成为常态，两批现货试点省份陆续转入正式运行、连续运行和试运行，各地辅助服务市场初具规模，通过电力市场发掘电力价值的功能愈发完善。但是，随着新型电力系统业态愈发复杂多元，现有电力市场架构主要聚焦主干电网，聚焦短期电力供应平衡已难以适应形势，当前市场对解决海量末端电网供需矛盾的价值反映机制缺位，对中远期电力系统容量价值的反映不充分。具体来说，中长期市场缺乏对中远期容量价值的合理体现；现货市场对短期容量备用价值以及配电网侧供需形势反映不足；辅助服务对快速响应、容量支撑等新需求的价值反映不足，难以体现配电网侧相关服务合理价值；以抽水蓄能、煤电容量电价为主的价格政策，虽一定程度解决了相关电站投资成本的问题，但不具有普适意义，限制了通过新型技术、新型业态解决系统供需矛盾的容量价值实现途径。

4. 以市场角色定义权责不适应新型电力系统的发展

我国电力市场建设基于传统的电力系统格局，即按照电力在电网中的流向确定源头为发电、末端为用电，发电与主干电网相连并承担电力系统安全稳定运行的职责，用电与配电网络相连主要根据不同的用电特性承担相应的经济责任。同时，考虑用电侧参与电力市场的能力千差万别，多数用户并不具备直接参与电力市场的能力，用电侧的价格机制、管理模式采取了较发电侧相对宽松的处理原则。随着新型电力系统建设的推进，末端电网逐渐衍生出分布式电源、新型储能、电动汽车等新型资源，电网中的电力流向不再呈现单一流向的特征，个别地区甚至出现了末端资源某时段集中反向送电的情况。随着更多资源类型、业务模式的涌现，仍沿用传统市场身份参与电力市场，既不符合标准化市场体系建设的方向，也不适应新型电力系统快速演进背景下多元资源接入的客观要求。

（三）绿电交易

1. 市场化交易机制有待健全

传统电力系统和电力交易具有"源随荷动""以需定产"的特点，而新能源发电具有间歇性、随机性和波动性特征，发电功率预测难度高，与基于传统思维模式设置的市场交易规则本质上难以匹配。受限于自身波动性和预测精度不足等情况，新能源全面参与电力市场无法避免合同履约偏差大、"零电价"甚至"负电价"的风险。长期来看，若新能源市场交易价格不能实际反映出绿电的经济价值与社会价值，新能源产业将难以健康可持续发展。

2. 交易规则有待完善

不同省份绿电交易规则不统一，部分地区绿电交易市场建设缓慢，同一省份不同类型的电力交易衔接有待优化。当前，我国仍处于绿电交易市场建设初期，不同省份的绿电交易规则和标准存在差异，跨省份绿电交易难。部分地区绿电交易还未完全开放，"有需求无市场"的情况尚未解决。同一省份内，中长期、现货、辅助服务市场之间市场机制衔接不畅，部分地区电力中长期交易频次不高，不能连续开市，导致与现货交易不同频，影响了市场资源配置作用的发挥。

3. 绿色价值有待挖掘

电力市场、碳市场衔接不足，价格传导效果不明显，新能源上网电量的绿色价值未能充分挖掘。电力市场与碳市场之间有较强的关联性，我国许多电力市场主体同时参与电力市场交易与碳市场交易。但目前，我国电力市场、碳市场建设相对独立，管理方式和交易模式全然不同，协同机制尚未完全建立，核算机制联动不畅，导致碳成本无法有效通过电力市场的价格机制传导至消费端，在一定程度上影响了碳减排的市场激励作用。

（四）新型主体参与电力市场的挑战

1. 分布式发电

当前电力市场环境下，试点省份提出的基于分电压等级输配电差价的"过网费"普遍较低。"过网费"较低的背景下，交易双方积极性较高，但电网企业输配环节投资难以收回成本，从而缺乏积极性。分布式发电项目多为间歇性的风电、光伏类型，不能实现对用电客户的平稳、永久不间断供电，需要由电网企业承担输电容量备用和兜底供电保障职责，但其并没有承担相应的完整输配电成本。"过网费"采用电压等级为单一衡量维度，但目前的电价体系中，政策性交叉补贴为"暗补"形式，交叉补贴多层次、多维度，在不同电压等级、不同用户类别之间相互交错存在，难以衡量。根据国家相关规定，分布式风光电量所产生的交易偏差，要由电力调度机构负责平衡，用户侧责任界定不足，辅助服务成本难以消纳和传导。

2. 新型储能

国家层面尚未出台针对新型储能的容量补偿政策，作为容量有限型资源，储能可提供的容量支撑不仅取决于最大放电功率，核定容量电价还应考虑储能持续放电时长及所在平衡区峰谷特征等因素，传统容量补偿机制难以较好考虑上述特性。各地新型储能参与市场交易的准入机制、电价机制和交易模式存在一定差异，在 AGC 调频方面，独立储能参与调频辅助服务的容量要求一般在 1 小时 5 兆瓦以上，现货市场方面，不同省份准入规模相差近 10 倍。各地容量租赁尚未形成持续稳定的价格形成机制，容量租赁价格过低无法有效补偿新型储能投资成本，价格过高又可能导致新型储能重并网轻运行，进而引发新能源投资增加、储能设备质量不高、实际运行效果不及预期等问题。

3. 虚拟电厂

虚拟电厂技术、运营和商业模式尚无统一要求，需求侧资源与电网互动的标准制定仍处于起步阶段。此外，虽然国家和地方层面在相关政策中屡屡提及鼓励虚拟电厂参与市场，但缺乏规则、技术等具体实施方案。虚拟电厂通过分布式电力资源或可调控负荷调节电力，对数据采集、通信协议、安全防护等有较高要求，建设成本相对较高，但由于往往跟传统电厂主体发生利益冲突，盈利模式不明晰，难以吸引资本。

4. 负荷聚合商

负荷聚合商以价格响应方式改变聚合用户的实时用电曲线，非现货模式下参与需求响应，现货模式下以售电公司身份参与电力市场。参与需求响应通常采取紧急型需求响应和经济型填谷需求响应两种模式，由政府主导、电力公司实施。目前部分地区基本是以紧急型需求响应为主，经济型填谷需求响应并未组织开展，影响了负荷聚合商的积极性。现货模式下，负荷聚合商可以响应市场价格信号，组织可调控主体参与市场，当前全国范围现货市场仍在试点完善过程中，负荷聚合商参与方式仍有待进一步明确。

四 深化电力体制改革推进电力行业低碳发展

（一）塑造适应电力行业低碳发展的电力市场体系

1. 打破多层次市场之间要素流通壁垒

针对跨电网经营区交易，在进一步提高不同经营区之间联络能力的基础上，研究推动常态化市场交易机制，重点考虑风光大基地跨经营区电力外送的常态化偏差调整、调节成本疏导机制。针对跨省跨区电力交易，在确保

"西电东送"国家战略的基础上，研究推动增量外送电力纳入送或受端省级、区域级电力市场统一联合出清，增量外送电力部分的中长期合约采取差价合约模式签署执行。由省级电力交易中心或构建虚拟交易体，将本省份电力用户、售电公司跨省跨区交易的需求聚合，统一向上报送交易需求。

2. 进一步完善我国电力市场架构

建立完善包括中长期交易、现货市场以及辅助服务市场在内的多层级电力市场体系，通过促进市场竞争、完善价格机制等有效引导电力资源的优化配置。在现有中长期交易、现货市场和辅助服务市场的架构基础上，以保安全、促转型、降成本、提效率为原则，鼓励各省份中长期市场增加交易频次、丰富交易品种。进一步扩大现货市场在全国各省份连续运行的范围。加快推进按能力、功能、成本综合统筹的全经营主体容量补偿机制，支持具备条件的地区因地制宜开展容量市场建设。研究推动相关金融衍生品在可再生能源电力占比较高的区域开展试点示范。加强绿电市场、绿证市场与碳市场的衔接，扩大绿电消费规模。

3. 进一步优化我国电力市场准入机制设计

市场准入机制是电力市场规则设计的基础，建议调整按照市场角色标识参与电力市场的原则，推动以技术、资源、功能等作为电力市场的准入方式，研究按照在电力市场中提供服务确定相应的权利与责任，并据此优化对应的价格、运行及管理机制。

（二）完善电力价格形成机制

健全以"准许成本+合理收益"为核心、约束与激励相结合的输配电价定价制度，健全输配电价成本监审和定价机制，逐步建立输配电价定价成本信息公开制度。结合发用电计划放开进程，建立市场化电价与优先购用电电价的有效衔接机制。研究制定政策性交叉补贴合理统计口径、测算办法，厘清交叉补贴构成，探索建立政策性交叉补贴分摊处理机制。

（三）推动新能源入市

根据国家推动新能源参与市场的进度，按照风光大基地、普通集中式可再生电站以及分布式可再生电站等分类制定市场化交易基准方案。针对风光大基地，研究推动受电方（省为实体或源荷同步规划的用电主体）与风光大基地按照"电能量+辅助服务成本"签署售电协议，按照受电方依据合约确定承担辅助服务成本比重的原则，推动风光大基地辅助服务成本疏导。针对普通集中式、分布式电站，在实施政府授权差价合约的基础上，鼓励各省份因地制宜对增量项目开展市场化差价合约竞拍，提高可再生电站投资预期。

（四）加快探索新型主体入市

分布式发电以聚合主体的方式参与中长期市场，以聚合后的发电上网能力按照中长期规则参与双边协商交易，也可参与集中竞价、挂牌交易，与购电方签署中长期合同。电源侧储能应与所配建主体一同参与中长期市场，电网侧储能充电时以批发用户方式参与，放电时以发电主体身份参与，分别遵从相应的市场规则。聚合分布式发电上网的虚拟电厂参与中长期市场与其他发电主体一致，未上网虚拟电厂可参与中长期辅助服务市场、容量市场。具备售电公司资质的负荷聚合商可聚合自身代理用户参与中长期市场。新型主体参与现货市场目前实际案例较少，应及时总结各地现有规则下新型主体入市遇到的实际问题，积极探索研究各类新型主体参与现货市场的形式，以及申报、交易、出清机制，辅助服务与电能量耦合或单独出清机制。

参考文献

《〈能源体制革命行动计划〉布局四大类共14项主要任务》，国家能源局网站，2017年7月21日，https：//www.nea.gov.cn/2017-07/21/c_ 136461254.htm。

《中电联发布〈中国电力行业年度发展报告2024〉》，中国电力企业联合会网站，2024年7月10日，https：//www.cec.org.cn/detail/index.html？3-334911。

B.12
电力行业低碳发展与电力市场建设

刘敦楠*

摘　要： 在"双碳"目标的推动下，我国电力系统正加快向清洁化、低碳化方向发展，新能源逐步成为装机和电量主体，发电资源角色及系统特性发生变化，深刻改变了电力系统的基本形态和运行特征，电力系统建设面临安全、经济、绿色等多重目标的挑战。面对这些挑战，电力市场体系建设需要更高层次的顶层设计和更精细的规划。鉴于此，本报告详细探讨了我国电力市场的建设现状与面临的挑战，在此基础上，针对如何实现电力市场的高质量发展，从构建多维协同的电力市场交易框架，构建中长期、现货与实时运行多时间协同的电能量交易体系，推动省内省间协调的多层次统一电力市场建设，设计体现安全—绿色—经济多元价值的交易机制，完善适应多元主体协同参与的市场交易模式，规范电力零售市场建设六个关键方面深入剖析，提出了切实可行的发展路径。进一步地，针对全国统一电力市场建设，提出了有针对性的政策建议和机制设计，为实现"双碳"目标提供有力支撑。

关键词： "双碳"目标　电力市场　低碳发展

在"四个革命、一个合作"能源安全新战略的指引下，党中央高度重视电力体制改革和电力市场体系建设工作。《中共中央 国务院关于加快建设全国统一大市场的意见》强调，建设全国统一大市场是构建新发展格局的基础支撑和内在要求。2022年1月，经中央全面深化改革委员会第二十二

---

* 刘敦楠，博士，华北电力大学教授，研究方向为电力市场。

次会议审议通过，《国家发展改革委 国家能源局关于加快建设全国统一电力市场体系的指导意见》发布，提出要健全多层次统一电力市场体系，统一交易规则和技术标准，破除市场壁垒，推进适应能源结构转型的电力市场机制建设，为下一阶段电力市场发展指明了方向。

2015 年新电改实施以来，我国电力市场化改革工作取得重大进展，电力市场建设、电价改革、交易机构规范运行、售电侧改革、电力科学监管等各项重点任务均有序落地落实，多层次电力市场体系建设有序推进，多元竞争主体格局初步形成，电力的商品属性进一步显现，电力行业运行效率和资源配置效率不断提升。

随着"双碳"目标落实和新型电力系统构建，电力系统正加快向清洁化、低碳化方向发展，新能源逐步成为装机和电量主体，发电资源角色及系统特性发生变化，深刻改变了电力系统的基本形态和运行特征，电力系统建设面临安全、经济、绿色等多重目标的挑战，也对电力体制改革顶层设计、电力市场体系建设、市场与价格机制的衔接、新型主体融入电力市场等提出了更高要求。因此，梳理电力市场建设面临的问题和挑战，提出合理有效的市场机制和配套政策的建议，对保障电力系统安全稳定运行、促进新能源大规模发展和消纳、加快能源电力清洁低碳转型具有重要意义。

一　我国电力市场建设现状

随着能源绿色转型不断加速，我国需要建设与之相适应的电力市场。近年来，我国电力市场化改革持续深化，在电力市场政策规则体系、总体框架、运营服务基础、交易规模、功能作用等方面均取得了积极成效，电力市场在提升清洁低碳、安全高效水平方面的作用愈发明显。电力中长期市场充分发挥了保供稳价的"压舱石"作用，电力现货市场释放清晰的价格信号有效引导电力投资、优化发用电曲线，辅助服务市场有效提升了电力系统各类灵活资源的调节意愿和能力，容量补偿机制有效提升了电力系统安全和充裕度水平，跨省跨区市场有效促进了资源大范围优化配置，电力市场资源优化配置的作用进一步加强。

（一）电力市场政策规则体系基本建立

中共中央、国务院部署新一轮电力体制改革以来，我国电力市场化建设快速推进，《关于进一步深化电力体制改革的若干意见》《国家发展改革委 国家能源局关于加快建设全国统一电力市场体系的指导意见》等电力体制改革、电力市场顶层设计政策文件相继出台。截至 2023 年底，全国累计出台国家层面市场政策和规则 200 余项，《电力市场运行基本规则》《电力中长期交易基本规则》《电力现货市场基本规则（试行）》《电力市场信息披露基本规则》等基本规则陆续完成制修订，基本构成了全国统一电力市场"1+N"基础规则体系。

（二）电力市场总体框架基本形成

目前，我国已初步形成"管住中间、放开两头"的电力市场格局，基本建成"统一市场、协同运作"的电力市场总体框架。电力市场体系在空间范围上覆盖省间、省内，在时间周期上覆盖多年、月度、月内（旬、周、多日）和日前、日内（实时）现货交易，在交易标的上覆盖电能量、辅助服务等交易品种。市场间的协同运作水平不断提升，有效促进了资源的大范围优化配置和能源清洁低碳转型。

（三）电力市场运营服务基础逐步完备

目前，全国电网已经实现互联（除台湾省外），电网网架结构、配置能力全面跨越提升，省间输电能力超过 3 亿千瓦，为能源资源大范围配置提供了有力支撑。全国已建立 2 个区域性交易机构和 33 个省级交易机构，并实现独立规范运行，为经营主体提供公平规范的电力交易服务，各级电力交易机构依托电力交易平台开展准入注册、交易组织、合同管理、交易结算和信息披露等业务，持续深化电力交易平台建设，不断丰富功能应用。

（四）电力价格形成机制不断完善

国家通过深化上网电价改革、开展输配电价成本监审、建立容量电价机制等方式，不断完善电力价格形成机制，科学反映电力成本变化，促进电力商品多元价值形成，更加符合新型电力系统建设要求。《关于进一步深化燃煤发电上网电价市场化改革的通知》要求燃煤发电和工商业用户全部进入电力市场，建立了市场化的价格传导机制和浮动机制。输配电价成本监审工作有序推进，目前形成跨省跨区专项工程、区域电网、省级电网三级输配电价体系，第三监管周期明确工商业用户电价由上网电价、上网环节线损费用、输配电价、系统运行费用、政府基金及附加组成，标志着市场化环境下的用户侧电价体系真正形成。《关于建立煤电容量电价机制的通知》提出，建立容量电价机制，对煤电实行两部制电价政策，更加适应煤电向基础保障性和系统调节性电源并重转型的新形势。

（五）电力市场交易规模持续增长

《关于进一步深化燃煤发电上网电价市场化改革的通知》以及《关于组织开展电网企业代理购电工作有关事项的通知》印发以来，我国发用电计划进一步放开，电力市场交易规模不断扩大。2023 年，全国各电力交易中心累计组织完成市场交易电量 56679 亿千瓦时，同比增长 7.9%，占全社会用电量的 61.4%，占电网企业售电量比重超 75%。[①] 自 2016 年起，市场规模 8 年增长了约 4.7 倍，全社会用电量市场化率提高 44.5 个百分点。全国跨省跨区市场化交易电量接近 1.2 万亿千瓦时，市场促进电力资源在更大范围优化配置的作用不断增强。

经营主体数量快速增长，市场开放度、活跃度大幅提升。截至 2023 年底，全国电力市场累计注册经营主体 74.3 万家，同比增长 23.9%。其中，发电企业 3.3 万家，电力用户 70.6 万家，售电公司 4074 家。各类经营主体市场参与度和技术能力不断提升，电力市场活跃度进一步提高。

---

① 数据来源于中国电力企业联合会和中商产业研究院。

（六）电力市场功能作用不断增强

电力中长期市场已在全国范围内基本实现常态化运行，中长期交易规模持续增长。2023 年，中长期交易电量占市场交易电量比重在 90% 以上，中长期合同履约率超过 96%，成交价格平稳，充分发挥了电力中长期交易保供稳价的基础作用。中长期市场在省间、省内全覆盖基础上正逐步转入连续运营，近 10 个省份已实现按工作日连续开市，省间多通道集中优化出清交易转正式运行，跨省跨区交易方式更加灵活。省内中长期市场以年度交易为主、月度交易为辅，月内交易频率逐步提高，部分省份探索开展了 D-3 或 D-2 交易。交易时段划分更加精细，多个省份实现了中长期合同按照 24 时段签约电力曲线，通过分时段的交易机制和价格信号，引导经营主体主动响应系统峰谷变化，提升资源配置效率。

《电力现货市场基本规则（试行）》《关于进一步加快电力现货市场建设工作的通知》等文件印发以来，电力现货市场建设加快推进。2023 年，国网经营区省间现货市场完成整年连续结算试运行，南方区域市场首次实现结算试运行。山西、广东、山东电力现货市场率先转入正式运行，甘肃、蒙西、湖北等试点持续开展连续结算试运行。各地区积极探索实践，电力现货市场建设正从试点逐步走向全国（见表 1）。从各地现货市场运行情况来看，现货市场电力价格信号能够充分反映不同时段和不同地点的电力供需水平，发用两侧主体直接参与现货市场交易，主动响应价格信号，发挥了削峰填谷作用。

表 1　截至 2024 年 5 月全国各地区电力现货市场建设进展情况

现货市场建设进展	地区
转入正式运行	山西、广东、山东
连续结算试运行	甘肃、蒙西、湖北
长周期结算试运行	江苏、浙江、安徽、福建、河南、四川
结算试运行	南方区域、河北、江西、湖南、辽宁、陕西、宁夏、重庆、广西、贵州、云南、海南
模拟试运行（含调电）	天津、上海、黑龙江、吉林、青海、新疆

辅助服务市场基本实现全国覆盖，初步建成市场引导的辅助服务资源优化配置机制，形成以调峰、调频、备用等交易品种为核心的区域、省级辅助服务市场体系，实现了市场对资源的优化配置，对保障电力系统安全稳定运行、促进新能源消纳、降低系统调节成本发挥了积极的作用。部分地区积极推动辅助服务市场机制创新，积极探索辅助服务市场与现货市场协同运行，引导独立储能、虚拟电厂、负荷侧主体等新型主体加入辅助服务市场，在完善辅助服务市场建设方面取得了良好效果。

（七）电力市场绿色消纳机制逐步建立

为适应新能源大规模发展需要，新能源入市节奏进一步加快。2023年，全国新能源市场化交易电量达6845亿千瓦时，占全部新能源发电的47.3%。[①] 部分大型发电企业新能源参与市场比例已超过50%。积极构建绿电、绿证市场体系，完善交易机制，绿电、绿证交易规模不断扩大，截至2023年底，全国累计绿电交易电量954亿千瓦时，其中2023年绿电交易电量697亿千瓦时。绿证交易启动以来，累计成交量突破1亿张。[②]

（八）电力市场监管体系日趋完善

我国电力市场监管体系进一步完善，围绕推动能源高质量发展主线，锚定保障能源安全和推动绿色低碳转型目标，综合运用过程监管、数字化监管、穿透式监管、跨部门协同监管等多种手段，持续在能源安全保供、清洁能源发展、自然垄断环节、电力市场建设等领域开展监管工作。着力推动全国统一电力市场体系建设，持续强化电力市场顶层设计与市场监管，修订《电力市场监管办法》《全额保障性收购可再生能源电量监管办法》，进一步适应电力市场监管新形势。进一步加大监管力度，增强市场规则刚性约束，

---

① 《中电联发布〈中国电力行业年度发展报告2024〉》，中国电力企业联合会网站，2024年7月10日，https：//www.cec.org.cn/upload/website/detail/index.html？3-334911。

② 《中电联发布〈中国电力行业年度发展报告2024〉》，中国电力企业联合会网站，2024年7月10日，https：//www.cec.org.cn/upload/website/detail/index.html？3-334911。

注重压实主体责任，严肃查处违规行为，切实维护良好市场秩序，保障市场成员合法权益。市场监督评价机制进一步健全，逐步形成了经营主体自律和社会监督机制，市场管理委员会作为独立于电力交易机构的自治性议事协调机制，在市场监督、规范市场运作方面发挥了重要作用，与运营机构市场监测、监管机构专业监管共同构建电力市场运行"三道防线"。电力市场信用评价体系进一步完善，实现经营主体信用信息共享。

（九）电力交易人才队伍建设加速推进

电力交易员作为新职业正式纳入《中华人民共和国职业分类大典》，《电力交易员国家职业标准》正式发布，推动职业培训、认证、竞赛体系不断完善。中国电力企业联合会于 2023 年成功举办首届"国家级电力交易员职业技能竞赛"，24 家参赛单位 75 支参赛队 225 名选手参加了此次决赛，竞赛弘扬了工匠精神，带动了电力市场化人才队伍成长。

二 我国电力市场建设面临的挑战

（一）电源结构变化，保供应、保消纳任务重

电源结构由以可控性强的常规能源为主，向以随机性强、可控性弱的新能源为主转变。系统平衡机理由确定性向随机性转变。保障电力可靠供应、系统安全稳定运行的难度上升，保障新能源高比例消纳的压力增大。

（二）电网形态变化，多层次平衡有待统筹

电网形态由以单向逐级输电为主的传统电网，向包括多电压等级交直流混联大电网、微电网、局部直流电网等多种电网形态的能源互联网转变。系统平衡格局由"分省平衡"向"分省平衡、就地平衡、全网互济"转变，适应平衡模式转变、促进各层次平衡统筹的市场机制有待建立。

（三）市场主体变化，协调互动有待激励

电能的生产者和消费者以外，大量"产消者"逐步参与系统平衡。在电源侧，抽水蓄能、新能源配建储能等快速发展；在用户侧，分布式电源、微电网、虚拟电厂、负荷聚合商等终端新型市场主体涌现。系统运行模式由源随荷动，向市场机制引导的源网荷储协同互动转变。

（四）成本构成变化，价格体系有待重构

新能源的边际发电成本低、系统消纳成本高。系统消纳成本包括灵活性电源投资、系统调节、电网扩展与补强等成本。传统边际成本竞价形成的价格，难以完全体现为了消纳新能源所付出的系统成本。亟待建立适应高比例新能源的价格理论，依托相应的交易品种、市场机制进行成本疏导。表2展示了传统电力市场与新型电力市场的异同。

表 2　传统电力市场与新型电力市场异同

市场类型	交易品种	市场范围	市场目标	多类型主体	安全与运行
传统电力市场	中长期交易以场外协商为主，周期长、频次低、偏差大；以现货交易为核心，与实际运行兼容性弱	省间、省内两级运作，省间壁垒高；新型市场主体参与不足	电力经济运行；市场单一、交易品种单一	新能源占比低，化石能源占比高；只有发电企业、售电公司、用户等市场主体	发电集中优化；源随荷动
新型电力市场	长期市场价值凸显，体现不同政策导向，中长期连续运营关闸时间向短期逼近；中长期分散交易与中短期集中优化相结合	省间、区域（省内）、平衡区多层级协同；输电权与电能量协同，批发与零售协同，价值得到有效传导	兼顾经济、绿色、安全等多元目标，外部成本内部化；绿色电力、电-碳协同、电能量与平衡市场联合优化、概率机组组合	大规模新能源接入、多能源互动；储能、虚拟电厂、平衡单元等新型主体入市	发电集中优化，采用平衡单元模式；源网荷储互动

三 "双碳"目标下电力市场发展路径

（一）构建多维协同的电力市场交易框架

1. 市场机制与产业政策的双向衔接

不同于一般商品，电力商品兼有实时平衡的物理特性与公共物品属性。电力系统绿色转型面临着系统运行、政策价值、时间空间等诸多边界条件。而电力系统运行规律与政策边界决定了电力市场的模式设计，市场机制也依赖政策驱动。我国电力市场设计需要做好多方面的政策衔接。

优先计划与市场的衔接。新能源等优先发电，居民、农业优先购电，相关电量、电价通过政策确定。需做好优发、优购与市场化交易在电量（曲线）匹配、损益分摊、偏差考核机制等方面的协调。

新能源配套政策与市场的衔接。目前新能源仍以保障性收购为主，部分采用保量竞价参与市场交易。需激励新能源主动参与市场实现新能源大规模、大范围消纳，确保回收成本、获得收益，实现可持续发展。

2. 多价值协同的交易品种配置

一方面，高随机性、低可控性的新能源并网会带来系统安全的外部性，产生额外的系统调节和备用成本；另一方面，常规电源发电会带来环境外部性，产生环境成本。

电力市场的多价值协同是指从电能量、安全、绿色等角度分别设计交易品种，体现不同价值。电能量价值主要由中长期和现货市场体现，安全价值主要由容量和辅助服务市场体现，绿色价值主要由绿电、绿证和碳市场体现，各个交易品种之间有机衔接（见图1）。

3. 多时间尺度电能量市场交易体系构建

电能量市场的多时间尺度协同主要体现为，通过中长期交易夯实电力供需平衡整体格局，优化资源配置，稳定长期价格水平；通过现货市场组织日前、日内、实时市场，体现短期供需变化及价格。中长期与现货市场需要在交易曲线、组织周期、交易价格、参与方式、安全约束、偏差处理等方面强化衔接（见图2）。

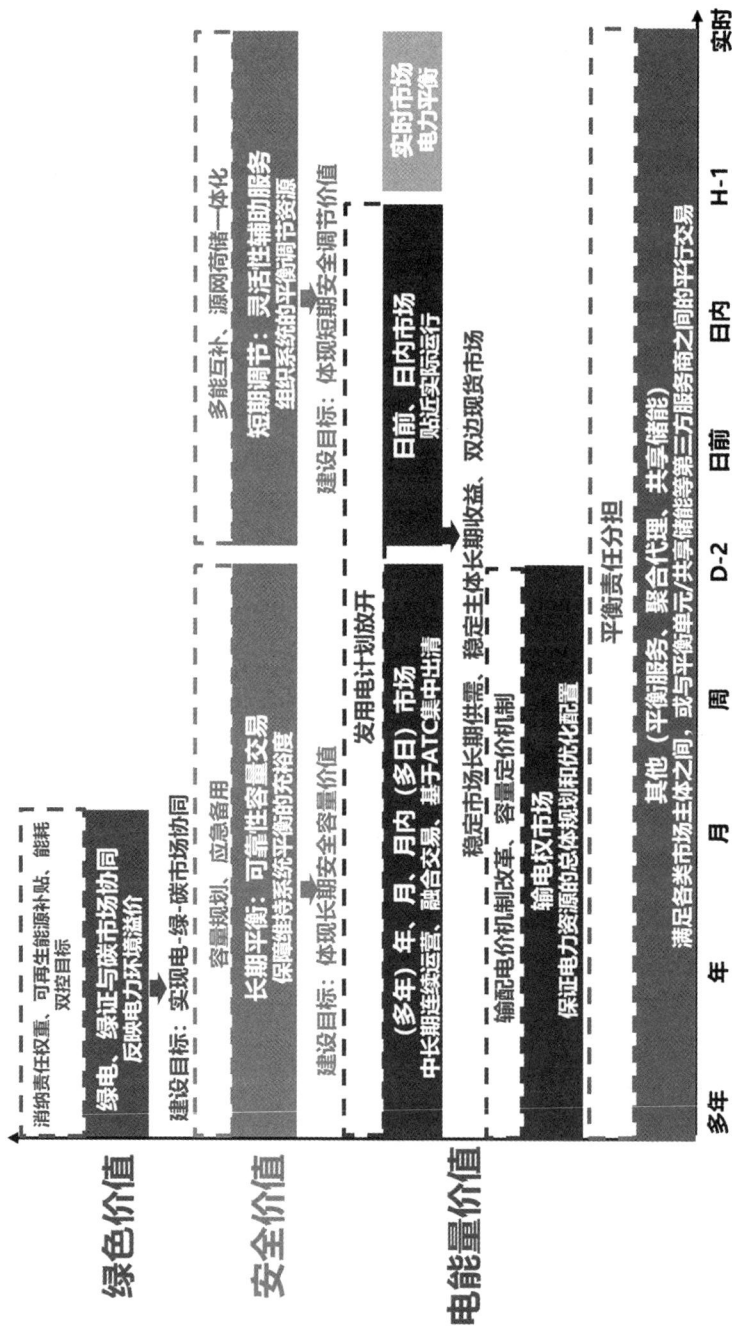

图 1 多维协同的电力市场交易框架

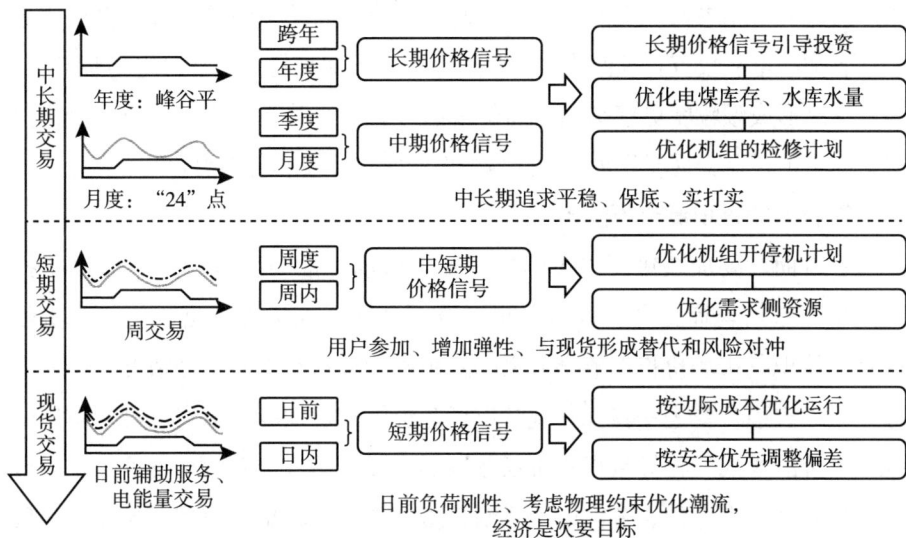

图2 多时间协同的电能量交易体系

交易曲线方面，中长期交易时段划分将更加精细，实现每日24时段的分时交易，交易曲线将与更细颗粒度的现货交易更加贴合。组织周期方面，中长期市场连续运营关闸时间已从月前推进至周以及D-2日，未来将持续向更短周期延伸。交易价格方面，中长期连续交易价格逐步向现货出清价格收敛。参与方式方面，电力用户参与度不断提升，由发电侧单边竞价向发用双边竞价发展。安全约束方面，中长期交易出清充分考虑系统运行约束，通过安全校核、出清算法等多重手段，确保成交结果的可执行性。偏差处理方面，市场主体可通过各时间周期的交易调整所持合同的偏差，主动承担偏差管理责任。

（二）构建中长期、现货与实时运行多时间协同的电能量交易体系

1. 坚持发挥中长期交易"压舱石"作用

中国中长期市场发展迅速，2022年完成市场交易电量5.25万亿千瓦时，占全社会用电量的60.8%，市场交易电量持续增长。同时，随着新能源渗透率的不断提高，受新能源零边际成本特性影响，新能源参与以边际价格出清的现货市场，造成"有价无量、有量无价"的困境。在新能源高渗透率的背

景下，电力市场中长期交易不仅是规避现货价格波动风险的工具，更将成为确保各类型电源投资合理回收的重要渠道。中长期交易为大部分电能量定价；现货交易形成颗粒度更精细的时间价格信号和因线路阻塞产生的位置价格信号，并为中长期交易提供更精确的偏差电量定价手段和价格引导。

2. 持续改进现货市场模式

一方面，要加快建设双边模式的现货市场。推动所有市场化用户"报量报价"参与现货交易。将用户侧申报信息纳入现货市场出清优化和实际结算，使现货市场价格能够充分反映发用两侧交易需求和供需情况。

另一方面，要进一步优化现货市场竞价模式。发电侧节点电价、用户侧统一电价的模式，将导致现货市场难以形成反映用户位置的价格信号。应因地制宜研究节点电价、分区电价机制，通过现货市场价格信号引导发电和负荷分布，缓解电网阻塞。同时，推动新能源报量报价参与现货市场，因报价原因未中标的电量不纳入弃风弃光电量考核。

3. 进一步推动中长期与现货市场机制的统筹衔接

中长期市场实现每日 24 时段的分时交易，交易曲线将与更细颗粒度的现货交易更加贴合。组织周期方面，中长期市场连续运营关闸时间已从月前推进至周以及 D-2 日，未来将持续向更短周期延伸。

推动中长期市场向灵活化、精细化、标准化转变。建立灵活的中长期交易调整机制，缩短交易周期、提高交易频次，以年度、月度、多日的 24 时段交易为周期，开展"中长期+连续运营"的全时间尺度运营，为市场主体提供丰富的市场化灵活调整手段，在中长期关闸前形成更贴近系统运行特性、体现实际发用电意愿的曲线（见图 3）。

4. 实现基于带时标能量块的标准化市场设计

中长期交易的标准化是提高市场流动性和深化连续运营的关键，中国中长期电力市场发展实践为标准化发展打下了良好基础，也是中国电力市场建设的优势。

通过引入分时段标准化（带时标能量块）交易概念，对交易周期、交易流程等交易组织关键要素进行标准化设计。针对当前不同省份在时段划

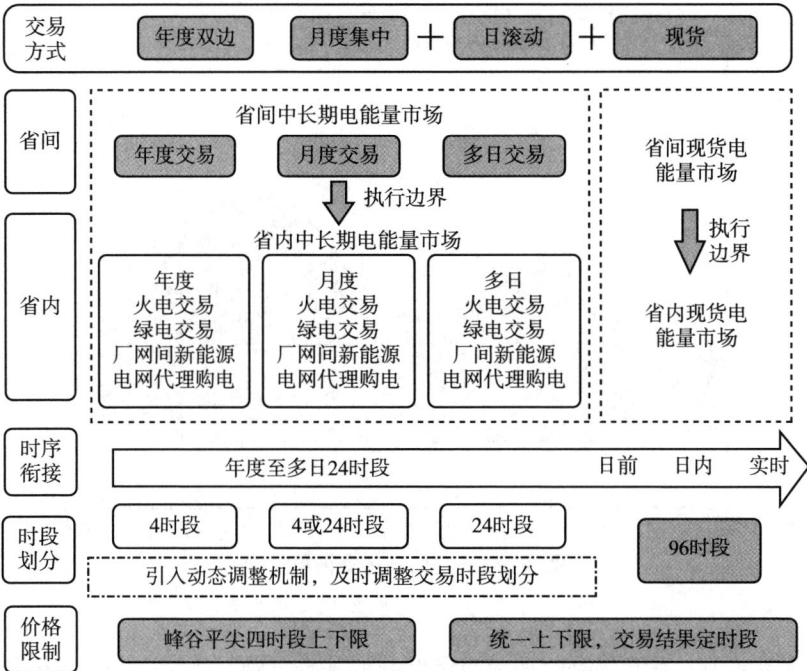

图3　中长期与现货市场、省间省内市场有序衔接

分、价格形成、曲线分解方面的差异，建立统一的中长期交易合约模型，将不同时段划分、不同买卖主体、不同交易品种的交易合约，统一为分时段标准化交易，适应多元主体的差异化交易需求，并设计供需两侧分时段标准化交易方式。建立分时块（以小时为单位申报）、持续块（多小时组合申报）、曲线块（按定制曲线申报）、可变块（总量申报、灵活调用）等多种申报模式，以适应多元主体差异化和便捷化交易要求。设计中长期连续开市、多品种融合、标准化合约买卖的连续运营机制（见图4）。

（三）推动省内省间协调的多层次统一电力市场建设

1.建立基于大系统分解协调的多层次统一电力市场

全国统一电力市场作为大系统，通过建立省间、省内市场的统一运作规范和技术标准，逐层实现省间与省内的协同，最终实现全国范围的整体协

电量

□ 年度基荷电量　■ 年度峰荷电量　■ 月度电量
■ 月内调增电量　▢ 月内调减电量

0　　　　　　　　　　　　　　　　　　　　　时间

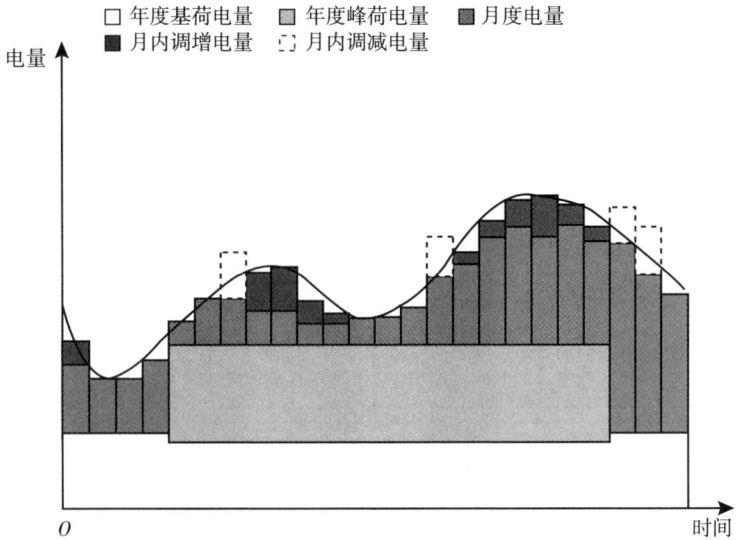

图4　中长期标准化交易模式

同。需要基于大系统分解原理和协调控制的基本思路，将集中决策与分散化决策结合，构建一个多级协调和最优控制的电力交易机制。

　　在全国统一电力市场这一"大系统"中，省间市场和各个省级/区域市场是"子系统"。省间市场与省内市场的衔接机制，是各个子系统之间的"协调函数"。以市场内发电成本最小化作为子系统的目标函数，以各市场间整体的发电成本最小化为大系统的目标函数，实现全国统一电力市场的整体效益最优（见图5）。

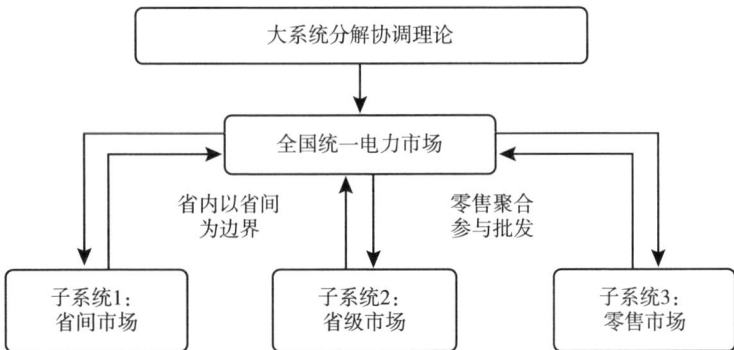

大系统分解协调理论

全国统一电力市场

省内以省间　　　　　　　零售聚合
为边界　　　　　　　　　参与批发

子系统1：
省间市场

子系统2：
省级市场

子系统3：
零售市场

图5　多层次市场协同运行

2. 实现多级市场协同优化与联合出清

探索"统一报价，联合出清"的交易组织模式，需建立三级调度与两级市场协同的组织流程，并实现基于"统一申报，两级出清"的市场出清。如图 6 所示，省内市场主体统一进行一次报价，开展省内市场预出清；分省份整合省内市场剩余报价结果，形成净受入或净送出曲线；汇总各省份净受入/净送出曲线，进行多通道集中优化，形成省间市场出清结果；省间市场出清结果作为省内市场边界，组织省内市场出清。

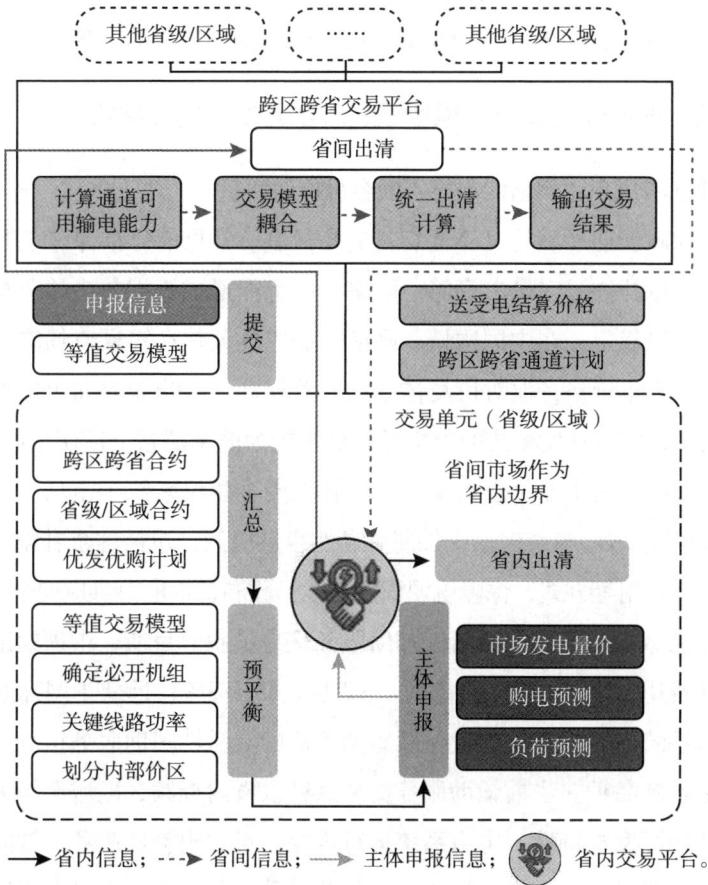

图 6　多级市场交易耦合组织与联合出清

在时序衔接上，省间中长期交易早于省内中长期交易。现货交易中，首先形成省内开机方式和发电预计划，再组织富余发电容量或购电需求参与省间现货交易，省间现货交易结果作为省内现货交易出清边界。

3. 推动建设统一的输电价格体系与输电权市场

在当前单一制跨区跨省输配电价的模式下，省间市场交易成交的前提之一是购售电双方申报价差大于输电环节价格，这在一定程度上限制了省间市场成交规模。未来应推动专项输电工程输电价格向两部制、容量定价方式转变，推进全国统一电力市场输电价格体系建设。同时，应建立省间输电权交易机制，做好与省间电能量交易的衔接协同，促进通道的合理、高效利用。

（四）设计体现安全—绿色—经济多元价值的交易机制

1. 建立考虑高比例新能源接入的容量价值体系

建立保障长期平衡的可靠性容量交易机制。常见的容量保障机制包括稀缺电价、容量补偿、容量市场等。稀缺电价可能形成极端的尖峰价格，影响电力市场价格稳定，在中国国情、网情下适应性欠佳；容量市场能够通过市场机制形成容量价格，但对市场体系的完善程度、监管能力和市场外部环境有较高要求；容量补偿模式的价格形成机制较为简单清晰，适用于起步阶段。近期宜以火电作为主要补偿对象，容量补偿资金建议来源于市场化用户，可按度电/容量收取。未来探索中长期可靠性容量机制，包括容量补偿、容量市场、中长期备用等方式，保障电源固定成本回收和长期电力供应安全。

建立保障短期平衡的灵活性辅助服务交易机制。目前，中国辅助服务市场的交易费用占全部电费比例较小，仅为 1.5%~3%，远低于国际水平。在新型电力系统下，需推动建设保障短期平衡的灵活性辅助服务市场。

一是创新品种。当前辅助服务交易品种以省内调频、区域调峰为主。未来考虑新能源发电特性、电力系统运行需要，对省内爬坡服务、省间备用服务的需求将明显增加，需要逐步建立相关品种。此外，还需推动辅助服务市场与电能量市场协调运作。

二是健全成本分摊机制。按照"谁提供、谁获利，谁受益、谁承担"

的原则，分步有序推动辅助服务成本向用户侧的传导与分摊。

三是引导多元主体积极参与。通过合理的商业模式，引导储能、分布式电源、虚拟电厂等新型主体提供调节资源。

2. 建立适应新能源大规模接入的电能—安全价值体系

完善新能源定价机理。现阶段，经测算新能源侧折合分摊度电安全成本为 0.022~0.036 元/千瓦时，新能源安全外部成本占总成本的 5.9%~9.7%。随着新能源大规模接入，新型电力系统的安全外部成本将大幅度增长。预计未来新能源安全外部成本占比将达到 30%。针对新型电力系统下新能源定价问题，需要在考虑电能量成本的基础上，进一步考虑新能源的安全外部成本，建立全成本定价模型。

实现新能源可信容量及安全成本测算。依据新能源的出力特性进行偏差概率分析，可得到不同时间尺度下的可信出力区间。在考虑新能源出力特性及可信出力的基础上，进一步测算新能源接入所产生的安全外部成本对应的调峰、调频、备用等安全调节服务的需求量。

建立外部成本内部化的联合竞价模型。针对新能源高安全外部成本特性，提出外部成本内部化的定价方法，将传统基于电能量成本的定价模式转变为基于安全外部成本内部化的定价模式；用户同时申报电量及所需平衡服务，并进行统一出清。

3. 建立反映新能源绿色价值的交易体系

完善绿电交易机制和扩大绿电交易规模。推动新能源项目全面参与市场交易，市场主体进一步拓展至带补贴新能源，逐步涵盖分布式能源、水电等可再生能源；完善绿电交易机制，着重向更长时间尺度拓展，加强绿色电力交易与其他交易品种的协同和融合；加快完善绿色电力交易与可再生能源电力消纳责任权重、碳排放权、用能权、能耗双控等配套制度的衔接。加强绿电与绿证交易的协同，保障平价和低价上网项目可通过绿证交易获得合理收益补偿。扩大参与主体范围，引导带补贴新能源参与绿电交易，由绿色溢价部分抵消对应补贴，以市场化手段减轻国家财政补贴负担。

通过绿色电力市场反映绿色电力的电能价值和环境价值，有效扩大绿电、绿证市场供给，满足用电企业绿色转型的"刚需"，推动整个能源生产消费方式的变革。

建立电-碳市场协同运作机制。目前，全国碳市场主体为发电企业。未来随着碳市场主体范围不断扩大，可通过核算用户购买电力等带来的间接碳排放，引导用户提升绿色消费意识。同时，也需考虑与碳排放权交易、国家核证自愿减排量（CCER）等机制的有效衔接，合理反映不同发电类型碳排放成本，增强绿电的竞争优势，并防止碳减排量的重复计量。

经测算，近期在碳配额较为宽松环境下，火电平均发电成本将增加约2.08元/兆瓦时；远期，若碳价上升至90~160元/吨，火电平均发电成本将增加3.7~6.7元/兆瓦时。随着碳市场价格增加，火电中标电量将由高碳机组向低碳机组转移。

积极探索绿电、电-碳的国际标准建设。推动建立全国统一绿证核算与交易体系，将绿证作为可再生能源环境价值的唯一凭证，进而与全国碳市场实现互认互换。同时，积极参与绿电认证国际标准制定，实现绿证与国际绿证、国际碳税的互认、抵扣，提升中国在全球环境治理和能源管理上的话语权。

（五）完善适应多元主体协同参与的市场交易模式

1. 建立新能源参与市场的交易机制

统筹考虑优先发电与优先购电的匹配、新能源入市后的收益变化，建立新能源补贴与交易价格的联动机制，有序推进新能源入市交易。初期宜以自愿参与市场为主，应鼓励新能源企业与用户签订多年直接交易合同，以长期合约价格信号引导能源投资；适时建立以政府授权差价合约、签订长期购电协议等方式推动新能源参与市场。

以中国新疆为例，经仿真测算，按照新能源平均折现率8%，电价分别为0.05元/千瓦时、0.10元/千瓦时、0.15元/千瓦时的高、中、低3个场景，理论上新疆风电可按2023年27%、2025年55%、2030年80%的比例和节奏推进新能源入市。

2. 建立新型主体参与市场的交易机制

建立新型主体入市分类引导机制。可将新型主体分为刚性及类刚性负荷、价格响应型负荷、调节可控型负荷3类（见表3）。

表3 新型主体划分及市场机制

单位：%

负荷类型	特征	预计规模	典型主体	参与品种	参与机制	参与条件
调节可控型	可接入调控系统	5~10	储能、虚拟电厂	中长期、现货、辅助服务、容量	报量报价	技术标准、出清算法、市场准入
价格响应型	需要通过价格机制引导	45~60	楼宇、园区、负荷聚合商、大型工业用户	中长期、现货	代理参与/报量报价	完整的中长期与现货市场体系
刚性及类刚性	难以参与调节	30~50	居民、农业、小微企业、代理购电商	—	电费奖励	完善有关政策机制

调节可控型负荷可视为"负发电"，接入调度控制系统接受调控指令；价格响应型负荷以报量不报价、自主响应的方式参与市场；刚性及类刚性负荷未来应承担更多辅助服务费用的分摊。

3. 完善适应新型主体参与的市场交易模式

建立灵活多样的新型主体交易模式。在参与方式方面，新型主体可分为直接或聚合参与；在交易品种方面，新型主体可按自身能力自主选择参与容量、辅助服务和电能量交易。通过灵活多样的交易模式，使电力需求侧用户可在综合考虑多种市场参与条件与效益的情况下，合理配置资源以获得最大市场效益。如在中长期市场建立面向需求侧主体的容量补偿机制；成功竞价出清的新型市场主体可作为电网备用资源，保障系统安全稳定运行。同时，探索开展面向应急、保供、保消纳的源网荷储互动交易，针对临时性的供需不平衡，开展面向低谷新能源大发、节假日负荷下降、迎峰度夏等典型场景的源网荷储互动交易。

完善分布式交易模式。考虑分布式电源自发自用、就近消纳的特点，可在同一台区内开展就近交易。在分布式主体加强自身平衡和调控能力建设的基础上，根据分布式主体的随机波动性及与主网交换曲线的峰谷特性，推动以责权对等的原则实现交叉补贴、电力平衡服务等相关责任的公平承担，进一步完善市场准入与价格机制。

探索平衡责任分摊的有关机制。随着新能源规模化接入，电力系统发电侧不确定性显著增加；新型主体快速发展，在负荷侧引入了越来越多的不确定性。在此背景下，为降低源荷两侧主体给系统平衡带来的高度不确定性，探索新型主体以平衡单元作为市场的基本主体入市以及对应的平衡责任分摊有关机制，具有非常重要的意义。一方面，由具备售电资质、具有灵活调节资源的聚合商，与发用电主体建立平衡单元，作为一个整体提供平衡调节服务并承担偏差的经济责任，实现平衡单元内部的自平衡，分担系统平衡责任，极大降低电网平衡压力，提高电力系统安全性。另一方面，平衡单元作为交易的基本单元，独立结算且承担自身偏差的经济责任，可充分调动市场主体参与需求响应的积极性与规范性。

（六）电力零售市场亟待加快规范建设

当前我国零售市场整体处于建设初期，各省级电力零售市场在交易机制、市场监管、平台建设、合同管理等方面存在差异，在实际运行中仍有多方面问题亟待解决和规范，包括零售套餐用户理解难度高、缺乏标准化套餐设计、批发与零售分时价格传导机制不足、市场信息透明度低等多个方面。随着电力市场化改革进一步深化和海量用户进入市场，零售市场相对批发市场面临更大的合规、信用和舆情风险，亟须完善相关风险防范机制，推动售电公司提高风险防控能力，保障零售市场平稳有序运行。

1. 深化电力零售市场建设

完善零售市场的法规政策依据。出台经营主体市场准入注册基本规则、零售市场运营基本规则等规章制度，完善售电公司管理办法，进一步规范零售市场注册、交易和结算等业务管理，完善零售市场与批发市场在交易组织、结算电价等方面的衔接，丰富零售市场绿电绿证交易模式。适应不同计量条件、差异化生产用户的入市需求，适应可调节负荷、新型储能、电动汽车等不同类型负荷侧资源聚合参与交易需求，推动零售市场有效融入电力市场体系。

完善零售市场价格体系。做好批发市场和零售市场间的价格传导，引导电力用户和售电公司形成激励相容、风险共担的合作关系，发挥零售市场的稳价格、防风险作用。研究零售市场价格形成机制，理顺用户电价构成，完善系统运行费用疏导机制，健全多类型电力商品的零售交易体系，形成有效反映各类市场运营成本的零售价格体系。

建立产销互动的零售市场机制，丰富电力零售交易品种。规范产销者间的分布式零售市场，研究分布式零售市场内产销者之间的互动交易方式，适应新型主体发展要求，契合零售市场参与批发市场交易的需要。立足于更好地服务电力用户，全面推广应用标准化零售套餐，规范价格形成、电量分解、偏差处理、套餐期限、合同解除等条款内容，同步推进标准化零售套餐个性化配置，满足不同特性用户主体差异化签约需求。推广绿色电力套餐，与批发侧绿电交易做好衔接，明确零售侧绿色电力交易合约中电能量价格与绿色环境价值的价格，保障绿色环境价值随套餐电量精准传导至终端用户。

2. 规范零售市场运营管理与风险防控

提升零售市场业务服务体验。进一步优化电力交易平台功能，运用移动互联网技术，打造移动端线上零售商城，优化零售业务线上签约方式，满足工商业用户全部入市后的海量零售交易业务需求。进一步简化零售市场业务流程，畅通服务渠道，丰富零售套餐，提供合同签约、用电数据和零售结算依据查询等"一站式"服务，加强零售市场结算档案全生命周期自动化管理。全面、及时地向经营主体披露零售市场运营信息，降低信息不对称等因素对市场规范运行造成的影响。

健全零售市场风险监测体系。加强对零售市场集中度、代理关系变更率、批发市场与零售市场交易结算价格、批零价差和服务费等指标的监控，及时对市场运行风险和不当竞争等异常情况进行预警、处理。完善争议投诉处理机制，畅通零售经营主体纠纷投诉渠道，防范零售市场舆情风险。

完善零售市场履约保障机制。根据零售市场建设发展需要，合理设置履约保函（保险）收取额度标准，细化履约保函（保险）执行条件和流程，动态监控、提示履约保函（保险）剩余额度。严格执行履约保函（保险）剩余额度与可申报交易电量额度挂钩机制，保障交易结果准确执行。

3. 完善兜底保障机制和代理购电制度

完善零售市场兜底保障机制。进一步细化保底售电公司认定、服务启动条件和交易结算流程等要求，对提供保底售电服务的售电公司进行重点管控，确保保底售电服务规范、有序开展。若全部保底售电公司由于经营困难等无法承接保底售电服务，继续由电网企业承担兜底服务责任，由省级电力主管部门牵头建立保底电力用户恢复参与市场交易的引导机制。

健全电网代理购电制度。完善代理购电用户入市服务机制，稳妥有序推动代理购电用户入市，逐步缩减代理购电规模。完善代理购电市场化采购方式，推动代理购电与其他市场用户公平参与电力市场交易结算，按照统一的市场规则承担相应的偏差责任。加强对电网代理购电用户市场化政策、交易规则、市场信息的宣贯引导，推进代理购电用户有序进入电力市场。

四　全国统一电力市场建设政策建议和机制设计

（一）全面推动推广带时标结算、绿标多维参数的标准能量块交易

1. 全周期、全品种、全主体推动分时段交易

目前，大多数省份没有放开全部主体进行分时段签约。部分市场化用户分时段签约，偏差考核；代理购电及优发优购部分电量，按照一条平线进行签约。这种不全面的分时段签约，容易产生峰谷倒挂，产生大量不平衡资金。省间和省内市场、中长期和现货市场均要求发用两侧各类型主体按照时段划分进行全面分时段签约，以解决新能源与火电同台竞价、发用两侧偏差处理、优发与优购衔接、省间与省内衔接产生的矛盾，从根本上减少不平衡资金。

2.明确交易曲线分解方式及分摊责任

在中长期交易开展前应确定发用两侧交易曲线分解方式,明确各时段电量,并且规定偏差责任归属和处理方法。对于年度、月度中长周期交易,主体分时段开展交易或合同曲线时段分解存在困难,在交易前应给出合同默认分解或典型曲线分解方式,若交易双方未达成一致的合同分解方式,则按照默认分解或典型曲线分解方式进行分解。同时在更短周期交易开展之前,给予用户自由调整的机会。

(二)开展电力中长期市场标准化设计

目前,由于各省级市场建设进度、资源禀赋和电力电量平衡格局不同,各省份现行电力市场体系、交易品种设置等差异较大,不利于形成全国统一电力市场体系,仍需要开展市场标准化设计工作,制定完整的省级市场建设典型方案。

1.优化电力中长期市场关键参数

在推广带时标能量块的中长期电力市场设计基础上,应增加环境属性标识("带绿标"),细化交易组织颗粒度,明确交易主体类型,优化市场交易、结算、调用的优先级等市场关键参数。

2.开展省级电力市场标准化设计

在电力中长期交易品种、组织时序、价格形成等标准化统一设计框架下,各省份因地制宜通过调整市场关键参数灵活实现交易量价限制、时段划分等设置,形成电力商品智能合约,完善省级电力市场体系设计,以满足高比例新能源入市交易要求,应对国际绿证、碳足迹溯源追踪问题,适应未来国家和国际政策环境发展趋势,促进融入全国统一电力市场。

(三)开展体现电能商品多维价值的电力市场顶层设计

新型电力系统建设应体现电能商品多维价值。通过中长期+现货全时间尺度交易,体现电能的经济价值,通过主能量市场与辅助服务市场、容量市场的协同优化，体现电能的安全调节价值，通过绿电绿证市场建设、绿证国际互认体现电能绿色价值。

（四）推动非现货省份市场建设

1. 非现货省份应全面开展中长期分时段交易

非现货省份应完善中长期分时段交易和预挂牌上下调交易机制，全面推动发用两侧分时段交易和结算工作。预挂牌上下调交易作为"简易版现货交易"，可与中长期分时段交易相结合，形成完整的电能量市场体系。

2. 未开启现货交易的高比例新能源省份应探索新型现货模式

没有开展现货交易的省份，尤其是西部高比例可再生能源省份，呈现如下几个特征。一是市场竞争不充分，火电基本由一家主体来运营；二是装机结构方面，火电的占比低，新能源占比高；三是成本特性方面，由于新能源零边际成本特性，很难申报单调递增的成本曲线；四是定价机制方面，火电的边际成本很难体现全省的系统边际成本。在此背景下，是否执行现有的现货模式值得思考。建议针对部分新能源占比高、现货模式难以开展的省份，是否可以考虑一步到位，探索开展全新的高比例新能源接入下的现货市场交易模式。

（五）电力市场推动电力系统建设的定位及作用

1. 以对新型主体、新技术的竞争性开放，保障新型电力系统的可持续发展

不能把电力市场当作解决矛盾的最后手段，所有疏导不了的价格，都通过电力市场解决。电力市场应该是一个公平的竞技场，技术上中立，模式上开放，物竞天择，优胜劣汰。把不具备经济性、推广性的市场交易模式，通过市场竞争淘汰掉，保障能源转型的可持续性。

2. 保障新老主体的同台竞价与公平竞争

针对新型市场主体，应与传统市场主体一样，设置公平统一的准入标准、交易组织模式、结算方式，公平竞争。

（六）通过更为科学的手段进行市场管理

1. 放宽电量限制，保障中长期结构流动性

例如"六签"中的高比例签约，需要 80% 电量签中长期，会使发电企业非常容易达成按装机比例垄断市场的纳什均衡。针对该问题，需要进一步放开中长期交易电量/电价，发电主体可以自由选择参与中长期交易的比例，即可以打破按装机比例垄断市场的纳什均衡，提高电力交易的流动性与自主选择性；价格限制方面，建议放宽至基准价格的两倍、三倍以上，按照历史博弈均衡理论，越严格价格限制，越容易致使竞争双方进行联手定价。放开交易价格限制可以使市场主体之间形成非确定性随机博弈，难以达到价格均衡。反之，设置较低的价格上限，长期博弈结果使所有主体按价格上限申报成交，市场变为"一潭死水"。

2. 安全及经济约束设置

在约束的设置方面，安全约束前置，建议对影响电网安全稳定运行的约束，包括出力上下限、爬坡约束、潮流约束等进行约束前置；经济约束后置，对于市场限价、超额利润回收、竞价补偿等价格干预手段，应在年度、月度较长周期以总电量的均价水平为标的进行调整。建议在每季度、半年、一年进行调整，尽量减少对电力市场价格的高频干预。

3. 针对不平衡资金疏导，应加强对批零价值有效传导的监督与评价

要加强对批零价值有效传导的监督与评价，避免售电公司利用信息不对称进行峰谷套利，窃取改革红利，提高用户成本。一旦售电公司利用市场漏洞获得大量的超额套利，相关企业会利用各种渠道，反对制度的查缺补漏，为市场规则的完善制造阻碍。

4. 基于经济学交易原理进行有效的信息披露

对于售电侧应该信息尽可能透明，减少售电公司利用信息不对称进行过度峰谷套利的行为。对于发电企业，应加强信息管理，推动发电企业在达成价格联盟后相互监督，形成长期稳定的联盟关系。

参考文献

《国家发展改革委 国家能源局关于加快建设全国统一电力市场体系的指导意见》，中国政府网，2022 年 1 月 18 日，https：//www. gov. cn/zhengce/zhengceku/2022-01/30/content_ 5671296. htm。

荆朝霞等：《能源系统低碳转型背景下的混合电力市场体系结构与设计》，《电力系统自动化》2024 年第 11 期。

谢开等：《适应新型电力系统的多维协同电力市场体系》，《电力系统自动化》2024年第 4 期。

陈国平、梁志峰、董昱：《基于能源转型的中国特色电力市场建设的分析与思考》，《中国电机工程学报》2020 年第 2 期。

樊宇琦等：《国内外促进可再生能源消纳的电力现货市场发展综述与思考》，《中国电机工程学报》2021 年第 5 期。

夏清等：《中国特色、全国统一的电力市场关键问题研究（2）：我国跨区跨省电力交易市场的发展途径、交易品种与政策建议》，《电网技术》2020 年第 8 期。

曾丹等：《中国特色、全国统一的电力市场关键问题研究（3）：省间省内电力市场协调运行的交易出清模型》，《电网技术》2020 年第 8 期。

B．13
用户中心时代的配电网形态功能
变革分析

王　鹏　刘洪涛*

摘　要：　电力工业作为我国经济社会发展的重要基础行业，随着时代发展出现的有电可用、有网可送等核心问题，历经了以"发电侧"为中心和以"大电网"为核心的时代。"双碳"目标的确立和新型电力系统的构建为电力工业提出了新的命题，原有集中式电源、远距离输送的集约化路线向集中式与分布式并举转变，配电网由于分布式新能源就近利用、承载新型负荷等方面的突出功能，成为新型电力系统的关键支撑。然而，当前配电网发展还不能完全满足新能源大规模接入与高效消纳的需求，仍是新型电力系统的薄弱环节，必须加快形态功能变革，在形态上向具备自主调控能力的微电网和增量配电网等新型配电网转变，在功能上为区域内"源网荷储"有效互动、搭建跨品种的能源网络、相近主体间自主交易和分散灵活性资源聚合利用提供支撑。为此，建议因地制宜推进新型配电网建设，提高就地消纳和区域自平衡能力；不断完善电力管理体制机制；更好发挥有为政府作用，加快出台各类新型配电网的管理细则与标准；多措并举提高项目效益。

关键词：　电力工业　用户中心时代　新型配电网

---

* 王鹏，博士，教授，博士生导师，华北电力大学国家能源发展战略研究院执行院长，中国投资协会能源专委会副会长，中国战略学研究会能源专委会副主任，研究方向为能源战略、电力市场、新型电力系统；刘洪涛，博士，华北电力大学国家能源发展战略研究院讲师，研究方向为能源战略与集成能源系统。

如同所有商品从"产品为王"到"渠道为王"再到"用户为王"的演化周期，电力商品的演化，也必然从以"发电侧"为中心走向以"电网侧"为中心，最终走向以"用户侧"为中心。新型电力系统建设顺应时代规律，为新时代的电力工业和配电网发展提出了新的命题。传统配电网的修修补补，已经无法适应新质生产力的发展需要，配电网的形态和功能必须彻底变革。

一 用户中心时代呼唤新型配电系统

电力工业是我国重要的基础性行业，是经济社会发展的先行产业。长期以来，为支撑社会经济发展，我国电力工业准确把握时代发展的需要，不断改革创新，取得了巨大的发展成就。如果说改革开放后，第一个二十年是以"发电侧"为中心，通过集资办电等方法解决了有电可用的问题；21世纪以来是以"大电网"为中心，通过建设特高压、超高压输电网解决电力资源有网可送和大范围优化配置的问题；那么，未来的几十年，电力工业将以"用户侧"为中心，通过配电网形态与功能变革，满足人民美好生活的用能需求。

（一）用户中心时代到来

改革开放到20世纪末，我国经济社会处在快速恢复发展阶段，各地都存在突出的缺电问题，要发展经济，电力工业须先行。此时，电力工业发展的核心任务是能筹集到资金、建设电厂、发出电能，保障用电需求，呈现"重发、轻供、不管用"的电力管理态势，在历史上留下了不可磨灭的"发电中心时代"。1998年受亚洲金融危机影响，电力供给出现相对过剩，"发电侧"由盛转衰。

21世纪以来，我国经济社会快速发展、改革不断深化。2002年开启的电力体制改革强调"厂网分开、竞价上网"，在多家办电、厂网分开、引入竞争的格局下，单一发电企业的社会影响力快速下降。然而，此次改革并未波及电力系统与用户层面。调度、计划、交易等功能由电网公司执行，发电企业由于相互竞争关系，无论是建电厂、并网，还是"公平、公正、公开"调度，都有些"底气不足"。此时，我国东部地区社会经济快速发展需要电力支撑，西部火电、水电的电力需要外送，国家比以往任何时候都更需要大范围、长距离的超（特）高压输电线路；此时，第二、第三产业加速发展，地方政府比以往任何时候都更需要配电系统的增容扩建；此时，为解决无电村、无电户，打赢脱贫攻坚战，农网需要升级改造。地方政府依赖电网企业在本地加大投资，中央政府部门希望通过电网公司之力纠偏地方政府的"任性发展"。电网在社会经济中的作用日益突出，带来了辉煌的"电网中心时代"。

党的十九大指出，我国社会的主要矛盾已经从"人民日益增长的物质文化需要同落后的社会生产之间的矛盾"，转变为"人民日益增长的美好生活需要和不平衡不充分的发展之间的矛盾"。① 随着"双碳"目标和建设新型电力系统的提出，以新能源高质量发展推动经济社会绿色低碳转型成为普遍共识，习近平总书记强调，要"以更大力度推动我国新能源高质量发展，为中国式现代化建设提供安全可靠的能源保障"。②

伴随新能源的大规模发展，我国电力系统的发展基础已经发生根本改变，长期以来基于化石能源发电技术，以集中式电源、大容量机组、高电压等级、远输电距离为方向的集约化电力系统路线也随之改变。展望未来，不仅化石能源发电机组的增量减小，以新能源为主的新增电源机组单机容量规模也可大可小，并呈现集中式与分布式并举的格局，必须根据新能源资源分布特点，一方面远离负荷中心的基地型新能源电站仍然需要通过升压和远距离输送的方式，将电力送至负荷中心区域；另一方面，更要重视电自身边

① 《习近平：决胜全面建成小康社会　夺取新时代中国特色社会主义伟大胜利——在中国共产党第十九次全国代表大会上的报告》，中国政府网，2017 年 10 月 27 日，https://www. gov. cn/zhuanti/2017-10/27/content_ 5234876. htm。

② 《习近平在中共中央政治局第十二次集体学习时强调　大力推动我国新能源高质量发展　为共建清洁美丽世界作出更大贡献》，《人民日报》2024 年 3 月 2 日，第 1 版。

来，在负荷中心区域就近发展新能源，并将海量小型、分散的电源以合适电压等级直接配电网或由用户消纳，使电网趋向扁平化、分布化、局域化。同时，伴随 2015 年以来的新电改实践，我国电力用户的"主人翁"意识被唤醒，多样的配售电公司诞生，电力用户有了消费多样化的可能：既能够选择普通电力，也能够选择绿色电力；可以选择电从远方来，也可以选择电从身边来，价格可以协商，用户资源甚至可以创收。未来，为了更好满足人民的清洁用电需求，我国电力工业必须坚定不移贯彻新发展理念，以电力为核心构建能源互联网，实现人民生产生活方便用电、低碳用能。打破僵化的管控模式，摆脱制约新质生产力和科技创新的各类束缚，各类能源产品服务更加丰富融合的"用户中心时代"正在悄然到来，而配电网作为电力用户与电力系统的桥梁，必将在其中发挥日益重要的作用。

（二）电力新质生产力已露端倪，饱受制约，存而不兴

加快构建新型电力系统，是能源电力高质量发展的应有之义；发展新质生产力是推动高质量发展的内在要求和重要着力点。

电力新质生产力，是以新发展理念为指导的先进生产力，在创新促进电力生产、运输（储存）、消费全过程中，实现劳动者、劳动资料、劳动对象等生产要素创新性配置，以及全要素生产率大幅度提升。

发展电力新质生产力，在电力供给侧要深耕新能源。在社会经济各部门生产生活广泛使用电能的基础上，通过与新技术的深度融合，持续增强电能供给和调峰及辅助服务能力，跨区域输送和区域自平衡、微平衡并重，促进更多绿色低碳能源以电能形式实现大规模利用。

发展电力新质生产力，在电力消费侧要加快终端用能电气化和电气设备节能改造。利用电力替代传统化石能源的直接利用，提高用能消费端的电力占比，推广多类能源节约措施，实现高效、节约用电。以电力为核心，融合电、气、热、冷、氢等多种能源协同高效运行，推动综合能源服务、电动汽车服务，进而推动能源消费变革。

这些电力新质生产力已初现端倪，但在传统电力系统形态与功能制约

下，大多"叫好不叫座"，存而不兴。发展电力新质生产力，必须打破传统电力体制束缚，推动配电网形态功能变革。

二　建设新型电力系统，关键在于把握配电网的新形态

随着新型电力系统建设的推进，电源侧集中式与分布式并举、负荷侧生产者与消费者融合的趋势日益突出，配电网正逐步由单纯接受、分配电能给用户的电力网络转变为源网荷储融合互动、与上级电网灵活耦合的电力网络，在满足分布式新能源就近利用、承载新型负荷等方面的功能日益显著。建设清洁低碳、安全充裕、经济高效、供需协同、灵活智能的新型电力系统，关键在于实现配电网形态变革。

（一）新型电力系统整体形态

立足新发展阶段、贯彻新发展理念，新型电力系统在功能定位上需要实现保障经济社会高质量发展和引领产业升级，在供给结构上需要实现依赖新能源提供可靠电力支撑，在系统形态上实现"源网荷储"互动和多种电网形态并存，在调度机制上实现"源网荷储"多元智能互动，其中"源网荷储"各侧整体形态表现如下。

在电源侧，各类电源优势充分发挥，实现互补互济，实现多元绿色低碳的电源供给。新能源开发实现集中式和分布式并举、就地消纳和远距离外送并举，依托储能、虚拟同步机、功率预测等技术，成为主体电源。煤电等传统电源转型为系统调节性电源，提供应急保障和备用容量，支撑电网安全稳定运行。

在电网侧，交直流互联的"大电网"与主动平衡区域电力供需、支撑能源综合利用的分布式智能电网等多种电网形态广泛并存，共同保障电力安全可靠供应。主干网架实现提质升级，充分发挥"大电网"的资源配置作用。同时，促进满足分布式新能源并网消纳、工商业园区个性化用能需求的

新型配电网广泛发展，实现局部电力电量自平衡。电网在"源网荷储"协调发展的基础上，推动多种能源互联互济。

在负荷侧，各行业先进的电力装备发展实现突破，清洁电能在交通、建筑、工业等多领域实现广泛替代，成为终端能源消费的主体。用户侧主体"产销一体"特征凸显，通过负荷聚合服务、虚拟电厂等新业态，实现分散需求响应资源的整合，充分挖掘调节潜力，支撑电力系统安全稳定运行。

在储能侧，覆盖电、热、气等多能源品种以及多种时空尺度的储能技术在源网荷各侧多场景应用，实现规模化应用与协同运行，支撑电力系统实现动态平衡。

（二）配电网发展的新形态

在电力系统整体形态的演变中，配电网的升级是未来新能源大规模发展与高效利用的关键支撑。从微观看，一是新能源与配电网内其他主体的互动使得局部电力电量足够平衡，促进分布式电源高效消纳，减少对外部调控的需求；二是新能源就近消纳可减少电能远距离传输导致的损耗和输配电投资；三是通过该配电网的"源网荷储"互动，能解决电力实时平衡问题、减少额外的调节成本，在保障用户安全使用绿电的同时，能够省去外部电网的输配电价，显著降低用户的用电成本，使"能源不可能三角"在新型配电网的区域得到破解。从宏观看，这种在末端构建无数个"源网荷储"一体化新型配电网的模式对降低整体电力系统的建设、运行成本并提升电力系统的运行安全水平起到重要作用。通过配电网内新能源的就近生产和消纳，减轻输电网承接大规模新能源接入和大范围传输需求的电网建设压力；通过将"源""荷"分散到微小电网实现局部"源""荷""储"互动平衡，减轻电力系统承担整体大规模新能源发电波动以及用户用电波动导致的调节压力；通过微小电网"源网荷储"互动响应电力市场和辅助服务市场后的有功无功支撑，有效助力整体电力系统的安全稳定运行。因此，配电网升级的核心是要具备自主控制和运行能力，也即成为主动配电网。从形态上看，具备自主调控能力的配电网包括微电网和增量配电网等。

1. 微电网形态

所谓微电网，是指由分布式电源、电力负荷、配电设施、监控和保护装置等组成的发输（配）储用一体化的局域电力系统，能够通过内部调控实现能源生产与消费的就地相对平衡，既可与公共电网灵活互动也可相对独立运行，适宜在相对独立的乡村或城市建筑范围内推广应用。

2015 年 7 月，国家能源局在《关于推进新能源微电网示范项目建设的指导意见》中提出了示范项目建设的具体要求。2017 年 5 月，国家发展改革委、国家能源局下发文件批复了 28 个新能源微电网示范项目。

近些年，随着分布式能源的快速发展，微电网形态的新型配电网实践不断推进，北京亦庄、鄂尔多斯蒙苏、岳阳汨罗等工业园区和有色、石化、建材、轻工等行业都出现了典型应用场景，特别是山西芮城庄上村项目，构建了由屋顶光伏、储能、直流配电、柔性用电组成的直流配电网系统，针对直流的发电、输配电、用电方式、家用电器改造进行了一系列探索与实证。该"光储直柔"微电网采用"就地消纳、余电上网"模式，建设了 2000 千瓦分布式光伏和 5 个分布式储能电站，系统年发电量 250 万千瓦时，平均每户仅电费和燃油开支即可节省 3000 元以上。

在取得成效的同时要看到，在全国范围内，微电网发展依然困难。以上述 28 个试点为例，经过数年的建设，这些试点项目除少数建成并实现盈利外，由于市场机制不完善、阻力较大等问题，多数项目仍然难以落地。

2. 增量配电网形态

增量配电网是其他社会资本（非省级电网投资）投资建设的 220 千伏（330 千伏）电压等级及以下的配电网，当取得市场化售电资格后，增量配电网企业又被称为拥有配电网运营权的售电公司或第二类售电公司。在具有供电营业区的增量配电网或工业园区局域配电网内，配电网经营企业可统筹电力用户与分布式能源电能购销。

增量配电因电网体制改革一直被高度关注。2015 年，《关于进一步深入电力体制改革的若干意见》指出了深化电力体制改革的重点和路径：有序放开输配以外的竞争性环节电价，有序向社会资本开放配售电业务。2016

年以来，增量配电网的试点工作在全国范围内推进，截至 2023 年底，已公布 5 个批次共 459 个增量配电业务改革试点，以园区配电网为主要形态。截至 2023 年底，已有 329 个试点项目完成了规划编制，256 个试点项目确定供电范围，227 个试点项目、23 个非试点项目取得电力业务许可证（供电类）。[①] 总体来说，取得了一定的积极成效。例如，山西大同装配制造产业园增量配电网项目通过建设 10 兆瓦分布式光伏/12 兆瓦时储能，实现"源网荷储"互动智能调节，降低区域内用户电价最高可达 0.1 元/千瓦时。2023 年，在内蒙古通辽奈曼工业园区建成的 37 兆瓦分布式风电，每年能为园区内的企业提供 1.1 亿千瓦时绿色低价新能源，到户电价不高于 0.38 元/千瓦时，仅此一项每年可为用电企业节约用电成本共计约 2000 万元。[②] 但是，增量配电网项目仍普遍面临价格形成机制不合理，经营权、发展权等多种基本合法权益难以落实的问题，落地运营受到制约。

三 新型配电网业态蓄势待发

伴随配电网的形态变革，其可承担的功能也将发生翻天覆地的变化（见图 1）。配电网的自主调控能力使得区域内的"源网荷储"实现有效互动，进而搭建跨品种的能源网络，实现以电为中心、多能源品种的高效转化和综合利用。同时，在配电网自主调控能力的支撑下，区域内、相邻区域的不同主体间将有能力自主选择实现就近交易，海量、分散的灵活性资源也可以通过虚拟电厂等资源聚合平台实现大范围的聚合利用。基于这些功能，"源网荷储"一体化、综合能源服务、分布式能源就近交易、虚拟电厂等新业态蓄势待发。

（一）园区级"源网荷储"一体化

"源网荷储"一体化新型配电网包括区域（省）、市（县）、园区（居

---

① 《增量配电，新能源消纳新可能》，《中国能源报》2024 年 1 月 29 日。
② 《内蒙古奈曼旗：开创蒙东增量配电网发展先河》，中新网，2023 年 7 月 18 日，http：//www.nmg.chinanews.com.cn/news/20230718/39870.html。

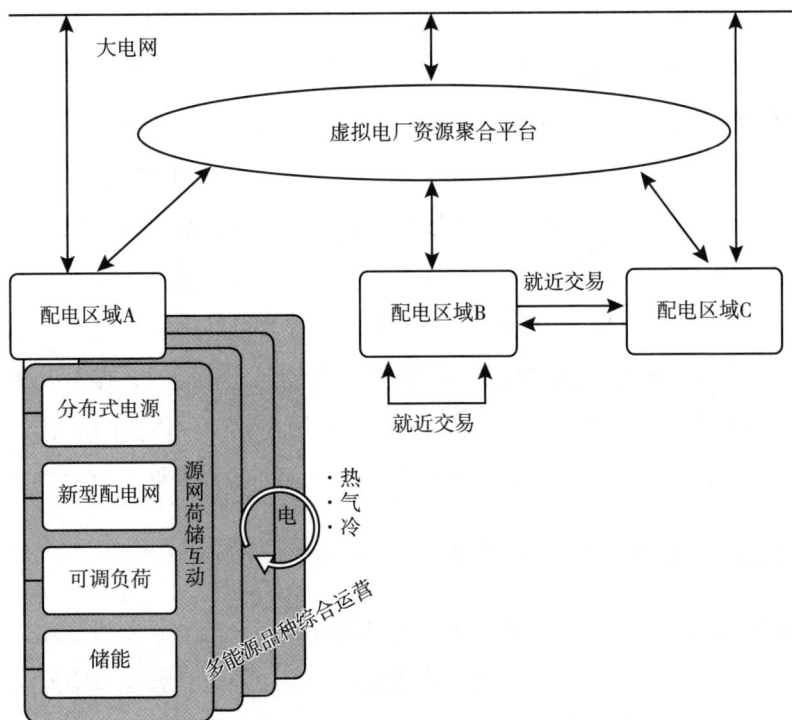

图 1　新型配电网业态

民区）等多种层级和模式。其中，园区（居民区）级的"源网荷储"一体化以工业园区、城市商业区、综合体、居民区为主，依托分布式光伏、微电网和充电基础设施等，进行新能源分布式开发建设和就近消纳，其实施有赖于配电网的自主调控，通过配电网对"源网荷储"不同环节的电力资源进行主动管理和调度，实现资源最优配置，更好地适应新能源的接入，减少对主电网的依赖和冲击。

2021 年国家能源局对"源网荷储"一体化项目进行部署，明确了项目总体要求，提出了实施路径和重点任务，随后出台文件要求各省级能源主管部门对项目进行评估，并择优纳入本省（区、市）电力规划。在此基础上，山西省、青海省、内蒙古自治区等多个省（区、市）制定了本地区的管理办法。据初步统计，截至 2023 年 4 月，全国已明确"源网荷储"一体化试

269

点项目接近 100 个，目前正处在加快建设阶段。其中，新疆乌鲁木齐甘泉堡经济技术开发区"源网荷储"一体化项目依托甘泉堡经济技术开发区增量配电网展开探索，规划建设光伏 100 万千瓦、储能 16.5 万千瓦/66 万千瓦时，通过自建 220 千伏输电线路接入增量配电网，光伏年发电量约为 18 亿千瓦时（占总体用电量约 52%），全部在甘泉堡经济技术开发区增量配电网内消纳，新疆电网为其提供备用容量并收取系统备用容量费。[①]

当前，"源网荷储"一体化作为适应新能源开发利用的新模式，还面临相关技术细则、标准、调度机制不健全等一系列问题，同时，在微电网、增量配电网落地困难的条件下，"网"作为"源网荷储"一体化的关键支撑难以发挥自主调控作用，大多数项目难以真正实现"源网荷储"互动的效果。

（二）多能源品种综合运营

多能源品种综合运营是指在传统配电网提供单一电力服务的基础上，耦合热、气、冷等多种能源子系统，通过能源子系统与智慧调控系统的深度融合，实现多异质能源子系统之间的优化运行和互补互济。多能源品种综合运营的方式，打破电、热、气、冷等能源子系统壁垒，以电能为中心实现不同能源类型之间的相互转化与协同运行，提升能源系统运行灵活性，在满足用户多元用能需求的同时可通过"梯级利用"有效提升用能效率，实现整体能源网络的低碳化和柔性化。新型配电网是多能源品种综合运营的重要土壤。区域配电网运营商以新型配电网为载体，与区域内用户进行直接交易并利用区域内的分布式能源，通过电力业务提升用户黏性，从而切入用户侧分布式光伏、节能业务、供暖供冷等综合能源服务项目，有效提升配电网的经济性。

国家能源局早在 2015 年发布的《关于推进售电侧改革的实施意见》中提出，促进电力生产者和消费者互动，向用户提供智能综合能源服务，提高服务质量和水平。近年来，随着"双碳"目标、新型电力系统和新型能源

---

① 《绿色"充能"甘泉堡》，《乌鲁木齐晚报》2024 年 1 月 10 日。

体系建设的提出，能源低碳化、综合化发展的趋势成为共识，我国在《2030年前碳达峰行动方案》和"十四五"规划中均做出相关部署，行业内也在产业园区、集群楼宇等场景下开展了大量探索。但是，由于微电网、增量配电网推进困难，电力灵活调控机制缺失等，项目自主优化运行空间有限，除医院、办公楼宇等能源费用托管有一定突破外，其他场景尚未形成可复制的商业模式，总体来说发展不及预期。

（三）多主体间就近交易

目前的多主体间就近交易主要指分布式发电市场化交易，即分布式能源与周边用户就近自主开展电力交易，也被称为"隔墙售电"。分布式电源由于靠近电力用户，所产生的电力可就近利用，省去升降压远距离输送过程，相比集中式的发用方式，可有效减少输配容量占用和过程损耗。

2017年国家能源局曾部署分布式发电市场化交易试点工作，明确了分布式发电试点市场化交易的交易组织、"过网费"核定原则等，指出各地可根据电力市场化交易的阶段性差别，采用多种模式开展试点，并于2019年进一步确定26个试点项目。

由于项目普遍面临交易机制缺失，确认输配电价及签订输配电协议困难等问题，成功案例较少，仅有江苏常州宁辉5兆瓦分布式光伏、苏州工业园区12兆瓦分布式光伏、邯郸涉县50兆瓦分布式光伏三个分布式发电市场化交易试点，实现了项目与电力用户的直接交易。江苏常州宁辉5兆瓦分布式光伏项目采用"农光互补"模式，所发电量就近在110千伏变电所供电区域内直接进行市场化交易，2021年平均电价0.46元/千瓦时。[①] 苏州工业园区12兆瓦试点项目分布在10个房屋载体上，分为2个110千伏子项目，所产生电能可直接由同在一个变电站内的用户购买利用。[②]

---

① 《全国首家分布式发电市场化交易试点项目建成投运》，江苏省人民政府网站，2021年1月4日，http://www.jiangsu.gov.cn/art/2021/1/4/art_84323_10227912.html。
② 《创多项全国记录 园区"隔墙售电"项目正式投产运行》，苏州工业园区管理委员会网站，2023年4月7日，http://www.sipac.gov.cn/szghjswyh/gzdt/202304/b0229c91172c4da8b3f68b3120346d45.shtml。

（四）海量分散资源聚合

将分散在不同配电网中的灵活性资源，包括可调负荷、储能、分布式电源等进行聚合，通过自主优化控制，参与电力系统运行和电力市场交易，对于提升系统调节能力、促进新能源消纳和降低用户用电成本具有重要意义，虚拟电厂是其中的典型业态。

近年来，多份文件提出支持虚拟电厂参与电能量和辅助服务的各类交易，全国一半以上省（区、市）已经着手推动。山西省较早地在虚拟电厂领域开展了一系列探索实践，截至 2024 年 4 月山西省能源局已公示三批虚拟电厂试点项目，其中首批 15 家虚拟电厂已建设完成，聚合容量 184.74 万千瓦，可调节容量 39.2 万千瓦。① 京津唐电网也已组织虚拟电厂试点参与调峰辅助服务市场，其中冀北虚拟电厂聚合张家口、秦皇岛等多个地区，涵盖蓄热式电采暖、智慧楼宇、可调节工商业等 11 类可调节资源，于 2019 年 12 月正式投入商业化运营，总容量 35.8 万千瓦，最大调节能力 20 万千瓦，全程参与了华北调峰辅助服务市场出清，截至 2023 年底已在线连续提供调峰服务超过 9196 小时，累计增发新能源电量 4503 万千瓦时，收益超过 3700 万元。

在社会各界高度关注、积极探索的同时，虚拟电厂也面临诸多挑战。在体制机制上，规范标准不统一、激励和市场化机制不到位、市场环境和商业模式尚不成熟。在技术上，目前，虚拟电厂参与交易已经有了一些准入和运行规定和要求，但如何准确地进行多种资源的基线综合认定与管理仍面临一定困难。此外，面向虚拟电厂的调度中心—交易中心—负荷管理中心的体系架构和责权边界还不够清晰，虚拟电厂的实施基于数字化和互联网技术，因此通信、控制等信息安全加密方面的保障仍需要重点关注。

---

① 《山西首批 15 家虚拟电厂建设完成》，新华网，2023 年 2 月 15 日，https：//www.news.cn/fortune/2023-02/15/c_ 1129367845.htm。

四 政策建议

（一）因地制宜推进新型配电网建设

提高认识，加强宣贯，引导新型配电网项目提高就地消纳和区域自平衡能力，推动现有整县分布式项目因地制宜向智能微电网、虚拟电厂等新型配电网方向发展，提高就地消纳和区域自平衡能力，降低"大电网"消纳负担。鼓励各地因地制宜探索更多区域自平衡、与"大电网"友好互动的应用场景和商业模式，开展试点示范并有序推广。

（二）完善电力管理体制机制

能源主管部门应进一步明确项目各方的角色定位，需要评估的应引入第三方机构。明确各类配电网项目内部"源网荷储"的调控权限，制定并网或网间互联调度协议示范文本，科学界定"大电网"的调度边界，完善相关技术标准和规则规范。

（三）更好发挥有为政府作用

加快出台各类新型配电网模式备案、建设、并网验收、监管的完整标准与细则，为项目落地与健康发展提供制度保障。明确各类新型配电网项目的合法市场主体身份，健全开展供售电、辅助服务、需求响应等交易机制与价格机制。能源主管部门将各类试点推动情况纳入对地方能监部门考核体系。

（四）多措并举提高项目效益

金融、财税等部门应强化对小微企业开发分布式能源的金融和财税支持，促进符合各地特点和需求的新型配电网金融产品落地。引导新型配电网项目向冷热电氢等综合利用方向发展，以提高综合效益。能源主管部门应加快探索新型配电网与绿电、绿证交易的衔接机制，兑现绿电环境价值，提高投资主体积极性。

参考文献

王鹏等：《用户中心时代的配售电重构》，机械工业出版社，2022。

《新型电力系统发展蓝皮书》编写组编《新型电力系统发展蓝皮书》，中国电力出版社，2023。

《山西芮城打造零碳村镇"样板间"》，《中国能源报》2023 年 5 月 1 日。

华北电力大学国家能源发展战略研究院：《2023 年度增量配电发展研究白皮书》，2023。

《内蒙古奈曼旗：开创蒙东增量配电网发展先河》，中新网，2023 年 7 月 18 日，http：//www. nmg. chinanews. com. cn/news/20230718/39870. html。

《绿电"充能"甘泉堡》，《乌鲁木齐晚报》2024 年 1 月 10 日。

杨锦成：《双碳背景下综合能源服务的溯源、剖析与展望》，中国储能网站，2023 年 6 月 16 日，https：//www. escn. com. cn/20230616/e254ce6774db41628e891b9c11ffda26/c. html。

《全国首家分布式发电市场化交易试点项目建成投运》，江苏省人民政府网站，2021 年 1 月 4 日，http：//www. jiangsu. gov. cn/art/2021/1/4/art_ 84323_ 10227912. html。

《创多项全国记录　园区"隔墙售电"项目正式投产运行》，苏州工业园区管理委员会网站，2023 年 4 月 7 日，http：//www. sipac. gov. cn/szghjswyh/gzdt/202304/b0229c91172c4da8b3f68b3120346d45. shtml。

《关于第三批虚拟电厂建设试点项目的公示》，山西省能源局网站，2024 年 4 月 7 日，https：//nyj. shanxi. gov. cn/zfxxgk/fdzdgknr/gg/202404/t20240407_ 9533176. shtml。

案 例 篇

B.14

新能源云服务绿色发展与碳达峰碳中和

吴 静 余秋霞*

摘 要: 为更好地贯彻落实"四个革命、一个合作"能源安全新战略，国家电网以习近平新时代中国特色社会主义思想为指导，完整准确全面贯彻新发展理念，担当作为，努力争当能源清洁低碳转型的推动者、先行者、引领者，创新建设新能源云，助力构建新型电力系统，推动新型能源体系规划建设，积极服务碳达峰碳中和。在国家有关部门的支持指导下，国家电网相关部门和单位共同努力，新能源云建设应用取得一系列成效，并将紧紧围绕"双碳"目标，携手各方深化应用推广新能源云，加强与产业链上下游协同合作，进一步为推动国家能源转型、助力新型电力系统构建和新型能源体系建设发挥更大作用。

---

* 吴静，国家电网公司发展策划部主任师，正高级工程师，研究方向为战略规划研究、新能源规划研究、新能源云建设应用管理等；余秋霞，博士，国家电网公司发展策划部高级主管，正高级工程师，研究方向为新能源规划研究、新能源政策研究、新能源云建设应用管理等。

关键词： 新能源 碳达峰碳中和 新能源云 新型能源数字经济平台 新一代信息技术

一 建设背景

2014 年 6 月 13 日，习近平总书记在中央财经领导小组第六次会议上提出"四个革命、一个合作"能源安全新战略，为我国能源安全和发展提供了根本指引。[①] 习近平主席在第七十五届联合国大会上宣布我国"二氧化碳排放力争 2030 年前达到峰值，努力争取 2060 年前实现碳中和"[②]，明确了我国能源发展方向和能源转型的时间表。党的十九届五中全会报告提出"制造强国、质量强国、网络强国、数字中国"[③] 等战略，为新一代信息技术与新能源实体经济深度融合指明了方向。党的二十大报告提出"积极稳妥推进碳达峰碳中和。推动能源清洁低碳高效利用，深入推进能源革命，加快规划建设新型能源体系，提升生态系统碳汇能力，积极参与应对气候变化全球治理"，[④] 进一步明确了能源转型和碳达峰碳中和工作思路。未来一段时期，我国新能源将保持高速发展。随着新能源发电装机的快速增长，亟须建设互联互通的新型能源数字经济平台（新能源云），支撑新能源规划接网、运行消纳、补贴结算等服务，解决新能源上下游产业链数据信息离散、产业资源分散、服务模式松散等痛点和难点问题，构建数据高效融合和服务快速响应的新能源生态圈，实现新能源行业的数字化转型、智能化创新。

[①] 《【理响中国】深入贯彻能源安全新战略　着力推进能源高质量发展》，求是网，2024 年 6 月 13 日，http://www.qstheory.cn/2024-06/13/c_1130162785.htm。

[②] 《习近平在第七十五届联合国大会一般性辩论上发表重要讲话》，中国政府网，2020 年 9 月 22 日，https://www.gov.cn/xinwen/2020-09/22/content_5546168.htm。

[③] 《中国共产党第十九届中央委员会第五次全体会议公报》，共产党员网，2020 年 10 月 29 日，https://www.12371.cn/2020/10/29/ARTI1603964233795881.shtml。

[④] 《高举中国特色社会主义伟大旗帜　为全面建设社会主义现代化国家而团结奋斗——在中国共产党第二十次全国代表大会上的报告》，新华网，2022 年 10 月 25 日，http://www.news.cn/politics/cpc20/2022-10/25/c_1129079429.htm。

新能源云顺应能源革命与数字革命相融并进的趋势，充分考虑我国资源禀赋特点、电网枢纽平台作用、负荷分布特性，将新一代信息技术与新能源全价值链、全产业链、全生态圈的业务深度融合，依托电网核心业务的主要环节，联结供给侧和消费侧，拓展到全产业链，涵盖源网荷储数碳各环节，集聚全数据要素，提高整体资源配置效率，打造中国特色国际领先的新型能源数字经济平台，服务新型电力系统构建和新型能源体系规划建设，促进新能源行业高质量发展。

新能源云于 2018 年启动建设，按照系统设计、试点试用、优化拓展有序推进各项建设任务。系统设计阶段。2018 年 9 月正式启动新能源云建设，结合国家电网内外部已有新型能源数字经济平台建设应用情况，以及新能源行业发展亟须解决的问题，广泛开展需求调研、统筹搭建功能架构、细化设计应用场景。试点试用阶段。2019 年 5 月聚焦新能源全流程接网服务功能验证，启动宁夏试点示范建设。2019 年 11 月启动第一批 13 家省级公司、2020 年 1 月启动公司系统其余 14 家省级公司的试点实施。2020 年 5 月完成可再生能源补贴项目申报审核、新能源在线接网、消纳能力计算等功能开发。2020 年 6 月，开展新能源云在线接网服务试点应用。2020 年 9 月，全面开展新能源云在线接网服务正式应用，并进一步优化完善规划计划、消纳计算、电价补贴、供需预测等功能。优化拓展阶段。2021 年 3 月，结合国家和公司碳达峰碳中和相关要求，开展新能源云碳中和支撑服务功能设计，并选择浙江湖州作为试点。2021 年 4 月 20 日，新能源云正式发布上线。2022 年 7 月，落实《电网公平开放监管办法》相关要求，启动完善升级新能源接网服务，为全电源（含储能）项目接网服务。目前，新能源云碳中和支撑服务建设在浙江湖州试点的基础上，拓展到浙江全省、天津、重庆、新疆等。

二 功能设计

新能源云立足国家能源转型和新能源行业发展，凝聚各方共识和需求，突出服务国家能源安全战略、服务能源转型、服务绿色发展与碳中和、服务构建新型电力系统、服务新型能源体系规划建设、服务广大客户，采用"平台+微服务组件+App"技术路线，构建基于数字化思维的顶层规划，以用户需求为导向，在充分调研的基础上研究设计了环境承载、资源分布、规划计划、厂商用户、电源企业、电网服务、用电客户、电价补贴、供需预测、储能服务、消纳计算、技术咨询、法规政策、辅助决策、碳中和支撑服务15个功能子平台，涵盖源、网、荷、储、数、碳各环节和上下游全产业链，搭建聚合政府、行业智库、设备厂商、发电企业、电网企业、用能企业、科研院所、广大用户等的新能源生态圈，构建"共创、共建、共享"价值创造体系，实现"横向协同、纵向贯通"和"全环节、全贯通、全覆盖、全生态、全场景"开放服务体系（见图1）。

新能源云各子平台主要功能设计如下。

1. 环境承载

环境承载子平台接入全国范围内逐年二氧化硫、氮氧化物、$PM_{2.5}$等大气质量信息，为新能源发电项目建站选址提供参考。平台规划进一步接入生态保护红线、自然保护区、能源经济等信息，分析能源开发与环境的相互关系和影响，支撑环境承载能力评估，为能源开发合理布局提供决策参考。

2. 资源分布

资源分布子平台提供全国范围内"3千米×3千米"的风能资源和太阳能资源，以及未来3天的电力气象预报信息，为新能源发电企业规划、选址、建站、管理等提供支撑。平台规划进一步接入水能、生物质能、地热能、海洋能等可再生能源资源，传统化石能源和矿产资源信息，以及地形地貌、土地利用等信息，分析可再生能源开发潜力，提高资源评估精度，为各级新能源规划提供参考。

3. 规划计划

规划计划子平台实现各区域、各省份和各基地的新能源规划、建设分析，衔接接网全流程管理，为能源主管部门提供新能源规划协调性分析和项

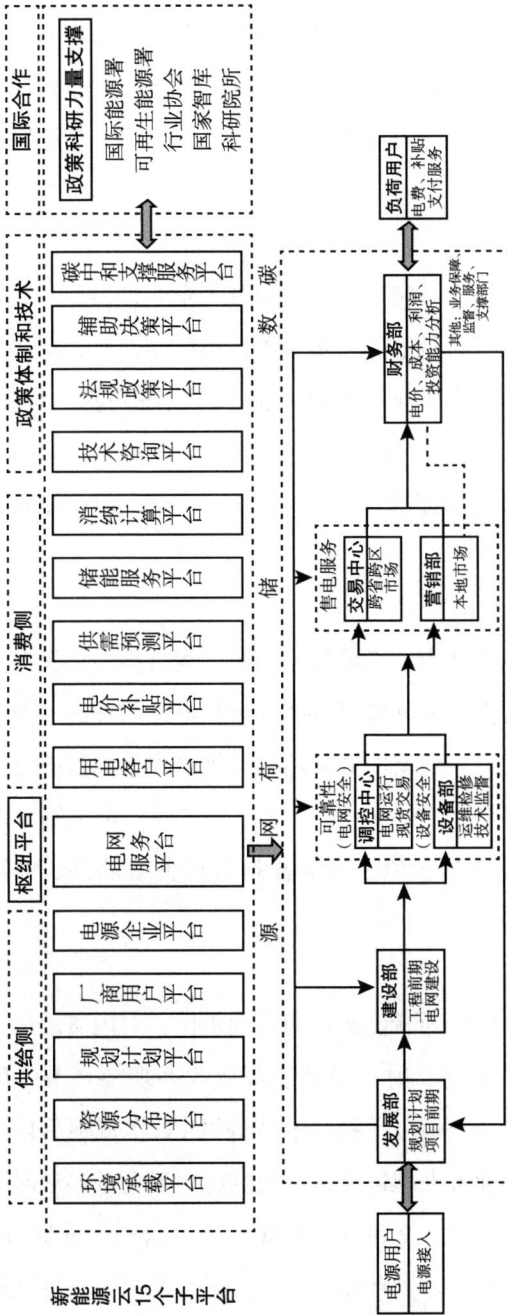

图 1　新能源云总体设计

目管理服务。平台规划进一步衔接环境承载、资源分布子平台,开展全口径、全类别电源项目建设进度监测,开展新能源开发总量、开发布局和开发时序测算,支撑电力供需平衡分析、新能源消纳能力计算、电网滚动规划、能源电力发展规划、可再生能源法实施监测等,促进能源电力科学规划与开发。

4.厂商用户

厂商用户子平台为新能源设备制造、电站运维等企业提供产品展示、设备采购、监测运维等服务。平台规划进一步完善各类厂商信息,形成产业链目录服务,并为厂商用户和发电企业提供设计施工、设备采购、监测运维、产品追溯、金融交易等线上线下一体化服务,实现"设备—厂商—电站—业主"之间的互联互通,推动新能源"平台+生态"建设,带动能源产业上下游协同发展。

5.电源企业

电源企业子平台提供经营区内新能源场站档案、运行出力、发电量、利用小时数等运行信息,电源企业入驻就可以查询授权电站的详细情况和运行信息。平台规划进一步为发电企业新能源集控和运维提供数据服务支撑,助力实现新能源电站"无人值班、少人值守";接入全口径、全类别电源项目档案及运行信息,深入挖掘数据价值,为装备制造和场站设备运维等提供支撑。

6.电网服务

电网服务子平台规范电网公司新能源并网管理工作,对内贯通电网企业发展、建设、调度、营销、交易、财务等新能源业务办理各环节,优化流程,提高效率;对外新能源企业通过手机 App 或外网 PC 实现项目接网全流程线上办理,并可随时查询业务办理进度,缩短电源项目业务办理时间,显著提升用户体验,优化营商环境。平台规划按照《电网公平开放监管办法》要求,进一步优化接网服务流程,公开相关信息,服务全口径、全类别电源项目接网需求。

7. 用电客户

用电客户子平台规划提供可再生能源电力消纳责任权重监测，接入绿色电力证书交易和碳交易等动态信息，以及用户用能数据，开展用能特征分析，跟踪行业用能变化趋势，为重点行业、重点用户提供实时、精准、深入的用能服务方案，指导客户优化设备运行及用能策略，促进国家能源消费侧转型升级，同时为供需预测提供数据支撑。

8. 电价补贴

电价补贴子平台开发了可再生能源补贴项目线上申报、审核、发布、变更等功能，以及可再生能源补贴结算管理功能，为电源用户、电网企业、能源主管部门提供补贴项目"一站式"线上申报审核服务和补贴管理。平台规划提供可再生能源发电收益测算、上网及补贴电价分析、补贴趋势分析与动态监测、补贴拨付跟踪等服务，服务新能源企业投资分析，辅助政府决策及行业监管。

9. 供需预测

供需预测子平台提供全国及分省份全社会用电量、最大电力负荷等电力供需预测结果，为新能源消纳能力计算、电力电量供需平衡分析等提供数据支撑。平台规划进一步完善供需预测模型，实现全国、省、市、县能源电力供需预测及电力经济关系分析，为各级能源电力规划提供支撑。

10. 储能服务

储能服务子平台实现抽水蓄能电站、充电桩的档案信息管理和运行信息监测。平台规划进一步提供储能规划设计、运行监测等全周期服务，动态监测电源侧、电网侧、用户侧各类型储能项目的规划、建设和运行情况，为储能发展规划、储能促进新能源消纳、储能对新能源发展影响等分析研究提供数据支撑，推动储能建设合理布局，为调度运行提供支撑，实现"源、网、荷、储"协调互动。

11. 消纳计算

消纳计算子平台集成算法模型，提供线上消纳计算及结果发布功能，通过线上边界条件建模，快速输出计算结果。同时，可以会同全国新能源消纳监测预警中心论证各省级风电、光伏发电年度新增消纳能力，授权后适时对社会发布，在确保消纳目标完成的条件下，促进新能源最大化开发利用。

12. 技术咨询

技术咨询子平台建立新能源前沿技术知识分享、互动讨论平台，展示国内外先进技术的研发与应用情况、最新技术进展情况，追踪新业态、新模式最新动向，为新能源发电企业、电网企业全面掌握新能源领域技术动向和最新成果提供支撑，加快新能源前沿技术、关键技术创新研发部署。

13. 法规政策

法规政策子平台归集了国家、地方政府新能源相关的法律、法规、政策、舆情热点，按照时间、类型、部门等维度展示新能源政策信息，实现新能源政策的智能解读分析，为广大用户提供政策互动论坛窗口，可以在线发表观点和沟通交流。

14. 辅助决策

辅助决策子平台规划基于新能源云归集的数据，提供多业务场景算法与数据标签服务，支撑新能源发展战略规划，实现新能源数据定制化查询分析和全场景信息展示，辅助支撑政府相关部门、新能源相关企业、设备生产商生产经营决策，推动新能源高质量发展；建立健全新能源数据资产并面向新能源企业、设备制造商、运维服务商等提供标准化数据服务，挖掘新能源数据价值；通过大数据监测和分析，为政府能源管理提供决策参考。

15. 碳中和支撑服务

碳中和支撑服务子平台汇集能源消费总量和强度、碳排放总量和强度等信息，建立碳监测、碳账户、碳核查、碳实测、碳效码、碳金融、碳普惠等应用服务场景，为政府碳排放管理、企业节能降碳、全民绿色生活等提供精准指引，正组织在浙江、山东、天津等省份试点。平台规划进一步扩大试点范围，推广试点经验，加强应用研究，贯通"碳—能—电"产业链条，打破能源行业数据壁垒，挖掘数据资产价值，提升能源全产业链数字化、智能化水平，服务发改、能源、环保、经信等政府主管部门、企事业单位的双碳管理和个人碳减排。

三　应用成效

自 2018 年 9 月新能源云建设正式启动，2021 年 4 月 20 日，新能源云完成一期功能开发并正式发布上线，实现了国网经营区域全部 27 家省级公司的全面部署应用，可以通过内网 PC、外网 PC、移动 App、微信订阅号、微信服务号等多渠道访问新能源云。截至 2024 年 10 月，新能源云接入新能源场站超 650 万座、装机 10.2 亿千瓦，服务各类企业 1.8 万余家，归集新能源相关法规政策和技术资讯 21000 余条，累计为 5800 余个、容量 10.8 亿千瓦电源项目提供在线接网服务，累计公布补贴项目清单 51 批、合计 4.15 万个项目、核准备案容量 3.4 亿千瓦，在支撑国家电网发展相关业务、促进新能源高质量发展、服务碳管理等方面逐步发挥显著作用。

新能源云以新能源业务为主线，适度拓展服务范围，涵盖源网荷储碳数各环节和产业链上下游，以用户需求为导向，主要提供以下七个方面服务。

一是规划布局和建站选址。考虑环境和资源两大方面约束因素，环境承载子平台构建"生态环境资源一张图"（包括土地利用和生态环境等信息），支撑新能源发电规划建设的用地选择；资源分布子平台汇聚全国风能资源、太阳能资源等资源数据，以及屋顶资源卫星影像、地形地貌等空间数据，辅助开展新能源发电出力预测和风光资源开发潜力研究，支撑电网企业向能源主管部门提出关于开发规模和布局的建议，为政府部门编制新能源规划提供参考依据，为新能源发电企业提供建站选址参考。在冀北开展了集中式开发潜力评估，在河南开展了分布式光伏承载力及配网可开放容量计算功能开发应用。

二是电源项目规划前期管理。依托规划计划子平台电源项目纳规管理常态化收集、维护政府发布的电源规划，以及电源项目业主的建设计划（外网项目管理），依托电网服务子平台归集电网项目接网业务办理进展信息，汇集形成电源项目规划建设全过程信息（包括项目基本信息、纳规情况、核准/备案情况、接入系统办理情况、电源项目建设情况、接网工程建设情况、投产容量情况等），服务"电源全过程统计"，支撑电网企业便捷高效开展在线接网业务，及时优化接网和送出工程前期工作，推动实现电网项目和电源项目建设进度的匹配。有效服务能源主管部门及时掌握电源规划布局和建设时序，科学规划安排电源和电网建设，提升网源协调水平。

三是电源项目线上接网。电网服务子平台创新推出"地铁图"可视化线上服务模式，电源用户通过新能源云外网 PC 或手机 App 即可办理接网业务，包括并网意向申请、接入系统设计资料申请、提交接入系统设计方案、协商确认咨询机构等，电网企业发展专业在线受理接网业务办理，并初步贯通营销供用电合同签订、调度并网申请等业务办理，实现"业务网上办、进度线上查""一次性告知、限时办结""临期预警、超期督办"等，进一步优化营商环境。另外，实现电源项目年度购售电合同在线申请、修订、审核，以及优先发电计划在线申报等功能。2023 年累计在线受理集中式新能源接网项目 1741 个、申请接入容量 2.7 亿千瓦。

四是消纳能力计算分析。消纳计算子平台集成了能源院 NEOS 计算模型和电科院 REPS 计算模型，基于供需预测子平台相关结果数据，以及下达的边界条件，实现各网省级新能源电力消纳能力云端协同计算，高效滚动计算分区域、分省份的新能源消纳能力，预测年度及中长期新能源发电量、利用率、新增消纳空间等指标，支撑国家电网总部及各网省级公司常态开展消纳能力计算，累计形成 2022~2025 年逐年、2030 年等计算算例 20000 余个。消纳计算结果支撑能源主管部门确定年度建设规模，经能源主管部门授权后向社会发布可引导发电企业合理布局建设项目。

五是在线申报审核补贴项目。电价补贴子平台提供可再生能源补贴项目线上申报、审核、变更等功能，审核完毕后挂网公示，最终由公司定期将公示完毕的项目纳入补贴目录清单进行公布，累计公布 48 批补贴目录清单、项目 4.5 万个、核准/备案容量 2.2 亿千瓦，为电源企业、电网企业、政府部门提供方便快捷的申报审核渠道。另外，结合地方可再生能源发电补贴管理相关要求，支撑上海市发展改革委地方补贴申报审核在线管理。按照国家可再生能源结算服务管理要求，支撑北京结算服务公司补贴管理，初步推出补贴项目建档立卡、稽核稽查、补贴测算分析与管理等功能。

六是运行监测和信息资讯服务。依托电源企业、用电客户、厂商用户、储能服务、辅助决策等子平台，基于接入的电源项目、储能电站等场站档案及运行数据，为能源主管部门和发电企业、设备厂商等提供新能源发展与消纳、消纳责任权重、场站（含抽蓄）出力等信息，以及产业链图谱、产业分布和集群等信息。依托技术咨询、法规政策子平台汇集政策和技术信息，包括1995年以来法规政策和新技术21000余条资讯，提供政策图解、政策播报、行业动态、政策检索、技术论坛等，以及双碳专栏、储能专栏，为社会大众提供信息资讯服务。

七是支撑碳监测碳管理。在公司总部，以及浙江、天津、新疆、山东等13个省份，试点建设碳监测、碳效码、碳普惠等应用场景，为政府和企业开展工业降碳、绿色金融、零碳示范、全民减碳等工作提供"一地一策"的特色化解决方案。在公司总部侧实现了全国分省份能源消费及能源消费强度、碳排放量及碳排放强度、公司系统各单位碳减排贡献力等监测；在浙江首创工业碳效码应用、基于分布式光伏和户用光伏参与交易的区域碳普惠机制等，形成省市县级政府、各类企业和个人的双碳平台建设典范。基于新能源云"工业碳效码"与省级金融综合服务平台互联互通，为企业办理绿色金融贷款提供支撑，在浙江试点累计支撑中小企业获得3863笔绿色金融贷款。在浙江湖州打造"4+6+1"的综合碳场景（汇聚能源消费总量、能耗强度、碳排放总量、碳排放强度4个指标，推进能源、工业、建筑、交通、农业、居民生活等6个重点领域低碳转型，建立市县统一的监测预警、评估考核机制），构建"一屏可知全局、一图全面感知"的双碳云平台，全面推进政府、企业、社会低碳发展。

新能源云上线三年多以来，社会各界的关注度和对外影响力持续提升。《国家能源局关于2021年风电、光伏发电开发建设有关事项的通知》提出，推广国网新能源云平台实现全国全覆盖；《光伏电站开发建设管理办法》提出，推广应用新能源云。《"十四五"能源领域科技创新规划》提出，深化应用推广新能源云，全面接入煤、油、气、电等能源数据，打造新型能源数字经济平台。《基于新能源云的新能源管理及服务创新与应用实践》获 2021 年度中国能源研究会管理创新一等奖，《国网新能源云服务碳达峰碳中和典型实践》获国务院国资委大连高级经理学院"2022 年度碳达峰碳中和行动典型案例"一等奖，《新能源云服务绿色发展与碳中和管理创新示范》获中电联 2023 年度电力科技创新一等奖。"新能源云助力数字经济和新基建"案例被 G20 全球基础设施中心收录，为 G20 成员乃至全球数字基础设施建设提供参考借鉴；新能源云服务绿色发展与碳达峰碳中和实践有关成果，受邀参加第二十七届联合国气候变化大会交流，展现了国家电网服务能源转型、构建新型电力系统的创新实践与应对气候变化的责任担当；基于新能源云的浙江减碳实践案例"'电碳数链'协同治理体系，助力社会精准降碳"获 2022 年"保尔森可持续发展奖""绿色创新"类别年度大奖。新能源云受邀参加国内国际重大会议、论坛、展会 100 余次，人民网、新华网等中央媒体报道新能源云应用实践成果 90 余次。

四　发展展望

下一步，国家电网将紧紧围绕碳达峰碳中和目标，携手各方深化应用推广新能源云，加强与产业链上下游协同合作，全面提升新能源业务的数字化和云管理水平，为政府和社会提供全方位支撑服务，重点打造新能源资源优化配置、碳中和支撑服务、新型电力系统科技创新等应用服务，对接绿电交易和绿色金融服务，让新型能源数字经济平台在推动能源转型、助力新型电力系统构建和新型能源体系建设、服务碳达峰碳中和等方面发挥更大作用。

一是新能源资源优化配置应用服务。支撑能源电力供需平衡分析，跟踪常规电源、新能源、主要输电通道、大型用能负荷、大规模储能等项目建设进度，服务能源全产业链高质量发展，促进源网荷储协调互动，提升整体资源配置效率，保障高比例新能源接入和送出。

二是碳达峰碳中和支撑应用服务。加强与碳排放配额核定、碳资产管理、碳交易市场等对接，连接能源全产业链的数据和信息，开发碳足迹与碳汇等功能，开展分区域、分行业的碳排放分析，服务国家/区域/行业/企业碳达峰、碳中和的监测、预测、规划、交易、监督、评价等。

三是新型电力系统科技创新应用服务。针对构建新型电力系统面临的挑战，向高校智库、行业协会、研究机构等共享科技资源，提供数字实验平台，共同开展关键技术的集中攻关、试验示范和推广应用，支撑建设重大创新工程或创新中心。

四是新能源工业互联网应用服务。携手新能源发电企业、设备厂商、运维企业等共同打造安全、智能的新能源工业互联网应用，实现"设备—厂商—电站—业主"互联互通，助力实现新能源智能制造、新能源场站智能运维，提升新能源产业链自主可控水平。

参考文献

《中共中央关于认真学习宣传贯彻党的二十大精神的决定》，《人民日报》2022 年 10 月 31 日。

刘劲松：《新能源数字经济平台管理创新和应用实践》，《中国电业》2020 年第 12 期。

《国家电网新能源云发布会召开 助推碳达峰碳中和构建新型电力系统》，《农电管理》2021 年第 5 期。

刘劲松：《新一代信息技术与新能源产业深度融合》，《现代制造》2022 年第 12 期。

陈瑶：《新能源行业的"数字大脑"》，《中国纪检监察报》2024 年 5 月 13 日。

余秋霞：《这朵全球最大的"新能源云"，如何承载无限"风光"？》，《风能》2024 年第 3 期。

B.15

构建以"碳普惠"为抓手的
电力减碳服务生态圈

董明齐　李斯吾　王平凡*

摘　要： 本报告介绍了国网湖北电力以"碳普惠"为抓手，构建电力减碳服务生态圈的主要举措、创新突破及成效。国网湖北电力积极响应国家战略，服务湖北地区"双碳"目标落地，以打造"政府引导、全民参与、互惠共赢"的电力减碳服务生态圈为目标，聚焦生产、生活方式绿色低碳转型关键环节，深入挖掘能源电力数据的减碳价值，创新构建以居民需求侧响应为核心，清洁能源发电、电能替代等为重点内容的电力碳普惠"1+N"方法学体系，同时通过明确电-碳数据耦合关系，实现基于电力数据的碳普惠计量和监测；持续创新普惠模式，以"鄂电碳普惠"平台为应用载体，聚合电力领域碳减排资源，将节能降碳行为或项目开发成可供交易变现的碳资产，实现多方互利共赢。这一创新实践不仅有助于推动湖北地区绿色低碳转型，也为其他行业拓展减碳服务生态圈的应用范围提供了可借鉴的经验。

关键词： 碳普惠　电力减碳　节能降碳　碳市场

---

* 董明齐，国网湖北省电力有限公司高级工程师，研究方向为电网规划与运行技术、"双碳"领域政策研究和决策咨询等；李斯吾，国网湖北省电力有限公司高级工程师，研究方向为电力领域低碳降碳技术创新、碳市场研究等；王平凡，国网湖北省电力有限公司助理级工程师，研究方向为电、碳、证等市场的机制创新与协同等。

一 构建以"碳普惠"为抓手的
电力减碳服务生态圈的背景

（一）响应国家战略，服务湖北地区"双碳"目标落地

实现碳达峰碳中和是党中央做出的重大战略决策，既是应对气候变化的关键之举，也是加快绿色发展的必由之路。2022年6月，生态环境部等七部门联合发布《减污降碳协同增效实施方案》，明确探索建立"碳普惠"等公众参与机制。为落实国家重大战略决策部署，推进湖北生产、生活方式绿色低碳转型，武汉市人民政府办公厅印发《武汉市碳普惠体系建设实施方案（2023—2025年）》，提出探索形成10个以上碳普惠方法学和碳减排场景评价规范，开发构建50个以上重点领域碳减排项目和场景，并明确要求电网企业牵头开展居民错峰用电等低碳场景方法学研究重点任务，服务全社会清洁低碳转型发展。

（二）履行央企担当，服务全国碳市场和碳金融中心建设

作为全国首批七个碳交易试点之一，湖北已建立成熟的碳市场交易体系。截至2023年底，湖北碳市场累计成交量3.88亿吨、成交额95.75亿元，分别占试点市场的42.7%、42.2%，累计成交量、成交额稳居全国试点地区首位。[①] 目前，湖北省已全面布局完成涵盖"中碳登—湖北碳排放权交易—武汉碳普惠"的"三级碳市场生态圈"，正加速打造全国碳市场和碳金融中心。2024年1月发布的《湖北省碳排放权交易管理暂行办法》明确规定，武汉市企业可以使用由武汉市生态环境局签发的碳普惠减排量抵销本企业年度实际碳排放量。在该背景下，以"碳普惠"为抓手开展电力减碳服

[①] 《湖北去年碳市场成交量同比上升19.1%》，中国经济网，2024年1月17日，http://m.ce.cn/ecology/gd/202401/17/t20240117_38870038.shtml。

务，充分挖掘电力领域低碳场景和减排项目的减碳价值，并实现在碳市场记录、认证、交易，将成为电网企业扛牢央企责任担当，服务地方碳市场建设的重要渠道。

（三）发挥电网优势，服务电力行业碳资产管理水平提升

电力贯穿生产、生活的各个环节，占湖北终端能源消费比重已超过20%并持续提升；与此同时，电力碳排放量占全省碳排放总量的近四成，是最大的单一碳排放行业。随着经济社会发展，电力需求仍将持续增长，因此无论是通过在生产侧加强清洁能源供应、提升电力"含绿量"，还是在消费侧提升电气化水平、服务用户高效用电，都具有巨大减碳价值。电网企业作为链接发电企业和各类用户的枢纽平台，具备电力低碳场景和项目资源统筹、聚合、开发的天然优势，通过将碳普惠机制的核心理念与电力生产、传输和消费等环节紧密结合，实现清洁能源发电、电能替代、绿色用电等各类项目和场景的碳减排量有序开发，助力提升电力行业整体碳资产管理水平。

二　构建以"碳普惠"为抓手的电力减碳服务生态圈的主要做法

（一）目标导向优化顶层设计，打造电力减碳服务生态圈

面对能耗双控向碳排放双控转变的新形势、新要求，国网湖北电力紧密结合湖北经济社会发展趋势、能源禀赋特点、碳市场建设运营情况，以打造"政府引导、全民参与、互惠共赢"的电力减碳服务生态圈为目标，面向各类社会主体，推出多样化电力减碳服务产品，开创了电力服务和低碳服务相融并济的协同生态。

1.明确电力碳普惠的内涵，实现电力减碳服务与碳普惠的内在联动

碳普惠作为我国多层碳市场体系的重要补充，通过构建"可记录、可衡量、有收益、被认同"的普惠体系，对小微企业、社区家庭和个人的节

能减碳行为进行具体量化并赋予一定价值，从而建立以商业激励、政策鼓励和核证减排量交易相结合的正向引导机制，积极调动社会各方力量加入全民减排行动。该机制旨在实现全民参与，"普"是基础；同时实现惠及大众，"惠"是根本。

电力减碳服务，从本质上看，与碳普惠有着不谋而合的"普惠"和"减碳"特性。电力减碳场景是碳普惠场景体系的重要组成部分，电力计量数据更是碳普惠体系建设中最为重要的基础资源之一。电网企业在电力大数据、电碳计量方面优势下，通过电力减碳量的采集、核算和验证，实现碎片化的电力低碳行为数据集成聚合，建立电力减碳量与地方碳市场的协同交易机制、打造可变现、可闭环的电力减碳场景，形成具备地方特色的"电力碳普惠"体系，可为电力用户、电力产业链的生产、生活方式转型提供全新路径，为电网企业服务地方节能降碳打造了全民参与的"普惠"样板。

2. 聚焦电力减排量的价值，确定电力减碳服务生态圈的实施路径

一是构建电力碳普惠方法学体系，筑牢电力减碳量开发的核心基础。方法学作为碳普惠体系的重要组成部分，是低碳项目和场景减排量开发的理论依据。国网湖北电力立足于居民需求侧响应的研究基础，拓展构建了电力碳普惠方法学体系，为电力减排量量化、核算、开发和在碳市场中的流通变现奠定坚实基础。二是强化创新技术策源，打造电力减碳计量体系的技术底座。碳排放核算是国家制定"双碳"目标的重要依据，是各相关主体有效开展碳减排工作的基本前提。国网湖北电力构建电量数据与碳排放数据的电碳耦合关系，实现电力碳普惠减排量实时计量和监测，为核算能源清洁替代、电力低碳消费等行为的碳减排成效夯实数据底座。三是开发电力碳普惠平台化工具，实现与碳市场的高效互通。碳普惠减排量的申报涉及多主体、多流程，相关人员专业资质和相关数据真实性直接关乎开发质效。国网湖北电力首创电力减排量开发"一站式"服务模式，通过整合电力相关项目资源并高效协同地方碳普惠平台，推动行业减排资源保值增值驶入"快车道"。四是促成减排资产价值流动，贯通电力减碳收益链条。为引导生产生活方式加速实现绿色低碳转型，国网湖北电力依托多个

应用载体，打造了居民节电等低碳场景落地应用的实践样板，以电费补贴引导居民参加需求侧响应打通内循环、以减排量在碳市场中流通变现的方式打通外循环，推动绿色低碳生产生活理念在全社会深化，促进社会整体碳排放水平降低。

（二）构建电力碳普惠方法学体系，奠定坚实的理论基础

方法学作为电力碳普惠建设的理论基础，为各类电力减碳实践提供了一套可操作、可量化的评估标准。一方面，方法学为碳普惠体系建设提供了底层算法与理论框架，通过明确项目边界与计算规则，实现电力低碳场景和项目减排效果的精准评估。另一方面，方法学作为核算碳普惠减排量的关键依据，通过设定合理的核算标准与流程，确保了减排数据的真实性与可信度，同时为开发碳普惠减排量提供了科学指南。

1.编制居民低碳用电碳普惠方法学，量化需求侧响应价值

提出"节电量等于减排量"新思路，联合湖北碳排放权交易中心、武汉碳普惠管理有限公司等专业机构，成功申报发布全国首个基于需求侧响应的碳普惠方法学"武汉市基于电力需求侧响应的居民低碳用电碳普惠方法学"。一是创新设置"迎峰系数"，核算电网负荷高峰时期和平段时期节电量对应的不同碳减排量，精准引导用户在电力负荷高峰时期节约用电。该系数充分考虑电力系统在迎峰度夏期间不同类型电源出力与碳排放之间的对应关系，使得碳减排的计量更加科学和合理，在保障电力安全可靠供应的同时，还能够有效地促进节能降碳目标实现。二是设定了多种基准线情景，通过将用户当日用电量与武汉市全部居民用户日均用电量或该用户前7日平均电量进行比较，更准确地捕捉到用户的用电模式和节电潜力，能够更全面地评估和激励不同居民用户的节电行为，无论是长期稳定的节电习惯，还是短期的节电行为，都能得到合理的评价和奖励。从长远来讲，该基准线情景的设定，尽可能全面地覆盖不同居民用户节电行为特征，有助于提高居民用户的节电意识，同时促进电力资源的合理分配和有效利用，将"普惠"的理念真正融入每一个居民用户的日常生活。

2. 拓展研究电力领域碳普惠方法学，满足多维度减碳需求

立足于居民生活低碳用电场景，深入梳理分析公司电力服务业态，将电力碳普惠方法学研究向能源电力产业链上下游和多元电力用户延伸，研究构建了电力碳普惠方法学体系框架，全面涵盖电力生产端和消费端、用户制（ToC）和项目制（ToB）共计6类21项电力碳普惠场景，并针对性提出了开发策略。其中，新能源汽车低碳出行碳普惠方法学通过比较相同行驶里程下，电动汽车相较于燃油车所减少的碳排放量，量化新能源汽车对促进社会碳减排的贡献，促进电动汽车的普及和使用。港口岸电碳普惠方法学通过量化计算船舶靠港期间使用岸电替代燃油发电机的碳减排效果，服务"电化长江"建设。此外，方法学体系针对十堰花菇、恩施制茶、潜江小龙虾等电力惠农服务，打造具有湖北特色的"电烤茶""电烤菇""电养殖"等碳普惠场景，满足社会多维减碳需求，助力引导社会各界共同参与低碳发展实践，为实现全社会碳减排目标提供科学依据和实践路径。

（三）确立电碳联动关系，实现基于电力数据的碳普惠计量和测算

电碳精准计量测算在电力碳普惠建设中发挥至关重要的作用，是量化节能减碳行为、评估减排成效的关键环节，不仅体现在为计算各类场景和项目的碳减排量提供准确数据基础上，还能够帮助企业预估和管理碳减排潜力，辅助制定有效的减排措施。国网湖北电力通过建立"以电算碳"模型，确定电力数据与碳排放数据之间的耦合关系，实现了更高频度的碳排放动态计算与监测，助力电力碳普惠减排量核算工作高效开展。

1. 构建湖北"以电算碳"技术体系，实现碳排放精准计量

利用电力数据高频度、高精度、高可行度的优势，以及电力数据与能源数据、碳排放数据的高度耦合关系，打造湖北特色"以电算碳"技术体系，实现了更高频度、更高精度的碳排放动态监测计算，为核算电力碳普惠减排量提供了坚实的技术支撑。一是构建湖北"电碳"数据库，充分考虑湖北省"富煤缺油少气，水资源开发殆尽"的能源资源特点，集合全国及湖北

能源统计年鉴数据、数据中台中电源及用电数据等，形成湖北"电-碳"因子数据库，为精准测算奠定基础。二是研发湖北特色"以电算碳"模型，关联 IPCC 全社会碳排放历史数据、湖北省能源供应及消费数据和电力供应及消费数据，核算出省内历史年度碳排放，充分调用电网口径历史发用电量，构建湖北"以电算碳"分析模型，可通过电网数据实现碳排放精准计算与实时监测。

2.深挖电力减排潜力，促进电碳市场高效联动

通过深入分析和精准测算，全面评估居民低碳用电、新能源汽车、港口岸电以及分布式光伏等多种电力相关场景的减排潜力。在居民用电方面，若武汉市 1/3 的居民用户在度夏度冬的用电高峰时期参与低碳用电活动，预计可实现碳减排约 12 万吨。在新能源汽车领域，评估通过新能源汽车的广泛使用，武汉市能够实现年度碳减排量约 50 万吨。在港口岸电领域，国网湖北电力推动客货船舶在靠港期间使用岸电替代传统的燃油发电机，估算全省港口岸电可实现年度碳减排量 3198 吨。此外，公司根据分布式光伏并网电量数据进行测算，武汉市预计可开发分布式光伏发电项目碳减排量约 37 万吨，实现小型可再生能源发电项目在碳普惠建设中贡献的"具象化"。

（四）创新电力碳普惠应用载体，打造全链条电力减碳服务体系

统一碳普惠应用载体，可将零散分布在各类生产生活场景中的减碳资源有效聚合和标准化管理，保证碳减排量开发质效。对于电网企业来说，一方面可对内整合各类电力减排相关数据和平台资源，筑牢电力数据资源基础，统筹公司内部各专业、各单位电力碳普惠资源的高效开发与规范管理；另一方面对外可与湖北碳排放权交易中心联合打造符合湖北碳市场标准的电力碳普惠开发全流程，形成互认互通机制，完成电力碳普惠项目在地方碳市场的高效开发、核证与交易。

1.打造特色功能板块，打通全环节业务服务链条

国网湖北电力与湖北碳排放权交易中心、武汉碳普惠管理有限公司等专业机构合作，共建了全国首个电力类碳普惠聚合服务平台"鄂电碳普惠"，实现了"地方—行业"碳普惠平台数据贯通、交互审核，为电力领域方法学开发、项目核证、市场交易等全环节业务提供"一站式"服务。具体来讲，"鄂电碳普惠"平台打造了"三池两中心"功能应用模块，其中碳普惠方法学孵化池作为底层算法中心，用于查询各地区的碳普惠政策和相关制度，并为方法学孵化提供开发、评审、立项全流程线上服务及各环节咨询指导；碳普惠减排资源池作为"家底库"，用于梳理公司可开发的电力碳普惠资源，预估公司电力碳普惠资源潜在减排价值及经济价值；碳普惠资产交易池作为"流通库"，通过与用户签署委托协议的方式进行碳积分代持，或直接通过商品兑换等商业模式聚合场景内电力消费者减排量，实现碳减排权益的交易和转移；碳普惠运营监控中心则对低碳场景数据进行实时分析，包括能源消耗情况、能源生产情况、用电高峰时段等，以便进行合理的能源调度和分配；碳普惠项目管理中心负责管理和协调各种碳减排项目，确保项目的有效实施和运行，同时提供项目数据和报告，以支持碳交易和减排量资源管理。通过该平台的建设，可实现电力碳普惠项目的全流程管理、低碳用电全场景开发、电力碳减排与碳市场对接的典型模式。

2. 引入双重审核机制，提升电力减排资源开发质效

作为面向最广大用户、企业等各类社会主体的电力碳普惠模式，相关场景和项目的方法学设计、减排量开发、减排量核证、碳市场交易等环节通常涉及多个主体、多项流程。为保证电力减排资源开发质效，避免因申报数据质量、申报手续问题影响减排量开发进度，国网湖北电力针对方法学申报和项目开发两条主线，与武汉碳普惠管理有限公司共同制定了全流程线上化业务链条。其中，在方法学申报流程中，设置可行性审查、方法学评审等关键节点，引入电网公司和碳普惠公司双重审核机制，提升方法学申报的合理性、科学性和高效性。在项目开发业务流程中，全量制定了项目开发公示、项目核算、项目核查、项目减排量登记等标准模板，确保平台中项目信息数据符合规范要求，实现开发项目无缝对接地方碳普惠平台。创新开发手册级的项目开发指引和动态即时反馈功能，有效降低碳普惠项目开发难度，为湖北全面推进碳普惠落地应用提供有力支撑。

（五）打通内外循环体系，"双轮驱动"激发市场活力

通过探索电力减碳场景与地方碳市场的衔接机制与关键要素，前期经过数年时间迭代完善，打造了面向居民主动参与需求侧响应的特色品牌"电力碳银行"，以电网企业提供电费补贴的形式引导用户深度感知电网并参加节能降碳活动。2024年，国网湖北电力依托"惠节电"微应用，打通了与地方碳普惠平台"武碳江湖"的数据接口，实现居民低碳用电减排的量化计算，并推动电力减碳价值在外部市场上的流通变现，形成内外双循环体系，促进实现居民节电有收益、电网保供减压力、社会降碳有动力的多方共赢。

1. 依托"碳积分"变现方式，实现节电价值内循环

以"节约一度送一度"的思路，依托"碳积分"探索开展居民需求侧响应节电活动，打造了"节电量—碳积分—电费奖励"的内循环模式。这一模式的核心在于将居民的节电行为直接转化为电网企业的运营优势，同时回馈居民用户，形成一个闭环的良性互动。一是精准实施节电减碳激励。通过智能电表获取居民的用电数据，将节电行为量化为具体节电量，并按照一定比例转换为碳积分。居民获得的碳积分不仅可以用于网上电网抵扣电费，还能实现多样化服务和商品兑换，增强了居民节电减碳意愿。二是持续优化电力减碳模式。持续跟踪和分析节电活动效果，根据居民反馈和节电数据，不断优化积分奖励机制和节电策略，促进电力资源合理配置利用，加强与用户的互动和信任。

2. 依托碳市场流通变现，实现电力减排资源外循环

依托电力碳普惠聚合商模式，基于减排量资源管理和交易一体化的"鄂电碳普惠"平台，促成电力减排资产价值流动，形成了促进绿色发展的外循环模式。一是拓展电力碳普惠应用场景。利用电网企业电量资源管理优势，与相关市场主体合作，助力开发在可再生能源发电、绿色交通出行、电能替代等领域的减排量，并通过签署代持协议等方式，将减排量转化为可供出售的碳普惠资产，实现电力减排资源聚合。二是促进减排量实现价值变

现。根据《湖北省碳排放权交易管理暂行办法》，企业可使用碳普惠减排量抵销年度实际碳排放量，抵销比例最高可达初始配额的10%，为湖北电力碳普惠开发应用的价值闭环提供了有力的政策保障。通过湖北碳排放权交易中心撮合，将电力碳普惠减排量出售给武汉市有需求的控排企业，为公司获取碳减排收益，也可根据公司经营活动需求开展碳减排量捐赠等公益活动，提升企业形象。

三 构建以"碳普惠"为抓手的电力减碳服务生态圈的主要成效

国网湖北电力积极履行央企社会责任，积极建设以"碳普惠"为抓手的电力减碳服务生态圈，力争点亮每一度电的减碳价值，展现了电网企业服务地方低碳转型的积极作为。

一是牵头编制全国首个基于电力需求响应碳普惠方法学。2023年，"武汉市基于电力需求侧响应的居民低碳用电碳普惠方法学"由武汉生态环境局批准发布，成为全国首个基于电力需求侧响应的电力碳普惠方法学，为推动电碳市场协同联动开辟"快速通道"，相关成效被国网公司每日要情、《国家电网报》、国网总部内网主页、湖北公司内网要闻、新华网、人民网、《湖北日报》等内外部媒体报道刊发。

二是打造电力碳普惠典型模式。自2021年2月推广应用"电力碳银行"以来，已在武汉、襄阳等地打造武汉二七街、襄阳民发世界城等多个"减碳"示范社区，为全社会提供广泛认可的"双碳"价值。2023年，"电力碳银行"亮相首届国际碳博会，获得社会各界广泛赞誉，同时成功入选中电联《电力行业节能降碳先进经验和典型案例》和武汉市2023年度绿色低碳典型案例。2024年，"鄂电碳普惠"等电力碳普惠体系研究成果亮相"两湖对话"绿色低碳高质量发展国际合作洽谈会。同年，国网湖北电力受邀加入全国首个碳普惠城市合作联盟，并获得由湖北省生态环境厅及湖北宏泰集团颁发的"双碳贡献奖"。

三是服务湖北地方碳普惠体系建设。2024 年，湖北省将按"一城一普惠"思路，向省内外复制推广武汉碳普惠模式。电力碳普惠平台和体系作为全国首个行业级碳普惠聚合模式，以"一套标准、一个平台、一个出口"的方式高效支撑湖北省碳普惠体系建设，为营造公共、普惠、开放、共享的减碳环境贡献电网力量。

参考文献

《关于印发〈减污降碳协同增效实施方案〉的通知》，中国政府网，2022 年 6 月 10 日，https：//www. gov. cn/zhengce/zhengceku/2022-06/17/content_ 5696364. htm。

《市人民政府办公厅关于印发武汉市碳普惠体系建设实施方案（2023—2025 年）的通知》，武汉市人民政府网站，2023 年 4 月 4 日，https：//www. wuhan. gov. cn/zwgk/xxgk/zfwj/bgtwj/202304/P020230414592202061808. pdf。

《湖北区域碳市场加速转型逐"绿"新赛道》，湖北省人民政府网站，2023 年 2 月 20 日，http：//www. hubei. gov. cn/zwgk/hbyw/hbywqb/202302/t20230220_ 4554029. shtml。

《湖北碳市场年度成交量跃居全国首位》，湖北省人民政府网站，2024 年 1 月 16 日，https：//www. hubei. gov. cn/hbfb/bmdt/202401/t20240116_ 5047116. shtml。

《湖北省碳排放权交易管理暂行办法》，湖北省人民政府网站，2024 年 1 月 12 日，http：//www. hubei. gov. cn/xxgk/gz/202401/W020240115467216232806. pdf。

B.16
关于推进能源消费侧高比例大规模消纳可再生能源的管理机制研究

杨昌海 杨 茜*

摘 要: 本报告聚焦推动可再生能源高比例大规模消纳,以消纳责任权重为核心,解决了"分用户的消纳责任权重如何核算""省级消纳责任权重目标如何分用户分解""如何统筹管理"三个问题,着力为新时期能源清洁低碳转型给出甘肃答案。一是基于多层级电力市场交易规则,遵循"规划导向、区别设定,科学合理、兼顾公平,保障落实、逐年提升"的原则,提出面向市场主体的省级消纳责任权重目标分解方法。二是建立分市场主体的可再生能源电力消纳责任权重核算模型。按照"交易合同±偏差"的思路,研究省级区域承担消纳责任的各市场主体可再生能源电力消纳量统计、核算方法,利用 2021 年、2022 年实际数据测试验证该算法的有效性。三是提出基于能量块技术的全流程核算溯源算法。依据能量块技术及能量块标准合约,重构交易组织流程,通过对能量块电量及新能源占比的标准化设计,实现可再生能源消纳量全流程核算与溯源。四是健全面向多主体的可再生能源电力消纳责任权重管理机制。建立分市场主体消纳责任权重分解下达、核算统计、监测预警、考核评价、超额交易等全流程闭环的管理机制。

关键词: 消纳责任权重 电力交易 绿电溯源

---

* 杨昌海,国网甘肃省电力公司高级工程师,研究方向为电网规划技术;杨茜,国网甘肃省电力公司助理工程师,研究方向为电力系统碳中和技术。

一　研究背景

（一）研究的必要性

1. 政策层面

在能源消费侧不断提高可再生能源使用规模和比例，是保障可再生能源尤其是新能源消纳的重要机制。国家于2019年5月正式出台分年度对各省（区、市）设定可再生能源电力消纳责任权重机制，2022年1月发布的《促进绿色消费实施方案》，强调要建立绿色电力交易与可再生能源电力消纳责任权重挂钩机制。2023年国家发展改革委等发布的《关于做好可再生能源绿色电力证书全覆盖工作促进可再生能源电力消费的通知》提出，推动以绿证核算用户使用可再生能源电力消费量，逐步建立"权重+绿证"约束机制。2024年，国家发展改革委等发布的《关于加强绿色电力证书与节能降碳政策衔接大力促进非化石能源消费的通知》要求，各地区要将可再生能源电力消纳责任分解到重点用能单位。

但国家层面文件仅明确了适用于省级行政区域的可再生能源电力消纳量核算方法，对于具体的市场主体消纳量分解核算方法没有明确，难以落实责任，亟待研究提出省级区域内分市场主体消纳责任权重分解下达、核算统计、监测预警、考核评价、超额交易等全环节配套实施机制。同时，随着碳排放双控、碳关税等约束政策施行，电力用户迫切需要能得到各方认可的绿电消费证明，需要通过绿电溯源，出具合规的绿电消费证明。

2. 执行层面

在执行消纳责任权重政策过程中发现，一是甘肃、新疆等省（区、市）的消纳责任权重目标值设置较高，相较于经济发达、负荷密度高的省（区、市），可再生能源电力消纳裕度紧张，完成考核难度大。二是指标考核长效机制有待研究。对于新能源资源丰富、经济发展滞后的省（区、市），普遍存在初始权重指标值偏高、目标值逐年刚性增长的问题，存在"鞭打快牛"现象，指标提升遇到瓶颈难以完成的矛盾比较突出。三是现阶段分主体的可再生能源电力消纳机制尚不健全，国家按省级行政区域确定消纳责任权重，大部分地区消纳责任的主体仍然是电网公司，消纳责任权重尚未分解至用户、售电、市场购电、拥有自备电厂的企业所应承担的消纳责任仍没有充分落实，导致消费侧可再生能源电力消纳潜力未得到充分挖掘，客观上增加了各地区新能源电力消纳压力，限制了部分地区新能源的发展质量。四是可再生能源电力消纳责任权重的激励不均衡，影响基地项目跨省消纳。目前可再生能源电力消纳责任权重的制定依据主要为当地新能源历史消纳水平、新能源装机容量等因素，消纳责任权重指标通常"送端高、受端低"。按照 2023 年各省可再生能源电力消纳责任权重指标计算，全国非水电、总量权重目标平均值分别为 20.6%、27.0%，分别低于甘肃、内蒙古、青海等可再生能源电力输出省（区）非水电、总量权重目标平均值 3 个、21 个百分点。对于需外送消纳的基地项目，其发电量计入送端还是受端省（区、市）消纳责任权重指标核销有待进一步研究明确。如，由受端省（区、市）核销，当前权重分配存在对受端省（区、市）约束小的问题，受端省（区、市）内供需宽裕时会显著降低对大型风光基地送电的需求，影响基地项目消纳和有关输电通道利用。对于留在本地消纳的基地项目，普遍存在新能源大省为了完成本省消纳指标而对外惜售的现象。

对甘肃省而言，总量消纳责任权重目标设置偏高。国家能源局测算甘肃权重目标时主要参考了 2018~2020 年处于历史最好水平的三年水电发电情况（利用小时数分别为 4878 小时、5288 小时、5325 小时），远高于平水年份，导致甘肃初始目标基数设定偏高。"十四五"期间甘肃新增水电装机规模仅 43 万千瓦，在全社会用电量高增速情境下，完成逐年刚性增长的总量权重目标愈发困难。

（二）关键问题

技术方面，一是建立分主体的消纳量核算模型。目前，国家层面文件仅明确了适用于省级行政区域的可再生能源电力消纳量核算方法，对于具体的市场主体消纳量分解核算方法没有明确规定，各主体需要承担的责任权重尚未明确，以潮流追踪物理量实现分用户的可再生能源电力消纳量核算难以实现，若按照《关于做好可再生能源绿色电力证书全覆盖工作促进可再生能源电力消费的通知》要求的各承担消纳责任的市场主体权重完成情况以自身持有的可再生能源绿色电力证书为主要核算方式，囿于目前参与绿电、绿证交易的市场主体有限，无法实现全用户覆盖。二是在省级消纳责任目标分解时，若以行业为省级目标分解单位，可能面临计划与市场统一的矛盾。具体来说，将省级权重目标分解至具体用户属于计划性的行为，但甘肃公司作为电力市场改革的排头兵，已经建立公平自愿的电力市场，如何调动用户的自主性和积极性，让电力用户在市场中完成计划目标是本报告需要解决的问题。若以地市为省级目标分解对象，目前电力市场以国家和省级两级电力市场运行，省级是最小化运作的电力市场，且电力电量也是以省级为单位进行平衡，在上述情境下，如何将省级目标分解至各地市也将成为研究难点。

管理机制方面，一是在制定可再生能源电力消纳责任权重管理机制时，必须厘清能源主管部门、电网企业、电力用户的责权关系，明确规定各监管、组织、实施主体在消纳责任权重分解下达、核算统计、监测预警、考核评价、超额交易等环节的责任、义务和分工。二是要统筹考虑电源企业的售电策略和电力用户的购电需求，处理好完成省（区、市）内用户可再生能源电力消纳最低目标值的需求量与省（区、市）内发电企业留在省（区、市）内的售电量之间的矛盾。对于甘肃省而言，省内用户购买新能源、水电的交易价格低于火电，购电偏好于可再生能源；但对于发电企业而言，由于外送价格高于省内，其经营策略更偏向于高价外送。因此，消纳责任权重管理机制中的约束主体也需要考虑发电企业，建立发电侧、用电侧的双向约束，为省内各用户完成消纳责任权重目标提供充足的电量供应。本报告研究技术路线见图1。

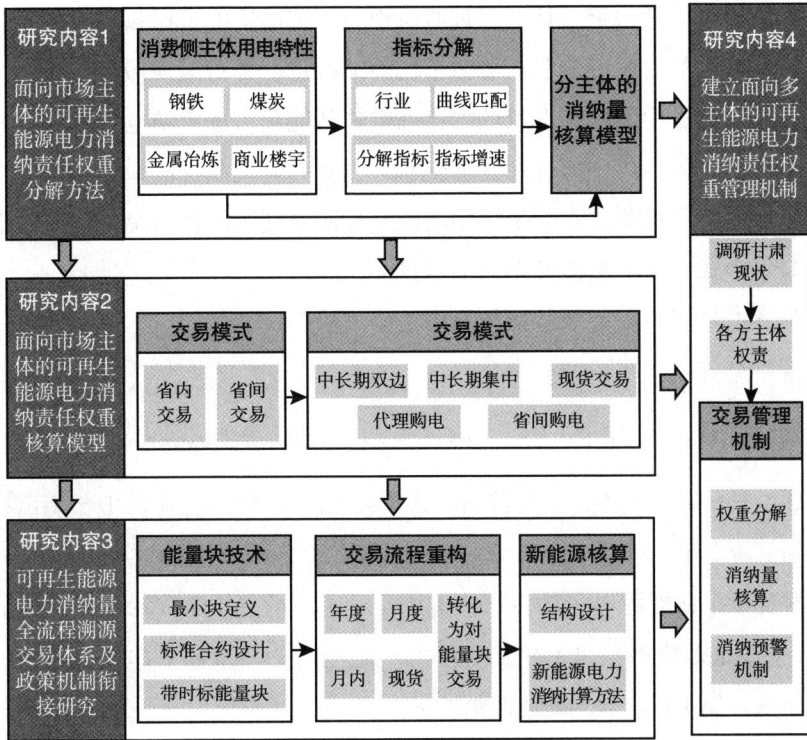

图1 研究技术路线

二 研究内容

（一）分市场主体的可再生能源电力消纳量核算方法

基于中长期、现货等多层级电力市场交易规则，遵循"规划导向、区别设定，科学合理、兼顾公平，保障落实、逐年提升"的原则，按照"交易合同±偏差"的思路，构建能够公允分解激励约束目标的算法模型，并利用历史数据测试验证该算法有效性。

1. 基于中长期合同的可再生能源电力消纳量核算方法

针对中长期双边协商交易，依据售电主体能源类型及合约量确定对应的可再生能源电力消纳量。针对代理购电用户，按照售电公司各时段购入电量中新能源电量的占比确定其新能源市场消纳电量。针对滚动撮合交易，按照各时段购入电量中新能源电量的占比确定其新能源市场消纳电量。针对集中式交易类型，包括集中撮合和挂牌交易，创新对应交易机制，建立基于带时标能量块的交易模式，在能量块中明确电量的新能源占比情况，进而确定用户参与集中式交易的新能源电力消纳量。

最终电量用户新能源总额核算方法如下。

现货结算：

$$Q_{消纳} = Q_{中长期} + Q_{现货} \times K_{现货新能源占比} + Q_{购入绿证} + Q_{购入超额消纳电量}$$

$Q_{消纳}$——某市场主体新能源消纳量；$Q_{中长期}$——市场主体从中长期市场交易的新能源电量；$Q_{现货}$——市场主体从现货市场交易的电量；$K_{现货新能源占比}$——现货成交量中新能源电量的占比；$Q_{购入绿证}$——市场主体购入绿证对应的消纳量，1 张绿证对应电量为 1 兆瓦时；$Q_{购入超额消纳电量}$——市场主体通过超额消纳量交易从其他主体获取的新能源消纳量。

非现货结算：

$$Q_{消纳} = Q_{中长期} + Q_{偏差} + Q_{购入绿证} + Q_{购入超额消纳电量}$$

2. 基于现货交易的可再生能源电力消纳量核算方法

针对中长期与现货之间衔接问题，按照实际电量与中长期电量之差确定现货交易电量。若差值为正，采用正现货价格进行结算；若偏差为负，按照负现货价格进行结算（见图 2）。

由于现货市场采用同周期出清方式结算，同一周期内参与现货交易的所有责任主体各类电源电量按照用电量等比例分摊。

$$Q_{现货} = \begin{cases} Q_{正现货} \times K_{正现货新能源占比} & Q_{实际} > Q_{中长期} \\ Q_{负现货} \times K_{负现货新能源占比} & Q_{实际} \leqslant Q_{中长期} \end{cases}$$

$Q_{正现货}$——实际成交电量与中长期市场合同的差值为正；$K_{正现货新能源占比}$——实际成交电量超过中长期市场合同中的新能源部分；$Q_{负现货}$——实际成交电量与

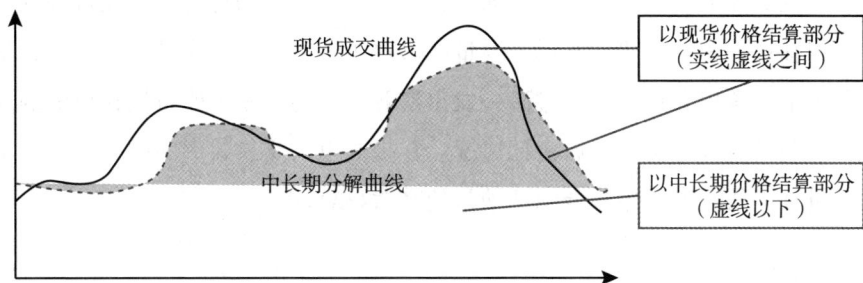

图 2　可再生能源电力消纳量核算方法

中长期市场合同的差值为负；$K_{负现货新能源占比}$——实际成交电量低于中长期市场合同中的新能源部分。

3. 针对合同偏差的新能源电力消纳量调整

按照"交易合同±偏差"的思路，针对用户在实际过程中产生的偏差，明确偏差的责任主体，在此基础上建立对应的新能源电力消纳量调整方法，使得用户可依据合同执行情况，合理调整确定实际新能源电力消纳量。对于参与现货市场的企业，实际出力与系统出力偏差由现货市场进行结算。对于不参与现货市场的企业，按照"照付不议，偏差结算"的方式进行结算，即先按照合同签约电量进行电费结算，其余超发少发部分则按照偏差考核部分另行结算。

（二）基于能量块的电力交易溯源方法研究

针对现行核算机制下，可再生能源电力消纳量实时核算执行难、效率低等相关问题，借鉴欧洲能量块交易模式①，提出基于能量块的可再生能源电力消纳量溯源方法，将多年、年、月、日等多个时间尺度的中长期交易品种转变为以能量块标准合约为基础的交易结构（见图3），极大提高交易的标

---

① 通过能量块，将每天的交易电力分为若干个时段，以每个时段的电量为交易标的，组织发用电两侧分别开展电力交易，其中，各市场主体根据自身对中长期合同曲线的要求，自由确定各时段需交易电量，由各个时段的交易结果形成各市场主体的中长期合同曲线。

准化程度及灵活性。交易标的方面，将所有合同转化为针对标准能量块的交易，明确每一个能量块的时标、电量、可再生能源占比。交易出清方面，封装可再生能源核算规则，通过高并发出清算法，使每一个能量块在出清的同时，明确其内部可再生能源占比情况。在提高电力交易效率的同时，能够实现针对甘肃数十万计用户合同消纳量的高效核算。

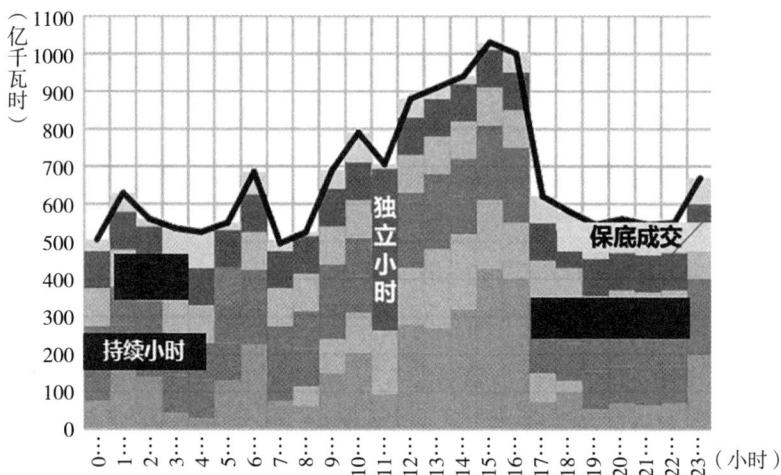

图 3　基于能量块的交易结构

基于能量块的电量交易曲线自动生成：市场主体某一运行日某个时段的中长期合约电量为相应时段年度、月度的日分解电量及日滚动交易电量之和。参与分时段交易的市场主体，可通过分时段交易调整各个时段的仓位。

基于能量块的全流程新能源电力消纳量核算：通过能量块交易模式，使得"中长期+现货"全流程电量交易均通过能量块构成，通过明确能量块数量及每个块的新能源电力占比，即可确定电力用户的新能源电力消纳量（见图4）。

基于能量块合约的可再生能源电力消纳量计算公式：

$$Q_{可再生能源消纳} = \sum_{i=1}^{N} \sum_{t=1}^{T} m_i Q_{i,t} \times k_{i,t}$$

其中，$Q_{可再生能源消纳}$ 表示基于能量块合约的可再生能源电力消纳量，m_i 表示第 i 类能量块的数量，$Q_{i,t}$ 代表第 i 类能量块 t 时段的交易电量，$k_{i,t}$ 第 i 类能量块 t 时段的新能源电量占比；N 代表能量块的类型；T 代表交易时段。

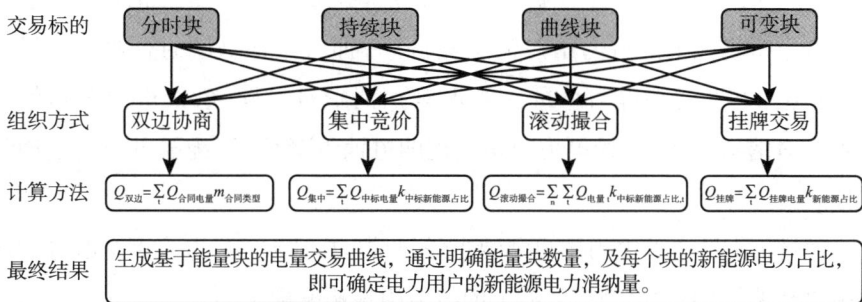

交易标的	分时块	持续块	曲线块	可变块
组织方式	双边协商	集中竞价	滚动撮合	挂牌交易
计算方法	$Q_{双边}=\sum_T Q_{合同电量}m_{合同类型}$	$Q_{集中}=\sum_T Q_{中标电量}k_{中标新能源占比}$	$Q_{滚动撮合}=\sum_n\sum_T Q_{电量}k_{中新能源占比}$	$Q_{挂牌}=\sum_T Q_{挂牌电量}k_{新能源占比}$
最终结果	生成基于能量块的电量交易曲线，通过明确能量块数量，及每个块的新能源电力占比，即可确定电力用户的新能源电力消纳量。			

图 4　基于能量块的可再生能源核算方法

（三）面向市场主体的可再生能源电力消纳责任权重指标分解方法

下面主要讨论市场主体的消纳责任权重目标分解问题，将分别以兼顾历史性和公平性、强调行业用电特性与新能源出力匹配性为视角，提出两种权重目标分解方法，并对两种分解算法进行讨论。

1.统一消纳权重目标分解法

对于第一类市场主体，根据《关于建立健全可再生能源电力消纳保障机制的通知》，承担消纳责任的第一类市场主体为各类直接向电力用户供/售电的电网企业、独立售电公司、拥有配电网运营权的售电公司。

（1）省级电力公司。省级电力公司可再生能源电力消纳量分为省级电力公司保障性供电对应的消纳量和代理购电对应的消纳量两部分。

保障性供电总量（非水电）消纳责任权重目标值＝保障性供电总量（非水电）消纳量÷用于保障性供电的购电量。

代理购电总量（非水电）消纳责任权重目标值＝代理购电总量（非水电）消纳量÷代理购电电量。

（2）配售电公司。现阶段不考虑市（州）行政区域差异化消纳责任权重分配，配售电公司消纳量目标按照国家能源局下达各省（区、市）的年度总量消纳责任权重进行测算。即：配售电公司总量（非水电）消纳量目标=配售电公司购电量×全省（区、市）总量（非水电）消纳责任权重。

对于第二类市场主体，第二类市场主体总量（非水电）消纳量目标=通过电力市场购电的电力用户消纳量目标+拥有自备电厂的企业消纳量目标=全省可再生能源电力总量（非水电）消纳量目标-省级电力公司保障性供电消纳量目标-省级电力公司代理购电消纳量目标-配售电公司消纳量目标。

通过市场购电的电力用户消纳责任权重目标值=通过电力市场购电的电力用户消纳量÷通过电力市场购电的电力用户购电量。

按市场主体进行目标分解时，按照上一年度通过电力市场购电的用户、拥有自备电厂的企业实际完成情况与需要共同承担的本年度总量（非水电）消纳责任权重最低值比较，测算本年度各责任主体的消纳责任权重目标。

以2023年为例，对于2022年完成值小于2022年目标值的责任主体，按照2023~2025年三年拉平的思路测算和确定，即：某责任主体2023年总量（非水电）消纳责任权重目标=该责任主体2022年完成值+［第二类市场主体2023年总量（非水电）消纳责任权重目标值-该责任主体2022年完成值］÷3。

对于2022年完成值大于或等于2023年目标值的责任主体，首先计算确定剩余需要分摊的总量。如果剩余需要分摊的消纳量为负值，则在2022年完成值的基础上保持不变或略微提升一定比例；如果剩余需要分摊的消纳量为正值，则按照2022年消纳责任权重完成值越高分摊比例越低的原则进行分摊。

按照提出的兼顾公平性和历史性分解方法，以甘肃10个典型行业的用户为例，基于2022年消纳责任权重完成实际，按照"三年拉平差距"原则，对2023年的消纳责任权重目标进行分解（见表1）。

表1 2022~2023年甘肃10个典型行业用户的消纳责任权重目标分解结果

单位：%

行业	用户	2022年总量权重完成值	2022年非水电权重完成值	2023年总量权重分解目标	2023年非水电权重分解目标
采矿业	某矿业公司	30.6	10.3	37.1	14.0
制造业	某建材制造公司	51.5	39.8	51.5	39.8
	某管道制造公司	38.1	10.1	42.1	13.9
电力、热力、燃气及水生产和供应业	某火电企业	49.1	27.0	49.4	27.0
建筑业	某建筑工程公司	60.3	24.9	60.3	24.9
交通运输、仓储和邮政业	某交通运输集团	68.2	45.5	68.2	45.5
信息传输、软件和信息技术服务业	某信息技术公司	44.4	24.8	46.3	20.3
批发和零售业	某商用混凝土销售公司	60.3	24.9	60.3	23.7
房地产业	某房地产开发公司	54.1	23.8	54.1	23.8
租赁和商务服务业	某出租车公司	34.1	12.1	39.4	15.3
公共服务及管理组织业	某供水管理处	60.3	24.9	60.3	24.9

2. 曲线匹配消纳责任权重分解方法

在现行可再生能源电力消纳权重落实至省（区、市）的基础上，进一步考虑不同地区/行业的用电特性，建立一种分行业的可再生能源电力消纳责任权重分解方法，将消纳权重进一步从各省（区、市）落实至市场主体（思路见图5）。通过更加精细化、差异化的消纳权重指标分解，提高用户的可再生能源消纳意识，发掘用户消纳潜力，助力各省（区、市）可再生能源电力消纳责任指标顺利完成。

依据对应曲线匹配度计算方法，计算各地区/行业的匹配度。以匹配度作为各市场主体的可再生能源电力消纳潜力量化结果，匹配度越高，代表可再生能源电力消纳潜力越强，匹配度越低代表消纳潜力越差。具体曲线匹配度的实现方法思路如下。

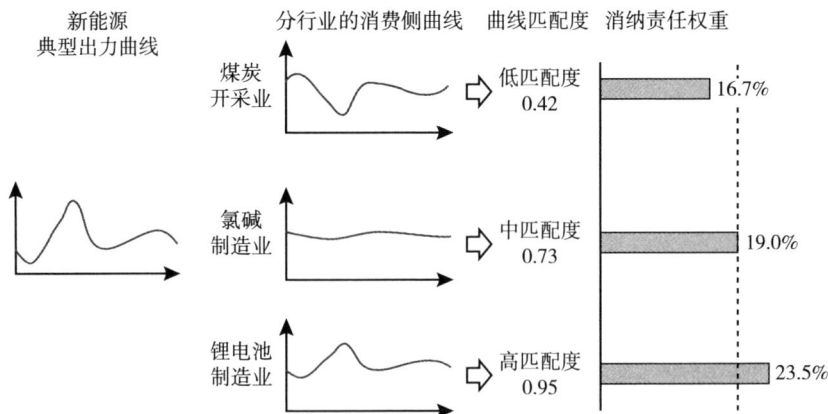

图5　考虑曲线匹配度的可再生能源电力消纳责任权重分解思路

首先，计算发用电离散程度。依据典型用电曲线及新能源典型出力曲线，进一步计算两条曲线的离散程度。

$$v(i) = \frac{\sum_t \left| \frac{Q_{i,t}/Q_i}{G_t/G} - 1 \right|}{T}$$

其中，$Q_{i,t}$代表第 i 类用户在 t 时段的用电负荷；G_t代表可再生能源在第 t 时段的发电出力；Q_i代表第 i 类用户的总用电量；G 代表可再生能源的总发电量。

其次，计算曲线匹配度。依据曲线离散程度，首先进行倒数化。

$$v'(i) = \frac{1}{v(i)}$$

进行标准化处理（采用常规标准化计算方法）得到曲线匹配度 $m(i)$。

最后，基于上述模型及甘肃分行业实际用电数据，得到2023年甘肃不同行业可再生能源电力消纳权重分解结果（见图6）。

3. 多主体的可再生能源电力消纳责任权重管理机制

根据《国家发展改革委 国家能源局关于建立健全可再生能源电力消纳保障机制的通知》《国家发展改革委办公厅 国家能源局综合司关于印

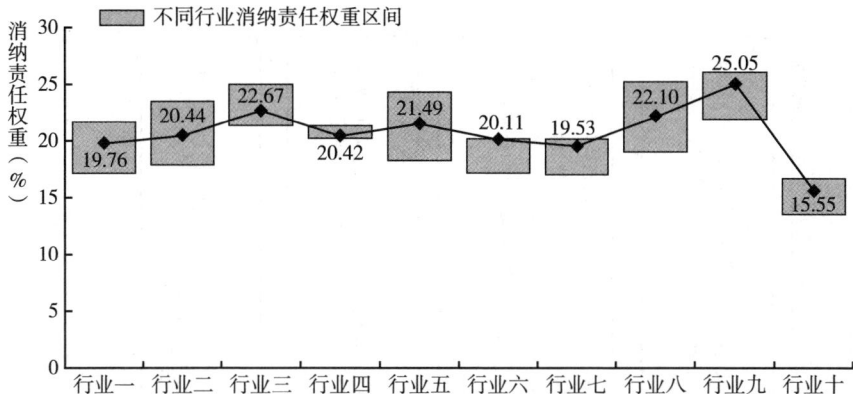

图6 2023年甘肃不同行业可再生能源电力消纳权重分解结果

说明：行业一至行业十依次为采矿业，制造业，电力、热力、燃气及水生产和供应业，建筑业，交通运输、仓储和邮政业，信息传输、软件和信息技术服务业，批发和零售业，房地产业，租赁和商务服务业，公共服务及管理组织业。

发省级可再生能源电力消纳保障实施方案编制大纲的通知》等文件要求，建立了"事前—事中—事后"的全流程闭环式消纳责任权重管理机制（见图7）。

三 研究结论与建议

（一）研究结论

1.提出分行业的可再生能源电力消纳责任权重分解方法

研究提出两种分行业的消纳责任权重目标分解方法，分别为统一权重分解方法、曲线匹配度分解方法。统一权重分解方法兼顾历史性和公平性，以"三年拉平差距"为总体原则，根据各行业与全省消纳责任权重指标目标的差距，合理确定三年内提升幅度，保证至第三年实现各责任主体消纳责任权重目标均不低于国家下达最低值。拉平各行业消纳责任权重至省级目标要求后，每年各行业消纳责任权重目标与省级目标保持一致。曲线匹配度分解方法强调用户负荷曲线与全省新能源出力曲线的匹配度，以匹配度作为各市场

面向多主体的可再生能源电力消纳责任权重管理机制

指标制定与分解责任

省级指标制定＋分主体指标分解

能源主管部门组织有关机构按年度对各省行政区内再生能源电力消纳责任权重进行统一测算，于每年3月底前向各省级行政区下达当年可再生能源电力消纳指标。省级能源主管部门制定行业分行业的可再生能源电力消纳指标，综合论证下本省各行业当年可再生能源电力消纳指标

电网企业

需要承担居民农业优先购电部分及电网公司代理购电部分电量的可再生能源电力消纳责任

售电公司

需要承担售电公司代理购电部分电量的可再生能源电力消纳责任

市场化用户

通过电力市场进行可再生能源电力交易，购入可再生能源，积极配合完成所分配到主体可再生能源电力消纳指标

拥有自备电厂企业

积极配合完成所分配到主体可再生能源电力消纳责任权重指标（指标可适当降低）

指标完成责任

电力交易中心

电力交易中心负责收集用户市场交易信息，在此基础上依据核算标准对用户进行可再生能源电力消纳量的核算。依据用户指标分配情况及完成情况，对未能按时完成的市场主体给予管理预警

核算责任

月度上报，季度预警

电力交易中心完成结算工作后，统计各市场主体年度实际完成消纳量，与季度计划完成量进行对比，给予预警提示，对于无法完成消纳责任权重指标或者进度较慢的市场主体给予管理促与指导

预警责任

图7　面向多主体的可再生能源电力消纳责任权重管理机制

312

主体的可再生能源电力消纳潜力量化结果，匹配度越高代表可再生能源电力消纳潜力越强，该类行业需承担的权重目标相应较高；匹配度越低代表消纳潜力越差，该类行业需承担的权重目标相应较低。

本报告提出的上述目标分解方法分别侧重行业消纳目标的公平性、消纳新能源电力潜力，将省级消纳权重目标分解落实至各行业用电主体，能够增强用户的可再生能源电力消纳意识，发掘用户消纳潜力，助力省级可再生能源电力消纳责任权重指标顺利完成。

2. 提出面向市场主体的可再生能源电力消纳责任权重核算方法

本报告结合甘肃电力市场中长期和现货电力市场交易规则，以"交易合同±偏差"为总体思路，一是研究提出分市场主体的消纳责任权重核算方法；二是利用中长期带时标能量块的概念，基于能量块的可再生能源电力消纳量溯源体系，从底层逻辑对市场交易进行重构。交易品种方面，提出四种能量块交易品种，满足不同主体的差异化交易需求，实现了各市场主体消纳责任权重完成情况的批量化、精准化、可追溯计算。

3. 可再生能源电力消纳量全流程溯源交易体系及政策机制衔接研究

在实现分行业的消纳责任权重目标分解办法、分市场主体的消纳责任权重核算办法的研究基础上，一是运用能量块技术，重构市场交易流程，建立切实可行的全流程可再生能源电力消纳量溯源及核算体系，推动管理机构可依据电力用户合同交易情况及执行情况，实时高效核算，得到市场主体的可再生能源电力消纳量。二是充分衔接《关于2023年可再生能源电力消纳责任权重及有关事项的通知》《关于做好可再生能源绿色电力证书全覆盖工作促进可再生能源电力消费的通知》《关于加强绿色电力证书与节能降碳政策衔接大力促进非化石能源消费的通知》等政策，研究可再生能源电力消纳量消纳管理与绿证、超额消纳量交易等的政策协调，为建立绿电消费凭证认证体系提出政策性建议。

4. 建立面向多主体的可再生能源电力消纳责任权重管理机制

本报告提出电力消纳责任权重核算方法和目标分解方法后，向能源主管部门提出了能够让责任落实到各类主体的管理机制建议。首先明确了电力消纳责任权重目标制定过程中的权责界面，国家能源局分解至各省（区、市）目标，省级能源主管部门分解各类市场主体权重年度目标，电网企业、售电公司、市场化用户等分类履责，电力交易中心负责核算、统计、预警；其次根据执行情况对各市场主体进行红、黄、绿等级预警提醒，并通过交易平台发布给全部承担消纳责任的市场主体；最后提出了与权重目标完成情况挂钩的激励机制，主要包括财税支持、能源消费总量考核抵扣、绿证和绿电交易等。

（二）相关建议

一是综合考虑不同省（区、市）可再生能源电力供需情况以及消纳能力等相关因素，优化省级消纳责任权重目标制定规制。由于用户侧各市场主体消纳意识不足，未实际考虑送端省内消纳能力及外送电情况，并未把国家下达的指标具体分解到各市场主体承担各自责任。因此，建议国家下发可再生能源电力消纳指标时，可综合考虑不同省（区、市）实际消纳能力以及每年外送电情况，结合水电占比及当地来水丰枯等情况，优化权重指标制定。

二是进一步精细化指标划分，将责任分配到主体。目前，消纳责任权重未分解至用户，消费侧可再生能源电力消纳潜力未得到充分挖掘，每年消纳指标完成情况考核主体仍是省级电网公司。因此，为充分考量并完成下达的省级消纳目标、深度挖掘各用户主体的消纳潜力，共担消纳责任权重，需要依据用户主体的可再生能源电力消纳潜力、历史消纳情况、自备电厂情况，进行进一步的精细化指标划分，将责任分配到主体。

三是建立可再生能源电力消纳量核算机制，保障消纳指标顺利落实。本报告主要提出了不同交易模式下可再生能源电力消纳量计算方法，包括基于中长期合同的可再生能源电力消纳量核算方法、基于现货交易的可再生能源电力消纳量核算方法以及针对合同偏差的新能源电力消纳量调整；建立完善了面向主体的可再生能源电力消纳量核算机制，能够为消费侧可再生能源管理提供核算基础。

四是明确主体权责，提高可再生能源电力消纳责任权重制度实施效率。在利用本报告消纳责任权重分解方法的基础上，明确不同用户主体的消纳量，适时承担各自消纳责任；同时，电力交易中心指导各方积极完成电力交易，并有责任促成并统计可再生能源电力交易完成的消纳量，以此形成良性循环、公开透明的可再生能源管理机制。

五是针对未按时完成指标的主体，可以向市场中超额完成的主体购买超额部分及认购绿证等方式进行补充。配套建立可再生能源电力消纳责任权重预警机制，采取"月度提醒，季度预警"进行监督指导，对于达到或超过预警指标的地区、企业和个人，可以予以奖励；对于未达到可再生能源电力消纳目标或未履行消纳责任的企业或区域，采取相应的罚款和惩罚措施。奖惩结合，将综合推动各方积极参与可再生能源电力消纳，实现能源结构转型和减少碳排放的目标。

参考文献

《国家发展改革委 国家能源局关于建立健全可再生能源电力消纳保障机制的通知》，国家能源局网站，2019 年 5 月 10 日，http：//zfxxgk. nea. gov. cn/auto87/201905/t20190 515_ 3662. htm。

《关于做好可再生能源绿色电力证书全覆盖工作促进可再生能源电力消费的通知》，国家发展改革委网站，2023 年 7 月 25 日，https：//www. ndrc. gov. cn/xwdt/tzgg/202308/ t20230803_ 1359093. html。

卜银河：《新配额制下高比例可再生能源消纳优化研究》，博士学位论文，华北电力大学（北京），2021。

刘敦楠等：《基于标准能量块合约的电力中长期市场连续运营方案设计》，《电网技术》2023 年第 1 期。

刘敦楠等：《面向新型电力系统的灵活能量块交易出清模型》，《电网技术》2022 年第 11 期。

张显等：《基于区块链的可再生能源超额消纳量交易体系》，《中国电力》2020 年第 9 期。

张翔等：《适应可再生能源配额制的电力市场交易体系研究》，《电网技术》2019 年第 8 期。

姜曼等：《考虑可再生能源消纳责任权重的年度合同电量月度分解方法》，《电力系统自动化》2021 年第 16 期。

李根柱：《可再生能源配额与电力协调交易研究》，硕士学位论文，华北电力大学（北京），2020。

B.17
煤电企业结合 CCUS 技术的
低碳转型路径探索与实践

——以国能锦界公司为例

姜大霖 陈语 赵瑞*

摘 要： 碳捕集、利用与封存（CCUS）技术是实现我国煤电行业深度脱碳的必要和兜底技术，有助于实现支撑经济发展、应对气候变化与保障能源安全的多重目标。本报告以国能锦界公司 CCUS 示范工程为实际案例，基于运营数据的经济性评估结果表明，煤电 CCUS 项目 CO_2 捕集环节平准化减排成本约为 208.41 元/吨，其中可变成本为 122.56 元/吨，复合胺吸收溶剂、电力、蒸汽为主要项目成本构成，分别占 CO_2 捕集环节平准化减排成本的 21.9%、20.9% 和 10.7%。本报告还模拟了煤电 CCUS 项目的市场化政策激励机制效果，测算发电小时数补偿政策、上网电价补贴政策、绿色金融政策、绿色电力证书交易政策、碳定价政策等不同政策机制对煤电企业开展 CCUS 投资决策的激励强度和效果。基于上述结论，本报告从发展阶段、产业布局、技术应用和政策支撑等角度探讨了煤电结合 CCUS 技术实现低碳化发展的前景。

关键词： 煤电产业 CCUS 技术 经济性评估 低碳转型

---

* 姜大霖，经济学博士，国家能源集团技术经济研究院研究员，高级工程师，研究方向为 CCUS 技术经济与政策、气候变化与能源低碳转型等；陈语，管理学博士，中南财经政法大学经济学院副教授，研究方向为能源经济与政策、CCUS 政策与战略研究；赵瑞，经济学博士，国家能源集团新能源研究院 CCUS 中心碳利用专业研究员，高级工程师，研究方向为 CCUS 技术经济与政策。

燃煤发电承担保障电力安全稳定供应的关键作用。2023年，我国煤电机组发电量占全国总发电量的63%，[1] 为经济的高质量发展提供了坚强后盾。随着"双碳"目标的深入推进，碳减排约束下煤电行业面临退出压力。[2] 然而，由于传统煤电技术具有路径依赖性，加之储能技术尚未实现广泛运用，过快淘汰煤电会影响电网的稳定运行。特别是在无风或阴天等气象条件下，新能源电力的不稳定输出使煤电的调峰作用变得尤为重要。[3] 此外，我国拥有世界上最多且最年轻的煤电存量机组，在严格的碳排放约束下，煤电提前"退役"可能会形成大量的搁浅资产。[4] 因此，科学规划和推动煤电行业进行低碳转型，是构建新型电力系统和支撑新型能源体系的重大议题。

CCUS技术是实现我国煤电行业深度脱碳的必要和兜底技术，有助于实现支撑经济发展、应对气候变化与保障能源安全的多重目标。[5] 张贤等认为，通过发展CCUS技术，不仅可以显著降低煤电的碳排放，还能提高电力系统的运行效率和可靠性。[6] 此外，对煤电实施CCUS技术改造，不仅能够有效缓冲可再生能源发电的波动性影响，从而预防季节性或间歇性因素导致的电力供应不足，保障电力系统的持续稳定运行，而且有助于推动碳排放量的迅速降低，为应对全球气候变化贡献积极力量。CCUS技术的引入，使得煤电与风电光伏之间形成了既竞争又合作的崭新关系。[7] "煤电+CCUS"的

---

① 数据来源于2024年1月24日国务院新闻办公室举行的新闻发布会。
② 陈语等：《煤电CCUS产业化发展路径与综合性政策支撑体系》，《中国人口·资源与环境》2024年第1期。
③ 何建坤：《碳达峰碳中和目标导向下能源和经济的低碳转型》，《环境经济研究》2021年第1期。
④ 张为荣、袁家海：《全球2℃温升碳约束下中国煤电搁浅资产研究》，《气候变化研究进展》2021年第1期。
⑤ 黄晶：《碳捕集利用与封存（CCUS）技术发展的几点研判》，《中国人口·资源与环境》2023年第1期。
⑥ 张贤等：《碳中和目标下CCUS技术发展定位与展望》，《中国人口·资源与环境》2021年第9期。
⑦ 孙丽丽、崔惠娟、葛全胜：《"一带一路"沿线主要国家碳捕集、利用和封存潜力与前景研究》，《气候变化研究进展》2020年第5期。

模式，可以保障经济社会发展所需的稳定电力供应，为国家的能源安全提供坚实支撑。[①]

一 国能锦界公司 CCUS 技术的示范和探索

（一）国能锦界公司概况

国能锦界能源有限责任公司（以下简称"国能锦界公司"）位于陕西省榆林市神木高新技术产业开发区，是国家"西电东送"北通道项目的重要启动电源点，电能通过 500 千伏输电线路直送河北南网。国能锦界公司积极推动煤电一体化，总体规划建设 4×60 万千瓦+2×66 万千瓦+2×100 万千瓦的煤电机组和核定产能 1800 万吨/年的配套煤矿。截至 2023 年 12 月底，国能锦界公司已经建成管理运营的火电总装机容量 372 万千瓦，煤炭核定产能 1800 万吨/年，新能源光伏装机容量 12.3 万千瓦，新能源在建容量 140 万千瓦，建成了 15 万吨/年燃烧后 CCUS 全流程示范工程（以下简称"国能锦界公司 CCUS 示范工程"）和设计运量 500 万吨/年的铁路专用线，初步形成煤炭、火电、新能源、化工、铁路"五位一体"发展新格局。[②]

（二）近年来 CCUS 技术研发与工程示范

1. 国能锦界公司 CCUS 示范工程

国能锦界公司 CCUS 示范工程是目前国内规模最大的燃煤电厂燃烧后 CO_2 捕集—驱油/封存全流程示范工程。该示范工程在国家重点研发计划项目"用于 CO_2 捕集的高性能吸收剂/吸附材料及技术"和国家能源集团"15 万吨/年燃烧后 CO_2 捕集和封存全流程示范项目"支持下，开展先进的燃煤电厂化学吸收法 CO_2 捕集技术研究和工业示范，实现 CO_2 捕集率>90%、CO_2

[①] 姜大霖等：《燃煤电厂实施 CCUS 改造适宜性评估：以原神华集团电厂为例》，《中国电机工程学报》2019 年第 19 期。

[②] 数据来源于国能锦界公司。

浓度>99%、再生热耗<2.35GJ/tCO$_2$，示范工程性能指标达到国际领先水平，为实现我国燃煤电厂大规模碳捕集和国家自主贡献碳减排目标提供技术支撑。[①]

工艺流程方面，捕集系统集成应用 MVR 闪蒸、级间冷却、分流解吸等节能工艺和设备，捕集系统的烟气自锦界电厂 1 号机脱硫后出口烟道抽取（气量约 $1.0 \times 10^5 Nm^3/h$）后进入烟气洗涤塔，在塔内经洗涤降温和深度脱硫后进入吸收塔，新型吸收剂吸收烟气中的 CO_2。为提高吸收能力，设置级间冷却工艺，从吸收塔中部对吸收液进行冷却，吸收后尾气经塔顶洗涤后排出。新型吸收剂吸收烟气中 CO_2 后成为富液，富液从吸收塔塔底流出后分为两股，一股进入贫富液换热器，热量回收后进入解吸塔，一股直接进入解吸塔，在再沸器的加热作用下，通过汽提解吸出富液中的 CO_2，解吸后的富液变为贫液，从解吸塔塔底流出。解吸塔内解吸出的 CO_2 连同水蒸气从解吸塔塔顶排出，经气液分离器分离冷却除去水分后得到纯度 99.5% 以上的 CO_2 产品气（干气），进入压缩等后续工艺进一步处理。解吸 CO_2 后的贫液进入闪蒸罐进行闪蒸，闪蒸出的气体进入吸收塔，贫液流出后进入贫富液换热器换热，冷却后进入吸收塔进行吸收。从解吸塔塔顶出来冷却分离的产品气进入 CO_2 压缩机压缩，压缩机出口 CO_2 压力为 2.5MPa（g），温度为 40℃，压缩后的 CO_2 气体进入干燥塔进行脱水干燥，经干燥处理后的 CO_2 气体进入 CO_2 冷凝器及过冷器，液化降温制冷至-20℃以下，完全液化后送至 CO_2 球罐进行储存。

该示范工程于 2021 年 6 月顺利投产运行，至 2024 年 11 月已安全稳定运行超过 890 天。经中国环境监测总站第三方权威检测，该示范工程为国际首次实现 CO_2 捕集率>90%、CO_2 浓度>99.95%、再生能耗<2.35GJ/tCO$_2$ 的重大突破（吸收塔胺液浓度<30%），CO_2 综合捕集成本低于 185 元/吨，整体性能和经济指标达到世界领先水平。项目率先构建了捕集系统设计、建

---

① 数据来源于国能锦界公司。

设、调试及运行的技术体系，CO_2全部用于驱油封存和化工利用（消纳率达到 100%）。[①]

2. 千吨级吸附法捕集技术示范

国能锦界公司"千吨级燃煤电厂烟气 CO_2 固体吸附工业验证装置"依托国家重点研发计划项目"用于 CO_2 捕集的高性能吸收剂/吸附材料及技术"，是国内规模最大的 CO_2 化学吸附工业验证装置。该装置采用国内首次开发的多级吸附—再生—冷却三相流化床 CO_2 捕集工艺和新型高效固体胺吸附材料（改性多乙烯多胺+复合骨架），具有工艺相对简单、设备紧凑、能耗低等特点，可有效解决常规 CO_2 固定床吸附反应器放大困难、操作复杂、难以适应大规模燃煤电厂烟气 CO_2 捕集的问题。

在工艺系统方面，千吨级吸附系统主要由吸附床、再生床和冷却床三个流态化反应器组成。吸附床负责气固脱碳反应过程，再生床负责吸附剂的再生过程，冷却床负责将再生后的高温吸附剂冷却至吸附床温度，脱硫烟气经烟气风机输送至吸附床一级鼓泡段，在流化吸附剂的同时与吸附剂发生脱碳反应。反应后的烟气通过二级布风板进入二级鼓泡段并与吸附剂进一步反应，保证较高的 CO_2 脱除效率。再生床采用隔板式单级鼓泡流化床结构，以 CO_2 作为流化介质。冷却床采用隔板式单级鼓泡流化床结构，以 N_2 作为流化介质。

3. 多种转化利用技术的研发与小试

CO_2 资源化利用主要包括化工利用、矿化利用、生物利用和地质利用（主要为驱油利用），具有技术路线多、覆盖行业多、专业领域多的特点，涉及能源、电力、化工、钢铁、水泥、建材、环境等行业和热能、化学、材料、生物、地质等交叉领域。CO_2 利用技术是目前国内外关注的热点，驱油、驱气等地质利用虽可以实现大规模利用，但受制于地质条件和油田影响；保鲜、制冷、消防等物理利用方式市场容量小；矿化、化工、生物利用等有望成为二氧化碳大规模资源化利用的新途径。在 CO_2 化工利用、矿化利

[①] 数据来源于国能锦界公司。

用等技术方面，我国整体上处于研发及工业示范阶段。国能锦界公司作为资源化利用的探索者和实践者，已经开展 CO_2 矿化利用、CO_2 化学转化利用技术的研究和示范。

（1）万吨级 CO_2 矿化养护混凝土工业示范装置

CO_2 矿化利用作为 CCUS 技术的重要发展方向，利用自然界或工业过程中的钙镁基矿物转化 CO_2 形成碳酸盐。同时，矿化通过化学反应可将 CO_2 永久安全封存，环境风险性小，有望实现低能耗、规模化的 CO_2 固化封存。我国煤炭利用过程伴生大量废弃物，严重影响环境的同时不利于煤炭资源的清洁利用。若充分利用废弃矿物进行矿化固定 CO_2，可实现年处理固废超过 10 亿吨，固定减排 CO_2 超过 1 亿吨，具有显著的环境效益和市场前景。因此，开发大宗固废进行 CO_2 矿化制混凝土对我国实现"双碳"目标和经济可持续发展有重要的意义。

国能锦界公司利用电厂现有固废（粉煤灰、矿渣）等原料和工业废水与 CCUS 项目产品 CO_2 之间的直接气固反应实现固碳。通过搭建小型釜式多级多效矿化养护试验装置，开发了全固废和低水泥两种低碳混凝土配方并进行验证，形成高效、低能耗 CO_2 捕集—矿化一体化核心工艺和技术。

此外，国能锦界公司还研发了万吨级以上 CO_2 捕集—矿化集成的一体化工艺，并建设了万吨级 CO_2 矿化养护混凝土工业示范装置，得到性能优良的混凝土产品，拓展 CO_2 资源化利用途径，实现了电厂烟气中的 CO_2 "变废为宝"，有助于解决我国石灰石资源匮乏以及石灰石开采带来的严重环境问题，协同实现经济增长和碳减排双重目标。

万吨级 CO_2 矿化养护混凝土工业示范装置主要包括原料预处理系统、混合拌料系统、砌块成型系统、预养护系统、矿化养护系统、供气系统等模块。通过自主创新研发，项目工艺技术装备可在生产线上实现"原料—混合成型—矿化养护—强度成型"等全流程稳定且规模化的砌块成型试生产，实现燃煤发电厂 CO_2 捕集与矿化利用的一体化规模化应用。示范装置 CO_2 矿化所需原料气浓度为 10% ~ 100%，CO_2 转化利用率达到 90% 以上。通过梯级均压矿化养护技术，生产效率较传统蒸压养护提升 100%，产品全生命周期碳减排 70% 以上；通过 CO_2 矿化低碳胶凝材料技术进行固废原料复配，工业固废利用率达 60% 以上。[1]

（2）10 吨/年 CO_2 加氢制甲醇技术研究与示范

国能锦界公司开发了 CO_2 加氢制甲醇 Cu 基催化剂，CO_2 转化率达到 17.28%，甲醇选择性达到 90% 以上。采用共沉淀法，分别制备了 4 种不同载体的加氢催化剂：$Cu-ZnO-Al_2O_3$、$Cu-ZnO-MgO$、$Cu-ZnO-CeO_2$、$Cu-ZnO-ZrO_2$。通过 CO_2 加氢小试装置进行性能检测，在 250℃、3MPa 条件下，$Cu-ZnO-ZrO_2$ 表现出了较好的性能。目前，国能锦界公司已经完成万吨级加氢制甲醇物料衡算和工艺模拟，正在进行材料选择、主要设备计算及选型。未来将进一步计算公用工程条件（水、电、气和汽等）以及三废条件，开展甲醇市场预测，并编制万吨级 CO_2 制甲醇可行性研究报告。

（3）50 吨/年 CO_2 电化学催化技术研究与示范

国能锦界公司开发了铜—氮—碳（Cu-N-C）CO_2 电化学催化制合成气催化剂，并在小试装置上开展了相关测试评价工作。在 Cu-N-C（SA）-1 样品上，CO_2 电化学催化还原反应的 H_2 法拉第效率约为 73%，CO 法拉第效率约为 24%，H_2 与 CO 的比例接近 3:1，满足合成气所需的 H_2 与 CO 比例关系，且合成气总法拉第效率可达 97%。此外，还开发了 $CuBaOx$、$CuZnAlOx$、$Cu^{\delta+}$ 作为 CO_2 电化学催化制乙醇等 C_{2+} 产物催化剂，乙醇的选择性达 32.3%，C_{2+} 产物选择性达 75.6%。[2] 目前，国能锦界公司已经取得电化学还原 CO_2 制备高附加值化工品的关键技术突破，成功开发 1~2 种电化学还原 CO_2 制高值化工品的高活性、高选择性催化剂，并完成 CO_2 电化学转化阶段研究，单程转化率 ≥30%。

（三）CCUS 技术工程示范验证的成效

1. 研究成果推广情况

国能锦界公司 CCUS 示范工程开发的适应燃煤烟气的低能耗、低成本、

---

[1] 数据来源于国能锦界公司。

[2] 数据来源于国能锦界公司。

大规模碳捕集系统，可以有效解决燃煤电厂 CO_2 的排放问题。项目研制出成套碳捕集装置，通过整机组碳捕集及资源化能源化利用的示范，可以进一步推广应用至大型火电机组。示范工程打通了下游驱油利用与封存的 CO_2 消纳链条，并进行工业应用示范，对推动我国燃煤电厂低碳转型意义重大。

具体而言，形成的燃煤电厂燃烧后烟气 CO_2 捕集技术已推广应用至国家能源集团江苏泰州电厂煤电 CCUS 示范项目。该项目形成了我国完全自主知识产权的新一代烟气 CO_2 捕集技术，高度呈现了燃煤火电绿色低碳转型发展和实现"双碳"目标的科技创新成果及中国智慧，形成了燃煤电厂 CO_2 "捕集—运输—注入—封存"全流程关键技术，提高燃煤电厂的整体竞争力，真正实现煤炭的清洁利用，有助于拉动绿色投资、扩大内需、培育新的经济增长点。

2. 示范验证社会效益显著

项目研究成果的推广应用，对提升 CO_2 综合利用率、促进电力行业低碳排放的转型和升级、引领火电行业实施前沿脱碳技术具有示范引领作用，助力实现"双碳"目标。此外，项目为火电行业未来开展更大规模 CO_2 捕集技术推广奠定了重要基础，具有显著的环境和社会效益。

项目充分发挥国能锦界公司的煤电一体化优势，将源头降碳和末端去碳结合起来，通过 CCUS 技术、零碳工业流程再造技术等科技攻关，为燃煤电站实现真正意义上的近零排放提供解决方案，是国家能源集团贯彻落实习近平生态文明思想，践行能源绿色革命和为民宗旨，不断加快煤电企业的绿色低碳发展，构建清洁低碳、安全高效的能源体系的具体举措；也是国家能源集团探索清洁能源转型发展，探索落实"双碳"目标的重大战略布局，为国家在气候谈判、全球气候责任分担、引领全球气候治理、碳交易等方面提供依据和支撑。

项目自投入运营以来，受到了党中央、省市各级政府领导的高度关注，各级政府领导多次实地考察调研。项目代表国家能源集团参加第五届、第六届丝博会，第四届中国西部国际投资贸易洽谈会，第二十届中国·海峡创新项目成果交易会，"2024 中关村论坛"，中国北京国际科技产业博览会，第六届陕西国际科技创新创业博览会，第十六届榆林国际煤博展等大型交流会，受到新华社、省市融媒体等主流媒体采访报道且引发社会热烈反响，并获中央电视台新闻频道《走进老区看新貌》特别节目专题报道。此外，项目作为煤电行业唯一案例入选国际能源署（IEA）2021 年度报告《低排放煤炭技术助力零碳亚洲未来》和 APEC"可持续中国产业发展行动"2022 年度报告《超越净零碳年度报告（2022）》，为实现"双碳"目标起到了示范引领作用。

3. 促进产业化能力提升

作为国内首个燃煤电厂燃烧后 CO_2 捕集—驱油/封存全流程示范项目，国能锦界公司 CCUS 示范工程在产业化方面具有极大的市场推广空间和技术推广价值。该示范工程的主要设备均为国内行业知名企业制造，包括国家大型骨干企业、国家重大技术装备配套定点生产厂等，具有良好的装备能力，在产业规模化方面具有极大的优势。

该示范工程实现了长周期的安全稳定经济运行，其成功示范可为我国未来开展百万吨级甚至更大规模的煤电 CCUS 示范项目提供丰富的生产实践经验和工程试验数据，为煤电探索出新的绿色低碳高质量转型发展之路，并为钢铁、水泥等非电行业的碳减排问题提供借鉴。

（四）未来 CCUS 规模化产业化发展规划

聚焦煤电、煤化工等煤基能源产业碳减排的重大需求，未来需要加大 CCUS 基础和前沿技术的研究力度，重点布局高效低能耗的碳捕集、CO_2 矿化、化工利用和生物利用等关键核心技术，加快推进 600 兆瓦及以上燃煤机组全烟气全流程 CCUS 技术示范。

1. CO_2 捕集环节

我国 CO_2 捕集技术总体上已较为成熟，且已经实现中小规模的示范，但规模化发展后的关键设备集成化设计制造等能力仍有待提高。后续应该加大捕集环节涉及的专用设备研发力度，包括模块化 CO_2 捕集设备、压缩机、

CO_2储罐等大型设备，以及研发碳捕集系统集成与控制系统等技术，并打造600兆瓦等级燃煤机组全烟气全流程CCUS关键技术研究与工程示范，率先完成碳捕集—就地消纳的贯通，构建煤电碳减排的一体化模式。

2. CO_2化学、生物及矿化利用环节

从技术成熟度来看，不同CO_2化学、生物及矿化利用技术差异较大。在CO_2矿化利用方面，燃煤固废矿化利用技术已接近工业化应用水平。未来仍需结合煤矿采空区充填技术领域，进一步研发矿化多功能多用途的胶凝材料，研制不同类型的专用装备（如特殊反应器等）。我国CO_2化学和生物利用技术与国际发展水平基本同步，整体上处于工业示范阶段；CO_2合成化学材料技术已初步实现工业示范，后续需要从CO_2化工利用（如CO_2制备甲醇技术、CO_2合成异氰酸酯/聚氨酯技术及CO_2合成可降解聚合物材料技术）等角度进行突破。未来应重点突破高效稳定的催化反应技术，提高CO_2利用的效率和经济性。

3. CO_2地质利用与封存环节

在CO_2地质利用与封存环节，我国在场地性能模拟分析软件、场地尺度地质建模工具等方面还存在不足。在CO_2监测技术方面，特征监测与结果解释的可靠性仍需进一步提升。未来需要攻关场地表征与筛选场地评估和风险评价、CO_2全密闭注井、环境监测与风险管理等关键技术。在技术方法上，需要突破场地尺度地质建模工具，研发断层勘察与表征、力学长期稳定性与变形分析、大规模注气与控制、CO_2监测等技术。在产业布局上，应谋划构建鄂尔多斯盆地千万吨级全流程规模化CCUS产业集群。

二 煤电行业结合 CCUS 技术的经济性

（一）基于示范工程的煤电碳捕集技术的经济性评估

1. 国能锦界公司 CCUS 示范工程案例介绍

国能锦界公司 CCUS 示范工程是目前国内规模最大的燃煤电厂燃烧后

CO_2 捕集示范工程。该项目于 2019 年 11 月 1 日正式开工建设，于 2021 年 6 月 25 日建成投运。项目实际运行两年来，各项关键参数及技术经济指标均优于设计要求，为更大规模的燃煤电厂 CO_2 捕集工程示范奠定基础。

2. 国能锦界公司 CCUS 示范工程捕集成本核算

（1）吨碳捕集成本核算

表 1 展示了国能锦界公司 CCUS 示范工程成本核算过程中的基本参数情况。

表 1　国能锦界公司 CCUS 示范工程成本基本参数

项目		数量	单价（元）	金额（万元）	说明
					—
直接销售		—	—	1327.43	—
运行材料	复合胺吸收溶剂	169.5 吨/年	40300	683.09	实测
	氢氧化钠	120 吨/年	800	9.6	估算
	干燥剂	4 米³/年	15000	6	估算
水	工业水	300000 吨/年	1.3	39	估算
	除盐水	36000 吨/年	14	50.4	设计值
动力	蒸汽	168000 吨/年	20	336.00	设计值
	电力	34400000 千瓦时/年	0.19	653.60	设计值
折旧摊销	机器设备	—	—	591.59	投资预算
	房屋建筑物	—	—	88.48	投资预算
其他成本	人工成本	—	—	393.12	—
	管理费用	—	—	14.64	—
	日常维护费	—	—	200	—
	税费	—	—	58.26	—
	废水、废渣处置费用	40000 吨	0.6	2.40	—
成本合计		—	—	3126.18	—
直接成本		—	—	1777.69	—

注：管理费用包含差旅费、办公费、会议费等相关的管理性费用；人工成本参照 2020 年公司员工全口径年平均人工成本测算（运行人员 12 人、检修人员 6 人、管理人员 6 人）；日常维护费包括备品备件、检修耗材等费用；税费包含城建教育费附加、印花税、房产税，其余税费不涉及。

资料来源：国能锦界公司。

经过核算，该示范工程总投资规模为 1.03 亿元，当考虑 3.38% 的贴现率水平时，该示范工程 CO_2 捕集环节平准化减排成本约合 208.41 元/吨，其中单位可变成本为 118.67 元/吨。运营成本中，复合胺吸收溶剂、电力、蒸汽为主要成本环节，分别占 CO_2 捕集环节平准化减排成本的 21.9%、20.9% 和 10.7%（见图 1）。

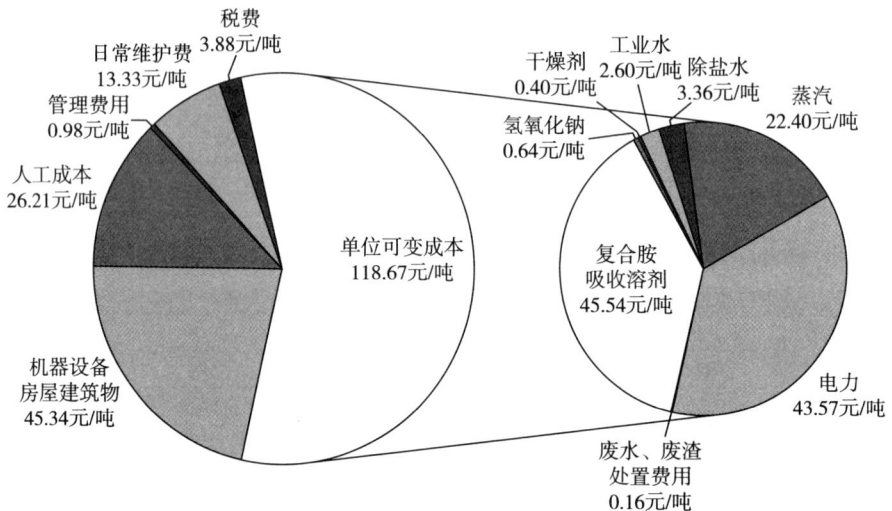

图 1　国能锦界公司 CCUS 示范工程 CO_2 捕集环节平准化减排成本构成

资料来源：国能锦界公司。

（2）电价增幅核算

根据国能锦界公司 CCUS 示范工程成本基本参数测算，CO_2 捕集环节平准化减排成本约合 208.41 元/吨。捕集环节总成本均摊到度电上会导致电价的上升，不同的捕集规模将导致不同的电价增幅。基准发电小时数按 5300 小时计算，在当前 15 万吨/年的捕集规模情景下，国能锦界公司实施 CCUS 项目导致的电价增幅为 0.0098 元/千瓦时；在 50 万吨/年的捕集规模情景下，国能锦界公司实施 CCUS 项目导致的电价增幅为 0.0328 元/千瓦时；在 100 万吨/年的捕集规模情景下，国能锦界公司实施 CCUS 项目导致的电价增幅为 0.0655 元/千瓦时；在全捕集情景下，国能锦界公司实施 CCUS 项目导致的电价增幅为 0.1909 元/千瓦时（见图 2）。

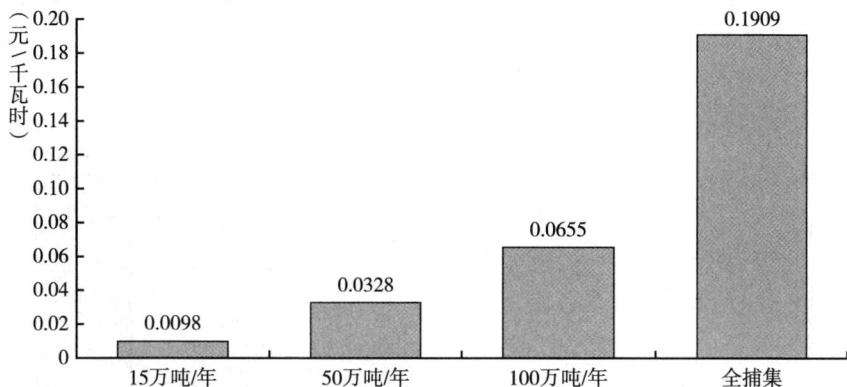

图 2　基准发电小时数 5300 小时的不同捕集规模下电价增幅

资料来源：根据国能锦界公司相关数据测算。

（3）碳市场净配额盈余情况

根据生态环境部《2021、2022 年度全国碳排放权交易配额总量设定与分配实施方案（发电行业）》，2022 年度全国 300 兆瓦等级以上常规燃煤机组的供电基准值为 $0.8177tCO_2/MWh$。国能锦界公司通过 CCUS 项目可实现深度碳减排，从而减少碳排放权交易配额使用量，产生净配额盈余，在碳市场上实现额外收益。

考虑到 CO_2 捕集环节需要消耗额外的电力，将这部分额外电力的碳排放量抵扣后，捕集环节的净碳捕集率为 79.0%，在不考虑蒸汽额外的碳排放量及其他环节碳排放的假定下，不同的捕集规模将引起机组净配额盈余的变化。根据实施捕集机组的发电效率、煤耗等相关参数，在不实施 CO_2 捕集的正常条件下，按 $0.8177tCO_2/MWh$ 的碳排放强度基准线初步核算，该机组碳配额缺口为 31.26 万吨；在 15 万吨/年的捕集规模情景下，该机组虽能通过 CCUS 项目减少碳配额使用量，但无法实现盈余，缺少 19.41 万吨的碳配额量；在 50 万吨/年的捕集规模情景下，该燃煤机组能够通过

CCUS 项目实现 8.24 万吨的净配额盈余；在 100 万吨/年的捕集规模情景下，该机组能够通过 CCUS 项目实现 47.73 万吨的净配额盈余；在全捕集情景下，国能锦界公司该机组能够通过 CCUS 项目实现 198.84 万吨的净配额盈余（见图 3）。

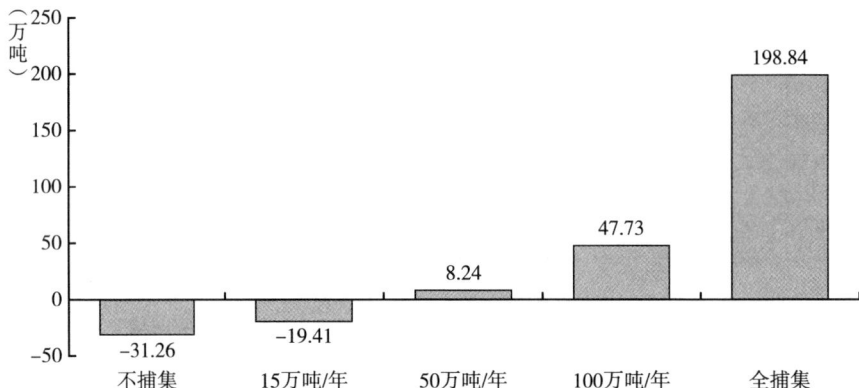

图 3　不同捕集规模下国能锦界公司 CCUS 示范工程净碳配额盈亏情况

资料来源：根据国能锦界公司相关数据测算。

3. 捕集环节不同单元成本敏感性分析

（1）捕集系统投资成本

该示范工程主要成本分项之一为捕集系统总投资成本，包括 8500 万元的机器设备成本以及 1800 万元的房屋建筑物成本，共计 10300 万元。分别以 20 年、35 年作为机器设备成本、房屋建筑物成本的折旧年限，贴现率水平设定为 3.38%，CO_2 减排成本中机器设备成本约合 39.44 元/吨、房屋建筑物成本约合 5.9 元/吨，捕集系统总投资约合 CO_2 减排成本为 45.34 元/吨，占 CO_2 捕集环节平准化减排成本的 21.76%。

经过上述测算可以发现，捕集系统总投资在 CO_2 捕集环节平准化减排成本中占据了较大比重，显著影响 CO_2 捕集环节平准化成本水平的高低，所以对捕集系统总投资这一成本分项进行敏感性分析是十分重要的。下面考虑在捕集系统总投资这一成本分项以不同比例变化时 CO_2 捕集环节平准化减排成本的变动情况。假定机器设备成本以及房屋建筑物成本按与捕集系统总投资相同的比例进行变化，以 5% 为变动单位，逐一考虑捕集系统总投资在75%~125% 的变动情景下 CO_2 捕集环节平准化减排成本的变动情况。经过测算，随着捕集系统总投资的增加，该示范工程的 CO_2 捕集环节平准化减排成本会随之线性增加。进一步地，捕集系统总投资每上升（下降）5%，会导致减排成本上升（下降）1.09%、2.27 元/吨。当捕集系统总投资上升到125% 时，减排成本上升 5.44%；当捕集系统总投资下降到 75% 时，减排成本相应地下降 5.44%、11.33 元/吨（见图 4）。

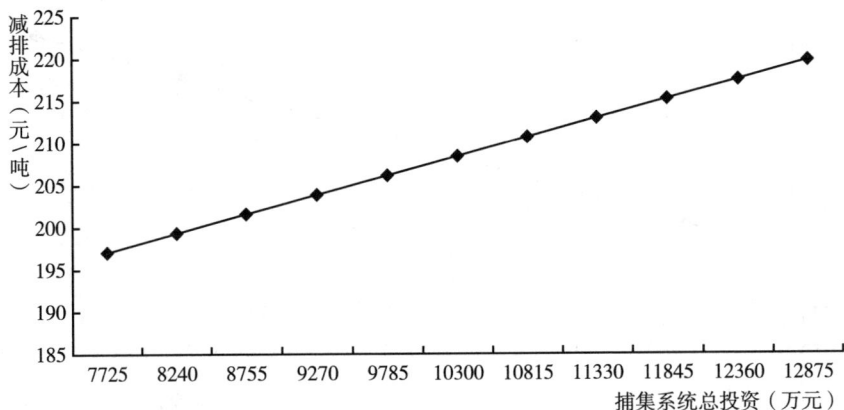

图 4 捕集系统总投资与 CCUS 示范工程 CO_2 捕集环节平准化减排成本关系

资料来源：根据国能锦界公司相关数据测算。

（2）蒸汽成本

该示范工程 CO_2 捕集环节平准化减排成本的主要成本分项之一为蒸汽成本，每吨 CO_2 捕集的蒸汽消耗为 1.12 吨，以 20 元/吨的成本进行测算，CO_2 减排成本中蒸汽成本为 22.40 元，占可变成本的 18.88%、CO_2捕集环节平准化减排成本的 10.75%。经过上述测算可以发现，蒸汽成本在 CO_2 捕集环节平准化减排成本中占据了一定的比重，较为显著地影响 CO_2 捕集环节平准化减排成本水平的高低，所以对蒸汽成本这一成本分项进行敏感性分析也十分必要。下面考虑在蒸汽成本以不同比例变化

时 CO_2 捕集环节平准化减排成本的变动情况。以 10 元/吨为变动单位，逐一考虑在蒸汽单价从 20 元/吨上升到 120 元/吨的变动情景下 CO_2 捕集环节平准化减排成本的变动情况。经过测算，随着蒸汽单价的增加，该示范工程 CO_2 捕集环节平准化减排成本会随之线性增加。进一步地，蒸汽单价每上升 10 元/吨，减排成本上升 5.37%、11.2 元/吨。当蒸汽单价上升到 60 元/吨时，减排成本上升 21.5%；当蒸汽单价上升到 90 元/吨时，减排成本上升 37.62%；当蒸汽单价上升到 120 元/吨时，减排成本相应地上升 53.74%（见图 5）。

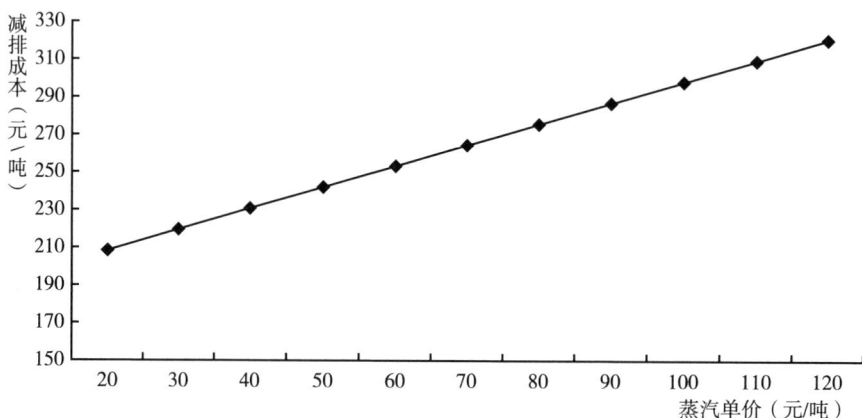

图 5   蒸汽单价与 CCUS 示范工程 CO_2 捕集环节平准化减排成本关系

资料来源：根据国能锦界公司相关数据测算。

（3）电力成本

该 CCUS 示范工程的主要成本分项之一为电力成本，单位 CO_2 捕集的电力消耗为 229.33 千瓦时/吨，以国能锦界公司燃煤机组约 0.19 元/千瓦时的发电成本测算，CO_2 减排成本中电力成本约合 43.57 元/吨，占可变成本的 36.7%。经过上述测算可以发现，电力成本在 CO_2 捕集环节平准化减排成本中占据了较大的比重，显著影响 CO_2 捕集环节平准化减排成本的高低，所以对电力成本进行敏感性分析十分重要。下面考虑在电力成本以不同比例变化时 CO_2 捕集环节平准化减排成本的变动情况。以 0.03 元/千瓦时为变动单位，逐一考虑在电力单价从 0.1 元/千瓦时上升到 0.4 元/千瓦时的变动情景下 CO_2 捕集环节平准化减排成本的变动情况。经过测算，随着电力单价的增加，减排成本会随之线性增加。进一步地，电力单价每上升（下降）0.03 元/千瓦时，减排成本上升（下降）3.3%、约 6.88 元/吨。当电力成本下降到 0.1 元/千瓦时，减排成本下降 9.9%、187.77 元/吨；当电力单价上升到 0.4 元/千瓦时，减排成本相应地上升 23.11%、256.57 元/吨（见图 6）。

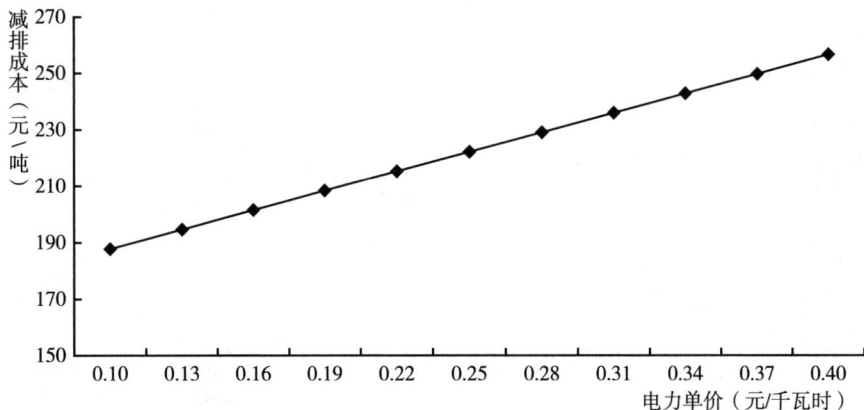

图 6 电力单价与 CCUS 示范工程 CO_2 捕集环节平准化减排成本关系

资料来源：根据国能锦界公司相关数据测算。

（4）吸收溶剂成本

该 CCUS 示范工程的主要成本分项之一为吸收溶剂成本，每吨 CO_2 捕集的吸收溶剂消耗为 1.13 千克，以 40300 元/吨的成本测算，CO_2 减排成本中吸收溶剂成本约合 45.54 元/吨，占到 CO_2 捕集环节平准化减排成本的 21.85%。经过上述测算可以发现，吸收溶剂成本在 CO_2 捕集环节平准化减排成本中占据了较大的比重，十分显著地影响 CO_2 捕集环节平准化减排成本水平的高低，所以对吸收溶剂成本这一成本分项进行敏感性分析是十分重要的。下面考虑在吸收溶剂成本以不同比例变化时 CO_2 捕集环节平准化减排成本的变动情况。以 2000 元/吨为变动单位，逐一考虑在吸收溶剂单价从 30300 元/吨上升到 50300 元/吨的变动情景下减排成本的变动情况。经过测算，随着吸收溶剂单价的上升，减排成本会随之线性增加。进一步地，吸收溶剂单价每上升（下降）2000 元/吨，会导致减排成本上升（下降）1.08%、2.26 元/吨 CO_2。当吸收溶剂单价下降到 30300 元/吨时，减排成本下降 5.42%、197.11 元/吨；当吸收溶剂单价上升到 50300 元/吨时，减排成本相应地上升 5.42%、219.70元/吨（见图 7）。

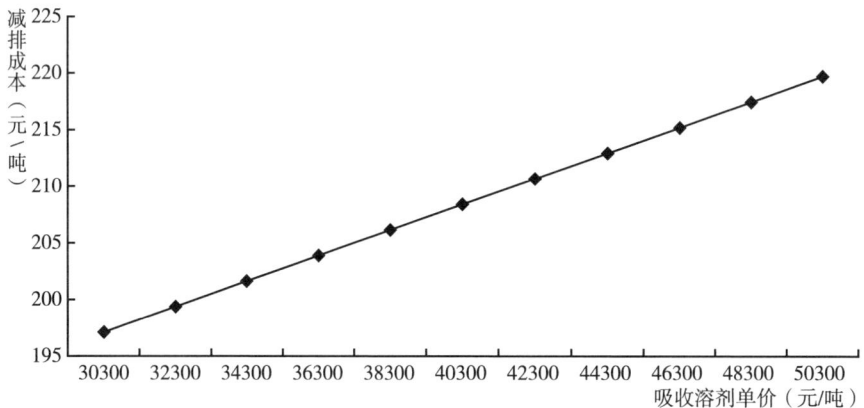

图 7　吸收溶剂单价与 CCUS 示范工程 CO_2 捕集环节平准化减排成本关系

资料来源：根据国能锦界公司相关数据测算。

综上分析，未来在不考虑工程技术水平进步带来的成本变化情况下，仅通过降低项目系统建设投资成本，控制捕集压缩单元的蒸汽消耗、电力消耗以及吸收溶剂的成本，燃煤电厂 CO_2 捕集环节平准化减排成本仍有望实现 30~50 元/吨的降幅。当然，国能锦界公司凭借自身特殊的煤电一体化优势，在上述电力、蒸汽等消耗成本中已经处于较低水平，核算得到的减排成本为目前行业最低水平。未来成本进一步下降，主要依赖大型化应用后的规模效益、工艺路线优化设计以及额外能耗与溶剂消耗下降等技术进步。除纯技术性成本之外，政策性的成本效益激励也有望对电厂开展 CCUS 投资发挥巨大的推进作用。

4. 捕集压缩环节用能优化潜力分析

优化捕集压缩环节的电力消耗来源或将进一步带来成本下降空间。根据国能锦界公司 CCUS 示范工程成本基本参数测算，其 CO_2 捕集环节平准化减排成本约合 208.41 元/吨。该 CCUS 示范工程可变成本内的主要成本分项之一为电力成本，每吨 CO_2 捕集的电力消耗为 229.33 千瓦时，以 0.19 元/千瓦时的成本测算，每吨 CO_2 产品电力成本约合 43.57 元，占可变成本的 36.7%，若将 CCUS 系统与风光系统耦合，则具备较大潜力实现成本下降。

以国能锦界公司新能源基地一期项目规划建设的 1000 兆瓦光伏、400 兆瓦风电基地为例，假定保障性收购小时数按《陕西省 2021 年新能源发电企业参与市场化交易实施方案》测算，即光伏的保障性收购小时数为 1250 小时/年，风电的保障性收购小时数为 1700 小时/年。该新能源基地发电小时数按陕西省 6000 千瓦以上电厂利用小时数平均值，即光伏年发电小时数为 1392 小时、风电年发电小时数为 1748 小时测算，则每年约有 16120 万千瓦时的电量可能成为弃风弃光电量，显著高于国能锦界公司 CCUS 示范工程的总电能消耗。假定弃风弃光电量的 80% 可以应用于国能锦界公司 CCUS 示范工程，则利用弃风弃光电量的 27% 即可满足国能锦界公司 CCUS 示范工程的全部电力需求，弃风弃光电量价格按 0.09 元/千瓦时测算，这部分电能替代可以使国能锦界公司 CCUS 示范工程减排成本下降 22.93 元/吨，实现可变成本下降 19.35%。同时，在 CCUS 纳入碳市场的前提下，通过这一能量替代降低的碳排放量可以取得额外的碳配额盈余，通过碳交易市场实现额外碳资产收益。因此，若能实现上述风光系统与 CCUS 系统耦合，实际经济效益将有望高于当前测算值。[①]

（二）煤电碳捕集项目的市场化政策激励机制效果模拟

国能锦界公司依托周边区域丰富的煤矿资源大力推进煤电一体化项目，

---

① 魏宁等：《国家能源集团燃煤电厂 CCUS 改造的成本竞争力分析》，《中国电机工程学报》2020 年第 4 期。

在发电度电成本以及蒸汽成本方面具有得天独厚的优势。本部分基于国能锦界公司 CCUS 示范工程的实际技术经济参数进行政策模拟测算，忽略了运营过程中的工况细节。

1. 发电小时数补偿政策

发电设备的利用小时数是反映发电设备生产能力利用程度的指标，与发电企业的盈利能力直接挂钩。从收益角度看，发电设备利用小时数越高，则发电收入越高；从成本角度看，提高发电小时数可使固定资产投资成本回收周期缩短。因此，若对加装 CCUS 装置的发电企业实行发电小时数补偿政策，则有望降低捕集成本，可以有效提高电厂开展 CCUS 示范与应用的积极性，激励 CCUS 项目投资，提振行业信心。[①]

以国能锦界公司 CCUS 示范工程为例，其完成 CCUS 改造的机组容量为600 兆瓦，即每额外增加 1 小时的可用发电时长，可以多发 600 兆瓦时的电量。假定上网电价为 0.332 元/千瓦时，发电成本为 0.19 元/千瓦时，则每额外增加 1 小时的可用发电时长可以带来 8.52 万元的额外收益。假定机组基准年发电小时数 5300 小时，其年 CO_2 排放量远大于机组 CO_2 捕集装置设计的 15 万吨规模，因而额外增加的发电时长不会带来捕集成本的增加。补贴的发电小时数越多，电厂的额外收入越高。经过测算，随着补偿发电小时数的增加，由此带来的额外收入会随之线性增加，从而使碳捕集收入净值也随之线性增加。在 15 万吨/年的捕集规模下，367 小时的额外增加发电小时数可以使机组投资和运营 CCUS 项目的成本完全抵消（见图 8）。

2. 上网电价补贴政策

为推进 CCUS 技术研发和示范，可推行直接上网电价补贴政策。上网电价是指电网购买发电企业的电力和电量，在发电企业接入主网架时的计量价格。对机组全部发电量的上网电价进行适当的补贴，可有效抵免电厂因开展 CCUS 试点而多承担的成本，提高电厂开展 CCUS 试点的积极性，

---

① Jiang, K., Ashworth, P., Zhang, S., et al., "China's Carbon Capture, Utilization and Storage (CCUS) Policy: A Critical Review," *Renewable and Sustainable Energy Reviews*, 2020, 119: 109601.

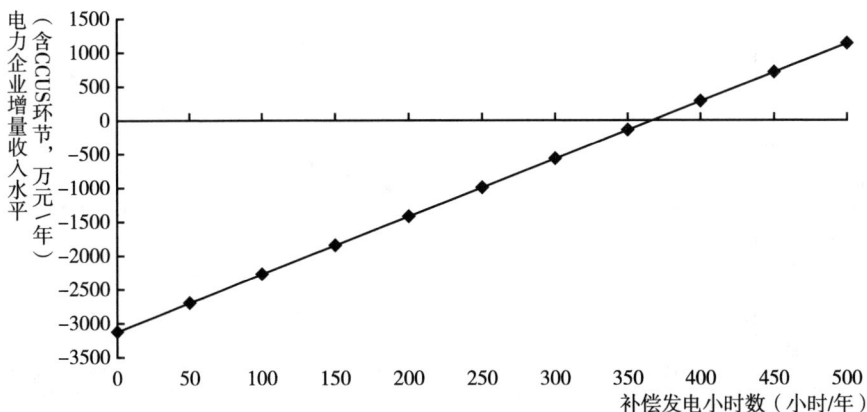

图 8　捕集规模 15 万吨/年时补偿发电小时数与电力企业增量收入水平关系

资料来源：根据国能锦界公司相关数据测算。

激励项目投资。

以国能锦界公司 CCUS 示范工程为例，模拟上网电价补贴政策的激励效果。根据国能锦界公司 CCUS 示范工程基本参数测算，其 CO_2 捕集环节平准化减排成本约合 208.41 元/吨。假定上网电价为 0.332 元/千瓦时，发电成本为 0.19 元/千瓦时，在不进行上网电价补贴时，投资 CCUS 项目而导致的净亏损（成本）约为每年 3126.18 万元。当发电设施的年利用小时数为 5300 小时，补贴价格为 0.01 元/千瓦时时，补贴带来的额外收入为每年 3180 万元，已经可以覆盖碳捕集的投资和运行成本。随着补贴价格的升高，补贴带来的额外收入会随之线性增加，实施碳捕集的燃煤电厂收入净值也随之线性增加。在 15 万吨/年的捕集规模下，当补贴价格为 0.00983 元/千瓦时时，机组投资和运营 CCUS 项目的成本可以恰好完全抵消；当补贴价格高于此临界值，电厂的碳捕集净收入为正（见图 9）。上网电价补贴政策可以取得较好的效果，提高电厂开展 CCUS 试点的积极性，有效激励 CCUS 项目投资。[①]

[①] Yao, X., Zhong, P., Zhang, X., et al., "Business Model Design for the Carbon Capture Utilization and Storage (CCUS) Project in China," *Energy Policy*, 2018, 121: 519-533.

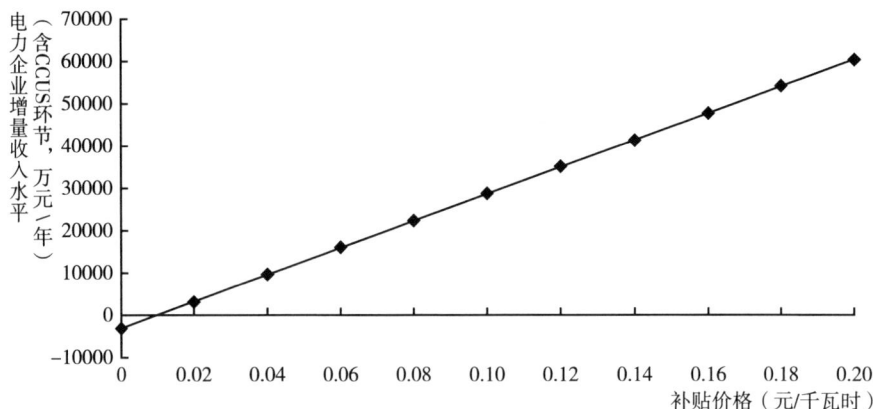

图9 捕集规模15万吨/年时上网电价补贴与电力企业增量收入水平关系

资料来源：根据国能锦界公司相关数据测算。

进一步，若该 CCUS 示范工程的捕集规模扩大至 50 万吨/年和 100 万吨/年，在 50 万吨/年的捕集规模下，当上网电价的补贴价格为 0.0328 元/千瓦时，机组投资和运营 CCUS 项目的成本可以恰好完全抵消；在 100 万吨/年的捕集规模下，当补贴价格为 0.0655 元/千瓦时，机组投资和运营 CCUS 项目的成本恰好完全抵消（见图10）。持续提高补贴水平将提升煤电 CCUS 项目的盈利能力，因而该政策工具可以有效激励煤电企业的 CCUS 改造与运营，但会在一定程度上造成电力供应成本增加。

3. 绿色电力证书交易

绿色电力证书交易政策作为促进风电、光伏等新能源电力发展的现有政策工具，可在实施碳捕集的燃煤电厂试点中参考推行。绿色电力证书与碳排放权交易市场机制具有较强的关联性。[①] 每个绿色电力证书代表 1 兆瓦时可再生能源电量（绿电）。目前，我国的绿色电力证书核发工作由国家可再生能源信息管理中心负责，核发对象主要为陆上风电和集中式

---

① Chen, S., Liu, J., Zhang, Q., et al., "A Critical Review on Deployment Planning and Risk Analysis of Carbon Capture, Utilization, and Storage (CCUS) toward Carbon Neutrality," *Renewable and Sustainable Energy Reviews*, 2022, 167: 112537.

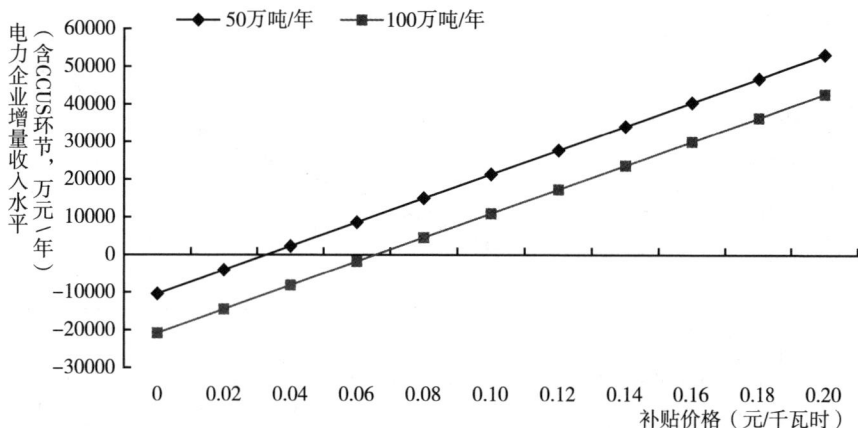

**图 10　捕集规模 50 万元/吨及 100 万元/吨时上网电价补贴
与电力企业增量收入水平关系**

资料来源：根据国能锦界公司相关数据测算。

光伏电站。

以国能锦界公司 CCUS 示范工程为例，模拟绿色电力证书交易政策的效果。国能锦界公司 CCUS 示范工程 CO_2 捕集环节平准化减排成本约合 208.41 元/吨，未经 CCUS 改造时，发电碳排放强度为 916 克/千瓦时。在未推行绿色电力证书交易政策时，投资 CCUS 项目导致的亏损为每年 3126.18 万元。经过测算，随着绿色电力证书价格的升高，由此带来的额外收入会随之线性增加，从而使碳捕集收入净值也随之线性增加。当绿色电力证书的价格为 0.191 元/千瓦时，由低碳发电额外带来的绿色溢价收益可以完全抵消机组投资 CCUS 项目的成本；当绿色电力证书的价格高于此临界值，电厂的碳捕集净收入为正（见图 11）。绿色电力证书交易政策可以取得较好的效果，提高电厂开展 CCUS 试点的积极性，有效激励 CCUS 项目投资。

4. 绿色金融

绿色金融是以促进经济、资源、环境协调发展为目的而进行的信贷、保险、证券、产业基金等金融活动。实施绿色金融政策，一方面可以加速中国绿色产业培育和发展，另一方面可以减轻直接补贴带来的国家财政负担。以

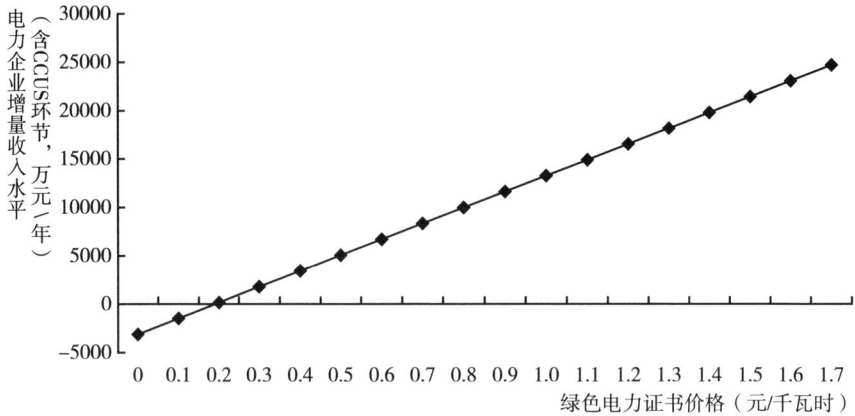

图11　绿色电力证书价格与电力企业增量收入水平关系

资料来源：根据国能锦界公司相关数据测算。

发达国家为例，许多发达国家金融机构在政府财税政策扶持下，结合市场需求，采取贷款额度、贷款利率、贷款审批等优惠措施，开发出针对企业、个人和家庭的绿色信贷产品。为解决绿色产业投资所需资金量大、融资难等问题，本报告结合国能锦界公司 CCUS 示范工程的实际情况，进行不同贷款利率水平的绿色信贷政策模拟（见图12）。

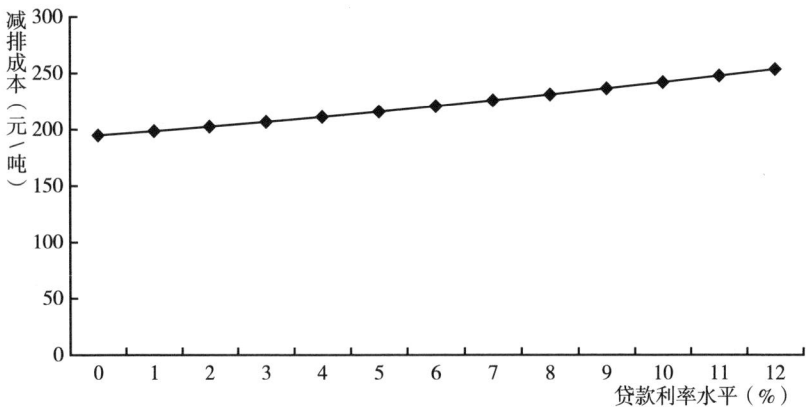

图12　贷款利率水平与 CCUS 示范工程 CO_2 捕集环节平准化减排成本关系

资料来源：根据国能锦界公司相关数据测算。

国能锦界公司 CCUS 示范工程的捕集系统所需固定投资可分为 8500 万元的机器设备成本与 1800 万元的房屋建筑物成本，共计 10300 万元。实施绿色金融政策前，假定贷款利率为 3.38%，在此利率水平下捕集系统总投资的减排成本为 45.34 元/吨，CO_2 捕集环节平准化减排成本为 208.41 元/吨。当贷款利率下降 1 个百分点时，即贴现率水平降为 2.38%，减排成本降为 204.10 元/吨，较实施绿色金融政策前下降了 4.31 元/吨；当贷款利率下降 2 个百分点时，即贴现率水平降为 1.38%，减排成本降为 200.04 元/吨，较实施绿色金融政策前下降了 8.37 元/吨。绿色金融政策工具可在一定程度上降低减排成本，因而可以激励煤电企业的 CCUS 改造与运营，提高电厂开展 CCUS 试点的积极性。但该政策工具仅能小幅度降低减排成本，对电厂的经济效益影响较小，所以需与其他政策工具（如发电小时数补偿、上网电价补贴、绿色电力证书交易政策等）协同实施，才能有效提振企业投资信心，推进 CCUS 技术研发和示范。

5. 碳定价政策

因为 CCUS 项目在 CO_2 捕集过程中增加了能源消耗，所以捕集的 CO_2 并不能全部认定为减排量。国能锦界公司 CCUS 示范工程 CO_2 捕集过程的额外耗电量为 3440 万千瓦时/年，发电碳排放强度为 916 克/千瓦时，在不考虑所耗蒸汽额外碳排放量的假设下，捕集过程中电力消耗所导致的额外碳排放约为 3.15 万吨/年。国能锦界公司 CCUS 示范工程 CO_2 减排规模为 15 万吨/年，CO_2 捕集过程中电力消耗所导致的额外碳排放约占总减排规模的 21%，由此，捕集设施的 CO_2 净减排率为 79%。为了使机组投资和运营 CCUS 项目的成本完全抵消，碳价格需要达到 263.84 元/吨。

6. 煤电 CCUS 近中期政策机制组合模式及效果分析

考虑到碳市场、绿色电力证书交易等各类政策机制自身仍处于不断发展成熟的阶段，为了有效推进 CCUS 技术研发和示范，针对不同发展阶段和不同地区实施全口径碳捕集的燃煤电厂，可推行包括发电小时数补偿政策、上网电价补贴政策、绿色电力证书交易政策、绿色金融政策等在内的综合性激励政策。

本部分聚焦政策工具协同实施的不同政策组合模式，模拟测算在碳达峰背景下不同政策组合模式对国能锦界公司 CCUS 示范工程 CO_2 捕集环节平准化减排成本的影响。目前国能锦界公司 CCUS 示范工程捕集的 CO_2，主要通过当地 CO_2 经销商渠道对外销售，形成一部分碳收益，售价大约为 100 元/吨。结合目前的碳价机制，同时考虑电厂的实际 CO_2 捕集成本，做出如下基本假定。第一，随着技术成熟度提升，2030 年减排成本会逐步有所下降；第二，伴随全行业 CO_2 捕集大规模推广，CO_2 商品市场销售的价格也会随之下降；第三，随着碳市场的完善以及相关机制的建立健全，碳市场中碳配额价格以及绿色电力证书价格会显著上升，使CCUS 技术更具经济效益。此外，考虑到将 CCUS 核定减排量纳入碳市场与绿电/绿色电力证书交易政策的实施在一定程度上具有互斥性，分别将CCUS 核定减排量纳入碳市场或实施绿电/绿色电力证书交易政策的不同情景（见表 2）。

表 2　2030 年将 CCUS 核定减排量纳入碳市场和实施
绿电/绿色电力证书交易政策的情景设定

情景 1	单位捕集成本	CO_2 市场销售	碳市场	绿色金融
	181.32 元/吨	80 元/吨	100 元/吨	2 个百分点利率优惠
情景 2	单位捕集成本	CO_2 市场销售	绿电/绿色电力证书	绿色金融
	181.32 元/吨	80 元/吨	0.05 元/千瓦时	2 个百分点利率优惠

中期（2030 年）政策组合情景 1：CO_2 单位捕集成本降为 181.32 元/吨；CO_2 可通过直接的商品销售获得 80 元/吨的额外收益，按 13% 的税率缴纳税额后，CO_2 商品销售价格约合 70.80 元/吨；在碳市场中，通过碳配额交易可获得 100 元/吨的额外收益，但由于在 CO_2 捕集过程中增加了能源消耗，所以捕集的 CO_2 并不能全部认定为减排量，根据国能锦界公司 CUSS 示范工程的基本参数测算得到捕集的 CO_2 中有效减排量比例为 78.99%，则碳市场中的碳配额交易可获得约合 78.99 元/吨的额外收益；贷款利率降低 2

个百分点，即贴现率降为 1.38%，减排成本下降 8.38 元/吨。以上政策组合可使国能锦界公司 CCUS 示范工程的减排成本下降至 23.16 元/吨。为了进一步使机组投资和运营 CCUS 项目的成本完全抵消，可实行发电小时数补偿政策，对该项目补贴 41 小时的发电时长；或者对全机组发电量实行上网电价补贴政策，补贴电价 0.0011 元/千瓦时。

中期（2030 年）政策组合情景 2：CO_2 单位捕集成本降为 181.32 元/吨；CO_2 可通过直接的商品销售获得 70.80 元/吨的额外收益（按 13% 的税率缴纳税额后）；绿色电力证书的价格设定为 0.05 元/千瓦时，可带来约合 54.59 元/吨的额外收益；绿色金融情景下，贷款利率降低 2 个百分点，即贴现率降为 1.38%，减排成本下降 8.38 元/吨。以上政策组合可使国能锦界公司 CCUS 示范工程的减排成本下降至 47.56 元/吨。此时还需要其他激励政策使机组投资和运营 CCUS 项目的成本完全抵消，可给予电厂约 84 小时的额外发电小时数补偿政策；或者对全机组发电量实行上网电价补贴政策，补贴电价 0.0022 元/千瓦时；或折合碳市场价格约为 60 元/吨。

三 煤电结合 CCUS 技术实现低碳化发展的前景探讨

（一）从发展阶段来看，煤电 CCUS 将从技术研发与示范逐渐迈向规模化与产业化应用

当前，煤电 CCUS 还处于技术研发与示范的初步探索阶段，项目以中小型规模化示范为主，并实现 CCUS 技术工程实践经验的初期积累，但仍存在技术成熟度不足、产业链未完全建立等问题。当前运行的煤电设施预计在 10~20 年内面临 CCUS 改造的时间窗口。鉴于现有设施平均使用寿命为 30 年，预计 2030~2045 年将有约 650 吉瓦的煤电装机容量"退役"，占比超现有装机容量的 60%。[①] 这一时期是实现 CCUS 技术规模化减排和煤电低碳转

① Wang, N., Akimoto, K., Nemet, G. F., "What Went Wrong? Learning From Three Decades of Carbon Capture, Utilization and Sequestration (CCUS) Pilot and Demonstration Projects," *Energy Policy*, 2021, 158: 112546.

型的关键。因此，2030 年前被视为 CCUS 规模化示范的重要战略机遇期。未来，煤电 CCUS 将逐步迈向规模化应用和产业化发展的成熟阶段，并构建上下游跨行业的一体化产业形态。现阶段，需要优化 CCUS 项目的布局选址，抓住低成本早期机遇，确保项目的安全性与经济性。同时，积极推进更大规模的 CCUS 项目投入运营，形成初步规模效应，打造区域产业化集群雏形，为未来的大规模布局和产业化发展积累宝贵的工程技术与商业模式经验。

（二）从产业布局来看，煤电 CCUS 将从单一中小型示范项目逐渐迈向区域集群化布局

CCUS 产业集群凭借基础设施共享、规模经济、技术代际关联以及工业到商业应用的无缝对接等优势，已被国际公认为 CCUS 未来发展的新模式。通过多方共建 CCUS 网络，煤电 CCUS 项目共享 CO_2 运输和封存基础设施，包括管道、航运、港口设施和封存井等以发挥规模经济效益。未来，煤电 CCUS 将在能源"金三角"、新疆等地区形成煤基能源与油气、化工、新能源等协同耦合发展的 CCUS 产业集群，产业链下游技术成本不断下降，并打造风光火储氢多能互补一体化的低碳综合能源与化工基地。

当前，需要发挥能源国企在资本、人才等方面的资源调动优势，牵头规划建设 CO_2 专用运输管道等基础设施。通过建设公共 CO_2 输送管网，打破区域间行政与行业壁垒，降低项目投资的成本和风险，促进 CCUS 集群式发展下的行业与产业协同。同时，以能源"金三角"地区为中心率先开展 CCUS 技术规模化示范，以"煤—油—气—新"优化组合、"碳—电—热—氢"链接耦合，持续推进国家综合能源保障和战略能源安全支撑基地建设，率先探索构建区域循环低碳产业集群。

（三）从技术应用来看，煤电 CCUS 将从分环节技术突破逐渐迈向跨行业协同技术集成

当前，煤电 CCUS 主要聚焦分环节的技术突破。例如，重点突破低能

耗、低成本的 CO_2 捕集材料和技术，开发高效率、高通量、低成本的大型分离设备；突破大规模 CO_2 长管道运输、资源采收协同的地质封存技术和低成本的全方位监测与风险管控技术，形成核心地球物理监测技术与装备等。CCUS 技术是煤炭与新能源优化组合的重要抓手，在解决高碳化石能源低碳利用难题的同时，与可再生能源及氢能协同，缓解多元能源系统供需不平衡的矛盾。

通过 CCUS 与能源转化、化工品生产、地质利用等工业过程的集成优化，降低碳捕集成本、强化资源采收、提高能源与资源利用效率。随着CCUS 各环节技术研发示范与工程经验的不断积累，跨行业技术链的全链条协同一体化发展趋势正在加速形成。集成优化技术已在国外得到商业应用，技术成熟度较高。以煤电、煤化工等传统化石能源结合 CCUS 技术为基础，可再生能源、氢能（包括风、光、水、核、生物质等制氢）以及储能（包括抽水蓄能及新型储能）等多种能源技术互补的综合能源系统集成模式正在逐步形成。

（四）从政策支撑来看，煤电 CCUS 的政策激励将从上网电价补贴等确定性措施逐步转向碳电交易等市场化手段

政策激励对于煤电 CCUS 行业的发展至关重要，需要根据技术成本竞争力、产业应用规模、商业模式等特点，实施不同政策工具组合，以充分调动不同利益相关方的参与积极性，为煤电 CCUS 技术的发展解决资金和成本效益激励问题。在 2030 年前的技术研发与示范阶段，应通过保障性的电量和补贴电价减轻燃煤发电企业早期实施 CCUS 项目的成本负担。具体而言，可以实施封存补贴、发电小时数补偿、上网电价补贴等确定性政策以锁定投资者收益水平，提高投资者的技术采用意愿，实现 CCUS 技术工程实践经验的初期积累。在煤电 CCUS 迈向规模化应用和产业化发展的成熟阶段，应更偏重采用市场化的政策工具进行激励，补贴机制根据技术发展水平实现逐渐退坡与最终退出。大力推广绿色金融机制，引导社会资金向环保低污染的行业转移，将煤电 CCUS 项目纳入碳交易或绿电交易等市场机制，同时可以考虑

适时推行对 CO_2 利用环节的补贴机制，以进一步促进多样化新型 CO_2 转化利用等固碳技术的科技研发和产业化培育，不断促进煤电 CCUS 产业链延伸，充分发挥 CCUS 技术产业耦合器、链接器作用，形成多能源品种协同与组合优化的新型能源化工产业集聚中心。

参考文献

陈语等：《煤电 CCUS 产业化发展路径与综合性政策支撑体系》，《中国人口·资源与环境》2024 年第 1 期。

何建坤：《碳达峰碳中和目标导向下能源和经济的低碳转型》，《环境经济研究》2021 年第 1 期。

黄晶：《碳捕集利用与封存（CCUS）技术发展的几点研判》，《中国人口·资源与环境》2023 年第 1 期。

姜大霖等：《燃煤电厂实施 CCUS 改造适宜性评估：以原神华集团电厂为例》，《中国电机工程学报》2019 年第 19 期。

孙丽丽、崔惠娟、葛全胜：《"一带一路"沿线主要国家碳捕集、利用和封存潜力与前景研究》，《气候变化研究进展》2020 年第 5 期。

魏宁等：《国家能源集团燃煤电厂 CCUS 改造的成本竞争力分析》，《中国电机工程学报》2020 年第 4 期。

张为荣、袁家海：《全球 2℃ 温升碳约束下中国煤电搁浅资产研究》，《气候变化研究进展》2021 年第 1 期。

张贤等：《碳中和目标下 CCUS 技术发展定位与展望》，《中国人口·资源与环境》2021 年第 9 期。

Chen, S., Liu, J., Zhang, Q., et al., "A Critical Review on Deployment Planning and Risk Analysis of Carbon Capture, Utilization, and Storage (CCUS) toward Carbon Neutrality," *Renewable and Sustainable Energy Reviews*, 2022, 167: 112537.

Fan, J L., Li, Z., Li, K., et al., "Modelling Plant-level Abatement Costs and Effects of Incentive Policies for Coal-fired Power Generation Retrofitted with CCUS," *Energy Policy*, 2022, 165: 112959.

Guo, J. X., Huang, C., "Feasible Roadmap for CCS Retrofit of Coal-based Power Plants to Reduce Chinese Carbon Emissions by 2050," *Applied Energy*, 2020, 259: 114112.

Jiang, K., Ashworth, P., Zhang, S., et al., "China's Carbon Capture, Utilization and Storage (CCUS) Policy: A Critical Review," *Renewable and Sustainable Energy Reviews*,

2020, 119: 109601.

Wang, N., Akimoto, K., Nemet, G. F., "What Went Wrong? Learning from Three Decades of Carbon Capture, Utilization and Sequestration (CCUS) Pilot and Demonstration Projects," *Energy Policy*, 2021, 158: 112546.

Yao, X., Zhong, P., Zhang, X., et al., "Business Model Design for the Carbon Capture Utilization and Storage (CCUS) Project in China," *Energy Policy*, 2018, 121: 519-533.

Abstract

The "China Power Industry Low Carbon Development Report (2024) " is based on the power industry, focusing on general report and 12 topics including Chinese path to modernization, power services for the national economy, global competitive landscape, energy security, "dual carbon" goals, new quality productivity, modern industrial system, common prosperity, ESG investment, new energy system construction, power system reform, power market construction, and distribution network form and function transformation, as well as 4 domestic practices and cases of new energy cloud services, power carbon reduction service ecosystem, consumption side renewable energy consumption, and CCUS technology low-carbon transformation of coal-fired power enterprises. It provides think tank support for promoting the low-carbon transformation and development of China's power industry.

This book deeply grasps the new missions, tasks, opportunities, and challenges faced by the low-carbon development of the power industry in the new stage. It deeply analyzes the implementation mechanism and deep theoretical logic from macro level major strategies to meso level power industry and micro level enterprises, showcasing the significant achievements, challenges, and advanced case experiences of low-carbon development in promoting the construction of a new energy system. The results of this book will aim to serve the government's implementation of green and low-carbon policies, promote consensus and synergy among industry enterprises and society in implementing the concept of green and low-carbon development; Provide useful reference and inspiration for government decision-making, academic research, and industrial practice.

Keywords: Chinese Path to Modernization; Carbon Peak and Carbon Neutral; Energy Security; Power Industry; Low-carbon Development

Contents

I   General Report

Abstract： Actively and steadily promoting carbon peak and carbon neutrality is the only way for Chinese path to modernization. To achieve the "dual carbon" goal, energy is the main battlefield and electricity is the main force. The power industry has provided strong support for the high-quality development of China's economy and society and the construction of ecological civilization. However, in the new situation, it is necessary to further consolidate the foundation of low-carbon development and give full play to the five functions of the power industry, including ensuring energy security, promoting structural upgrading, providing growth momentum, promoting development coordination, and expanding market space. To promote comprehensive changes in the structure, form, management, and industry of the power system. The low-carbon development of the power industry is based on the construction of a new power system as the core carrier, driven by technological innovation and governance reform. It promotes the integrated and coordinated development of new energy systems, new power systems, and new power grids in low-carbon development, dynamically balancing safety, economy, low-carbon, and sharing, and realizing the five functional values of the power industry for economic and social development. Looking ahead to the

15th Five Year Plan and the medium to long term, the power system will continue to promote low-carbon transformation, innovate low-carbon technologies, make its industrial structure and layout more reasonable, improve its governance system, and further stimulate the role of market mechanisms. Its international competitiveness will continue to enhance. The power industry will make important contributions to China's "carbon peak and carbon neutrality" and global efforts to address climate change.

Keywords: Chinese Path to Modernization; Carbon Peak and Carbon Neutral; High-quality Development; Power Industry; Low-carbon Development

II Special Topics

B.2 Research on the Relationship between Low-carbon Development and Economic Growth in the Power Industry
Zhang Xiaoxi / 028

Abstract: This report attempts to explain the relationship between low-carbon development of China's power industry and economic growth from a mechanistic perspective, clarify that green transformation is a long-term incentive rather than a constraint in economic growth, and construct an analytical framework for transformation and growth. From a structural perspective, systematically analyze the impact of "dual carbon" governance on China's economic growth, and discuss how to obtain new growth support from the transformation of green energy and power industries, and gain growth potential in industrial rotation, as the proportion of electricity and fire gradually decreases at the current stage. And conduct relevant research and prediction on the relationship between economic growth and electricity demand, expect to achieve further development of the power industry through government financial support, deepening reform of the power market, promotion of energy-efficient products, and development of smart grid and energy storage technology.

B.3　The Characteristics and Trends of Low-carbon Development
　　　in Electricity Industry Under the Background of
　　　Global Competition Pattern　　　　　*Han Xue, Shi Yuxin* / 051

Abstract: This report introduces the overall background of global green and low-carbon development, and the competitive situation and main characteristics of countries in the development of low-carbon industries. It summarizes and compares the low-carbon development progress of typical countries and China's power industry. Combining the impact path of low-carbon development of electricity on the competitiveness of China's industrial development, as well as the fact that China's resource endowment is biased towards coal and requires sufficient electricity supply to support economic development, it is necessary to accelerate the rapid development of various non fossil fuels while strengthening the guarantee capacity of coal, solidify the basic ability of carbon emission accounting, and continue to promote low-carbon technology innovation and application.

Keywords: Global Competition; Carbon Barriers; Low-carbon Electricity; Low-carbon Technology and Equipment

B.4　Low-carbon Development of Electricity Industry and National
　　　Energy Security　　　　　　　　　　*Yuan Jingzhu* / 068

Abstract: Against the backdrop of carbon neutrality becoming a major global consensus, low-carbon development of electricity has become the main direction of energy transformation in various countries. Low carbon transformation has changed the structure, technology, network, supply chain and other forms of the power system, bringing power system operation safety risks, power grid safety risks and power supply chain safety risks to national energy security. It also faces new challenges such as climate risk impact, construction of new power systems and digital transformation of power systems. In order to promote high-quality low-carbon development of electricity and enhance national energy security capabilities, we can orderly promote the phased transformation of coal-fired power strategy functions, accelerate the construction of new power systems, tackle key core technologies to achieve independent and controllable technology throughout the entire industry chain, and scientifically promote the construction of new energy comprehensive bases. It is necessary to coordinate the relationship between high-level power safety and high-quality development, accelerate the construction of a national unified competitive power market, improve data security governance for the digital transformation of the electricity industry, and strengthen power risk control and emergency response capacity building.

Keywords: Low-carbon of Electricity; New Power System; National Energy Security Risks

B.5 Low-carbon Development of Electricity Industry and Active and Steady Promotion of "Double Carbon"

Tan Qilu, *Hu Peiqi* / 084

Abstract: To achieve carbon peak and carbon neutrality is an inevitable choice to promote high-quality economic development and solve the prominent problems of resource and environmental constraints. It is also a solemn commitment to building a community of shared future, and it is bound to be a broad and profound economic and social systemic change. The most important part of carbon neutrality in the field of energy is the adjustment of energy structure, that is, low-carbon and zero-carbon renewable energy gradually replaces high-carbon fossil energy. The power industry, as the most important starting point to achieve the "double carbon" goal in the energy field, anchors the goal of reaching the carbon peak before 2030 and achieving carbon neutrality before 2060, sets the strategic objectives of the new power system in accordance with the requirements of "new power system with new energy as the main body", and develops the strategy of building a new power system under the low-carbon energy transformation. And under a variety of policy and technical means such as low-carbon, electrification, high efficiency and marketization, accelerate the pace to achieve the goal of carbon peak by 2030 and carbon neutrality by 2060. At the same time, as an important participant in tackling global warming and global green and low-carbon transformation, China's proposal of carbon peak carbon neutrality has accelerated the pace of comprehensive standardization and refined carbon footprint evaluation system construction.

Keywords: Carbon Peak and Carbon Neutral; Energy Mix; New Power System; Carbon Footprint

B.6 Low-carbon Development of Electricity Industry and New Quality Productivity *Meng Yao, Qin Peixin and Dai Jing* / 115

Abstract: New quality productivity represents the evolutionary direction of advanced productivity, which is born from technological revolutionary breakthroughs, innovative allocation of production factors, and deep industrial transformation and upgrading. As a form and quality of advanced productivity that conforms to the new development concept, new quality productivity is an environmentally friendly and sustainable productivity that promotes and synergizes with green development. New quality productivity is an important support for green development, and practicing the concept of green development provides a continuous driving force for cultivating and developing new quality productivity, which has the same underlying logic as low-carbon development of electricity industry. The new quality productivity brought about by technological innovation and industrial development not only supports the low-carbon development of electricity industry, but also supports the development of energy security and the green and low-carbon transformation of the electricity industry in China and even globally. In the future, the low-carbon development of electricity industry will accelerate the formation of new quality productivity in the six directions of "source grid load storage carbon", and accelerate integration with digital economy, manufacturing industry, and other aspects. Based on the analysis of the challenges faced, this paper proposes countermeasures and suggestions to accelerate the formation of new quality productivity in the low-carbon field of electricity from five aspects: technological innovation system, technological research and development subject, achievement transformation, achievement promotion, and talent cultivation.

Keywords: New Quality Productivity; Strategic Emerging Industries; Future Industries; Low-carbon of Electric Power; Digitization

B.7 Analysis Report on Low-carbon Development of China's Power Industry Under the Construction of a Modern

Industrial System   *Sheng Ruxu, Zhang Yuzhe* / 131

Abstract: The report of the 20th National Congress of the Communist Party of China first proposed the construction of a modern industrial system. Low carbon development of electricity industry is an important area in the construction of a modern industrial system, and it presents a complex and profound relationship of mutual promotion and dependence with the modern industrial system in multiple dimensions. Under the strategic deployment and theoretical framework of building a modern industrial system, from several important dimensions such as industrial growth, driving factors, industrial innovation, industrial structure, and industrial security in industrial economics, low-carbon development of electricity industry needs to ensure the energy demand for industrial scale growth, become a support for releasing the value of data elements, become an important field for technological innovation to fill gaps and forge long plates, become an important source of new economic development momentum, and respond well to specific challenges from the outside. this report propose policy recommendations in four aspects: expanding the scale of green electricity, increasing technological innovation, ensuring stable power supply, and deepening energy consumption reform.

Keywords: Modern Industrial System; Industrial Economics; Electricity Industry; Low-carbon Development

B.8   Theoretical Logic, Achievement, and Suggestions for

Promoting Common Prosperity Through Low-carbon

Development of Electricity Industry   *Liu Hongkui* / 144

Abstract: Based on the quasi public goods and natural monopoly attributes of electricity, this report analyzes its role and contribution as an important production and life energy and basic public service to economic development and people's lives. Furthermore, it examines how the electricity price system can promote low-carbon development of electricity industry under the requirements of stability and sustainability by improving efficiency and promoting fairness mechanisms, in order to support the theoretical logic of common prosperity. A reasonable electricity pricing system can promote low-carbon development of electricity and improve "prosperity" through mechanisms such as ensuring the production activities of industry and commerce, promoting the economic efficiency of power generation enterprises, and reducing the cost of electricity for people's daily lives; Promote 'common' through mechanisms such as ensuring the universality of basic living services for the people, meeting the differentiated needs of the people, and reflecting inclusiveness; The digital low-carbon power system can also achieve stable and sustainable "common prosperity" by improving the reliability of the power system and promoting the transformation of the power system towards clean and low-carbon. This report also elaborates on the supply-demand imbalance in China's power system at the regional level, the arduous task of promoting green and low-carbon transformation at the industry level, the shortcomings of price distortion, cross subsidies, and lack of inclusiveness at the user level. Finally, this report puts forward policy suggestions on deepening the reform of the electricity price system from the aspects of building a multi-level and unified electricity market system, promoting the linkage between electricity price and carbon price, accelerating the clean and low-carbon transformation of the power system, promoting the deepening reform of the power system, and improving the value mechanism of the power consumption side.

Keywords: Electricity Pricing System; Power System; Common Prosperity

B.9 ESG Investment Development Report on China's Electricity Industry
Liu Zimin, Chen Xingyue / 172

Abstract: With the proposal of the "dual carbon" target, as the power industry with the largest proportion of carbon emissions, developing ESG has become a necessary path for achieving sustainable development. By analyzing the ESG investment market, current practices, and rating characteristics of the power industry, it can be found that: First, With the increasing demand of investors for ESG in the power market and the high standards required by relevant regulatory authorities in ESG, the overall ESG disclosure of the power industry has been increasing year by year; Second, The power industry has a high level of emphasis on ESG information disclosure quality, ESG management structure, and environmental, social, and corporate governance aspects; Third, Due to the current lack of unified ESG rating standards, the comparability of ESG performance between companies is poor; Fourth, In order to increase comparability and promote the ESG development of the power industry, this report analyzes the advantages and disadvantages of domestic and foreign rating agencies, and believes that Huazheng ESG rating is the most suitable for the development of the power industry. Improvements are made in four aspects: rating coverage, ESG dispute events, assigning industry weights, and increasing data update frequency. This report provides a detailed analysis of the current ESG situation in the power industry, providing reference for improving ESG regulation and unifying rating standards in the power industry.

Keywords: "Dual Carbon" Goals; Electricity Industry; ESG Investment; ESG Rating

B. 10 Low Carbon Development of Electricity Industry and
Construction of New Energy System　　　*Feng Yongsheng* / 205

Abstract: Low carbon development of electricity industry is a key task in the construction of a new energy system. Accurately grasping the strategic significance, basic construction laws, and focus of the construction of a new energy system is the basic premise and important guarantee for solidly promoting low-carbon development of electricity industry. Demand driven is the leading force in building a new energy system; Technological innovation is the core driving force for building a new energy system; Energy costs will structurally differentiate and exhibit phased characteristics; The functional switch between clean energy and fossil energy will gradually be realized; The integration of centralized and distributed systems promotes the platformization of energy networks. The fundamental understanding of the many challenges in the international situation has determined the important focus of the construction of a new energy system; We must solidly promote the construction of a new energy system and focus on developing new energy productivity while improving top-level design and direction guidance.

Keywords: New Energy System; Demand-led; Scientific and Technological Innovation; New Quality Productivity

B.11 Low-carbon Development of Electricity and Power

        System Reform   *Feng Shengbo* / 222

Abstract: Under the institutional framework of controlling the middle and opening up both ends, the new round of power system reform focuses on three openings, one independence, and three strengthening, and the national power system reform situation is rapidly advancing in depth. Under the goal of achieving carbon peak before 2030 and carbon neutrality before 2060, the power industry, as the main force in achieving the dual carbon goal in the energy sector, should further adapt to the requirements of low-carbon development, continuously improve the market system and price formation mechanism, and establish a sound market mechanism for renewable energy and new entities to join the power market as soon as possible.

Keywords: Power System Reform; Low-carbon Development; New Entities

B.12 Low-carbon Development of Electricity Industry and

        Construction of Electricity Market   *Liu Dunnan* / 235

Abstract: Driven by the goal of "carbon peak, carbon neutrality", China's power system is accelerating its development towards a clean and low-carbon direction. New energy gradually becomes the mainstay of installed capacity and electricity generation. The role and system characteristics of power generation resources have changed, profoundly altering the basic form and operational characteristics of the power system. The construction of the power system faces multiple challenges in terms of safety, economy, and sustainability. Faced with these challenges, the construction of the electricity market system requires higher-level top-level design and more refined planning. In view of this, this article explores in detail the current situation and challenges faced by the construction of

China's electricity market. Based on this, in order to achieve high-quality development of the electricity market, a practical and feasible development path is proposed from six key aspects which include building a muti-dimensional collaborative electricity market trading framework, establishing a multi time collaborative electricity trading system, promoting the construction of a multi-level unified electricity market that coordinates between provinces within the province, designing a trading mechanism that reflects the value of safety, greenness, and economic diversity, improving the trading mode that adapts to the collaborative participation of multiple subjects, and standardizing the construction of the electricity retail market. Furthermore, targeted policy recommendations and mechanism designs are proposed for the construction of a unified national electricity market, providing strong support for achieving the "double carbon" goal.

Keywords: "Double Carbon" Goals; Electricity Market; Low-carbon Development

B.13 Analysis of the Transformation of Distribution Network

Form and Function in the Era of User Centers

Wang Peng, *Liu Hongtao* / 261

Abstract: As an important basic industry for China's economic and social development, the power industry has gone through an era centered on the "power generation side" and centered on the "large power grid", accompanied by core issues such as the availability of electricity and the availability of power grids. The "dual carbon" goal and the proposal of a new power system have put forward new propositions for the power industry. The original centralized power source and long-distance transmission intensive route have been transformed into a combination of centralized and distributed. The distribution network has become a key support for the new power system due to its outstanding functions in utilizing distributed new energy nearby and carrying new loads. However, the current development of the distribution network cannot fully meet the needs of large-scale access and efficient consumption of new energy, and is becoming a weak link in the new power system. It is necessary to accelerate the transformation of its form and function, and transform it into a new type of distribution network such as microgrids and incremental distribution networks with independent regulation capabilities. In terms of function, it provides support for effective interaction between internal network loads and storage in the region, building cross species energy networks, independent trading between similar entities, and decentralized flexible resource aggregation and utilization. Therefore, it is recommended to promote the construction of new distribution networks according to local conditions, improve on-site consumption and regional self balancing capabilities; Continuously improving the power management system and mechanism, better leveraging the role of the government, and accelerating the introduction of management rules and standards for various new types of distribution networks; Take multiple measures to improve project efficiency.

Keywords: Electricity Industry; User Centered Era; New Distribution Network

III   Case Studies

B . 14   New Energy Cloud Services for Green Development
and Carbon Peak and Carbon Neutrality

Wu Jing, *Yu Qiuxia* / 275

Abstract: With the support and guidance of relevant national departments, the relevant departments and units of State Grid Corporation of China have made joint efforts to achieve a series of results in the construction and application of new energy cloud. They will closely focus on the "dual carbon" goal, work together with all parties to deepen the application and promotion of new energy cloud, strengthen cooperation with upstream and downstream of the industrial chain, and further play a greater role in promoting national energy transformation, assisting the construction of new power systems and new energy systems.

Keywords: New Energy; Carbon Peak and Carbon Neutrality; New Energy Cloud; New Energy Digital Economy Platform; New Generation Information Technology

B.15 Building an Electric Power Carbon Reduction Service Ecosystem with "Carbon Inclusive" as the Starting Point *Dong Mingqi, Li Siwu and Wang Pingfan* / 288

Abstract: This report introduces the main measures, innovative breakthroughs, and achievements of State Grid Hubei Electric Power in building a power carbon reduction service ecosystem with "carbon inclusive" as the starting point. State Grid Hubei Electric Power actively responds to the national strategy and serves the implementation of the "dual carbon" goals in Hubei region. With the goal of creating a "government guided, citizen participated, and mutually beneficial" electric power carbon reduction service ecosystem, it focuses on the key links of green and low-carbon transformation in production and lifestyle, deeply explores the carbon reduction value of energy and electricity data, innovatively constructs a "1+N" methodology system for electric power carbon inclusiveness with residents' demand side response as the core and clean energy generation, electric energy substitution and other key contents. At the same time, by clarifying the coupling relationship between electricity and carbon data, it realizes carbon inclusiveness measurement and monitoring based on electricity data; Continuously innovating inclusive models, using the "E'EC Carbon Inclusive" platform as the application carrier, aggregating carbon reduction resources in the power sector, developing energy-saving and carbon reduction behaviors or projects into carbon assets that can be traded and monetized, achieving mutual benefit and win-win results for all parties. This innovative practice not only helps promote the green and low-carbon transformation in Hubei Province, but also provides valuable experience for other industries to expand the application scope of carbon reduction service ecosystems.

Keywords: Carbon Inclusive; Electricity Carbon Reduction; Energy Conservation and Carbon Reduction; Carbon Market

B.16 Research on the Management Mechanism of Promoting High Proportion and Large Scale Consumption of Renewable Energy on the Energy Consumption

Yang Changhai, Yang Qian / 299

Abstract: This report focuses on promoting the large-scale consumption of renewable energy with a high proportion, with consumption responsibility weight as the core, to solve three problems: "How to calculate the consumption responsibility weight of different users", "How to decompose the provincial consumption responsibility weight target by different users", and "How to coordinate management". It aims to provide answers for Gansu's clean and low-carbon energy transformation in the new era. One is based on the multi-level electricity market trading rules, following the principles of "planning orientation, differentiated setting, scientific and reasonable, balanced fairness, guaranteed implementation, and annual improvement", proposing a provincial-level consumption responsibility weight target decomposition method for market entities. The second is to establish a renewable energy electricity consumption responsibility weight accounting model for sub market entities. According to the concept of "transaction contract ± deviation", study the statistical and accounting methods for the consumption of renewable energy electricity by various market entities responsible for consumption in provincial-level regions, and use actual data from 2021 and 2022 to test and verify the effectiveness of the algorithm. The third is to propose a full process accounting traceability algorithm based on energy block technology. Based on energy block technology and energy block standard contract, reconstruct the transaction organization process, and achieve full process accounting and traceability of renewable energy consumption through standardized design of energy block electricity and new energy proportion. The fourth is to improve the management mechanism of renewable energy electricity consumption responsibility weight for multiple parties. Establish a management mechanism for the full process closed-loop system, including the decomposition and allocation of consumption responsibility weights for sub market entities, accounting and statistics, monitoring and early warning, assessment and evaluation, and excess trading.

Keywords: Consumption Responsibility Weight; Electricity Transaction; Green Electricity Tracing

B. 17 Exploration and Practice of Low-carbon Transition
Pathways for Coal-fired Power Enterprises Integrated
With CCUS Technology
—*A Case Study of Jinjie Energy Company of China Energy Group*
Jiang Dalin, Chen Yu and Zhao Rui / 317

Abstract: Carbon Capture, Utilization, and Storage (CCUS) technology is a necessary and fallback option for achieving deep decarbonization in China's coal-fired power industry. It contributes to multiple objectives of supporting economic development, addressing climate change, and ensuring energy security. This report using the carbon capture demonstration project of Jinjie Energy's coal-fired power units as a practical case study, economic evaluation based on operational data reveals that the levelized cost of emission reduction for the capture and compression phase of the coal-fired CCUS project is approximately 208. 41 yuan/ ton of CO_2, with variable costs accounting for 122. 56 yuan/ton of CO_2. The main cost components of the capture phase include composite amine absorption solvent, electricity, and steam, which contribute 21. 9%, 20. 9%, and 10. 7% respectively to the levelized CO_2 cost. Furthermore, the report simulates the effects of market-based policy incentives for coal-fired CCUS projects, assessing the incentive intensity and impact of various policy mechanisms such as generation hour compensation, feed-in tariff subsidies, green finance policies, green electricity certificate trading policies, and carbon pricing policies on CCUS investment decisions by coal-fired power enterprises. Based on the aforementioned conclusions, the study explores the prospects for low-carbon development of coal-fired power integrated with CCUS from perspectives such as development stages, industrial layout, technology application, and policy support.

Keywords: Coal-fired Power Industry; CCUS Technology; Economic Evaluation; Low-carbon Transition

皮书网

（网址：www.pishu.cn）

发布皮书研创资讯，传播皮书精彩内容
引领皮书出版潮流，打造皮书服务平台

栏目设置

◆ **关于皮书**

何谓皮书、皮书分类、皮书大事记、
皮书荣誉、皮书出版第一人、皮书编辑部

◆ **最新资讯**

通知公告、新闻动态、媒体聚焦、
网站专题、视频直播、下载专区

◆ **皮书研创**

皮书规范、皮书出版、
皮书研究、研创团队

◆ **皮书评奖评价**

指标体系、皮书评价、皮书评奖

所获荣誉

◆ 2008 年、2011 年、2014 年，皮书网均
在全国新闻出版业网站荣誉评选中获得
"最具商业价值网站"称号；
◆ 2012 年，获得"出版业网站百强"称号。

网库合一

2014年，皮书网与皮书数据库端口合
一，实现资源共享，搭建智库成果融合创
新平台。

皮书网

"皮书说"
微信公众号

权威报告·连续出版·独家资源

皮书数据库
ANNUAL REPORT(YEARBOOK)
DATABASE

分析解读当下中国发展变迁的高端智库平台

所获荣誉

- 2022年，入选技术赋能"新闻+"推荐案例
- 2020年，入选全国新闻出版深度融合发展创新案例
- 2019年，入选国家新闻出版署数字出版精品遴选推荐计划
- 2016年，入选"十三五"国家重点电子出版物出版规划骨干工程
- 2013年，荣获"中国出版政府奖·网络出版物奖"提名奖

皮书数据库　　"社科数托邦"
　　　　　　　微信公众号

成为用户

　　登录网址www.pishu.com.cn访问皮书数据库网站或下载皮书数据库APP，通过手机号码验证或邮箱验证即可成为皮书数据库用户。

用户福利

- 已注册用户购书后可免费获赠100元皮书数据库充值卡。刮开充值卡涂层获取充值密码，登录并进入"会员中心"—"在线充值"—"充值卡充值"，充值成功即可购买和查看数据库内容。
- 用户福利最终解释权归社会科学文献出版社所有。

社会科学文献出版社 皮书系列
SOCIAL SCIENCES ACADEMIC PRESS (CHINA)
卡号：171323864511
密码：

数据库服务热线：010-59367265
数据库服务QQ：2475522410
数据库服务邮箱：database@ssap.cn
图书销售热线：010-59367070/7028
图书服务QQ：1265056568
图书服务邮箱：duzhe@ssap.cn

法律声明

"皮书系列"（含蓝皮书、绿皮书、黄皮书）之品牌由社会科学文献出版社最早使用并持续至今，现已被中国图书行业所熟知。"皮书系列"的相关商标已在国家商标管理部门商标局注册，包括但不限于LOGO（▧）、皮书、Pishu、经济蓝皮书、社会蓝皮书等。"皮书系列"图书的注册商标专用权及封面设计、版式设计的著作权均为社会科学文献出版社所有。未经社会科学文献出版社书面授权许可，任何使用与"皮书系列"图书注册商标、封面设计、版式设计相同或者近似的文字、图形或其组合的行为均系侵权行为。

经作者授权，本书的专有出版权及信息网络传播权等为社会科学文献出版社享有。未经社会科学文献出版社书面授权许可，任何就本书内容的复制、发行或以数字形式进行网络传播的行为均系侵权行为。

社会科学文献出版社将通过法律途径追究上述侵权行为的法律责任，维护自身合法权益。

欢迎社会各界人士对侵犯社会科学文献出版社上述权利的侵权行为进行举报。电话：010-59367121，电子邮箱：fawubu@ssap.cn。

社会科学文献出版社